LA

PHILOSOPHIE DES GRECS

III

LA PHILOSOPHIE DES GRECS, par Édouard Zeller, comprend, jusqu'ici, dans la traduction française :

Première partie : La Philosophie des Grecs avant Socrate, traduite par M. Ém. Boutroux. 2 vol.

> Tome Ier : *Introduction générale. — Les anciens Ioniens. — Les Pythagoriciens.* 1 vol.
>
> Tome IIe : *Les Éléates. — Héraclite, Empédocle, les Atomistes. — Anaxagore. — Les Sophistes.* 1 vol.

Deuxième partie, 1re section : Socrate et les Socratiques. — Platon et l'Ancienne Académie. 9 vol.

Tome IIIe : *Socrate et les Socratiques*, traduit par M. Belot. 1 vol.

9915. — Imprimerie A. Lahure, rue de Fleurus, 9, à Paris.

LA PHILOSOPHIE DES GRECS

CONSIDÉRÉE

DANS SON DÉVELOPPEMENT HISTORIQUE

PAR ÉDOUARD ZELLER

PROFESSEUR DE PHILOSOPHIE A L'UNIVERSITÉ DE BERLIN

TRADUITE DE L'ALLEMAND, AVEC L'AUTORISATION DE L'AUTEUR

PAR ÉMILE BOUTROUX

Maître de Conférences à l'École normale supérieure

ET SES COLLABORATEURS

DEUXIÈME PARTIE

Ire SECTION

SOCRATE ET LES SOCRATIQUES. — PLATON ET L'ANCIENNE ACADÉMIE

TOME TROISIÈME

SOCRATE ET LES SOCRATIQUES

Traduit par M. BELOT

Professeur de philosophie au Lycée de Brest

PARIS

LIBRAIRIE HACHETTE ET Cie

79, BOULEVARD SAINT-GERMAIN, 79

1884

Tous droits réservés

LA PHILOSOPHIE DES GRECS

CONSIDÉRÉE

DANS SON DÉVELOPPEMENT HISTORIQUE.

SECONDE PÉRIODE

INTRODUCTION.

I.

DÉVELOPPEMENT DE L'ESPRIT GREC AU CINQUIÈME SIÈCLE.

LE PROBLÈME PHILOSOPHIQUE. — Au point où était arrivée, vers la fin du cinquième siècle, la vie scientifique du peuple grec, il n'y avait plus que deux partis à prendre : il fallait, ou renoncer d'une manière générale à la science, ou en essayer une complète transformation d'après de nouveaux principes. Si les écoles antérieures subsistaient encore en grande partie, la confiance dans leurs théories n'en était pas moins ébranlée; une disposition générale au doute s'était emparée des esprits; on avait appris avec les Sophistes à mettre tout en question, à défendre et à combattre toute thèse avec la même aisance; on avait perdu la foi à la vérité des conceptions humaines et à la valeur des lois morales; on s'était dégoûté, non pas seulement des recherches de philosophie naturelle, qui, pendant un siècle et demi, avaient occupé les philosophes, mais, d'une manière générale, de la science pure elle-même; on préférait acquérir une habileté de pensée et de parole toute formelle, ainsi qu'une certaine somme de connaissances utiles ayant leur application dans la vie sociale.

D'un autre côté, cet état même des esprits rendait nécessaire la recherche d'une méthode, qui, abordant les questions scientifiques avec plus de circonspection, apprît ainsi à éviter les lacunes et les vues exclusives des systèmes précédents. Le moyen d'atteindre ce but était d'abord indiqué d'une manière indirecte : la dialectique avait dissous la science antérieure; mais de plus l'instrument même de la science s'était aiguisé dans les joutes de mots et de pensées de l'Éristique, et les résultats obtenus par les prédécesseurs fournissaient un ensemble de riches matériaux disponibles pour une nouvelle construction philosophique.

Enfin, les Sophistes, en dirigeant leurs efforts du côté de la pratique, avaient ouvert aux recherches un champ nouveau : on pouvait en attendre, si on le cultivait avec plus de soin, des fruits importants pour la philosophie spéculative elle-même. Se trouverait-il un génie créateur, capable d'utiliser ces éléments et de tracer à la pensée une voie nouvelle? Telle était la question qui se posait à la philosophie grecque lorsque parut Socrate.

ÉTAT POLITIQUE DE LA GRÈCE. — La solution de cette question dépendait naturellement aussi de la marche qu'avaient suivie dans leur développement l'état politique, la vie morale et la culture générale. Cette dépendance, qui se retrouve à toutes les époques, s'était justement, dans le cas qui nous occupe, manifestée pour la première fois avec la sophistique d'une manière particulièrement remarquable. A ce point de vue le cinquième siècle

avait vu s'accomplir les plus profonds changements.
Jamais peuple ne sut allier en une si heureuse proportion
la gloire militaire et la haute culture intellectuelle dans
un plus rapide et plus brillant essor; mais nul autre non
plus n'a aussi promptement dépassé le moment de son
apogée que le peuple grec dans cette période. D'abord
nous voyons les exploits des guerres médiques, puis le
magnifique épanouissement des arts dans le siècle de
Périclès; immédiatement après, cette lutte intestine qui
ruine dans de malheureuses et fratricides dissensions la
puissance et le bien-être des républiques grecques, met de
nouveau à néant l'indépendance à peine conquise vis-à-
vis de l'étranger, ensevelit pour jamais la liberté de la
Grèce, bouleverse les idées morales et pervertit d'une manière irrémédiable le caractère de la nation. Une évolution
historique, qui ailleurs demanderait des siècles, se trouve
ici condensée dans l'espace de quelques générations.
Lorsque chez un peuple circule une vie si active, l'esprit
public doit subir de promptes et sensibles variations;
quand de si nombreux et de si graves évènements remplis-
sent une si courte période, il doit se produire aussi un
riche déploiement d'idées, qui n'attendent qu'une main
capable de les façonner pour se relier entre elles et former
un système scientifique.

SITUATION D'ATHÈNES. — Une circonstance des plus importantes pour l'avenir de la philosophie se rencontra en
outre dans la situation qu'avait acquise Athènes après les
guerres médiques. Ces grandes luttes avaient éveillé chez
les Grecs, avec une intensité jusqu'alors inconnue, la conscience de leur solidarité. Ce que l'expédition de Troie représentait sous une forme mythique, passait maintenant
pour la première fois dans le domaine des faits : l'unité
grecque se dressait en face de l'Orient barbare. Or la direction principale de ce corps si complexe était tombée

aux mains d'Athènes et cette ville était tout à la fois devenue le centre de tous les efforts intellectuels, et comme le « Prytanée de la sagesse grecque[1] ». C'était là une condition des plus heureuses pour le développement ultérieur de la science. Déjà, il est vrai, à une époque antérieure, nous pouvons constater dans les diverses écoles philosophiques une tendance à sortir de leur isolement. L'histoire des Physiciens au cinquième siècle nous montre qu'un échange d'idées très actif avait lieu entre la Grèce occidentale et la Grèce orientale. En outre, depuis que les Sophistes avaient commencé à parcourir le monde grec d'une extrémité à l'autre, et à porter l'éloquence sicilienne en Thessalie et les doctrines d'Héraclite en Sicile, les diverses sources de la culture intellectuelle ne pouvaient manquer de se réunir peu à peu en un courant unique. Mais pourtant il importait au plus haut point que le cours en fût tracé d'une manière bien arrêtée et dirigé vers un but bien déterminé : ce résultat fut atteint grâce à la constitution d'une philosophie attique. Ce fut à Athènes, au centre du monde grec, que les différentes directions qu'avaient suivies les recherches antésocratiques se rencontrèrent et se croisèrent. Dès lors il était possible à Socrate de fonder une science plus compréhensive ; et, depuis ce moment, la philosophie grecque se fixa si bien à Athènes, que, jusqu'à la Nouvelle Académie, cette ville merveilleuse vit naître toutes les écoles ayant quelque importance historique, et qu'au moment où allait s'éteindre la philosophie ancienne, elle fut encore son dernier refuge.

LA LITTÉRATURE. — A. LA TRAGÉDIE. — Si nous essayons maintenant de mettre en lumière, à l'aide des œuvres littéraires restées entre nos mains, le changement que subit la

---

1. Ainsi l'appelle Hippias dans PLATON, *Protagoras*, 337, D.

pensée grecque au cours du cinquième siècle, si nous voulons nous convaincre en même temps de la valeur et de la portée des idées que pouvait fournir à la philosophie l'ensemble du développement intellectuel de ce temps, ce sont avant tout les grands tragiques d'Athènes qui doivent attirer notre attention. La tragédie, par elle-même, bien plus que tout autre genre de poésie, est propre à éveiller la réflexion éthique, à refléter la conscience morale d'un peuple, à exprimer le génie d'une époque sous la forme la plus parfaite qu'il ait pu atteindre, au moins chez quelques esprits éminents. L'intrigue de toute tragédie un peu profonde repose sur l'opposition des situations morales et des intérêts moraux. Si le poète veut en exposer clairement la donnée, s'il veut mettre en lumière le côté psychologique de l'action et produire l'impression générale qu'il a en vue, il lui faut développer devant nous ces situations morales, faire plaider le pour et le contre par ses personnages dans un dialogue animé; il doit pénétrer la dialectique de la conscience morale, distinguer enfin et mettre en relief le bien et le mal dans la conduite humaine. Comme poète sans doute, il est obligé avant tout d'envisager toujours ces problèmes sous la forme où son sujet particulier les lui présente. Mais cela même, il ne saurait le faire sans comparer le cas donné avec d'autres, sans remonter aux enseignements généraux de l'expérience, aux notions généralement acceptées du juste et de l'injuste, en un mot aux principes généraux de la moralité. La poésie tragique devait par là donner à la réflexion scientifique sur la vie morale et ses lois une impulsion durable et lui fournir d'abondants matériaux, déjà élaborés jusqu'à un certain point, qu'elle l'invitait ou à s'approprier ou à remanier[1]. En outre, les convictions morales, chez les Grecs comme partout, étaient originairement rattachées

---

[1]. Comp. à ce sujet les remarques de GROTE, *History of Greece*, IIe partie, chap. LXVII, t. VIII, 137 sq. (éd. de 1870).

par des liens fort étroits aux doctrines religieuses ; or cette connexion s'imposait particulièrement à la tragédie dont les sujets étaient empruntés aux mythes religieux ; et ainsi toutes les remarques que nous venons de faire sur les rapports de la tragédie avec la morale philosophique s'appliquent également aux rapports de la tragédie avec la théologie philosophique. Enfin la tragédie était de même obligée de s'occuper aussi de la nature et de la condition de l'homme dont elle représente les actions et les destinées. Mais à tous ces points de vue, pendant les trois générations dont les trois grands tragiques qui se succèdent, Eschyle, Sophocle et Euripide, expriment si bien le caractère, nous voyons s'accomplir dans la pensée grecque un changement très remarquable et très profond. On ne saurait sans doute attribuer immédiatement au poète, comme exprimant une vue personnelle, toutes les paroles qu'il met dans la bouche de ses héros ; on peut cependant, soit par la manière dont il traite l'ensemble de son sujet, soit par les pensées particulières qu'il énonce, connaître assez exactement la direction générale de ses idées.

ESCHYLE. — Chez Eschyle nous trouvons la gravité de l'inspiration, la profondeur dans la conception religieuse de l'univers, la grandeur et la force imposante qui conviennent à cet homme d'une austérité antique, à ce combattant des grandes batailles contre les Perses ; mais nous trouvons aussi chez lui la rudesse et la violence que cette époque d'exploits et de sacrifices si héroïques, d'évènements si extraordinaires et de succès si enivrants n'était guère capable d'adoucir, et dont elle ne pouvait même pas se passer. Le sentiment qui anime sa tragédie est celui d'une force virile énergique, indomptable, rarement touchée par les émotions tendres, mais contenue par la crainte des dieux, par la croyance à un ordre moral inviolable et par la soumission à l'inévitable destinée. Jamais la violence déchaînée d'un Titan révolté, la fureur sauvage de la passion en délire, l'écrasante puissance du destin, la redoutable justice des châtiments divins n'ont été représentées par un poète d'une manière plus dramatique que par Eschyle. Ce qui fait le fond de toutes ses convictions, c'est la crainte et le respect des puissances divines; mais, grâce à la largeur de ses vues, il est près de les embrasser dans la conception monothéiste d'un seul être tout-puissant. La parole de Zeus se réalise nécessairement; sa volonté s'accomplit infailliblement, bien qu'elle soit cachée aux hommes¹; aucun mortel ne peut rien contre lui²; aucun n'échappe aux décisions de la divinité ou plutôt du destin³, contre lequel Zeus même est impuissant⁴. En face de ce pouvoir divin l'homme ne peut que se sentir faible et fragile; ses pensées sont inconstantes comme l'ombre d'une fumée; sa vie ressemble à une image que l'éponge efface⁵. L'homme ne saurait méconnaître que telle est sa condition; il doit « apprendre à ne point estimer trop haut tout ce qui est humain⁶ » : il ne doit pas, même dans le malheur, s'irriter contre les dieux⁷; il ne faut pas qu'il élève trop haut ses sentiments, car le crime, semé par l'orgueil, ne produit qu'une récolte de larmes⁸. Telle est la doctrine qui éclate en traits de feu dans toutes les pièces du poète.

Toutefois Eschyle lui-même ne pouvait se rendre parfaitement maître de ces idées, ni dominer complètement une opposition qui non seulement règne dans la tragédie antique, mais pénètre la conception générale de la vie elle-même chez les Grecs. D'une part il professe, lui aussi,

1. *Suppliantes*, 598. 90 sqq. *Agamemnon*, 1485 sq.
2. *Prométhée*, 550.
3. *Perses*, 93. *Fragm.*, 299 Dind. (352 Nauck).
4. *Prométhée*, 511 sqq.
5. *Fragm.*, 295 (390). *Agamemnon*, 1327 sqq.
6. *Niobé*, *Fragm.*, 155 (154).
7. *Fragm.*, 369 (Dind.). Stobée, *Sermones*, 108, 43, attribue ces vers à Euripide.
8. *Perses*, 820 sqq.

une croyance antique bien étroitement liée à l'essence de la religion naturaliste, la croyance à la jalousie de la divinité. A côté de l'homme le plus florissant de santé veille la maladie menaçante. C'est au moment où le flot de la fortune nous emporte le plus vite que nous venons nous briser à un écueil caché; et l'homme vertueux, s'il veut éviter une ruine complète, doit sacrifier spontanément une partie de sa fortune[1]. La divinité elle-même entraîne les hommes au crime, lorsqu'elle veut ruiner une maison de fond en comble[2]. D'un autre côté, notre poète ne se lasse pas de faire voir dans le châtiment la conséquence du crime. Ce n'est pas seulement dans les anciennes légendes de Niobé et d'Ixion, des familles d'Atrée et de Laïus qu'il représente en traits saisissants les vengeances inévitables de la justice divine, la calamité qui suit de près l'orgueil, la malédiction inexorable qui frappe le crime. Dans l'issue inespérée de l'expédition persique il ne reconnaît pas moins la puissance supérieure qui a châtié l'insolence du grand Roi et ses outrages aux dieux de la Grèce. Chacun doit être traité suivant ses actes[3]. Celui qui vit dans la piété, exempt de crime et d'orgueil, est béni de la divinité; au contraire, celui qui transgresse la loi, une vengeance, tardive quelquefois, mais inévitable, vient brusquement le frapper[4]. Tantôt Diké accable le coupable d'un coup soudain, tantôt elle le renverse plus lentement[5]. La malédiction attachée au crime est une dette qui s'accroît de génération en génération; et de même la vertu et le bonheur sont un héritage qui se transmet aux enfants et aux descendants[6]. Les Érinnyes règnent sur la destinée des hommes; elles vengent sur les enfants les

---

1. *Agamemnon*, 1001 sqq. La comparaison avec l'histoire de Polycrate chez Hérodote, III, 40 sqq., est ici tout indiquée.
2. *Niobé, Fragm.* 160 (151). Passage blâmé par PLATON, *République*, 380, A.
3. *Agamemnon*. 1563. *Choéphores*, 309 sqq. *Fragm.*, 282 (444).
4. *Euménides*, 530 sqq. *Fragm.*, 283 (379).
5. *Choéphores*, 61 sqq.
6. *Agamemnon*, 750 sqq.

fautes des parents¹. Elles sucent le sang et la vie du criminel ; elles s'attachent sans trêve à ses pas, enlacent son esprit dans le réseau de la folie, et le poursuivent jusque dans le royaume des ombres². Telle est dans toute sa précision et dans sa toute force l'idée maîtresse de cette poésie puissante, l'idée de la justice divine et de l'inflexible destin.

Aussi devons-nous d'autant plus admirer chez le poète l'énergie avec laquelle il sait franchir les bornes où semble l'enfermer cette conception de l'univers. Dans les Euménides ces graves conflits moraux, dont Eschyle sait déjà nous exposer la dialectique avec tant de vérité³, reçoivent une solution satisfaisante : la rayonnante déesse de l'Olympe apaise les ténébreux esprits de vengeance; la dureté sanguinaire de l'ancien droit fait place à une douceur plus humaine. La trilogie de Prométhée fait éclater à nos yeux la transfiguration morale de la religion naturaliste dans son ensemble : nous voyons la jalousie des dieux contre les mortels faire place au pardon ; Zeus lui-même a besoin du sage qui par son amour de l'humanité s'était attiré toutes les foudres de sa colère. Mais, d'un autre côté, le courage indomptable du Titan doit aussi fléchir ; à la contrainte de la toute-puissance divine doit se substituer la libre soumission à un ordre moral. Ce que le poète place ici dans un passé légendaire est en réalité l'histoire de sa propre génération et de l'esprit qui l'anime. Eschyle est sur la limite de deux périodes distinctes dans l'histoire de la civilisation, et le tableau qu'il nous trace de l'adoucissement de l'ancien droit et de l'autorité primitive des dieux se reproduisait sous une autre forme, lorsque à l'austérité des hommes de Marathon succédait la beauté plus sereine du siècle de Périclès⁴.

1. *Euménides*, 830 sqq.
2. *Euménides*, 264 sqq., 312 sqq.
3. Cf. *Choéphores*, 896 sqq. *Euménides*, 198 sqq., 566 sqq.
4. Comparer, outre l'auteur cité plus haut, Köchly (*Akad. Vorträge u. Reden*, Zürich, 1859, p. 3 sqq.). Ce dernier résume en ces termes l'idée fondamentale

Sophocle. — L'esprit de cette nouvelle époque a trouvé chez Sophocle son expression la plus haute. Bien que les principes de ce poète soient d'accord avec ceux de ses prédécesseurs, ses œuvres néanmoins font une impression bien différente. L'idée fondamentale de la poésie de Sophocle est aussi celle de la crainte des dieux, dont le pouvoir et les lois dominent la vie humaine. C'est d'eux que vient toute chose, même le malheur[1]; contre leur puissance toujours jeune aucun mortel ne peut rien; aucune chose n'échappe à sa destinée[2]; aucune action, aucune pensée ne saurait se soustraire à leurs regards[3]; nul n'oserait impunément transgresser leurs lois éternelles que n'a point créées une puissance périssable[4]. En face d'elles l'homme est faible et débile; il est comme une ombre, un rêve, un néant, et ne peut goûter qu'un bonheur passager et trompeur[5]; aucune vie mortelle n'est exempte de souffrance[6] et l'homme même le plus fortuné ne saurait avant sa mort être estimé heureux[7]. Certes, si l'on pesait tout ce que le jour fugitif apporte à l'homme, la quantité des maux et la rareté du bonheur, la mort enfin, à laquelle tous sont condamnés, on pourrait répéter ce mot antique : « Le premier des biens est de n'être pas né, et le second de mourir le plus tôt possible[8]. » La plus haute sagesse dans la vie consiste donc à borner ses désirs, à contenir ses passions, à observer la justice, à craindre les dieux et à se soumettre au destin. L'homme ne doit point exalter son ambition au delà de la mesure imposée à l'homme; l'humble seul est agréable aux dieux; il est

de la trilogie de Prométhée : « C'est la lutte et la réconciliation des temps anciens et des temps nouveaux, chez les dieux de l'Olympe eux-mêmes. »

1. *Ajax*, 1036 sq. *Trachiniennes*, 1278.
2. *Antigone*, 604 sqq., 951 sqq. *Fragm.* 611. 615 Nauck.
3. *Électre*, 657 sq.
4. *Œdipe Roi*, 864 sqq. *Antigone*, 450 sqq.
5. *Ajax*, 125. *Œdipe Roi*, 1186 sqq. *Fragm.* 12, 616, 860 sq.
6. *Antigone*, 611 sqq. *Fragm.* 530.
7. *Œdipe Roi*, fin. *Trachiniennes*, 1 sqq., 943 sqq. *Fragm.*, 532, 583, 596.
8. *Œdipe à Colone*, 1215 sqq.

absurde de faire toujours de nouveaux efforts pour s'élever sans cesse plus haut au lieu de se contenter d'un sort modeste¹. L'orgueilleux marche promptement à sa perte; le fanfaron se fait détester de Zeus par ses discours pleins de jactance². Toutes ces lois, Sophocle, lui aussi, les rend sensibles par l'exemple d'hommes qui sont précipités des sommets de la fortune, ou que leurs convoitises sans bornes et leur orgueil ont entraînés à leur perte. Le sentiment du prix de la vertu et l'idée de la récompense divine dominent également son esprit. Il sait que la justice vaut mieux que la richesse, qu'une perte est préférable à un profit illégitime, qu'une faute grave entraîne un grave châtiment; qu'au contraire la piété et la vertu sont plus précieuses que tout le reste et trouvent leur récompense non seulement en cette vie, mais aussi dans l'autre³; il déclare même qu'il est plus important de plaire aux habitants de l'autre monde qu'à ceux d'ici-bas⁴. Il est en outre convaincu que toute sagesse vient des dieux et qu'ils nous conduisent toujours au bien⁵, quoique l'homme ne doive jamais cesser d'y consacrer son intelligence et ses efforts⁶. Il nous exhorte à nous confier, dans le malheur, à Zeus qui du haut du ciel surveille et gouverne toutes choses et à supporter avec résignation tout ce que les dieux nous envoient⁷. Il ne se laisse ébranler dans ces convictions ni par le bonheur de beaucoup d'impies ni par les infortunes de beaucoup d'hommes pieux⁸.

1. *Ajax*, 127 sqq., 758 sqq. *Œdipe à Colone*, 1211 sqq. *Fragm.* 320, 528.
2. *Œdipe Roi*, 873 sqq. *Antigone*, 127 sqq.
3. *Fragm.* 18, 210, 196, 742, 752. *Philoctète*, 1440 sqq. Cf. *Fragm.* 753.
4. *Antigone*, 71 sqq.
5. *Fragm.* 834, 227, 809, 865. L'inintelligible θεία ἡμέρα cache sans doute ici les mots θεία μοῖρα.
6. *Fragm.* 731, 736.
7. *Électre*, 174. *Fragm.* 523, 862.
8. C'est l'idée qui est exprimée dans le *Fragm.* 104.

Les mêmes pensées avaient inspiré la muse d'Eschyle et pourtant l'esprit de la tragédie de Sophocle est bien différent de celui qui anime la poésie d'Eschyle. Chez Sophocle on trouve d'abord un art plus élevé, une exécution plus parfaite, une peinture plus profonde de la vie de l'âme, un mouvement dramatique plus varié, un développement plus soigné du sujet, où l'action fait ressortir les caractères, et où les caractères font valoir l'action, une beauté plus mesurée dans ses proportions, une langue plus claire et plus agréable; au contraire, la puissance impétueuse d'Eschyle, sa sublimité pleine de rudesse, ses grandioses conceptions historiques restent sans égales. Mais le point de vue moral où se placent les deux poètes n'est pas non plus tout à fait le même. L'un et l'autre sont pénétrés de respect pour les puissances divines. Mais chez Eschyle ce respect est mêlé d'une sorte de terreur dont il devrait s'affranchir et renferme une contradiction qu'il lui faudrait résoudre avant de pouvoir atteindre cette confiance résignée, cette tranquillité sereine qui caractérise la piété de Sophocle. La rigueur du destin semble chez lui beaucoup plus dure, parce qu'elle est moins justifiée par la conduite de ceux qu'elle frappe. L'autorité de Zeus n'est fondée que sur la force et ne s'adoucit que par degrés : l'homme doit périr si la divinité noue avec lui des relations trop étroites [1]. Les deux poètes célèbrent le triomphe de l'ordre moral dans l'univers sur les caprices de la puissance humaine. Mais cette victoire, chez Eschyle, est précédée de luttes bien plus longues et bien plus terribles. Chez lui, la loi morale agit comme un pouvoir sévère et inflexible qui écrase ses adversaires. Chez Sophocle, au contraire, elle accomplit son œuvre avec le calme et la sûreté d'une loi naturelle, et provoque moins la terreur que la pitié pour la faiblesse humaine. Ce conflit entre la rigueur

---

1. On peut comparer à ce propos le personnage d'Io dans *Prométhée*, et en particulier v. 887 sqq.

sanguinaire de l'ancien droit et la douceur du nouveau, qui fait le fond des Euménides d'Eschyle, Sophocle l'a laissé derrière lui. Il a su dès l'abord allier harmonieusement le pardon à la justice et, dans Œdipe à Colone, le plus maudit de tous les mortels finit par obtenir la réconciliation. Ses héros, eux aussi, sont bien différents de ceux de son prédécesseur. Chez Eschyle les conflits moraux sont si violents, que des hommes ne suffisent plus à les personnifier ; et voilà pourquoi il introduit les dieux eux-mêmes sur le champ de la lutte : Zeus et le Titan, les filles de la Nuit et les maîtres de l'Olympe. Au contraire, la tragédie de Sophocle se meut tout entière dans le monde des hommes. Celui-là traite avec prédilection la peinture des caractères violents et des passions sans frein ; celui-ci excelle surtout à représenter les sentiments nobles, tendres, contenus ; chez lui la force est généralement alliée à la dignité, la douleur à la résignation ; et c'est pourquoi il réussit spécialement dans les caractères de femmes. Eschyle nous montre dans sa Clytemnestre le côté démoniaque de la nature féminine dans son expression la plus terrible ; Sophocle représente le type féminin dans toute sa pureté chez cette Antigone « qui ne sait point haïr, mais aimer seulement[1] », et qui fait honte à la haine même par l'héroïsme de son amour. En un mot la poésie de Sophocle nous met devant les yeux le tableau d'un temps et d'un peuple qui, arrivé, grâce à des efforts couronnés de succès, à la pleine possession de ses facultés, parvenu au faîte de la gloire et de la puissance, se sent heureux d'exister, et sait envisager avec sérénité la nature de l'homme et sa condition, en estimer la grandeur, en adoucir les souffrances par une intelligente résignation, en supporter les faiblesses, en réprimer les excès par les mœurs et les lois ; plus qu'aucun autre, Sophocle nous

---

1. *Antigone*, 523.

fait éprouver le sentiment de cette belle harmonie naturelle entre le devoir et l'inclination, entre l'ordre et la liberté qui est l'idéal moral du monde hellénique.

EURIPIDE. — Euripide n'est postérieur à Sophocle que de quatre olympiades. Mais quel changement ne manifestent pas ses œuvres dans le sentiment moral et dans la manière de comprendre la vie! Comme artiste, Euripide est trop porté à substituer le calcul à la spontanéité du poète, la réflexion qui analyse à l'intuition qui saisit l'unité. Quelques scènes émouvantes et passionnées, des chœurs qui n'ont souvent avec l'action qu'un lien peu étroit, des déclamations de rhéteur et des discours sententieux : voilà les moyens à l'aide desquels il espère obtenir un effet que l'harmonie de l'ensemble produirait d'une manière plus pure et plus profonde. Nous voyons aussi s'effacer chez lui cet accord de la vie morale et de la vie religieuse qui donnait aux pièces de Sophocle un charme si délicieux. Ce n'est pas que les maximes morales et les pensées religieuses fassent défaut chez lui. Il sait bien que la piété et la vertu éloignée de tout excès sont pour l'homme les biens les plus précieux; il sait qu'aucun mortel ne doit s'enorgueillir de ses avantages ni désespérer dans le malheur; que l'homme ne peut rien sans les dieux et que tout finit par bien tourner pour l'homme de bien, et par mal tourner pour le méchant. Un bonheur modeste, il le reconnaît, est préférable à une grandeur moins durable [1]; le respect du pauvre pour les dieux a souvent plus de prix que les pompeux sacrifices du riche; la vertu et l'intelligence valent mieux que la richesse et la noblesse de la race [2]. Il parle longuement des bienfaits des dieux envers les hommes [3]. Il s'exprime en fort beaux termes sur leur

---

1. *Bacchantes*, 1139 sq. *Io*, fin. *Hippolyte*, 1100 sqq. Kirchhoff. *Fragm*. 77, 80, 257 sq., 303, 355, 393, 507, 576, 621, 942, 1014, 1016 sq., 1027 Nauck, etc.
2. *Fragm*., 329, 53 sq., 254, 345, 514 sq., 940.
3. *Suppliantes*, 197 sqq.

justice et la toute-puissance de leur autorité [1] et il va
même jusqu'à voir dans leur volonté l'origine des fautes
de l'homme [2]. Mais si nombreuses que puissent être chez
lui de semblables sentences, elles ne contiennent pourtant
point l'idée générale de sa conception du monde, et ce
n'est point là que réside le caractère moral particulier de
sa poésie. Euripide est assez sensible à la grande beauté,
à la beauté morale, pour savoir à l'occasion la représenter
d'une manière vraie et saisissante. Mais, élève des philosophes [3], appartenant par l'esprit à la même famille que les
meilleurs d'entre les Sophistes, il est trop éloigné des
idées du passé pour s'abandonner avec une conviction
bien profonde et sans arrière-pensée aux croyances morales
et religieuses transmises par la tradition. Son intelligence
se possède trop pour ne pas voir ce qu'une foule de mythes
ont d'invraisemblable et de choquant, et l'inspiration
poétique ne le domine pas si exclusivement que leur contenu idéal et leur valeur esthétique puissent le lui faire
oublier. Les destinées des hommes ne lui apparaissent pas
immédiatement comme une manifestation d'une puissance
supérieure, mais avant tout comme le résultat de causes
naturelles, du calcul, du caprice, du hasard. Les principes
moraux eux-mêmes semblent ébranlés, et si leur valeur
est généralement reconnue, le poète ne peut pourtant pas
se dissimuler que l'immoralité peut apporter bien des

---

1. *Troyennes*, 880 sq. *Hel.*, 1442 sq. Cf. les vers qui terminent cette pièce et qui sont reproduits à la fin d'*Andromaque* et des *Bacchantes*. *Fragm.* 797, 832, 875, 969.

2. *Hippolyte*, 1427.

3. Les témoignages des anciens sur les rapports d'Euripide avec Anaxagore ont déjà été donnés t. I, 871, 5. (Trad. fr., t. II, p. 387, n. 4.) Quant aux traces qu'on en peut signaler et qui se rencontrent surtout dans quelques fragments, voy. HARTUNG, *Euripides restitutus*, I, 109, 118 sq., 139. Cependant Anaxagore n'a pas, comme Euripide, considéré la Terre et l'Éther, mais bien l'Air et l'Éther comme les premiers de tous les éléments sortis du mélange primordial. On rapporte aussi à la philosophie d'Anaxagore le beau et célèbre fragment 902, con-sacré à l'éloge du chercheur qui contemple, l'âme exempte de crime, l'ordre éternel de la nature impérissable. Cf. *Fragm.* 7. Euripide peut assurément avoir connu des hommes plus jeunes, comme Socrate et Prodicus, mais ne saurait avoir été leur disciple.

arguments en sa faveur. La grande conception poétique du monde, l'habitude de considérer la vie humaine sous son aspect moral et religieux, a fait place à une disposition sceptique, à une réflexion dissolvante, à une sorte de naturalisme positif. Eschyle avait mis en scène les Euménides avec toute la rudesse antique, mais avait obtenu le plus puissant effet. Chez Euripide, Électre dit à son frère, ou plutôt le poète dit lui-même, que ce sont de pures créations de son imagination[1]. Pendant qu'elle prépare le sacrifice des captifs, Iphigénie fait cette réflexion que la déesse ne saurait exiger un pareil sacrifice et que l'histoire du festin de Tantale doit aussi être une fable[2]. De même dans Électre (734 sqq.) le chœur tragique met en doute le prodige qui aurait changé le cours du soleil. Dans les Troyennes (963 sqq.), Hécube conteste la légende du jugement de Pâris; pour elle, Aphrodite venant aider à l'enlèvement d'Hélène, c'est l'impression de la beauté séduisante de Pâris. Dans les Bacchantes (265 sqq.), Tirésias donne de l'histoire relative à la naissance de Bacchus une explication à moitié naturaliste d'assez mauvais goût[3]. Les dieux, dit le poète[4], sont exempts de besoins, les traditions qui leur attribuent des passions humaines ne sauraient donc être vraies. Les idées qu'on se fait d'ordinaire de la justice divine ne le choquent pas moins. Il ne la considère point comme infligeant des châtiments aux actes particuliers, mais ne la reconnaît que comme une loi générale[5]. Dans d'autres cas il formule contre les actes et les ordres des dieux des reproches que n'exige pas en général le caractère des personnages mis en scène et que le dénouement de la pièce laisse impunis, en sorte qu'ils expriment

---

1. *Oreste*, 248 sq., 387 sqq.
2. *Iphigénie en Tauride*, 372 sqq.
3. Cf. *Fragm.*, 209.
4. *Hercule furieux*, 1328 sqq.
5. *Fragm.* 508. A cette idée se rattache aussi cette proposition (*Fragm.* 964) que la divinité ne s'occupe que des grandes choses et abandonne au hasard les détails insignifiants.

évidemment la conviction propre du poète¹. Il en conclut tantôt que l'homme doit se rassurer sur les conséquences de ses fautes puisque les dieux en commettent de semblables, tantôt que les légendes dont ils sont l'objet sont mensongères². Euripide ne fait pas non plus grand cas de l'art des devins; dans son Hélène (743 sqq.), il saisit l'occasion de prouver, à l'aide des arguments les plus rationalistes, qu'il n'est absolument que duperie et mensonge³. Mais en même temps que la foi dans ces légendes et dans ces rites, la croyance même à l'existence des dieux est profondément ébranlée. Rien d'étonnant dès lors que le poète fasse souvent parler ses héros sur l'existence des dieux en des termes qui conviendraient assurément mieux à un Protagoras qu'aux hommes et aux femmes de l'âge mythique. Ainsi Talthybius demande d'un air de doute s'il y a des dieux ou si le hasard ne gouverne pas toutes choses⁴. Un autre, remarquant l'injuste partage du bonheur et du malheur, conteste leur existence⁵. Hécube, dans sa prière, disserte sur la question de savoir ce que peut bien être la divinité : est-ce Zeus, est-ce la nécessité naturelle ou l'esprit des êtres mortels⁶? Hercule et Clytemnestre laissent en suspens la question de la réalité des dieux et de la nature de Zeus⁷; ailleurs il est même dit que Zeus n'est autre chose que l'éther⁸. Ces assertions prouvent au moins que le poète était bien éloigné de l'antique foi aux dieux; il pouvait être sincère en affirmant que seul un

---

1. Par exemple, *Io*, 448 sqq., 1315 sqq. *Électre*, 1298. *Oreste*, 277 sqq., 409. *Hercule furieux*, 339, 654.
2. Les deux assertions se rencontrent dans *Hercule furieux*, 1301 sqq., l'une dans la bouche de Thésée, l'autre dans celle d'Hercule.
3. SOPHOCLE, lui aussi, met dans la bouche de Créon (*Antigone*, 1033 sqq.) de vives attaques contre les devins. Mais chez lui le dénouement de la pièce les réfute, chez Euripide il les confirme.
4. *Hélène*, 484.
5. *Fragm.*, 288. Cf. *Fragm.* 892 sq.
6. *Troyennes*, 877 sq.
7. *Hercule furieux*, 1250. *Iphigénie à Aulis*, 1034; il en est de même dans *Oreste*, 410, et dans le fragment de *Mélanippe*, *Fragm.* 483.
8. *Fragm.* 935, 869.

fou était capable de nier la divinité, et d'ajouter foi aux déclarations trompeuses des philosophes sur ce qui est caché [1]; mais à l'égard des croyances populaires, c'est évidemment le sentiment sceptique et critique qui domine chez lui. Il pouvait sans doute admettre l'existence d'une divinité; mais il ne fait assurément aucun cas de la manière dont les mythes représentent les dieux; il tient l'essence de la divinité pour inconnaissable, et, soit qu'il s'élève au-dessus du polythéisme régnant, soit qu'il le condamne formellement, il semble admettre l'hypothèse de l'unité divine [2].

Euripide traite d'une manière analogue les idées reçues sur la condition de l'homme après la mort. Naturellement, elles sont mises à contribution quand le poète peut s'en servir. Mais il donne à entendre que, pour ce qui est de l'autre vie, nous ne connaissons point la vérité, et nous suivons simplement une opinion dénuée de preuves [3]. A plusieurs reprises, Euripide exprime une idée qui rappelle en partie la tradition orphique et pythagoricienne, en partie la doctrine d'Anaxagore et d'Archélaüs [4] : c'est que l'esprit vient de l'éther et y retourne à la mort [5]. Mais il paraît avoir laissé indécise la question de savoir si cette âme, ainsi confondue avec la masse de l'éther, conserve la conscience, et dans quelle mesure [6].

---

1. *Fragm.* 905, 981.
2. Dans les *Fragments* (904) il est dit que celui qui gouverne toutes choses s'appelle tantôt Zeus, tantôt Hadès; ce qui semble impliquer l'opinion suivant laquelle les dieux populaires sont simplement les différents noms d'une même divinité. On voit aussi (*Fragm.* 781, 11 sq.) Hélios identifié à Apollon, d'après la tradition orphique.
3. *Hippolyte*, 192 sqq.
4. Comp. notre Ire *Partie*, p. 418 sqq., 462, 904 sqq., 927 sq. (Trad. franç. t. I, p. 427 sqq., 472; t. II, p. 418, sqq, 442 sq.)
5. *Suppliantes*, 533 sqq. (que Kirchhoff met bien à tort en suspicion). *Hélène*, 1012 sqq, *Fragm.* 836.
6. Dans *Hélène*, loc. cit., il dit que l'esprit des morts ne vit plus il est vrai, mais a une conscience immortelle (γνώμη ἀθάνατος) lorsqu'il est confondu avec l'éther immortel; il fonde sur cette opinion la croyance à une récompense après la mort. Dans un fragment connu (639. Cf. *Fragm.* 452, 830) il se demande si en définitive la vie ne serait pas une mort et la mort une véritable vie. Au contraire,

Ce scepticisme envahit le domaine de la morale elle-même. C'est ce que le caractère général de la tragédie d'Euripide met en évidence mieux encore que certaines expressions isolées dont quelques-unes choquaient déjà les contemporains mêmes du poète[1]. Les ressorts de la tragédie ne sont plus, chez Euripide, ces conflits des énergies morales que les Eschyle et les Sophocle savaient exposer avec tant de profondeur. Ce sont plutôt des passions personnelles, des situations particulières, des expériences individuelles. Les héros ont perdu ce caractère idéal qui en faisait des types de toute une classe d'hommes. De là vient que chez Euripide nous voyons rarement régner dans l'action cette nécessité supérieure que nous admirons chez ses deux rivaux, et qu'il a besoin pour son dénouement d'introduire quelque élément étranger à la pièce : l'apparition d'un dieu, ou un artifice humain quelconque.

Si riche enfin qu'il puisse être malgré tout en beautés poétiques, si parfait et si heureux qu'il nous paraisse dans la peinture des caractères isolés, si profonde que nous proclamions sa connaissance de la vie et des faiblesses humaines, si saisissante que soit dans ses pièces l'impression d'une foule de discours et de scènes, nous sommes obligés d'avouer pourtant que, ni au point de vue de l'art, ni au point de vue de la morale, il ne s'est maintenu au niveau où s'étaient élevés ses deux grands prédé-

---

dans les *Troyennes* (638), il est dit que le mort ne sent pas davantage que celui qui n'est pas né, et ailleurs (*Fragm.* 536), qu'il est un pur néant, de la terre et de l'ombre. D'autres passages semblent ne reconnaître que l'immortalité de la gloire (*Fragm.* 734) ou laisser en suspens la question de la conscience ou de l'insensibilité des morts (*Héraclides*, 591 sqq.).

1. Tel est le fameux ἡ γλῶσσ' ὀμώμοχ', etc. (*Hippolyte*, 607), ou encore le langage que tient Étéocle dans les *Phén.*, 504, 525 : suivant lui, tout est permis pour s'emparer du pouvoir, et pour un trône on peut commettre un crime. Tel est aussi le discours du vieillard dans *Io* (1051 sqq.) : il dit qu'il convient à l'homme heureux d'avoir horreur de l'injustice, mais que, si l'on est offensé, on peut avoir recours à tous les moyens pour se venger. Sans doute Euripide n'exprime pas toutes ces opinions en son propre nom, mais les contemporains en sentaient déjà bien les rapports avec la morale des Sophistes.

cesseurs. Il a introduit dans la tragédie cette méthode de réflexion subjective, ces effets étudiés, cette rhétorique artificielle qui devaient bientôt servir de modèle à l'élégance affectée d'Agathon, et à la poésie sophistique et raisonneuse de Critias[1].

B. POÉSIE LYRIQUE. — En même temps qu'Eschyle ou même un peu avant lui florissaient Épicharme, Simonide, et Pindare, un peu plus tard Bacchylide. Nous avons déjà parlé du premier[2] et montré la profondeur de sa conception du monde, la pureté des idées morales et théologiques qu'il devait à ses études philosophiques. *Simonide*[3], autant que quelques fragments épars nous permettent de juger ses idées, semble avoir surtout insisté sur cette modération et cette nécessité de borner nous-mêmes nos ambitions dont la pensée est inspirée par la vue de la faiblesse et de la fragilité humaines. Notre vie est pleine de soucis et de peines ; le bonheur y est incertain ; il passe et s'envole[4]. La sagesse elle-même n'échappe que trop facilement à l'homme (*Fragm.* 42), et la vertu, conquise au prix de tant d'efforts, est imparfaite et chancelante ; elle change avec les circonstances et l'homme le meilleur est celui à qui les dieux accordent le bonheur. D'homme irréprochable, il n'en faut point chercher ; on doit se tenir pour satisfait si l'on en trouve un qui soit à peu près juste[5]. C'est le même esprit qui domine chez l'héritier de la poésie de Simonide, chez *Bacchylide*. Il sait que personne n'est complètement heureux et que bien peu restent à l'abri des coups de la mauvaise fortune ; comme bien d'autres, il déclare avec amertume que le mieux serait de n'être pas

---

1. Voir sur ce dernier notre Ire Partie, p. 1011 (Trad. franç., t. II, p. 526), et NAUCK, *Trag. Fragm.*, 599.
2. Ire Partie, p. 460 sq. (Trad. franç., t. I, p. 470).
3. Nommé par les écrivains postérieurs à côté d'Eschyle comme un poète du bon vieux temps. Cf. ARISTOPHANE, *Nuées*, 1352 sqq.
4. *Fragm.* 32, 36, 38, 39, 85. Bergk.
5. *Fragm.* 5. Cf. 58.

né[1]. Aussi voit-il la plus haute sagesse pratique dans l'égalité d'âme qui nous permet d'être satisfaits du présent sans nous tourmenter de l'avenir (*Fragm.* 19). Mais il n'est pas moins convaincu que l'homme peut trouver la droite voie, et que Zeus, qui voit tout et gouverne l'univers, n'est pas coupable du malheur des mortels (*Fragm.* 29). Ce sont les principes que professaient déjà les anciens poètes moralistes[2], et nous n'avons ici aucun changement à signaler dans le point de vue moral.

Une pensée plus forte, plus originale, plus voisine de celle d'Eschyle, anime les odes de *Pindare*. La conception du monde repose chez lui, comme chez Eschyle, sur une idée très élevée de la divinité. Elle est tout[3] ; rien ne lui est impossible. Zeus règle toutes choses suivant sa volonté ; c'est lui qui distribue le succès et le malheur[4]. Sa loi, qui régit les mortels et les immortels, s'impose avec une toute-puissante autorité[5]. Les actions des hommes ne sont point cachées à Dieu dont le regard embrasse tout[6]. De la divinité, on ne peut rien dire que de beau et de noble, et celui qui lui impute des vices humains ne saurait échapper au châtiment qu'il mérite[7]. En face de cette sublimité de la nature divine, la condition de l'homme est double. D'un côté sa nature le rapproche des dieux : « La race des hommes et celle des dieux diffèrent, mais ils

---

1. *Fragm.* 1, 2, 3, 21.
2. Voir Ire Partie, 93 sqq. (Trad. franç., t. I, p. 103 sq.).
3. CLÉMENT, *Stromates*, V, 610, A. Πίνδαρος... ἀντικρὺς εἰπών, τί θεός; ὅτι τὸ πᾶν. Bien que Clément semble donner les mots τί θεός, etc., comme une citation, il n'est guère vraisemblable qu'ils aient pu se trouver dans une poésie de Pindare. Peut-être Pindare disait-il seulement θεὸς τὸ πᾶν dans le même sens où SOPHOCLE (*Trachiniennes*, 1278) dit : οὐδὲν ὅ τι μὴ Ζεύς, toutes choses dépendent de Dieu seul. Les mots τί θεός, etc., peuvent bien d'ailleurs avoir le même sens.
4. *Fragm.*, 119, 118. (Dans BERGK, *Poetæ lyrici græci*, 2e éd.) *Pythiques*, II, 49 sqq., 88 sqq. *Néméennes*, X, 29.
5. *Fragm.*, 146.
6. *Olympiques*, I, 64. Cf. *Pythiques*, III, 28 sqq., IX, 42 sqq.
7. *Olympiques*, I, 28 sqq. Dans ce passage, qui offre un curieux mélange de l'esprit critique et de la légende, l'histoire du festin des dieux chez Tantale est traitée de fable ; l'enlèvement de Pélops par Posidon en aurait été l'occasion : comme si c'eût été là une action plus digne d'un dieu.

descendent d'une mère commune¹ ». Les mortels ont donc malgré tout, par leur esprit et leur essence, une certaine ressemblance avec les dieux. D'un autre côté, ils sont infiniment au-dessous d'eux pour la puissance²; car bien changeant est notre destin et bien voisines l'une de l'autre notre joie et notre souffrance³. La vraie sagesse consiste dès lors à ne point franchir les bornes imposées à l'humanité, à attendre tous les biens des dieux, et à nous contenter de ce qu'ils nous accordent. Ne tente pas de te faire dieu, nous crie le poète; les choses mortelles conviennent aux mortels, et celui qui veut s'élever jusqu'au ciel dans son essor téméraire, en sera, comme Bellérophon, soudain précipité⁴. Seule la voie où la divinité nous guide est bénie et conduit à une heureuse issue⁵; c'est la divinité qui tient en ses mains le succès de nos efforts, suivant les décisions du destin⁶. C'est d'elle que vient toute vertu et toute sagesse⁷. C'est justement parce que les dons naturels sont un présent des dieux que Pindare les place si haut au-dessus de tout ce qui s'acquiert par l'étude, et qu'à ses yeux l'esprit créateur auquel ils ont été accordés s'élève au-dessus des autres autant que l'aigle de Zeus au-dessus des corbeaux croassants⁸. Il faut nous soumettre avec confiance aux desseins de la divinité, et nous contenter du sort qui nous est fait. Ne luttons pas contre Dieu; sachons supporter notre joug sans nous révolter contre l'aiguillon; réglons notre conduite sur les circonstances, ne désirons pas l'impossible, et observons la mesure en toute chose;

---

1. C'est ainsi en effet qu'il faut entendre les mots ἐν ἀνδρῶν, ἐν θεῶν γένος, et non dans le sens de l'unité des deux races. Les hommes par eux-mêmes forment une espèce, les dieux en forment une autre différente de la première.
2. *Néméennes*, VI, comm. D'après le *Fragm.* 108, l'âme, εἴδωλον αἰῶνος, l'ombre de la personne vivante, descend seule des dieux et prouve la supériorité de son essence, pendant le sommeil du corps, par les songes prophétiques.
3. *Olympiques*, II, 30 sqq. *Fragm.* 210.
4. *Olympiques*, V, 24. *Isthmiques*, V, 14 sqq., VII, 42 sqq.
5. *Fragm.* 85 (où, au lieu de ἐν, il faut sans doute lire ἐς).
6. *Pythiques*, XII, 28.
7. *Olympiques*, IX, 28, 103 sqq. *Pythiques*, I, 41 sqq. *Fragm.* 201.
8. *Olympiques*, II, 86, IX, 100. *Néméennes*, I, 25, III, 40 sqq.

mettons-nous en garde contre l'envie qui réserve pour les plus élevés ses coups les plus violents : tels sont les conseils de notre poète[1]. Pour que ses exhortations morales aient un plus grand effet, il rappelle souvent la punition des méchants et la récompense des bons dans l'autre vie ; sur ce point d'ailleurs, il lui arrive tantôt de se contenter des conceptions vulgaires du Tartare, de l'Élysée, et des îles Bienheureuses[2], tantôt de rattacher à cette doctrine la croyance à une migration des âmes[3]. Ainsi dans ses traits essentiels le sentiment moral et religieux est le même chez Pindare que chez Eschyle, bien que l'idée de la justice divine ne soit pas mise en relief dans sa poésie avec la même puissance tragique.

C. L'HISTOIRE. HÉRODOTE. — Si nous voulons comprendre la transition entre ces idées et les idées nouvelles, nous ne pouvons la trouver nulle part mieux marquée que chez Hérodote. D'un côté, cet ami de Sophocle se laisse guider par les idées anciennes dans sa conception de l'histoire. Il reconnaît la puissance de la Providence divine dans l'organisation de la nature (III, 108); son action ne lui paraît pas moins manifeste dans les destinées humaines, et en particulier dans le châtiment qui frappe le criminel, même lorsqu'il a été poussé par l'excès d'une passion excusable[4]. Il respecte les pratiques du culte po-

---

1. *Pythiques*, II, 34, 88 sqq., III, 21 sq., 59 sqq., 104 sqq., XI, 50 sqq. *Fragm.* 201.
2. Par exemple, *Olympiques*, II, 56 sqq. *Fragm.* 106, 120. Dans les *Fragm.* 108 (*Thren.* 2). Pindare semble aussi admettre simplement les conceptions communes, si ce n'est que chez lui les âmes conservent dans les enfers une vie plus active que chez Homère ou dans les croyances populaires. Le *Fragm.* 109 (*Thren.*, 3) n'est sans doute, ainsi que plusieurs autres passages, qu'une interpolation d'un Juif alexandrin. Cf. Ire Partie, 57. (Trad. franç., t. I, p. 65 sq.)
3. *Fragm.* 110 (*Thren.*, 4). *Olymp.*, II, 68 sqq. Suivant ce dernier passage où Pindare développe le plus complètement ses idées, les âmes trouvent immédiatement dans l'Hadès leur récompense ou leur punition. Pourtant quelques hommes d'élite peuvent revenir à la vie, et s'assurer, par trois existences exemptes de fautes, la félicité la plus haute dans les îles des bienheureux. Voy. t. I, 56, 4. (Trad franç., t. I., p. 65, 5.)
4. II, 120 s. f., IV, 205, VI, 84 s. f., VIII, 129 s. f., VII, 133 sq.

pulaire[1], car il sait que chaque peuple aime par-dessus tout ses usages particuliers; il faut être fou, dit-il, pour en faire un objet de raillerie (III, 38). Il est même assez crédule pour rapporter de bonne foi toutes sortes de prodiges et d'oracles dont quelques-uns sont des plus extraordinaires[2]. On peut remarquer ici encore un trait assez antique de sa piété : c'est qu'elle est pénétrée de cette crainte de la puissance divine, qui caractérise précisément la religion naturaliste, parce que la supériorité des dieux sur les hommes n'y est pas assez profondément marquée, et qu'elle est conçue plutôt comme une différence matérielle que comme une différence morale. L'homme n'est pas destiné à un bonheur parfait; sa vie est exposée à d'innombrables changements de fortune; personne ne doit être estimé heureux avant sa mort, et l'on peut douter, en définitive, si la mort n'est pas préférable pour l'homme à la vie (II, 31 sq). Celui qui par son bonheur ou par sa présomption s'élève au-dessus de la condition humaine est infailliblement poursuivi par l'envie de la divinité; car, jalouse de ses avantages, elle ne souffre pas qu'un mortel se fasse son égal[3]. Cette pensée est tout à fait conforme à l'esprit de l'ancienne poésie grecque. Néanmoins Hérodote ne peut pas et ne veut pas dissimuler qu'il appartient à une génération où la pensée avait déjà commencé à s'affranchir d'une croyance enfantine. Malgré la naïveté qu'il montre dans le récit de mille aventures merveilleuses, il ne peut résister, d'autres fois, à la tentation de faire disparaître le caractère miraculeux de la légende, soit qu'il en donne des interprétations tout empreintes de l'esprit rationaliste des Sophistes et fondées sur des circonstances

---

1. C'est pour cette raison, par exemple, qu'il se fait un scrupule (II, 86 et passim) de nommer les dieux égyptiens dans un passage où leur nom aurait pu se trouver profané, ou d'exposer les mystères égyptiens.
2. Par exemple, VII, 12 sqq., 57, VIII, 37, 65, IX, 100 et passim. Dans le même ordre d'idées, on peut citer les prétendues prophéties de Bacis et de Musée, VIII, 77, IX, 43, sur l'authenticité desquelles il ne conçoit aucun doute.
3. Sur le θεῖον φθονερὸν, V, I, 32, 34, III, 40 sqq., VII, 10, 5, 46 s. f.

naturelles, soit qu'il se contente d'en adopter certaines interprétations de ce genre qu'il a pu recueillir. C'est ainsi que, dès le début de son œuvre, les voyages d'Io et le rapt d'Europe deviennent chez lui l'enlèvement de deux filles de rois par des pirates. Dans l'histoire de Gygès, le pouvoir magique de son anneau est réduit au plus vulgaire tour de passe-passe (I, 8 sqq.); les chênes prophétiques de Dodone se changent en prêtresses égyptiennes (II, 56 sq.). Hérodote adopte les récits égyptiens sur Pâris et Hélène (II, 120), de préférence à ceux d'Homère et de toute la tradition grecque, en s'autorisant de preuves qui s'écartent beaucoup de l'ancienne poésie; où la légende thessalienne voit l'intervention de Posidon, il ne voit que l'effet d'un tremblement de terre, et il ajoute à ce propos, non sans ironie, que si d'ailleurs quelqu'un peut croire que les tremblements de terre viennent de Posidon, il pourra également lui attribuer cet évènement (VII, 129). Remarquons en outre qu'à l'occasion il exprime l'opinion que les hommes en savent tous à peu près aussi peu les uns que les autres sur les dieux (II, 3 s. f.), et l'on verra clairement quel doute avait remplacé la foi primitive.

THUCYDIDE. — Chez Thucydide, le premier grand historien que nous rencontrons ensuite, le doute lui-même s'évanouit dans la conception purement naturelle de l'histoire. Personne ne méconnaîtra le caractère sérieux, profond et moral de son exposition. Son histoire de la guerre du Péloponnèse, même dans sa forme inachevée, produit l'effet de la plus saisissante tragédie. Mais cet effet est atteint par le simple exposé historique des faits, sans que l'intervention des dieux soit invoquée pour expliquer les évènements. Thucydide n'ignore pas combien la religion est indispensable au bien public, et dans le tableau qu'il trace de l'état de sa patrie, on voit qu'il n'en déplore pas seulement la corruption morale, mais aussi la décadence religieuse[1]. Mais pour mettre en lumière la providence divine et le gouvernement moral de l'univers, il ne compte que sur la marche même des évènements. Persuadé que la nature humaine reste toujours semblable à elle-même, il nous expose les lois morales en nous montrant comment, dans chaque circonstance donnée, le malheur est naturellement résulté de la faiblesse et des passions de l'homme, qu'il connaît si bien et juge si impartialement[2]. Nulle part au contraire il ne témoigne la moindre croyance à ces évènements extraordinaires, qui chez Hérodote manifestent l'intervention divine ; il s'exprime dans les termes de la critique la plus indépendante sur des faits où ses contemporains voyaient l'accomplissement d'une prédiction[3]. Compter sur un oracle plutôt que sur des ressources réelles, c'est à ses yeux une folie du vulgaire[4]. Il réprouve sans détour la fatale superstition de Nicias[5], et, dans cette oraison funèbre (II, 35, sqq), qui est un monument de son génie propre autant que de celui de Périclès, il ne daigne pas accorder un mot à l'histoire légendaire d'Athènes, ce lieu commun si exploité par les autres panégyristes, et, avec le sens politique d'un homme d'État, préfère tourner toute son attention vers la réalité et les devoirs pratiques qu'elle impose. Son œuvre historique est l'éclatant témoignage d'une maturité virile, d'une haute culture intellectuelle, d'une expérience très complète de la vie, d'une vue nette, impartiale, pénétrante, empreinte d'une gravité que lui donne son caractère moral, sur l'ensemble des choses. C'est une œuvre qui doit nous remplir de respect, non

---

1. Cf. II, 53, III, 82, passages bien connus et classiques.
2. Par exemple, dans le passage même que nous venons de citer, III, 82, 84, et dans l'incomparable exposition de l'expédition de Sicile, de ses causes et de son issue, VI, 15, 24, 30 sqq. Cf. VII, 75, 87, etc.
3. Par exemple, II, 17, 54.
4. V, 103. L'Athénien exprime sans aucun doute, dans ce passage, l'opinion de l'écrivain lui-même.
5. VII, 50, fin.

seulement pour son auteur, mais aussi pour l'époque qui était capable de produire et de développer un tel génie. Mais en même temps cet ouvrage ne dissimule pas les ombres du tableau de cette époque. Il suffit de lire les pages où l'écrivain nous représente le bouleversement qu'avaient subi toutes les notions morales dans les luttes de factions de la guerre du Péloponnèse, la désolation d'Athènes pendant la peste, la disparition de toute piété et de tout dévouement, le déchaînement de toutes les passions égoïstes[1] : on verra de quelle décadence morale était témoin ce siècle de la puissance et de la civilisation grecque. Non seulement la conduite extérieure se corrompait, mais les convictions générales elles-mêmes étaient ébranlées ; et, pour ne nous laisser aucun doute à cet égard, Thucydide met souvent dans la bouche de ses orateurs, en particulier de ceux d'Athènes, des maximes d'un égoïsme si effronté, qu'un des derniers Sophistes aurait seul osé les formuler. Quiconque a la force cherche à dominer ; chacun poursuit son intérêt par tous les moyens, sans jamais se laisser arrêter par le respect du droit; le triomphe du plus fort est la loi universelle de la nature ; chacun mesure en définitive le droit et l'honneur à son avantage et à son plaisir, et les États les mieux gouvernés, eux aussi, suivent cette ligne de conduite au moins dans leur politique extérieure : tels sont les principes que professent ouvertement, en toute occasion, les orateurs populaires et les ambassadeurs athéniens[2], et c'est à peine si ceux-là mêmes qui ont à souffrir de l'égoïsme d'Athènes savent à la fin le lui reprocher[3]. La Grèce, on le voit, suivait absolument en morale et en politique la direction que les Sophistes avaient donnée à la science.

---

1. III, 82 sqq., II, 53.
2. I, 76, III, 40, m., V, 89, 105, 111, m., VI, 85, init.
3. Cf. IV, 61.

la difficulté. On peut admettre en un certain sens l'influence des idées orientales sur la Philosophie grecque, lors même que l'on tient cette dernière pour une pure création du génie hellénique. Les Grecs descendent de l'Asie, ainsi que les autres peuples indo-germaniques; et ils doivent naturellement avoir apporté de leur ancienne patrie, avec leur langue, les traits généraux de leur religion et de leurs mœurs. Après qu'ils se furent fixés en Grèce, ils demeurèrent soumis aux influences qui leur venaient des peuples orientaux, soit par la Thrace et le Bosphore, soit par la mer Égée et ses îles. L'existence de telles influences est évidemment incontestable, quelle qu'en soit d'ailleurs l'étendue, et quelles qu'aient été les relations historiques qui les ont déterminées. Le génie grec est donc déjà, dans sa genèse elle-même, soumis à l'influence de l'Orient; et la religion grecque en particulier reste inintelligible, tant qu'on n'admet pas qu'aux croyances primitives des Hellènes, et même, quoique à un moindre degré, aux croyances de l'époque homérique, sont venus se joindre des cultes étrangers, des idées religieuses étrangères émanées du nord-est et du sud-est. L'origine étrangère des dieux dont l'émigration est relativement récente, comme Dionysos, Cybèle et l'Héraklès phénicien, peut être démontrée avec assez de certitude. En ce qui concerne les autres, au point où en est la science, nous sommes réduits à des conjectures incertaines.

Mais, dans la question des origines orientales de la Philosophie grecque, nous ne pouvons faire entrer en ligne de compte que les éléments étrangers à la religion primitive de la Grèce ou au développement original du génie grec. Notre tâche, en effet, consiste à considérer, autant que possible, la Philosophie des Hellènes comme un produit de l'esprit grec. Quant à savoir comment s'est formé l'esprit grec lui-même, c'est une question qui n'appartient pas à l'histoire de la Philosophie. L'étude de l'élément oriental ne nous concerne, qu'autant que cet élément s'est maintenu, avec son caractère propre, à côté de l'élément grec. Pour que nous pussions dériver purement et simplement la Philosophie grecque des idées orientales, il faudrait qu'il fût vrai, comme le prétend Rœth[1], que la Philosophie n'est pas sortie de la civilisation et de la vie intellectuelle des peuples grecs, mais qu'elle a été implantée en Grèce comme quelque chose d'exotique, et que l'ensemble des idées sur lesquelles elle repose est venu, tout formé, de pays étrangers. Que si elle nous apparaît comme le produit immédiat de la réflexion personnelle des philosophes grecs, elle a, quant à l'essentiel, une origine indigène. Dès lors il n'est plus question de savoir si elle vient de l'Orient dans son ensemble; ce qu'on peut se demander, c'est simplement si certaines doctrines orientales ont contribué à la formation de la Philosophie grecque, jusqu'où s'étend cette influence étrangère, et dans quelle mesure l'élément proprement oriental, avec les traits qui le distinguent de l'élément grec, y est encore reconnaissable. Ces différents points de vue n'ont jamais été jusqu'ici nettement distingués les uns des autres; et les partisans de l'influence orientale ont plus d'une fois omis d'expliquer notamment si l'élément étranger est entré dans la philosophie immédiatement ou par l'intermédiaire de la religion grecque. Ces deux thèses sont fort différentes, et la première est la seule qui doive nous occuper ici.

Témoignages externes. — La thèse selon laquelle la Philosophie grecque descend primitivement de l'Orient se fonde, d'une part, sur les témoignages des anciens, de l'autre sur la parenté interne que l'on a cru remarquer entre les doctrines grecques et les doctrines orientales.

La première de ces deux preuves est très-peu satisfai-

---

[1]. *Geschichte unserer abendländischen Philosophie*, I, 75, 211.

ses auditeurs¹ et les vices qui travaillent la société de ses compatriotes lui semblent au fond très naturels². Il traîne les femmes sur la scène pour flétrir le relâchement de leurs mœurs, mais ce relâchement, il le montre si grand et si général, qu'on ne saurait guère espérer de le voir se corriger³. Il s'emporte contre les philosophes qui nient les dieux, mais déjà dans une de ses premières pièces il nous donne à entendre que la croyance aux dieux est bien chancelante dans son siècle⁴. Et lui-même, avec quelle audace et quelle liberté il livre à la risée, non pas seulement dans quelques passages isolés⁵, mais dans des scènes et dans des pièces entières⁶, les dieux avec leurs prêtres⁷! Avec quelle verve comique il fait descendre les dieux au niveau des hommes, et même ouvertement plus bas encore, au rang de ce qu'il y a de plus vulgaire et de plus trivial! Avec quelle insistance et quelle crudité il fait ressortir les faiblesses tout humaines de leur conduite! Dans quel furieux tourbillon il fait tourner le monde des dieux comme celui des hommes! Comment dès lors le spectateur qui s'amuse au spectacle de ce monde insensé, comment le poète lui-même auraient-ils pu éprouver quelque respect pour des êtres qui se prêtaient si facilement au jeu de sa fantaisie sans retenue? Nous pouvons sans doute faire ici la part de la liberté naturelle à la comédie⁸. Mais si large

---

1. *Nuées*, 1055 sqq.
2. Cf. par exemple ce qu'il dit de la pédérastie, *Oiseaux*, 137 sq. *Grenouilles*, 148. *Chevaliers*, 1384.
3. Dans l'*Assemblée des femmes* et les *Fêtes de Cérès*, etc.
4. *Chevaliers*, 32.
5. Par exemple, *Nuées*, 369 sqq., 396 sqq., 900 sqq. 1075 sqq. *Oiseaux*, 554 sqq., 1608 sqq. *Assemblée des femmes*, 778 sq. *Plutus*, 123 sqq., 697 sqq.
6. Par exemple, dans les *Grenouilles*, la *Paix*, à la fin du *Plutus*, et surtout dans les *Oiseaux*, ce modèle d'humour aussi légère que hardie.
7. Ceux-ci dans le *Plutus*, 665 sqq.
8. Il faut mettre en particulier sur le compte du style traditionnel de la comédie ces énormes et cyniques obscénités, et les prédécesseurs d'Aristophane le dépassaient encore, semble-t-il, dans cette licence. Quelque singulier effet que puisse faire cet élément de sa comédie, à côté de son zèle pour l'amélioration des mœurs, nous ne devons guère le prendre en considération dans la question qui nous occupe.

que nous la fassions, ce qui reste est plus que suffisant pour nous convaincre que le poëte lui-même, non moins que son public, était bien éloigné des mœurs antiques dont il souhaite si ardemment la restauration ; c'est assez pour nous montrer que l'enthousiasme qu'il témoigne à leur égard, comme l'enthousiasme de Rousseau pour le retour à l'état de nature, était le simple effet du mécontentement qu'il éprouvait du présent, et la simple expression d'un idéal romanesque, et non une inspiration animant sa vie pratique, dominant sa pensée et ses sentiments personnels. Rien ne nous montre mieux à quel point l'époque où devait naître la philosophie attique, et l'époque qui la prépare, étaient pénétrées de l'esprit d'innovation ; car il mettait les partisans les plus déclarés du passé d'autant plus sûrement dans l'incapacité d'accepter désormais la manière de vivre et de penser de leurs ancêtres que c'étaient des hommes plus éminents.

Les Mystères. — Parmi les symptômes de cette révolution il faut encore en signaler un qui se manifeste vers le temps de la guerre du Péloponnèse : c'est le développement croissant des mystères et de la divination qui s'y rattache. Dès longtemps, sans doute, on avait fait appel aux prétendues prédictions de quelques anciens prophètes[1], dans des circonstances extraordinaires où les hommes sont toujours portés à le faire. Mais le désordre et l'abus qu'on avait ainsi encouragés semblent avoir atteint, à l'époque dont nous parlons, des proportions incroyables[2]. En même temps, si nous en jugeons par les

---

1. Hérodote, VIII, 77, IX, 43, mentionne des prophéties de ce genre faites par Bacis et Musée sur la guerre médique.
2. C'est ce que nous montre en particulier la lecture d'Aristophane, qui ne manque aucune occasion de railler les devins. Sans parler des attaques dirigées contre eux en passant (*Nuées*, 330, *Oiseaux*, 521, etc.), il met au grand jour dans les *Chevaliers* (109 sqq., 818, 960, 997 sqq. Cf. *Lysistrata*, 767 sqq.) l'effronterie avec laquelle Cléon et les autres démagogues savaient mettre à profit la superstition, flatter l'amour-propre du peuple et se rendre maîtres de sa volonté à l'aide

innombrables allusions que nous rencontrons chez les écrivains de cette génération et de la suivante[1], les initiations orphiques et celles des corybantes avaient gagné des adeptes et étendu leur propagande. Il y avait là, sous bien des rapports, une révolution remarquable. D'abord, à un point de vue tout formel, il était tout différent d'aller demander conseil aux oracles publics et de mettre en usage des cérémonies d'origine ancienne, et fixées de temps immémorial dans certains pays déterminés, ou d'avoir recours aux prétendues révélations de devins isolés, et aux rites d'un culte privé, dépourvu d'attaches locales, répandu par des prêtres sans demeure fixe, pratiqué dans quelques associations particulières, prétendant enfin élever ses adeptes, comme autant d'élus privilégiés, au-dessus de la condition commune des hommes dans cette vie et dans l'autre. La mode croissante des cultes particuliers et de cette divination irrégulière prouvait bien d'abord que l'on ne pouvait plus se contenter absolument de la religion publique, et contribuait en même temps à accroître ce sentiment. Si maintenant nous considérons, au point de vue matériel, cette piété mystique en elle-même, nous voyons qu'en ce sens elle ne s'éloigne pas moins de la croyance et du genre de vie acceptés jus-

---

de prétendues prophéties de Bacis et des autres. Dans la *Paix*, 1017 sqq., il met en scène un devin, Hiéroclès, qui, par intérêt personnel, s'oppose à la conclusion de la paix et qui est sans doute un personnage historique. Dans les *Oiseaux*, 959 sqq., un devin vient de force se mêler de la fondation de la ville, pour tâcher d'attraper quelque aubaine. Des faits de ce genre peuvent avoir également provoqué la polémique d'Euripide (voy. plus haut, p. 14).

1. Par exemple chez PHILOLAÜS et PLATON (voy. t. I, p. 418, Trad. franç., t. I, p. 427). Chez celui-ci également dans le *Phédon*, 69 C, *République*, II, 363 C, 364, B, *Lois*, VI, 782 C; mais plus particulièrement chez EURIPIDE et ARISTOPHANE. EURIPIDE fait d'Hippolyte un orphique (*Hippolyte*, 949 sq.) et met en scène (*Fragm.* 475) un prêtre, qui, déjà initié aux orgies de Zeus Idéen, de Zagreus et des Curètes, se voue à la vie orphique. ARISTOPHANE, dans les *Grenouilles* (145 sqq., 312 sqq), peint la vie des initiés et des non-initiés (aux mystères dionysiaques) dans l'Hadès, en couleurs aussi vives et en traits aussi forts que le faisaient d'après Platon les prêtres initiateurs eux-mêmes; il fait de plus allusion dans la *Paix* (374 sq.) à l'opinion suivant laquelle on ne pouvait mourir tranquille si l'on ne recevait l'initiation avant la mort, et dans les *Guêpes*, 119, il rappelle l'usage d'initier les malades aux mystères pour obtenir leur guérison.

qu'alors. Elle commençait à confondre toutes les notions des dieux et à leur faire perdre ainsi leur précision¹; et peut-être cette manière de voir n'est-elle pas sans lien avec cette tendance au syncrétisme et au panthéisme, dont nous pouvons apercevoir dès le cinquième siècle des exemples isolés². Grâce à une croyance plus précise à l'immortalité, croyance dont les dogmes de la migration des âmes et des sanctions de la vie future étaient la source³, la conception de la vie et de la nature humaine prend un nouveau caractère dont la poésie du temps d'Euripide nous offre aussi déjà quelques traces⁴. A toutes ces idées se rattache l'adoption d'une morale ascétique⁵ prescrivant l'abstention de la nourriture animale⁶, le célibat⁷, l'horreur

---

1. Cette remarque s'applique tout d'abord à Dionysos lui-même. Dans la théologie mystique, ce dieu, sous le nom de Dionysos Zagreus, était honoré comme le représentant de la vie mobile de la nature qui s'éteint en hiver et se rallume en été. A ce titre, il était rangé parmi les dieux souterrains. De là l'importance des mystères de Dionysos pour la vie future. On pouvait promettre aux initiés (*ap.* PLATON, *Phédon*, 69 c. Cf. ARISTOPHANE, *Grenouilles*, l. c.) d'habiter dans l'Hadès auprès des dieux; et parmi ces dieux devait nécessairement se trouver celui auquel ils s'étaient consacrés. Dans la suite, Dionysos fut, comme Héraclite en avait donné l'exemple, identifié avec Pluton. (Voy. t. I, 51, 3, 663, 2. Trad. franç., t. I, p. 60, 2; t. II, p. 184, 5).
2. Sur ce point, comparer, outre le passage d'Euripide cité p. 15, 4, le fragment rapporté par CLÉMENT, *Stromates*, V, 603, D, que NAUCK *Fragm. Trag.*, 588 sq., attribue avec vraisemblance à Euphorion, fils d'Eschyle : Ζεύς ἐστιν αἰθήρ, Ζεὺς δὲ γῆ, Ζεὺς τ' οὐρανός, Ζεὺς τοι τὰ πάντα χάτι τῶνδ' ὑπέρτερον.
3. Voy. t. I, 53 sqq., 418 sqq., 647 sqq., 729 sqq. (Trad. franç., t. I, p. 62 sqq., 427 sqq.; t. II, 170 sqq. 247 sqq.).
4. Comme Euripide (voy. p. 15), Mélanippide semble aussi considérer l'âme comme immortelle (*Fragm.* 6 dans BERGK, *Poetæ lyrici græci*, p. 982) et Ion (*Fragm.* 4, *ibid.*, p. 464) paraît s'approprier la croyance pythagoricienne à l'immortalité. L'idée d'un retour des âmes à l'Éther (voir plus haut, p. 15, 7) est peut-être aussi indiquée par cette croyance populaire dont parle ARISTOPHANE (*Paix*, 832) suivant laquelle les morts deviennent des étoiles.
5. Voir à ce sujet EURIPIDE, *Hippolyte*, 949 sq. *Fragm.* 475. PLATON, *Lois*, VI, 782, C. De ce dernier texte, il faut rapprocher les principes d'Empédocle et de Pythagore.
6. C'est peut-être à cet usage qu'EURIPIDE fait encore allusion *Fragm.* 884.
7. Le célibat était déjà une condition de la perfection pour les Orphiques, comme cela ressort d'Euripide ; car s'il fait de son Hippolyte un Orphique, c'est sans doute uniquement parce que ce contempteur de Vénus (*Hippolyte*, 10 sqq., 101) rappelle la virginité orphique par sa chasteté typique. On rencontre aussi un vœu de chasteté dans *Électre*, v. 254. On sait que le mariage était souvent interdit aux prêtresses, plus rarement aux prêtres.

de certains contacts impurs[1], et l'usage d'habits blancs. La philosophie ne pouvait, il est vrai, s'approprier tout d'abord que l'idée la plus générale de cet ascétisme, l'affranchissement à l'égard de la sensibilité, dans un sens tout spirituel; mais plus tard le néopythagorisme l'embrassa dans ses formes extérieures elles-mêmes. Toutefois l'état général des esprits en Grèce et le développement scientifique lui promettaient déjà pour le moment une nouvelle et plus brillante carrière.

---

1. φεύγω γένεσίν τε βροτῶν καὶ νεκροθήκης οὐ χριμπτόμενος (EURIPIDE, *Fragm.* 475, 16), par suite est exigée cette purification du contact d'un mort ou d'une femme en couches, καθαρεύειν ἀπὸ κήδους καὶ λεχοῦς, que réclame aussi le Pythagoricien d'Alexandre Polyhistor *ap.* DIOGÈNE, VIII, 33. La naissance et la mort, pour des raisons très analogues, sont considérées comme imprimant une souillure; cf. EURIPIDE, *Iphigénie en Tauride*, 372 sqq. THUCYDIDE, III, 104, etc.

II.

CARACTÈRE ET MARCHE DU DÉVELOPPEMENT DE LA PHILOSOPHIE GRECQUE DANS LA SECONDE PÉRIODE.

L'époque de Socrate avait reçu de l'âge précédent un riche héritage d'idées religieuses, de principes moraux et de conceptions scientifiques. Mais en même temps elle s'était bien écartée, en toutes choses, de la direction intellectuelle et morale des générations antérieures. Les formes traditionnelles étaient devenues trop étroites pour elle, on cherchait des voies nouvelles, de nouveaux problèmes s'imposaient. Les conceptions mythiques des dieux et de la vie future[1] avaient perdu leur valeur pour la grande majorité des hommes instruits; l'existence même des dieux était devenue douteuse pour un grand nombre. Les anciennes mœurs étaient tombées en désuétude; le respect de la loi dans la vie publique, la simplicité et l'austérité dans la vie privée avaient fait place à une licence sans frein, à une poursuite sans scrupule de la jouissance et de l'intérêt. Des principes qui ébranlaient les fondements mêmes du droit et de la loi étaient hardiment proclamés, aux applaudissements unanimes de la jeune génération; la sévérité et l'élévation de l'art ancien, la beauté limpide, la grâce classique, la dignité pleine de retenue de l'art postérieur commençaient à dégénérer en

---

1. Sur ce dernier point voir aussi PLATON, *République*, I, 330, D.

un savoir-faire visant uniquement à l'effet. Avec la sophistique, la philosophie était arrivée à se défier non seulement des systèmes particuliers, mais de la direction générale qu'avaient suivie les recherches antérieures, disons plus, de la possibilité même de la science. Mais la puissance intellectuelle du peuple grec était loin d'être épuisée ; au contraire c'étaient justement les agitations et les luttes du cinquième siècle qui en avaient complètement dégagé les énergies. Son horizon s'était élargi, sa pensée s'était aiguisée, ses conceptions et ses idées s'étaient enrichies, toute sa conscience était entrée en possession d'un contenu nouveau, depuis les succès qu'il avait remportés dans les entreprises les plus glorieuses et les œuvres les plus magnifiques ; et s'il est vrai que vers la fin de cette période, l'apogée de l'art classique et de la liberté politique était déjà passé, néanmoins la nouvelle culture intellectuelle n'avait pas encore porté dans la science tous les fruits qu'elle promettait. Car la sophistique avait détruit, mais non créé, elle avait provoqué des efforts nouveaux, mais sans rien accomplir. De profondes innovations étaient ici réclamées par les besoins moraux comme par les besoins scientifiques. Les mœurs anciennes et la science antérieure avaient été supplantées par l'esprit nouveau : on ne pouvait se contenter d'y revenir. Mais désespérer pour cela de toute science et de tout principe moral, c'eût été évidemment faire preuve de précipitation ; car l'insuffisance des conceptions qu'on s'était formées jusqu'alors sur ces deux points était loin de prouver qu'aucune science, aucune moralité ne fût vraiment possible. Plus, au contraire, les pernicieuses conséquences d'une semblable manière de voir étaient mises en évidence, plus impérieusement aussi s'imposait le devoir d'y échapper par une transformation de la pensée scientifique et morale, sans entreprendre pourtant la tâche impossible de restaurer sans restriction le passé.

LA PHILOSOPHIE NOUVELLE ET LES SYSTÈMES ANTÉRIEURS. — Dans quelle voie fallait-il s'engager pour atteindre ce but? C'est ce que l'expérience acquise pouvait indiquer assez clairement à un regard pénétrant. Si les mœurs traditionnelles avaient été vaincues par l'esprit nouveau, c'est qu'elles ne s'appuyaient que sur l'instinct et l'habitude et non sur une connaissance claire de leur nécessité; celui qui voulait entreprendre une réforme durable de la moralité devait donc la fonder sur la science. La philosophie antérieure ne pouvait suffire aux besoins de la génération nouvelle, parce qu'elle était uniquement consacrée à l'étude de la nature, parce qu'au commun des hommes elle ne donnait pas une préparation suffisante à la vie pratique, ni au penseur une doctrine assez arrêtée sur son essence et sa destinée. La nouvelle philosophie devait combler ces lacunes, tourner toute son attention vers les problèmes de la pensée et de la moralité, enfin élaborer ces idées morales dont la religion, la poésie et les mœurs publiques lui offraient un fonds si abondant. Si les systèmes anciens avaient succombé devant le scepticisme de la sophistique, c'est que la méthode en était trop étroite, et n'était pas suffisamment guidée par des concepts certains et précis sur la nature et le rôle de la connaissance pour résister à une dialectique qui ruinait les différentes théories les unes par les autres, et trouvait une preuve de l'impossibilité de la science dans l'instabilité et l'incertitude de l'apparence sensible. On ne pouvait élever un édifice durable sans poser des fondements plus profonds, sans trouver le moyen de compléter les unes par les autres des vues exclusives, de concilier les contradictions dans une doctrine supérieure, de saisir sous le changement des phénomènes l'essence immuable des choses[1]. Ce moyen n'était autre que la Dialectique ou l'art de former

---

1. Voy. t. I, 935, 941. (Trad. franç., t. II, p. 452, 459.)

32 les concepts, d'où devait sortir l'idéalisme philosophique. Ainsi la connaissance même des lacunes et des défauts que présentait l'état présent des idées devait nécessairement pousser la philosophie dans la direction qu'elle prit après Socrate. Les convictions morales chancelantes appelaient une morale scientifique, le caractère étroit de la philosophie de la nature une recherche plus compréhensive, les contradictions des systèmes dogmatiques une méthode dialectique, l'incertitude de l'expérience sensible une philosophie du concept, l'insuffisance de la conception matérialiste de l'univers, l'idéalisme.

LA PHILOSOPHIE NOUVELLE CONSIDÉRÉE COMME PHILOSOPHIE DES CONCEPTS. — Ces traits sont justement ceux qui distinguent en fait la philosophie de cette nouvelle période de la philosophie antésocratique. Celle-ci, nous l'avons vu, avait été uniquement une philosophie de la nature[1]; et la philosophie de transition de la sophistique avait été la première à abandonner les recherches physiques pour se tourner vers les problèmes moraux et dialectiques. Avec Socrate cette direction devient dominante. Il s'occupe exclusivement de la détermination des concepts et de recherches sur la vertu; c'est aux mêmes problèmes, à quelques exceptions près, que les écoles demi-socratiques limitent leur champ d'études. Les fondements dialectiques et le couronnement moral du système, mis en relief chez Platon également, forment un contraste frappant avec la philosophie physique, et si enfin Aristote a donné à la physique un développement considérable et l'a élaborée avec une prédilection qu'on ne saurait méconnaître, elle n'est pourtant chez lui qu'une simple partie du système, subordonnée entièrement, quant à sa valeur, à la métaphysique. Cette extension du domaine de la philosophie nous permet

---

1. Dans le sens déterminé, t. I, 158. (Trad. franç., t. I, p. 183.)

déjà de reconnaître que le point de vue en est totalement
changé. La pensée aurait-elle en effet cherché une matière
nouvelle et plus compréhensive, si elle ne s'était modifiée
elle-même et si elle ne s'était trouvée incapable dès lors de
se contenter de celle dont elle s'était occupée jusque-là?
Pour la même raison la méthode philosophique change
également. Dans la philosophie antérieure la pensée s'applique *immédiatement* à l'objet, en tant qu'objet; dans la
philosophie socratique et post-socratique, elle s'applique
tout d'abord au concept et, seulement par l'intermédiaire
du concept, à l'objet. La première se demandait sans
autre préparation quels prédicats convenaient aux choses : le monde, par exemple, est-il en mouvement, ou
immobile? Comment et de quoi le monde est-il constitué?
La seconde commence toujours par se demander ce que
les choses *en elles-mêmes* sont d'après leur concept, et
c'est seulement lorsque le concept de la chose est connu
avec exactitude qu'elle croit pouvoir en tirer quelques conclusions sur les propriétés et la constitution de cette chose[1].
Mais, pour obtenir le concept d'un objet, il faut en saisir
les diverses faces et les diverses qualités dans une vue
d'ensemble, concilier les contradictions apparentes qu'il
présente, distinguer en lui ce qui persiste et ce qui change,
en un mot suivre cette méthode dialectique dont Socrate
fut le promoteur, et à laquelle Platon et Aristote devaient
donner des fondements plus précis et des développements
nouveaux. Les philosophes antérieurs étaient partis de la
considération exclusive de quelques qualités particulières

---

1. Sur ce point, pour passer sous silence toute autre indication, voir en passant la distinction claire qu'établit PLATON, *Phédon*, 99, D, sq. : après s'être longtemps appliqué sans fruit aux recherches des physiciens, Socrate en arrive à la conviction qu'il s'enfonce dans une obscurité de plus en plus profonde, s'il continue à diriger les efforts de son esprit sur les choses considérées en elles-mêmes (τὰ ὄντα σκοπῶν... βλέπων πρὸς τὰ πράγματα τοῖς ὄμμασι καὶ ἑκάστῃ τῶν αἰσθήσεων ἐπιχειρῶν ἅπτεσθαι αὐτῶν)· ἔδοξε δή, μοι χρῆναι εἰς τοὺς λόγους καταφυγόντα ἐν ἐκείνοις σκοπεῖν τῶν ὄντων τὴν ἀλήθειαν (la vraie essence des choses). Ainsi, il abandonne les πράγματα pour les λόγοι, les ὄντα pour l'ἀλήθεια τῶν ὄντων.

dominantes des choses, pour en déterminer l'essence d'après ces qualités ; maintenant on veut que tout jugement sur un objet donné soit précédé d'un examen complet de toutes les faces de cet objet, d'une comparaison de toutes ses qualités : le dogmatisme est remplacé par la dialectique. C'est ainsi que la réflexion, qui, dans la sophistique, avait servi à détruire l'ancienne philosophie, devient un moment de la nouvelle. Les différents points de vue d'où les choses peuvent être considérées sont rapprochés et ramenés les uns aux autres. Mais on ne veut pas s'en tenir à ce résultat négatif, que nos représentations ne peuvent être vraies parce qu'elles renferment des déterminations contradictoires ; on veut, d'une manière positive, ramener les contradictions à l'unité, on veut montrer que la vraie science n'est point atteinte par la contradiction, parce qu'elle ne s'applique justement qu'à ce qui concilie en soi les opposés et à ce qui exclut les contradictions. Cette recherche d'une science fondée sur les concepts est le trait commun qui caractérise la philosophie de Socrate, de Platon et d'Aristote, et nous montrerons plus loin que les petites écoles socratiques ne désavouent pas cette tendance.

L'Idéalisme. — Mais si le *savoir* véritable ne peut être atteint que par le concept, le véritable *être* des choses ne saurait résider que dans ce que le concept fait connaître, dans leur essence telle que la pensée la saisit. Or cette réalité essentielle ne pouvait être cherchée dans la matière. Depuis surtout qu'Anaxagore avait reconnu que la matière avait besoin de l'esprit pour constituer un monde, depuis que l'ancienne physique matérialiste, dissoute dans la sophistique, avait donné naissance au scepticisme, il ne restait plus qu'un parti à prendre : il fallait considérer la forme et la raison finale des choses, ce qu'elles renferment d'immatériel comme l'élément le plus essentiel dans la détermination de leur idée, et par suite comme la véritable réalité des choses phénoménales. La philosophie socratique du concept avait pour conséquence logique l'Idéalisme. On ne peut méconnaître chez Socrate lui-même les premiers traits de cet idéalisme. Son indifférence pour les recherches physiques, sa prédilection pour les questions morales montrent suffisamment qu'il attachait un bien plus haut prix au monde intérieur qu'au monde extérieur. Nous n'avons encore qu'à ramener sa théorie téléologique de la nature aux principes métaphysiques qu'elle suppose pour y trouver au fond cette doctrine, que ce n'est pas la matière, mais l'idée dont elle reçoit sa forme qui fait de chaque chose ce qu'elle est, et que c'est par suite aussi cette idée qui représente la véritable réalité de cette chose. Cet idéalisme se retrouve encore plus accentué et plus précis chez les Mégariques, et chez Platon, au milieu des influences que ce philosophe subissait en même temps de la part des doctrines antésocratiques, il domine toutes les parties du système. Aristote lui-même ne lui est pas infidèle. S'il combat le caractère transcendant des Idées platoniciennes, il n'en affirme pas moins que ce n'est pas la matière, mais la forme qui constitue la réalité, et que la réalité la plus haute est celle de l'esprit dépouillé de toute matière. C'est conformément à ce principe que lui-même, après ses prédécesseurs, déclare dans la physique les causes finales supérieures aux causes matérielles; il doit, lui aussi, par comparaison avec les physiciens de la période antésocratique, être appelé idéaliste.

Ainsi, tandis que la philosophie antésocratique, partant 35 de la considération de la nature, voyait son objet capital dans la recherche de l'essence et des causes des choses matérielles, et, pour y arriver, s'appliquait avant tout à en déterminer la constitution matérielle, la nouvelle philosophie que fondait Socrate a un caractère tout différent. Elle commence non par l'observation de la nature, mais par l'observation de soi-même, non par la physique, mais par l'éthique. Elle veut expliquer les choses d'abord par les concepts, et en second lieu seulement par des considérations physiques. Elle substitue la méthode dialectique à la méthode dogmatique, l'idéalisme au matérialisme. L'esprit est dès lors opposé à la nature, le concept ou la forme à la matière, comme des termes supérieurs. La philosophie de la nature est devenue la philosophie du concept.

La philosophie de la seconde période opposée à la philosophie postérieure à Aristote. — Toutefois on ne va pas pour cela jusqu'à dire que l'esprit humain soit la mesure de la vérité et le but de la science. La philosophie de la période qui nous occupe n'était pas seulement fort éloignée de l'idéalisme subjectif d'un Fichte (aussi bien un tel idéalisme n'était-il possible que de notre temps) ; mais elle n'accorde même pas autant de place à la subjectivité que les écoles postaristotéliciennes[1]. Dans ces dernières, l'intérêt théorique est subordonné à l'intérêt pratique ; le savoir, en dernière analyse, n'est plus qu'un moyen en vue de la vertu ou du bonheur de l'homme. Les grands philosophes de la seconde période, au contraire, reconnaissent encore pleinement la valeur propre de la science. Pour eux le savoir est une fin en lui-même ; la théorie est ce qu'il y a de plus élevé et de plus noble, l'action dépend du savoir, et non le savoir des fins de la vie pratique. Seuls quelques socratiques plus exclusifs, dont l'exemple ne prouve rien quant à la direction générale des esprits à cette époque, font exception à cette règle. Encore trouvons-nous chez eux aussi cette pleine croyance à la possibilité de la science qui manque à la philosophie postaristotélicienne. On réfute sans doute le scepticisme sophistique ; mais on

---

1. Voir à ce sujet l'Introduction à notre IIIe Partie et t. I, 140 sqq. (Trad. franç., t. I, p. 161.)

ne sent pas le besoin de commencer par s'en délivrer soi-
même. On se demande *comment* on pourra atteindre le
vrai savoir, dans quel mode de représentation il faut le
chercher, comment il faut en déterminer la conception ;
mais on ne doute pas de la possibilité même de la science.
La recherche du critérium, cette question fondamentale
des écoles postérieures est complètement étrangère, en ce
sens, à la philosophie de la seconde période[1] et la réponse
qu'elles y font ne l'est pas moins. Elle ne tranche pas
la question, comme les épicuriens et les stoïciens, par un
postulat d'ordre pratique ; elle ne renonce pas à la science
comme les sceptiques ; elle n'a pas recours comme le néoplatonisme à des révélations supérieures ; elle se contente
de considérer la pensée scientifique comme la source de
toute vérité. De plus, cette branche de la science que
les philosophes postérieurs négligent tant et cessent
d'étudier pour elle-même, la physique, est encore cultivée avec succès dans cette période. Socrate, il est vrai,
ainsi que la plupart de ses disciples, s'en détourne,
mais déjà Platon ne peut s'en passer, et Aristote, sur les
principaux points, la porte pour deux mille ans à sa perfection. Nous voyons enfin la morale postaristotélicienne
devenir infidèle à l'esprit de l'ancienne moralité grecque,
d'une part en revêtant un caractère d'universalité cosmo-
polite, de l'autre en se séparant de la politique, en isolant
l'agent moral du monde extérieur pour le renfermer dans
sa conscience, en prêchant une muette résignation et un
sombre ascétisme ; rappelons-nous alors l'esprit ouvert à
tous les sentiments, cette heureuse sérénité, ce patriotisme
dévoué d'un Socrate, la politique de Platon, la doctrine
d'Aristote sur la vertu et sur l'État, enfin le rapport entre

---

1. Qu'on prenne par exemple le *Théétète* de Platon, on verra que la question qu'il traite, celle de la définition de la science (ἐπιστήμη ὅ τί ποτε τυγχάνει ὄν ; 145, E), est toute différente du doute exprimé dans la question du critérium sur la possibilité de la science.

l'endémonisme cyrénaïque et l'endémonisme épicurien[1], et nous verrons clairement ici encore la différence des deux époques. La philosophie de cette seconde période s'efforce sans doute de dépasser, en morale aussi, les bornes de la tradition. Elle complète l'habitude morale par une théorie éthique et par l'activité réfléchie; elle distingue plus clairement que l'opinion vulgaire l'acte extérieur et l'intention; elle veut qu'on s'élève au-dessus de la vie sensible vers l'idéal; elle purifie le contenu comme les motifs de la conscience morale; elle enseigne une vertu humaine universelle qui ne se confond pas avec la vertu civique, et veut par suite que l'on considère l'Etat lui-même comme un simple moyen d'atteindre la vertu et le bonheur, et non comme la fin morale dernière. Mais elle est encore bien éloignée de l'apathie stoïque et épicurienne, de l'ataraxie sceptique et de l'ascétisme néoplatonicien; elle ne veut pas séparer radicalement l'homme dans son activité morale de la nature. Avec Aristote, elle ne voit dans la vertu que la perfection de notre constitution naturelle; avec Platon, elle fait sortir l'amour de la beauté morale de l'amour de la beauté sensible; elle ne veut pas que le philosophe reste inutile à la société humaine; et, si elle ne connaît pas le cosmopolitisme postérieur, elle ne connaît pas non plus l'indifférence à l'égard de la nationalité et de la vie politique. Elle se tient ici encore dans un juste milieu classique, repoussant également une dépendance servile de l'homme vis-à-vis des choses extérieures, et une règle exclusive qui l'en séparerait complètement.

Ainsi, ce qui distingue la seconde période de la première, c'est que la philosophie cesse de prendre pour objet immédiat l'existence en elle-même, pour se tourner vers la pensée ou l'idée; ce qui la distingue de la troisième, c'est

---

1. Voy. t. I, 142. (Trad. franç., t. I, p. 164 sq.)

le caractère objectif de cette pensée ; c'est que ce n'est pas de lui-même et de la certitude de sa conscience subjective que se préoccupe en dernière analyse le sujet pensant, mais de la connaissance de ce qui est en soi vrai et réel. En un mot, c'est le principe de la science du concept qui donne à cette période le caractère scientifique qui la distingue. Ce principe seul doit nous expliquer cette largeur de vues qui met cette philosophie également au-dessus de la philosophie exclusivement physique de la période antésocratique et de la philosophie exclusivement morale de la période postaristotélicienne ; cette méthode dialectique qui s'oppose au dogmatisme antérieur et postérieur, cet idéalisme enfin qui transfigure la conception de l'univers, et n'amène pourtant pas la renonciation au monde objectif.

TABLEAU DU DÉVELOPPEMENT DE LA PHILOSOPHIE NOUVELLE. PLATON. ARISTOTE. — Cette philosophie devait recevoir son développement et son achèvement dernier de trois écoles, dont les fondateurs appartiennent à trois générations successives et sont personnellement rattachés l'un à l'autre par un rapport de maîtres à disciples[1]. Socrate commence par professer que la règle de la pensée et de l'activité humaines se trouve dans la science des idées et il enseigne en même temps à acquérir cette science en traitant les représentations par la méthode dialectique. Platon en conclut ensuite que les concepts objectifs possèdent seuls la réalité dans le sens le plus complet de ce mot et que tout le reste n'a au contraire qu'une réalité dérivée ; par là il donne à la conception idéaliste l'appui d'une dialectique plus précise, et la réduit en système. Aristote enfin arrive à reconnaître dans les choses mêmes l'idée comme la forme essentielle et la cause

---

1. Voy. t. I. 139 sqq , 145. (Trad. franç., t. I, p. 160 sqq, 168.)

motrice; sa complète analyse de la méthode scientifique montre comment doivent se trouver les concepts et comment ils sont unis au particulier; embrassant dans une vaste recherche les différents domaines de la science, il découvre les lois et l'organisation de l'ensemble de l'univers, ainsi que les formes de la pensée qui déterminent toute réalité. Socrate n'a pas encore de système, il n'a même encore aucun principe matériel. Il est convaincu que seule la connaissance fondée sur les concepts fournit la véritable science; que seule l'activité guidée par les concepts constitue la véritable vertu ; que le monde, lui aussi, est ordonné suivant des concepts définis et présente par suite de la finalité. Dans chaque cas donné il s'efforce de déterminer le concept de l'objet dont il s'occupe à l'aide d'une critique dialectique des notions communes; il néglige tout autre intérêt pour consacrer à cette œuvre tous ses efforts. Mais il ne s'élève pas au-dessus de cette méthode toute formelle. Sa doctrine se borne à ces recherches et à ces postulats généraux ; ce qui en fait l'importance, ce n'est pas une vue nouvelle sur les objets, c'est une nouvelle conception de la science et une exposition originale de cette conception ; c'est sa manière de comprendre le problème et la méthode de la science, la puissance de son instinct philosophique et la pureté de sa vie philosophique. Socrate cherche l'idée; Platon la découvre et en acquiert la sûre possession et la claire intuition ; pour lui, les concepts objectifs, les Idées, sont toute la réalité; l'être sans Idée, la matière en tant que matière, est un simple non-être et tout le reste est un mélange d'être et de non-être, qui ne possède l'être que dans la mesure où il participe à l'Idée. Platon sans doute s'élève par là beaucoup au-dessus du point de vue socratique; mais il n'est pas moins certain qu'en dépassant ce principe il ne fait que lui donner son développement logique ; les idées platoniciennes, comme l'a déjà reconnu avec justesse Aristote [1], sont les concepts généraux cherchés par Socrate, seulement dégagés du monde phénoménal. Mais ce sont aussi ces concepts qui forment le centre des spéculations d'Aristote : pour lui, l'idée ou la forme constitue seule l'essence, la réalité et l'âme des choses. Seule la forme sans matière, seul le pur esprit se pensant lui-même, est l'absolue réalité ; et pour l'homme également la pensée seule est la réalité supérieure et par suite aussi le bonheur suprême de son existence. Seulement, le concept que Platon avait séparé du phénomène et considéré comme une idée existant en soi se trouve selon Aristote immanent aux choses. Cette conception n'implique pas cependant que la forme aurait besoin de la matière pour se réaliser ; elle a au contraire sa réalité en elle-même, et si Aristote se refuse à la reléguer en dehors du monde sensible, c'est uniquement parce qu'ainsi isolée, elle ne saurait plus constituer ce qu'il y a de général dans les choses particulières, ni la cause et la substance des choses.

Ainsi c'est un seul et même principe que Socrate, Platon et Aristote nous exposent à des degrés divers de développement. Chez le premier, il est encore enveloppé, mais possède une énergie vitale prête à s'épanouir, et cherche à se dégager des idées de la première période et à en triompher ; chez le second, il se purifie de tout alliage, et acquiert un développement indépendant ; chez le troisième, il s'étend au monde de l'existence et de la conscience tout entier, mais s'épuise dans cette extension même et va au-devant de la transformation que doit lui faire subir la troisième période. Socrate, pourrions-nous dire, est le germe fécond, Platon la riche floraison, Aristote le fruit déjà mûr de la philosophie grecque à l'apogée de son développement historique.

Les Écoles demi-socratiques. — Un seul phénomène

1. *Métaphysique*, I, 6, 987 b, 1.

semble ne pas rentrer exactement dans le cadre ainsi tracé, et menace de rompre la régularité de cette marche historique. Ce sont les tentatives imparfaites que font pour développer la philosophie socratique les écoles mégarique, cynique et cyrénaïque. Nous ne pouvons reconnaître dans ces écoles un progrès véritable et essentiel de la conscience philosophique, en tant que cette philosophie (que son premier principe même poussait déjà chez Socrate à rechercher un savoir objectif, possible seulement dans un système de la connaissance) est maintenue par ces écoles dans les limites d'une culture intellectuelle et morale toute subjective. D'un autre côté, nous ne pouvons leur refuser une certaine importance; car non seulement elles ont été dans la suite le point de départ du stoïcisme, de l'épicuréisme et du scepticisme, mais elles ont par elles-mêmes provoqué beaucoup de recherches scientifiques, et exercé sur Platon et Aristote une influence évidente. Cependant le même cas se représente encore ailleurs, dans la période même qui nous occupe, pour l'ancienne Académie et pour l'école Péripatéticienne; ces deux écoles, en effet, considérées en elles-mêmes, ne forment pas non plus un moment distinct dans le développement de la philosophie, et pourtant il est impossible de les négliger quand on fait l'histoire de ce développement. Sur tous ces faits on peut présenter la même observation : l'importance principale de ces écoles n'est pas de faire faire au principe philosophique un progrès interne, mais d'être les auxiliaires extérieurs de ce progrès; elles maintiennent sous les yeux de leurs contemporains les anciennes formes de la pensée, les corrigent même sur quelques points et les développent dans une certaine mesure; elles conservent ainsi à l'ensemble de la conscience philosophique cette variété de vues sans laquelle les systèmes nouveaux ne pourraient jamais s'assimiler les conquêtes des systèmes antérieurs.

Aussi ne constatons-nous pas cette stabilité des écoles

philosophiques avant que la philosophie ait atteint une certaine généralité. En Grèce elle n'apparaît qu'avec Socrate et Platon. Ce dernier, embrassant dans son système tous les principes exclusifs des écoles antésocratiques, met fin à leur existence ; de même il ne professe pas un principe nouveau qui ne soit conservé dans une école particulière, jusqu'au moment où le néoplatonisme, posant la dernière pierre à l'édifice de la philosophie grecque, vit également s'éteindre en lui et avec lui tous les systèmes antérieurs. Mais si nombreuses que soient, d'après ce qui précède, les écoles scientifiques que l'époque postérieure vit naître séparément l'une à côté de l'autre, il y en a peu cependant qui aient une vie indépendante ; les autres ne font que reprendre les points de vue anciens indiqués par la tradition ; elles ne peuvent donc pas, lorsqu'il s'agit de déterminer le caractère philosophique d'une époque, entrer désormais en ligne de compte ; par suite, l'historien ne devra les mentionner non plus qu'au second rang. Cette observation s'applique aussi aux demi-socratiques. Leurs doctrines ne montrent point un progrès dans les principes, mais ne font que saisir un côté particulier de la philosophie de Socrate. Elles sont avec cette dernière dans le même rapport que l'ancienne Académie avec Platon et l'école péripatéticienne avec Aristote. J'étudierai donc, dans ce qui suit : 1° Socrate et les demi-socratiques, 2° Platon et l'Académie ; 3° Aristote et les péripatéticiens.

PREMIÈRE SECTION

SOCRATE ET LES DEMI-SOCRATIQUES

I

SOCRATE.

§ 1. SA VIE.

IMPORTANCE DE LA PERSONNE DE SOCRATE. — Il n'est pas d'exemple d'un philosophe chez qui la valeur scientifique et le caractère personnel soient plus intimement liés que chez Socrate. Il est vrai que tout système philosophique est avant tout l'œuvre d'une personnalité définie, et qu'à ce titre, il s'explique par l'éducation intellectuelle et morale, par les destinées de son auteur et par les circonstances où il s'est trouvé. Chez les autres pourtant le fruit de leur vie scientifique se laisse plus facilement détacher de la tige qui l'a porté; leur doctrine peut être recueillie et transmise par des esprits dont la nature individuelle est bien différente sans être modifiée dans son essence. Chez Socrate, au contraire, cela n'est pas possible dans la même mesure. Avec lui, il doit être question bien moins d'une doctrine formulée avec précision et que des esprits différents pourraient s'approprier sans en changer le fond, que d'une direction déterminée de la vie et de la pensée, du caractère philosophique et de l'art de la recherche scientifique, en un mot de toutes choses qu'on ne saurait immédiatement s'assimiler ni transmettre sans altération, mais qui ne peuvent se propager que d'une manière plus libre, en provoquant chez les autres un développement analogue des tendances qui les caractérisent. D'autant plus vif doit être notre désir d'avoir des renseignements précis sur la formation d'un caractère dont l'importance est si grande dans l'histoire du monde.

Mais nous rencontrons ici la même difficulté que dans bien d'autres cas : nous savons bien ce qu'a été Socrate dans sa maturité et quelle fut son action, mais de sa vie extérieure les traits les plus généraux nous ont seuls été conservés, et la première partie en reste plongée dans une profonde obscurité ; pour l'histoire de son développement moral et intellectuel, mises à part les données incomplètes et souvent incertaines des anciens auteurs, nous sommes réduits à des conjectures.

JEUNESSE DE SOCRATE. — La jeunesse et les premières années de maturité du philosophe coïncident avec l'époque la plus brillante de l'histoire de sa nation. Né dans les dernières années de la guerre persique[1], il était, quoique

---

1. La date la plus certaine dans la biographie de Socrate est celle de sa mort. Elle se place, selon DÉMÉTRIUS de Phalère et APOLLODORE (DIOG., II, 44), DION, XIV, 37, etc., dans la 1re année de la 95e Olympiade et très vraisemblablement dans la 2e moitié du mois de Thargélion, car c'est à ce moment que nous devons placer le retour de la théorie de Délos qui, d'après PLATON (*Phédon*, 59, D), arriva la veille de l'exécution de Socrate (Cf. K. F. HERMANN, *De theoria deliaca*, Ind., Schol. Götting., 1846-7). Environ un mois avant (XÉNOPHON, *Mém.*, IV, 8, 2, dit d'une manière précise : trente jours), par conséquent encore dans le mois de Munychion, avait eu lieu l'action judiciaire. Socrate fut donc jugé en avril ou mai 399 av. J.-C. et mis à mort en mai ou juin de la même année. Comme d'ailleurs, selon PLATON (*Apol.*, 17, D), au moment de sa condamnation, il avait déjà dépassé 70 ans, mais pas de beaucoup, puisque le *Criton*, 52, E, lui donne encore, en chiffres ronds, 70 ans, sa naissance doit être placée au plus tard Olymp. 77, 3 (469 av. J.-C.). Si le jour de sa naissance doit être mis le 6 du mois de Thargélion (APOLLOD. ap. DIOG. II, 44, PLUT., *Quæst. conv.*, VIII, 1, 1, ÉLIEN, *V. H.*, II, 25), et n'était dès lors pas encore passé au moment du jugement, il nous faudrait remonter jusqu'à l'année 470 ou même 471 av. J.-C. (Ol. 77, 2 ou 77, 1). Cf. BÖCKH, *Corp. Inscript.*, II, 321. HERMANN, *loc. cit.*, p. 7). Mais on se demande si cette indication sur le jour de naissance du philosophe est bien une

SA JEUNESSE.

plus jeune, le contemporain de tous les hommes qui illus-
trèrent le siècle de Périclès. Citoyen d'Athènes, il pouvait
profiter de tous les éléments de culture qu'une activité
intellectuelle sans pareille avait réunis dans ce grand
centre ; sa pauvreté et l'infériorité de son origine pouvaient
lui en rendre l'usage difficile [1], mais pourtant, dans l'A-
thènes d'alors, le plus humble des citoyens était en état de

---

tradition historique ou si c'est une invention faite à dessein, et si la fête anniversaire de Socrate le Maïeutique n'a pas été placée le 6 Thargélion pour qu'elle coïncidât avec celle d'Artémis, la déesse favorable aux accouchements, comme l'anniversaire de Platon avec celui d'Apollon. Dans ce cas, il resterait possible de placer sa naissance Ol. 77, 3; le calcul contraire d'Apollodore (Diog., loc. cit.) qui la place Ol. 77, 4, est en tout cas erroné ; en outre, l'assertion mentionnée au même endroit par Diogène, et selon laquelle Socrate n'aurait eu que 60 ans, ne saurait valoir contre les affirmations précises de Platon, et ne repose peut-être que sur une erreur de copiste. Erronée également est la remarque d'Hermann (loc. cit., Plat. Phil., 666, De philos. ion. ætat., II, A, 39), selon laquelle Socrate ne pouvait être né ni dans la 3ᵉ ni dans la 4ᵉ année d'une olympiade, parce que suivant Synésius (Calv. Enc., ch. 17) il aurait eu 25 ans lors de son entrevue avec Parménide et que cette entrevue dut avoir lieu (Platon, Parm., init.) à l'époque des grandes Panathénées, qui se célébraient la 3ᵉ année de chaque olympiade. A supposer même que cette entrevue entre les deux philosophes fût historique (voir contre cette hypothèse, t. I, 509, sqq., trad. franç., t. II, p. 43 sq.), l'indication de Synésius sur l'âge de Socrate à cette époque est, en tous cas, la conjecture la plus arbitraire. Déjà les termes de Platon (Théét., 183, E, Parm., 127, C : πάνυ νέος, σφόδρα νέος) la réfutent d'une manière décisive.

1. On sait que son père Sophronisque (Xén., Hell., I, 7, 15, Platon, Lachès, 180, D, etc. ; Épiphane, Exp. fid. 1087, A, l'appelle, on ne sait trop pourquoi, Elbaglus) était sculpteur, au témoignage de Diog., II, 18, sqq., etc. ; sa mère Phénarète, sage-femme, suivant Platon, Théét., 149, A, etc. En ce qui concerne ses ressources, Démétrius de Phal. (Plut., Aristide, ch. I, fin) affirme, il est vrai, que non seulement il possédait des terres, mais une somme assez considérable, 70 mines, placée à intérêts; mais cette assertion contredit toutes les affirmations des témoins les plus dignes de foi, et n'a que des fondements historiques plus faibles encore que ceux de l'assertion analogue au sujet d'Aristide ; toutes deux, en définitive, doivent venir simplement du désir qu'avaient les péripatéticiens d'appuyer sur des autorités leur doctrine au sujet du prix des richesses. Platon (Apol., 23, B, 38, A, sq., Rep., I, 338, B. Cf. l'exposition du Banquet) et Xénophon (Econ., 2, 2, sq., 11, 3, Mém., I, 2, 1) nous le représentent comme très pauvre (πάνυ μικρὰ κεκτημένος, dit Xénophon, ἐν πενίᾳ μυρίᾳ εἰμί, est-il dit dans Platon) ; mais ils appuient même leur dire sur des renseignements précis. Chez Platon, Socrate déclare qu'il pourrait peut-être payer une amende d'une mine, et chez Xénophon il estime tout ce qu'il possède, y compris sa petite maison, à 5 mines. Libanius raconte (Apol. Soc., t. III, p. 7, Reisk.) que Socrate avait reçu en héritage de son père 80 mines, qui auraient perdues en les prêtant, et aurait supporté cette perte avec l'égalité d'âme la plus philosophique. Mais ce n'est là qu'une histoire inventée pour montrer par un trait frappant combien le philosophe est au-dessus de l'argent et de la richesse; comment Platon et Xénophon eussent-ils omis ce trait s'ils l'avaient connu ? C'est sans doute l'indication de Démétrius, citée plus haut, qui aura fourni l'occasion de cette histoire.

participer à la vie artistique si active dans laquelle cette ville cherchait surtout la satisfaction d'un besoin public, et n'était point exclu de la société des hommes placés dans les plus hautes conditions. Or, à cette époque, c'était justement par ces libres relations entre les personnes, bien plus que par l'enseignement d'une école, que se transmettait la culture scientifique. Socrate avait déjà atteint l'âge viril, lorsque les Sophistes fondèrent un enseignement scientifique formel. Bien que nous puissions, par conséquent, comprendre comment un homme énergique pouvait, dans la situation de Socrate, rencontrer de quoi provoquer et satisfaire de mille manières les aspirations de son esprit, et se trouver entraîné dans l'admirable essor de sa patrie, nous ne savons pourtant rien de bien précis sur sa direction première ni sur les voies qui devaient le conduire à sa grandeur future[1]. Nous pouvons admettre qu'il avait reçu l'enseignement traditionnel de la gymnastique et de la musique[2]; pourtant ce qu'on nous rapporte de ses maîtres en musique[3] ne mérite aucune considéra-

---

1. Sur tout ce qui suit, cf. K. F. Hermann, *De Socratis magistris et disciplina juvenili*. Marb., 1837.

2. Platon le dit expressément dans le *Criton*, 50, D, et, même sans ce témoignage, on ne pourrait guère en douter. Porphyre (ap. Théod., *Cur. Gr. aff.*, I, 29, p. 8) prétend, sans doute en s'appuyant sur une assertion d'Aristoxène, que Socrate n'était pas même assez instruit pour savoir lire comme il faut. Il est à peine besoin de réfuter expressément cette assertion par des témoignages comme ceux de Xén., *Mém.*, I, 6, 14; IV, 7, 3; 5. C'est là évidemment une exagération intentionnelle de cette ἀπαιδευσία bien connue (Plat., *Banq.*, 221, E, 199, A, sq. *Apol.*, 17, B, sqq.), qui en réalité n'appartient qu'à cette enveloppe de satyre que revêtait le philosophe, mais dont l'envie se saisit plus tard avidement et dont elle força les traits pour diminuer sa gloire.

3. Selon Maxime de Tyr, XXXVIII, 4, Connus fut son maître pour la musique, Évènus pour la poésie; Alex. ap. Diog. II, 19, le désignait comme disciple du musicien Damon, tandis que Sextus (adv. Math., VI, 13) nous indique un certain Lampon, maître de cithare. Mais toutes ces assertions dérivent évidemment de passages de Platon dont on ne saurait faire ici l'application. Socrate nomme en effet Connus comme son maître (*Menex.*, 235, E. *Euthyd.*, 272, C); mais, d'après ce dernier passage, ce serait seulement dans sa vieillesse qu'il fréquenta l'école de Connus, où il aurait ainsi voulu simplement rafraîchir et compléter des connaissances dès longtemps acquises. Le plus vraisemblable pourtant, quoique le fait ait été souvent rapporté comme historique et orné de détails nouveaux (Cic., *ad fam.*, IX, 22. Quint., I, 10. Val. Max., VIII, 7, ext. 8. Diog. II, 32. Stob., *Florit.*, 29, 68), c'est que les passages de Platon se rapportent au Connus du poète comique

tion. On nous dit encore qu'il serait allé assez loin en géo- 46
métrie pour aborder les problèmes les plus difficiles, et
qu'il ne serait pas non plus resté étranger à l'astronomie[1].
Mais s'était-il occupé de ces sciences dès sa jeunesse, ou
seulement dans un âge plus avancé, et quel maître les lui
avait enseignées? C'est ce que nous ignorons[2]. Nous le
voyons, dans son âge mur, en relations plus ou moins
étroites avec un certain nombre de personnages dont l'influence peut avoir en bien des sens provoqué sa réflexion
et développé ses connaissances[3], et il n'est pas douteux
qu'il doive beaucoup à ces relations. Mais il est impossible
de considérer ces personnes comme des maîtres à proprement parler, quoiqu'elles puissent être souvent désignées
sous ce titre[4], et nous ne saurions trouver là aucune

Amipsias et que toute l'histoire est une invention de ce poète (V. HERMANN, *l. c.*, 24, sq.). Le nom de Damon vient de PLATON. *Lach.*, 180, D, 197, D. *Rep.*, III, 400, B, 424, C. Mais ce célèbre musicien, auquel sa liaison avec Périclès donnait aussi une certaine importance politique, est désigné non comme un maître, mais seulement comme un ami de Socrate; de même Évenus ne nous est pas donné par le *Phédon*, 60, C, cf. *Apol.*, 20, A. *Phèdre*, 267, A, connu comme un maître, mais à peine comme une connaissance du philosophe. Le Lampon de Sextus enfin ne doit peut-être son existence qu'à une erreur; peut-être Sextus, au lieu de Connus (STOB., *Floril.*, 29, 68, donne Connus dans le même contexte), avait-il écrit par inadvertance Damon, ou même Lamprus que le *Ménexène* (*l. c.*) mentionne, mais non comme un maître de Socrate, et le copiste aura fait avec cela un Lampon, car on ne peut penser ici au célèbre devin de ce nom.

1. XÉN., *Mém.*, IV, 7, 3 ; 5.
2. MAXIME, *l. c.*, dit que ce fut Théodore de Cyrène; mais ce n'est là sans doute qu'une conjecture tirée du *Théétète* de Platon, qui ne la justifie pas.
3. Par exemple, les sophistes Protagoras, Gorgias, Polus, Hippias, Thrasymaque et surtout Prodicus (PLAT., *Prot. Gorg., Hipp. Rep.*, I, etc., XÉN., *Mém.*, II, 1, 21, sqq., IV, 4, 5, sqq., V. t. I, 954, trad. franç., t. II, p. 471); par exemple encore Euripide, avec lequel il était sur le pied d'une telle intimité, que les comiques contemporains accusaient le poète de se faire faire ses tragédies par Socrate (DIOG. II, 18, cf. ÉLIEN, *V. H.*, II, 13), Aspasie (V. n. suiv. et XÉN., *Écon.*, 3, 14, *Mém.*, II, 6, 36. ESCHINE, ap. CIC., *De inv.*, I, 31, et sans doute aussi ap. MAX. TYR., XXXVIII, 4, cf. HERMANN, *De Æschin. Reliq.*, 16, sq. HERMESIANAX ap. ATHÉN., XIII, 599, A) et la Diotime de Platon ; enfin, chez PLATON (*Banquet*), Aristophane. Seulement, pour la plupart de ces personnages, nous ignorons complètement si Platon s'en tient aux faits lorsqu'il les met en rapport avec Socrate.
4. Socrate lui-même s'intitule, chez Platon, le disciple de Prodicus (V. t. I, 954, trad. franç., t. II, p. 471, 1) d'Aspasie (*Ménex.*, 235, E, cf. n. préc.) et de Diotime (*Banq.*, 201, D) : ce qu'anciens et modernes ont répété (sur Diotime et Aspasie, cf. HERMANN, *Socr. mag.*, p. 11, sq.). Nous devons d'abord considérer l'enseignement que Socrate reçut de ces deux femmes comme le simple fruit de relations personnelles et libres alors même que Diotime serait un personnage

47 lumière sur l'histoire intellectuelle de sa jeunesse. Enfin nous trouvons dans sa bouche des assertions qui montrent que les idées de Parménide et d'Héraclite, des atomistes, d'Anaxagore et peut-être même d'Empédocle lui étaient connues d'une manière générale[1]. Comment était-il arrivé à les connaître? on ne nous le dit pas; ce qu'on nous raconte de l'enseignement qu'il aurait reçu, dans sa jeunesse, auprès d'Anaxagore et d'Archélaüs n'est ni suffisamment confirmé, ni même vraisemblable en soi[2]; plus

historique, et que le *Ménexène* serait bien de Platon. La même observation est applicable à Prodicus, comme nous l'avons montré (*loc. cit.*). Si MAXIME nomme Isomaque comme maître d'agriculture, c'est une conclusion erronée qu'il a tirée de XÉNOPHON (*Econ*, 6, 17, sq.). Enfin l'assertion suivant laquelle Socrate aurait été l'élève de Diagoras de Mélos (*Schol.*, aux *Nuées* d'Aristoph., V, 328), est une invention évidente, dont la seule occasion est sans doute le passage d'Aristophane.

1. XÉNOPH., *Mém.*, I, 1, 14, IV, 7, 6, cf. plus bas pp. 112-113.
2. Les témoignages sont : pour *Anaxagore*, ARISTIDE, *Or.*, XLV, p. 36, Cant., et les sources dont s'est servi sans les nommer DIOG. II, 19, 45, que SUIDAS, Σωκράτης, copie selon son habitude ; pour *Archélaüs*, DIOG. et les auteurs qu'il cite : Ion, Aristoxène et Dioclès ; CICÉRON, SEXTUS, PORPHYRE (ap. THEOD., *Cur. Gr. Aff.*, XII, 67, p. 175). CLÉMENT (*Strom.*, I, 302, A), SIMPLICIUS, EUSÈBE, HIPPOLYTE, PSEUDO-GALIEN (V. t. I, 926, trad. franç., t. II, p. 441) et quelques autres (cf. KRISCHE, *Forschung.*, 210, sq.). En ce qui concerne Anaxagore les preuves sont bien insuffisantes et, à voir la manière dont PLATON (*Phédon*, 97, B) et XÉNOPHON (*Mém.*, IV, 7, 6, sq.) font parler de lui leur maître, il est invraisemblable qu'il l'ait approché personnellement et qu'il ait connu sa doctrine autrement que par ses ouvrages et par ouï-dire : ce qui n'exclut naturellement pas quelque rencontre fortuite et tout extérieure. La tradition au sujet de ses rapports avec Archélaüs est beaucoup plus digne de foi; cependant il y a encore ici bien des choses suspectes. Des deux témoins les plus anciens, Ion et Aristoxène, le premier, contemporain de Socrate, un peu plus jeune que lui, ne paraît pas avoir désigné Archélaüs comme son maître; du moins tout ce que DIOGÈNE, II, 23, nous rapporte d'après lui, c'est que dans sa jeunesse Socrate aurait fait avec Archélaüs le voyage de Samos. Mais cette assertion est en contradiction formelle avec un témoignage de PLATON, *Criton*, 52, B, selon lequel Socrate n'aurait jamais quitté Athènes, sauf dans l'unique voyage qu'il fit pour assister aux jeux isthmiques (cf. p. 55, 1) et dans ses campagnes. Car ce témoignage est beaucoup trop précis et trop général pour qu'on puisse penser avec MÜLLER (*Frag. Hist. Græc.*, II, 49, 9, d'après NIEDERDING) qu'il se rapporte à l'âge mûr du philosophe. Il est sans doute encore possible qu'un voyage qu'eût fait Socrate dans sa jeunesse fût resté ignoré de Platon, car il me semble bien difficile, en face d'une affirmation aussi précise, d'admettre, comme le fait ALBERTI (*Sokr.*, 40), que Platon l'ait à dessein passé sous silence. Il est possible toutefois qu'il y ait ici une erreur. Peut-être Ion parlait-il non d'un voyage à Samos, mais de la présence de Socrate dans l'expédition contre Samos en 441 av. J.-C., expédition qu'on devrait pourtant s'attendre à voir Platon mentionner dans l'*Apologie*, 28, E. Peut-être encore l'indication de Diogène repose-t-elle sur une substitution de noms et l'assertion d'Ion portait-elle sur un autre que Socrate. Peut-être enfin n'est-ce pas Ion de Chios, mais un autre écrivain postérieur de ce nom qui avait ainsi parlé de Socrate. Car

incertaines encore sont ses prétendues relations avec Par- 48
ménide et Zénon¹. Nous n'avons également que bien peu
d'indications sur les ouvrages philosophiques qu'il aurait 49
connus². Un passage assez célèbre du *Phédon* (96, A sqq.)
nous le montre quittant la physique ancienne et la philosophie d'Anaxagore pour embrasser sa nouvelle doctrine. Mais il est bien invraisemblable que ce renseignement nous fournisse sur le développement de la pensée de
Socrate une donnée vraiment historique quant au fond³.
Une raison suffirait à nous le faire croire : c'est que ce

---

chez le poète de Chios qui, suivant ARISTOPHANE (*La Paix*, 835), était mort en l'an
421 av. J.-C., cette mention faite de Socrate a quelque chose de singulier. Mais,
en aucun cas, on ne saurait conclure du témoignage d'Ion que Socrate ait été le
disciple d'Archélaüs, et alors même qu'il serait assez précis pour prouver que Socrate, dans sa jeunesse, ait été lié avec lui, encore faudrait-il se demander ce que
sa philosophie peut devoir à cette liaison. Aristoxène va plus loin. Selon son récit (ap. DIOG. II, 16), Socrate aurait été le favori du physicien Archélaüs ou même,
suivant PORPHYRE (*loc. cit.*), c'est à 17 ans que Socrate aurait fait connaissance
avec Archélaüs ; il serait resté plusieurs années auprès de lui et aurait été initié
par lui à la philosophie. Cependant nous aurons plus tard encore l'occasion de
montrer combien les assertions d'Aristoxène sur Socrate méritent peu de confiance. En outre, Diogène ajoute une assertion étroitement liée à la précédente :
celle que Socrate serait devenu l'élève d'Archélaüs après la condamnation d'Anaxagore ; si c'est d'Aristoxène que Diogène tient ce renseignement, le peu de confiance qu'il mérite devient évident. Car, lorsque Anaxagore quitta Athènes, Socrate avait depuis longtemps passé sa 17ᵉ année et par conséquent aussi ses années
d'études. En elles-mêmes d'ailleurs les allégations d'Aristoxène ne sont pas moins
invraisemblables, car si Socrate avait été dès sa première jeunesse, vingt ans
avant qu'Anaxagore fût exilé d'Athènes, en relations aussi intimes avec Archélaüs,
comment comprendre qu'il n'ait pas en même temps été très lié avec Anaxagore
(ce qu'on ne peut admettre)? et si ce fut Archélaüs qui lui enseigna la philosophie, comment se fait-il que ni Xénophon, ni Platon, ni Aristote ne fassent la
moindre mention de lui? D'un autre côté, c'est sur le témoignage d'Aristoxène
que paraissent reposer toutes les assertions postérieures au sujet des rapports
des deux philosophes. Comme d'ailleurs il y a aucun lien qui rattache la doctrine d'Archélaüs à celle de Socrate (V. t. I, 931, trad. franç., t. II, p. 446), il
me paraît invraisemblable que ce physicien ait eu une grande influence sur le
développement philosophique de Socrate, alors même que celui-ci l'aurait connu,
lui et sa doctrine. Lui-même se qualifie (XÉNOPH., *Banq.*, I, 1, 5) de philosophe
autodidacte, αὐτουργὸς τῆς φιλοσοφίας.

1. V. t. I, 509 sqq., trad. franç., t. II, p. 43 sq.
2. Il paraît avoir connu ceux d'Anaxagore (v. p. 47, 2); au contraire, le mot que
DIOG. II, 22, lui prête au sujet d'un écrit d'Héraclite n'est pas certain. Je ne puis
considérer comme historique le renseignement donné par PLUT. (*Curios.*, c. 2,
p. 516), suivant lequel il aurait étudié avec soin la doctrine de Pythagore.
3. Comme VOLQUARDSEN (*Rhein. Mus. Neue Folge*, XIX, 514, sqq.), ALBERTI
(*Sokrates*, 13, sq.), UEBERWEG (*Unters. d. Plat. Schr.*, 94), STEINHART (*Plat. L.*,
297), l'admettent.

développement aboutit à la théorie platonicienne des Idées. Ajoutons que nous ignorons absolument si Platon savait quoi que ce fût de précis sur l'histoire de l'éducation de son maître.

MISSION DE SOCRATE. — Il commença sans doute par apprendre l'art de son père[1], qu'il n'exerça peut-être jamais pour son propre compte, et qu'en tous cas il abandonna bientôt[2]. Il se reconnaissait lui-même une mission plus haute, celle de travailler à son perfectionnement moral et intellectuel, comme à celui des autres; et cette conviction était si profonde chez lui, qu'elle prit la forme de révélations divines[3]. En outre, il avait été confirmé dans cette conviction par l'oracle de Delphes, dans lequel nous verrons naturellement non la cause, mais seulement un soutien extérieur de sa tentative de réforme[4]. De

---

1. TIMON et DURIS ap. DIOG. II, 19; TIMÉE, d'après PORPHYRE ap. CYRILL., C. Jul., 208, A, sq., Spanh., etc.; PLATON aussi dans la Rép., VI, 496, B, semble avoir en vue le cas de Socrate.
2. PORPHYRE, l. c., ne veut pas trancher la question de savoir si Socrate lui-même ou seulement son père s'occupa de sculpture; et le fait que les trois Grâces vêtues de l'Acropole d'Athènes lui étaient attribuées (DIOG., l. c., PAUSAN., I, 22, s. f., IX, 35, s. f.) ne prouverait pas grand chose. Comme d'ailleurs nous ne trouvons chez Aristophane, Platon et Xénophon aucune allusion à son état de sculpteur, il nous faut supposer que si jamais il s'occupa de sculpture, il y avait longtemps qu'il l'avait abandonnée lorsque parurent les Nuées. Les assertions de DURIS et de DÉMÉTRIUS de Byzance (DIOG. II, 19, sq.) suivant lesquelles il aurait été esclave (comme si cela avait été possible dans le droit athénien), et aurait été tiré de l'atelier par Criton, qui se serait occupé de son éducation, paraissent reposer sur une confusion avec Phédon (V. plus bas).
3. PLATON. Apol., 33, C: ἐμοὶ δὲ τοῦτο... προστέτακται ὑπὸ τοῦ Θεοῦ πράττειν καὶ ἐκ μαντείων καὶ ἐξ ἐνυπνίων καὶ παντὶ τρόπῳ, ᾧπερ τίς ποτε καὶ ἄλλη θεία μοῖρα ἀνθρώπῳ καὶ ὁτιοῦν προσέταξε ποιεῖν.
4. D'après le récit bien connu de l'Apologie de Platon, 20, E, sqq., que les écrivains postérieurs ont répété si souvent avec plus ou moins de détails, voici ce qu'il en est. Chéréphon avait demandé à Delphes s'il y avait un homme plus sage que Socrate, et la Pythie lui avait répondu que non. Les iambes cités par DIOG., II, 37 et SUID., s. v. Σοφός, et qui contiennent cette réponse sont naturellement d'une époque postérieure. Alors, raconte Socrate, il s'était demandé quel pouvait être le sens de l'oracle, et, pour le trouver, il s'était mis à converser avec tous ceux qui croyaient savoir quelque chose, tandis qu'il avait lui-même conscience de son ignorance. Il crut dès lors se mettre au service du Dieu en continuant à examiner les hommes afin de sauver la vérité de la parole du Dieu qui l'avait déclaré le plus sage, lui qui ne savait rien. Socrate peut avoir réellement ainsi parlé, et même il doit vraisemblablement s'être exprimé ainsi en

quelle manière et à quel moment cette conviction s'éveilla-t-elle dans sa conscience, on ne saurait le dire avec précision. Mais le plus probable, en tous cas, c'est qu'elle se développa en lui graduellement, à mesure qu'augmentait sa connaissance de la situation scientifique et morale de son siècle, et que pourtant, vers le commencement de la guerre du Péloponnèse, il avait trouvé l'assiette de sa pensée philosophique dans ce qu'elle avait d'essentiel [1].

Il se consacra dès lors à cette mission avec une entière abnégation. Sa condition extérieure était extrêmement nécessiteuse [2]. Sa vie domestique, en compagnie d'une femme comme Xanthippe, était loin d'être gaie [3], mais les

substance. Malgré cela, on voit par ce récit même que ses premières recherches philosophiques ne datent pas seulement de la réponse de l'oracle ; car d'où viendrait alors la question de Chéréphon et la réponse de la Pythie ? Cette dernière montre avec évidence que Socrate était déjà un personnage fort connu. Si, dans l'Apologie, par la manière dont il expose le fait, il donne à croire que c'est le Dieu de Delphes qui le premier l'a provoqué à mettre à l'épreuve le savoir des hommes, c'est là un artifice oratoire. Ainsi, sans être obligés avec Colotès (PLUT., Adv. Col., 17, 1), ATHÉNÉE (V, 218 e) et bien des écrivains modernes (BRUCKER, Hist. phil., I, 354 sq. et ceux qu'il cite, VAN DALEN et HEUMANN) de nier le caractère historique de l'oracle, qui d'ailleurs ne peut guère être rigoureusement démontré, nous pouvons ne pas lui attribuer une importance capitale. Il a pu être pour Socrate ce que fut pour Luther son doctorat : il confirma dans son esprit sa vocation intérieure ; mais ce n'est pas là ce qui a fait de lui un réformateur de la philosophie, de même que ce n'est pas son doctorat qui a fait de Luther un réformateur de la religion. En revanche, ce qu'on raconte d'un oracle rendu à son père quand il était encore enfant n'est qu'une fable (PLUT., Gen. Socr., c. 20, s. f., p. 589).

1. Ce qui tend à le prouver, c'est le rôle que lui donne Aristophane dans les Nuées. Si déjà à ce moment (424 av. J.-C.) on pouvait montrer en lui le principal représentant de la rénovation philosophique, cela suppose qu'il avait depuis plusieurs années déjà poursuivi son œuvre avec une originalité bien marquée, et réuni autour de lui un cercle d'amis. Dans le Connus d'Amipsias, qui parut à la même époque que les Nuées, il semble avoir été également mis en scène comme une personnalité bien connue, et encore auparavant Ion avait peut-être fait allusion à lui dans ses Souvenirs de voyage (voir p. 45, 3 ; 47, 2).

2. Voir plus haut, p. 44, 1.

3. Ce n'est pas seulement parmi nous que le nom de Xanthippe est devenu proverbial ; les anciens également (TÉLÈS, vers 250, ap. STOB., Floril., 5, 67 ; SÉNÈQUE, De const., 18, 5. Ep., 104, 27 ; PORPHYRE, ap. THÉOD., Cur. Gr. Aff., XII, 65, p. 174), sans doute d'après ARISTOXÈNE, DIOG., II, 36 sq. ; PLUT., De Coh. ira, c. 13, p. 461, e, qui toutefois raconte la même chose de la femme de Pittacus (De tranq. an., c. 11, 471, c) ; ÉLIEN, V. H., XI, 12, VII, 10 ; cf. M.-AUR. πρὸς ἑαυτ., XI, 28 ; ATHÉN., V, 219, b, XIV, 643 sq. d'après le stoïcien ANTIPATER ; SYNÉS., Dion, p. 58, a, Pet. ; HIÉRON., C. Jovin., I. IV, 193, Mart.), connaissent sur son compte tant de traits et d'histoires peu flatteuses pour elle, qu'on pour-

monothéisme, ni pour la vie future, l'influence n'est si assurée ou si considérable qu'on l'a souvent pensé.

En ce qui concerne l'unité de Dieu, nous ne rencontrons pas plus dans la théologie mystique que dans la théologie populaire le point de vue théiste proprement dit. On ne peut concevoir comment l'unité de Dieu, au sens juif ou chrétien[1], aurait été enseignée dans les fêtes des divinités éleusines, des Cabires ou de Dionysos. Il n'en est pas de même, à vrai dire, de ce panthéisme qu'expose un fragment de la Théogonie orphique[2], où Dieu est appelé le commencement, le milieu et la fin de toutes choses, la racine de la terre et du ciel, la substance qui est à la fois air et feu, soleil et lune, homme et femme, etc.; où il est dit que le ciel est la tête de Dieu, la lune et le soleil ses yeux, l'air sa poitrine, la terre son ventre, le monde inférieur son pied, l'éther son intelligence infaillible, omnisciente, royale. Un semblable panthéisme ne serait certes pas inconciliable avec le polythéisme, sur le terrain duquel les mystères sont toujours demeurés. Les dieux du polythéisme ne sont en réalité que les parties et les forces du monde, les différents domaines de la nature ou de la vie humaine. Or, il est naturel que les rapports de ces différentes forces entre elles et la prééminence de l'une d'elles sur les autres finissent par frapper les esprits; c'est ainsi qu'en fait, dans toutes les religions naturalistes qui ont reçu un riche développement, nous voyons les divinités parentes se confondre, et l'olympe poly-

déjà les stoïciens, surent trouver une signification philosophique, mais qui, primitivement, n'a pas dû être autre chose qu'une variante assez grossière d'un thème rebattu : la mort de la nature pendant l'hiver, et, par analogie, la fragilité de la jeunesse et de la beauté. Ce mythe n'a pu avoir aucune influence sur l'ancienne philosophie; et il n'importe qu'Empédocle y fasse ou non allusion. V, 70 (142).

1. L'unité divine, ainsi comprise, est affirmée dans les fragments soi-disant orphiques (*Orphica*, éd. HERMANN, fr. 1-4; LOBECK, I, 438 sqq.). Mais il est vraisemblable pour une partie, certain pour l'autre, que ces fragments ont été composés ou remaniés par les juifs alexandrins.

2. Voy. LOBECK, p. 520 sqq.; HERMANN, fr. 6. De même le fragment des Διαθήκαι (dans LOBECK, p. 440; dans HERMANN, fr. 4) porte : εἷς Ζεύς, εἷς Ἀΐδης, εἷς Ἥλιος, εἷς Διόνυσος, εἷς θεὸς ἐν πάντεσσι.

théiste tout entier faire place à la conception générale de l'essence divine (θεῖον) qui embrasse tout l'univers. Mais la religion grecque, par son caractère plastique, est précisément au nombre de celles qui répugnent le plus à cette fusion des formes particulières de la divinité. Par suite, en Grèce, l'idée de l'unité divine s'est bien moins fait jour par la voie du syncrétisme que par celle de la critique. On n'a pas fondu les différents dieux en un seul, on a combattu le polythéisme dans ses principes. Ce sont les stoïciens et leurs successeurs qui ont les premiers travaillé à concilier le polythéisme avec le panthéisme philosophique, en interprétant celui-là dans le sens du syncrétisme. Le panthéisme antique d'un Xénophane était en lutte violente avec la doctrine de la pluralité des dieux. Le panthéisme des poëmes orphiques, sous la forme que nous avons indiquée plus haut, est vraisemblablement de beaucoup postérieur aux premiers commencements de la littérature orphique. Les Διαθῆκαι ne sont certainement pas antérieures au syncrétisme alexandrin ; et le passage relatif à la théogonie lui-même, tel que nous le possédons, n'est certainement pas du temps d'Onomacrite, à qui Lobeck[1] attribue la plus grande partie de ce poëme. Car ce passage est étroitement lié à l'histoire de Phanès-Ericapæus, dévoré par Zeus. Zeus renferme en lui toutes choses, parce qu'il a dévoré le monde déjà existant, Phanès, pour tirer ensuite toutes choses de lui-même. Or, nous montrerons plus loin[2] que cette histoire de Phanès n'a pas fait partie primitivement de la théogonie orphique. Nous devons, par conséquent, en tout cas, distinguer le texte primitif du passage orphique, des modifications qu'il a pu subir dans la suite. Au texte primitif semble appartenir le vers si souvent cité[3], auquel Platon déjà fait sans doute

---

1. L. c. 611.
2. Dans l'étude de la cosmogonie orphique, § 4 de ce chapitre.
3. Proclus, in Tim. 95 F.

son égalité d'âme philosophique[1] que les soucis de sa situation le détourner des occupations où il avait vu la mission de sa vie. Pour se consacrer tout entier au service du Dieu, il négligea ses intérêts particuliers[2]; pour rester indépendant, il voulait rivaliser avec les dieux par l'exiguïté de ses besoins[3]. La tempérance et sa force d'âme peu communes[4] lui donnaient en effet le droit de se vanter de mener une vie aussi agréable et aussi tranquille que qui que ce fût[5]. C'est ainsi qu'il lui fut possible de vouer à autrui toutes ses forces, sans jamais demander ni recevoir de salaire[6]; et ces occupations le fixèrent si fortement dans sa ville natale, qu'il n'en franchit jamais les frontières, ni même les portes[7].

son cru, et bien digne de ce fanatique, auquel la théorie dite de la communauté des femmes, dans la République de Platon, en aura donné l'idée.

1 .Cf. XÉNOPH., *l. c.*, pour ne pas mentionner les histoires de date plus récente qui ont développé ce thème (v. n. préc.).

2. PLAT., *Apol.*, 23, B, 31, B.

3. Cf. XÉN., *Mém.*, I, 6, 1-10; dans ce passage Socrate montre, contre Antiphon, que sa manière de vivre lui donne un bonheur parfait, et conclut par cette déclaration célèbre : τὸ μὲν μηδενὸς δεῖσθαι θεῖον εἶναι, τὸ δὲ ὡς ἐλαχίστων ἐγγυτάτω τοῦ θείου.

4. La tempérance de Socrate, la simplicité de sa vie, son abstinence à l'égard des plaisirs sensibles de toute espèce, la pauvreté de ses vêtements, son habitude de marcher nu-pieds, sa dureté à supporter la faim et la soif, la chaleur et le froid, les privations et les fatigues, sont bien connues. Comp. le portrait de XÉN., *Mém.*, I, 2, 1; 3, 5 sqq.; PLATON, *Banq.*, 174, A, 219, B, E, sqq. *Phèdre*, 229, A; ARISTOPH., *Nuées*, 103, 361, 409 sqq., 828 sqq. *Oiseaux*, 1282. Quant à l'assertion de PLUT., *De Garrul.*, 20, fin, p. 512, on ne voit pas quel compte il faut en tenir.

5. XÉN., *Mém.*, I, 6, 4 sqq., IV, 8, 6.

6. XÉN., *Mém.*, I, 2, 5 sq., 60, 5, 6, 6, 3, 11 sqq.; PLAT., *Apol.*, 19, 31, B, 33, A. *Eutyphron*, 3, D. *Banq.*, 219, E (il est plus difficile de le blesser avec l'or que de blesser Ajax avec le fer). En face de ces témoignages précis, l'assertion d'Aristoxène (DIOG., II, 20) suivant laquelle il aurait de temps en temps recueilli de l'argent de ses disciples ne saurait passer que pour une pure calomnie. On peut bien admettre qu'il ne refusa pas toujours les présents de riches amis (DIOG., II, 74; 121; 34; SÉN., *De Benef.*, I, 8, VII, 24; QUINTIL.; *Instit.*, XII, 7, 9) et les anecdotes peu vraisemblables de DIOG., II, 24, 31, 65; STOB., *Floril.*, 3, 61; 17, 17, ne sauraient prouver le contraire; mais on ne peut rien établir sur ces témoignages. Socrate aurait refusé les offres brillantes d'Archélaüs de Macédoine (à la place duquel M.-AUR., πρ. ἑαυτ., XI, 25, nomme Perdiccas) et de Scopas de Thessalie (DIOG., II, 25; SÉN., *Benef.*, V, 6; ARRIEN ou PLUT., *ap.* STOB., *Floril.*, 97, 28; DION CHRYS., *Or.*, XIII, 30, p. 227 b, Mor.; JEAN CHRYS., *Adv. vitup. vit. mon. lib. II*, t. I, 65 d, Montf.) et en ce qui concerne Archélaüs, l'histoire est confirmée par ARISTOTE, *Rhét.*, II, 23, 1398 a, 24, dont BAYLE, *Dict.*, art. *Archélaüs*, Rem. D, conteste sans raison le témoignage.

7. Dans le *Criton*, 52, B, 53, A. Cf. *Ménon*, 80, B, Socrate déclare que, sauf

Il ne se sentait pas non plus appelé à prendre part aux affaires publiques[1]. D'abord il ne croyait pas qu'il lui fût possible dans l'Athènes d'alors de se poser en homme politique sans violer ses propres principes[2]; car, pour lui, il n'eût pu se résoudre à s'abaisser jusqu'à céder aux exigences d'une populace corrompue[3]. Mais ce qui l'en empêchait avant tout, c'est qu'à ses yeux sa mission personnelle résidait dans des devoirs tout différents. Un homme persuadé, comme il l'était, que tout soin des affaires publiques devait passer après le soin du perfectionnement individuel, qu'une exacte connaissance de soi jointe à une science profonde et étendue pouvait seule préparer aux occupations politiques[4], devait considérer l'éducation des individus comme un devoir beaucoup plus strict que le gouvernement de l'État; car celui-ci ne saurait avoir de bons résultats sans celle-là. Il devait penser qu'il servait mieux son pays en formant pour lui d'habiles hommes d'État[5], qu'en essayant lui-même de jouer le rôle d'homme d'État[6]. Un homme que ses qualités naturelles, sa personnalité, son caractère et sa tournure d'esprit appelaient d'une manière si décidée à poursuivre par un commerce individuel avec autrui le perfectionnement moral et scientifique, ne pouvait se sentir à l'aise dans un autre ordre d'occupations[7]. Il ne fit donc jamais aucune

---

pour des campagnes, et pour un voyage aux jeux isthmiques, il n'a jamais quitté Athènes. Il n'est même pas question de celui-ci dans une partie des Mss. et ARISTOTE, ap. DIOG., II, 23, sans doute comme celui qui a fourni ce renseignement à Diogène, nomme les jeux pythiques au lieu des jeux isthmiques. Le *Phèdre* enfin 230, C sq., montre qu'il n'était presque jamais sorti de l'enceinte de la ville.

1. PLAT., *Apol.*, 31, C sq. Cf. sur ce qui suit BRANDIS, II, a, 13.
2. PLAT., l. c., 31, D sqq. 32, E. Cf. *Rép.*, VI, 496. C sq. *Gorg.*, 521, C sq.
3. PLAT., *Apol.*, 33, A, ou, comme il le dit ironiquement dans le *Gorgias*, 473, E, parce qu'il serait trop maladroit pour un politique. Cf. *Gorg.*, 521, D.
4. PLAT., *Apol.*, 36, C. *Banq.*, 216, A; XÉN., *Mém.*, IV, 2, 6 sqq., III, 6.
5. Cf. PLAT., *Apol.*, 29, C sqq., 30, D sq., 33, C. *Gorg.*, 513, E sqq.
6. XÉN., *Mém.*, I, 6, 15.
7. C'est précisément ce que Socrate lui-même, dans Platon, déclare en termes très précis. Son démon, dit-il (*Apol.*, 31, D), l'empêchait de s'occuper des affaires politiques et il faisait bien. Car dans cette carrière il y a longtemps que sa perte

tentative pour sortir de la vie privée; comme soldat, il remplit dans plusieurs expéditions ses devoirs envers sa patrie avec le plus grand courage et la plus grande persévérance[1]. Comme citoyen, il résista sans crainte et sans défaillance, en face de tous les dangers, aux exigences injustes d'un peuple turbulent, comme à celles de la faction oligarchique[3]; mais il ne voulait prendre aucune part au gouvernement de la communauté.

serait consommée, comme celle de quiconque essaye de résister au courant des passions populaires. Ce démon, qui le retient, est le sentiment de ce qui convient à sa nature individuelle. Ce sentiment fut pour lui un bon guide, comme il le montre d'ailleurs dans la suite, en considérant que, s'il eût voulu embrasser la carrière politique, il était à prévoir non seulement qu'il n'y aurait obtenu aucun succès, mais qu'elle lui aurait été personnellement fatale ; car Socrate a généralement l'habitude de juger les actions par leurs résultats. Mais si cette considération contribua, comme elle le fit sans doute, à le détourner de la vie publique, le fondement dernier de cette aversion, la source de ce sentiment insurmontable, qui sous la forme d'un signe démonique précédait tout calcul des conséquences, était assurément quelque chose de plus immédiat. Si une situation publique avait aussi bien convenu à sa nature que la mission à laquelle il se consacra, ce n'est pas la crainte d'un danger qui eût pu l'y faire renoncer ; car aucun danger ne le fit jamais reculer (*Apol.*, 29, B sqq.). Lui-même nous dit pourtant quelle satisfaction il trouvait dans son occupation et combien il lui aurait été pénible pour lui-même de l'abandonner, *Apol.*, 38, A : ὅτι καὶ τυγχάνει μέγιστον ἀγαθὸν ὂν ἀνθρώπῳ τοῦτο, ἑκάστης ἡμέρας περὶ ἀρετῆς τοὺς λόγους ποιεῖσθαι καὶ τῶν ἄλλων, περὶ ὧν ὑμεῖς ἐμοῦ ἀκούετε διαλεγομένου καὶ ἐμαυτὸν καὶ ἄλλους ἐξετάζοντος, ὁ δὲ ἀνεξέταστος βίος οὐ βιωτὸς ἀνθρώπῳ.

1. Cf. les récits bien connus de Platon, *Banq.*, 219, E sqq. *Apol.*, 28, E. *Charm.*, init. *Lach.*, 181, A. Trois campagnes sont mentionnées dans l'*Apologie* : celle de Potidée (432 av. J.-C.), celle de Délium (424) et celle d'Amphipolis (422). Sur les deux premières nous avons quelques renseignements précis. A Potidée, Socrate sauva Alcibiade, mais lui abandonna ses droits à la récompense. Sa courageuse retraite à Délium est célèbre. Antisthène, *ap.* Athén., V, 216 b, rapporte l'affaire du prix du courage après Délium. Mais il est probable que Platon, qui se montre en général bien informé sur ces évènements, est plus exact. Les doutes qu'élève Athénée, *l. c.*, au sujet du récit de Platon n'ont aucun poids. Mais, d'un autre côté, des témoignages qui ne peuvent dériver que de ce récit (p. ex., Plut., *Alcib.*, 7 ; Diog., II, 22 sq.) ne sauraient non plus servir de garantie. L'assertion suivant laquelle Socrate à Délium aurait sauvé la vie à Xénophon (Strabon, IX, 2, 7, p. 403. Diog., *l. c.*) paraît reposer sur une confusion entre Xénophon et Alcibiade. Cf. Forchhammer (*Die Athener und Socrates*, p. 83 sq.), dont les autres conjectures sont arbitraires et relativement au « nageur de Délium » manifestement fausses.

3. Xén., *Mém.*, I, 1, 18, 2, 31 sqq., IV, 4, 2 sq. *Hellen.*, I, 7, 15. Platon, *Apol.*, 32, A sqq. *Gorg.*, 473, E. *Epist. Plat.*, VII, 324, D. Sur le procès des vainqueurs des Arginuses, et les questions de droit qui s'y rattachent, on trouvera les détails les plus étendus dans Luzac, *De Socrate cive*, 92, 123. Grote, *Hist. of Gr.*, VIII, 238-285, etc. Des témoignages postérieurs, mais qui dérivent tous de Xénophon et de Platon, sur la chute des Trente tyrans sont donnés par Luzac, *Op. c.*, 130 sq.

SON ENSEIGNEMENT.

SON ENSEIGNEMENT. — Il ne se refusait pas moins à prendre la situation de professeur public à la façon des Sophistes. Non seulement il n'acceptait aucun payement (voy. plus haut), mais il ne donnait même pas un enseignement formel[1]. Il voulait non pas donner des leçons, mais apprendre avec les autres, non pas imposer ses propres convictions, mais examiner les leurs, non pas donner une vérité toute faite comme une monnaie toute frappée, mais éveiller le sens de la vérité et de la vertu, en montrer le chemin, renverser la fausse science et chercher la science véritable[2]. Ne se lassant jamais de converser, il épiait avidement l'occasion de nouer un entretien dont l'intelligence ou la moralité pussent tirer quelque fruit; tous les jours il parcourait les marchés, les promenades publiques, les gymnases, les ateliers, pour lier avec les uns ou les autres, connus ou inconnus, concitoyens ou étrangers, une conversation à laquelle il savait bientôt donner une tournure scientifique ou morale[3]. En servant ainsi le Dieu dans sa vocation, il était convaincu qu'il rendait en même temps à la communauté un service que nul autre n'eût su lui rendre[4]. Car autant il déplorait la décadence morale et intellectuelle de sa patrie[5], autant il se défiait des maîtres de vertu de son temps, des Sophistes[6].

---

1. PLAT., *Apol.*, 33, A : ἐγὼ δὲ διδάσκαλος μὲν οὐδενὸς πώποτ' ἐγενόμην· εἰ δέ τίς μου λέγοντος καὶ τὰ ἐμαυτοῦ πράττοντος ἐπιθυμεῖ ἀκούειν... οὐδενὶ πώποτ' ἐφθόνησα. *Ibid.*, 19, D sqq. XÉN., *Mém.*, I, 2, 3, 31. L'assertion de l'épicurien IDOMÉNÉE et de FAVORINUS (*ap.* DIOG., II, 20), suivant laquelle il aurait enseigné la rhétorique, n'a pas besoin de réfutation.
2. Les preuves en sont fournies par toutes les expositions de Platon et de Xénophon; quant à des déclarations expresses, voy. PLAT., *Apol.*, 21, B sqq., 23, B, 29, D sqq., 30, E. *Rép.*, I, 336, B, 338, B. Nous examinerons de plus près dans la suite la méthode socratique.
3. XÉN., *Mém.*, I, 1, 10, III, 10; PLAT., *Banq.*, s. f.; *Lysis*, introd. *Charmide, Phèdre, Apol.*, 23, B, A *et passim*. Cette μαστροπεία dont se vante Socrate, *ap.* XÉN., *Banq.*, 3, 10; 4; 56; 8, 5; 42, n'est rien autre chose, car elle consiste dans l'art de rendre ses amis aimables par leur vertu et leur intelligence.
4. PLAT., *Apol.*, 30, A, D sq. Cf. 36, C, 39, C sq., 41, E. *Gorg.*, 521, D et plus haut p. 55 sq.
5. XÉN., *Mém.*, III, 5, 13 sqq.
6. *Mém.*, IV, 4, 5, sqq., passage qui n'est en contradiction ni avec celui de PLATON, *Apol.*, 19, D sqq., ni avec ceux que nous citerons p. 59.

L'attrait de ses discours rassemblait autour de lui un cercle d'admirateurs, surtout composé de jeunes gens de bonne famille[1] que des motifs divers amenaient à lui, qui étaient avec lui dans des relations diverses et restaient auprès de lui plus ou moins longtemps[2]. De son côté, il prenait à tâche non seulement de faire l'éducation de ses amis, mais aussi de leur donner en tout, même sur les choses extérieures, les conseils qu'il croyait conformes à leur intérêt[3]. De cette société mobile et dont les membres pour la plupart n'étaient unis que par des liens peu étroits, sortit peu à peu un noyau plus solide de partisans résolus, une école socratique. Mais, il faut le reconnaître, c'était bien moins la communauté des doctrines acceptées que l'influence de la personnalité du maître qui en faisait l'unité. Il prit souvent part avec ses plus intimes amis à des repas communs[4], qu'on ne peut guère pourtant considérer comme une institution permanente. Ceux qui lui paraissaient avoir besoin de connaissances d'un ordre différent, ou qu'il ne croyait pas aptes à profiter de sa conversation, il savait fort bien les engager à chercher d'autres maîtres pour compléter ou même pour remplacer son enseignement[5]. Jusqu'à sa 70ᵉ année il poursuivit son œuvre, sans jamais se voir trahi par les forces de son esprit[6]. Quant au coup qui mit fin à sa vie comme à son activité, nous devons en parler plus loin.

---

1. PLAT., *Apol.*, 23, C : οἱ νέοι μοι ἐπακολουθοῦντες οἷς μάλιστα σχολή ἐστιν, οἱ τῶν πλουσιωτάτων. Pourtant, outre Antisthène, nous trouvons Apollodore et Aristodème qui, d'après PLATON, *Banq.*, 173, B sq., paraissent avoir été également pauvres, parmi ses plus fervents admirateurs.
2. Cf. XÉN., *Mém.*, I, 2, 14 sq., IV, 2, 40. PLAT., *Théét.*, 150, D sq.
3. Cf. les exemples donnés par XÉNOPHON, *Mém.*, II, 3; 7; 8; 9; III, 6; 7.
4. XÉN., *Mém.*, III, 14.
5. PLAT., *Théét.*, 151, B. XÉN., *Mém.*, III, 1, init. Cf. *Banq.*, 4, 61 sqq.
6. Xénophon et Platon nous représentent surtout Socrate dans sa vieillesse, tel qu'ils l'ont connu, sans que la moindre défaillance dans son intelligence ou dans son activité se fasse apercevoir jusqu'à ses derniers moments. Les *Mémorables*, IV, 8, 8, font remarquer expressément qu'il n'y en eut aucune en effet.

§ 2. CARACTÈRE DE SOCRATE.

GRANDEUR DU CARACTÈRE DE SOCRATE. — Les anciens parlent de Socrate avec le plus grand respect. Cette admiration toutefois n'est pas unanime, même sans tenir compte des préjugés qui furent la cause de sa condamnation et qui persistèrent encore longtemps après sa mort[1]. Les disciples d'Épicure s'abandonnèrent contre lui à leur passion de dénigrement[2] et, même dans l'école péripatéticienne, nous rencontrons un témoin qui a une foule de renseignements défavorables à nous donner sur son compte. Enfant, il aurait été désobéissant et rebelle à l'autorité paternelle; jeune homme, il aurait mené une vie désordonnée ; homme enfin, il aurait été grossier, importun, sujet à de violents accès de colère et porté à l'excès vers les femmes[3]. Cependant ces assertions, telles que nous

---

1. Nous y reviendrons plus loin.
2. Cic., *De N. D.*, I, 34, raconte de son maître Zénon l'Épicurien qu'il avait appelé Socrate le bouffon athénien. Épicure lui-même semble, d'après Diog., X, 8, avoir encore épargné Socrate, tandis qu'il dénigre presque tous les autres philosophes.
3. La source de tous ces jugements défavorables, rassemblés par Luzac, *Lect. Att.*, 246 sqq., est Aristoxène, de qui nous avons déjà signalé des assertions du même genre, p. 48; 51, 2; 54; 6. C'est de cet auteur que viennent les allégations suivantes, transmises par Porphyre : ὡς φύσει γεγόνοι τραχὺς εἰς ὀργὴν καὶ ὁπότε κρατηθείη τῷ πάθει διὰ πάσης ἀσχημοσύνης ἐβάδιζεν (Synés., *Enc. calv.*, p. 81, qui prétend, pour son compte, ne faire porter cette accusation que sur la jeunesse du philosophe). Cyrill., *C. Jul.*, VI, 185, C. Théod., *Cur. Gr. Aff.*, XII, 63, p. 174, dit encore : ὅτε δὲ φλεχθείη ὑπὸ τοῦ πάθους τούτου δεινὴν εἶναι τὴν ἀσχημοσύνην· οὐδενὸς γὰρ οὔτε ὀνόματος ἀποσχέσθαι οὔτε πράγματος. Ils ajoutent (Cyr., 186, C. Théod., *l. c.*) qu'il était, il est vrai, tempérant sur les autres plaisirs, πρὸς δὲ τὴν τῶν ἀφροδισίων χρῆσιν σφοδρότερον μὲν εἶναι, ἀδικεῖν δὲ μὴ προσεῖναι, ἢ γὰρ ταῖς γαμεταῖς καὶ ταῖς κοιναῖς χρῆσθαι μόναις ; puis vient l'histoire de sa bigamie, et à la fin : εἶναι δὲ φασιν αὐτὸν ἐν ταῖς ὁμιλίαις αἰνῶς τε φλαπεχθήμονα, καὶ λοίδορον καὶ ὑβριστικόν. De la même source (comme on peut le voir en particulier par Plut., *Mal. Herod.*, c. 9, p. 856) dérive le témoignage que Théod., *l. c.*, I, 29, p. 8, tire de Porphyre sans nommer Aristoxène : εἶναι δὲ αὐτὸν πρὸς οὐδὲν μὴ ἀφυῆ (Luzac, p. 263, veut à tort écrire εὐφυῆ), ἀπαίδευτον δὲ περὶ πάντα, au point qu'il aurait à peine su lire; à cela s'ajoutent (*ibid.*, XII, 66, p. 174, cf. IV, 2, p. 56) les détails suivants : ἐλέγετο δὲ περὶ αὐτοῦ ὡς ἄρα παῖς ὢν οὐκ εὖ βιώσειεν οὐδὲ εὐτάκτως· πρῶτον μὲν γὰρ φασιν αὐτὸν τῷ πατρὶ διατελέσαι ἀπειθοῦντα, καὶ ὁπότε κελεύσειεν αὐτὸν λαβόντα τὰ ὄργανα τὰ περὶ τὴν τέχνην ἀπαντῇν ὁπουδήποτε, ὀλιγωρήσαντα τοῦ προστάγ-

60 venons de les rapporter, sont si invraisemblables et le principal témoin est si peu digne de foi [1], que nous ne pouvons même pas en conclure avec certitude [2] que Socrate ait dû soutenir une longue lutte contre un naturel passionné avant de devenir ce qu'il fut [3]. Les autorités les

μάτος περιτρέχειν αὐτὸν ὁπουδήποτε δόξειεν... ἦν δὲ καὶ τῶν ἐπιτιμωμένων καὶ τάδε Σωκράτει, ὅτι εἰς τοὺς ὄχλους εἰσωθεῖτο καὶ τὰς διατριβὰς ἐποιεῖτο πρὸς ταῖς τραπέζαις καὶ πρὸς τοῖς Ἑρμαῖς. Il y a peut-être aussi une connexion entre ces assertions et l'histoire du physiognomoniste Zopyre (*ap.* Cic., *Tusc.*, IV, 37, 80. *De fato*, 4, 10. Alex. Aphrod., *De fato*, c. 6, p. 18, Or. *Schol. Pers. Sat.*, IV, 24. Cf. Max. Tyr., XXXI, 3), qui aurait déclaré que Socrate était inintelligent et débauché, et qui aurait reçu de lui cette réponse : que, sans doute, la nature l'avait fait ainsi, mais qu'il avait triomphé de ces défauts par la raison. Il est d'ailleurs bien difficile d'admettre que ce récit soit historique. Du moins il a tout à fait l'air d'avoir été inventé pour confirmer la comparaison du Dieu caché sous l'enveloppe d'un Satyre (Plat., *Banq.*, 215, 221, D), en mettant en évidence la puissance de la raison sur une nature vicieuse. Si elle était déjà répandue (sans doute dans le *Zopyre* de Phédon; voir sur cet écrit Diog., II, 105), elle a pu provoquer le portrait qu'Aristoxène nous fait du philosophe; mais il est également possible que ce portrait ait au contraire été l'occasion de l'anecdote, qui aurait eu alors en même temps un but apologétique. Le nom de Zopyre peut aussi nous faire penser à ce magicien dont Aristote (c'est-à-dire l'auteur du traité pseudo-aristotélique Μαγικός), suivant Diog., II, 45, avait raconté une prédiction qui annonçait au philosophe une mort violente.

1. Comme on l'a déjà vu par ses assertions sur la bigamie de Socrate, son ignorance grossière, ses brusques colères, son incontinence.
2. Comme le fait Hermann, *De Socr. mag.*, 30 sqq.
3. Si, en effet, cela n'a rien en soi d'impossible, nous n'avons aucune raison décisive de l'admettre. L'anecdote de Zopyre est, comme on vient de le remarquer, fort douteuse, et pour Aristoxène, rien ne nous garantit qu'il ait suivi, dans ce qu'il nous rapporte, une tradition vraiment digne de foi. Il invoque, il est vrai (*loc. cit.*), l'autorité de son père Spintharus, qui aurait lui-même encore connu Socrate. Mais on se demande justement si cette assertion mérite plus de confiance que le reste ; la chronologie sur ce point n'est pas satisfaisante, et moins encore le contenu du récit attribué à Spintharus. On se demande, en outre, dans le cas où Aristoxène tiendrait véritablement ses renseignements de son père, si ce dernier lui-même disait bien la vérité, lorsque par exemple il prétend avoir été témoin de ces accès de colère, qu'il faudrait rapporter alors en tous cas aux dernières années de Socrate. Nous n'avons évidemment pas plus de raisons de le croire que de croire son fils. Comment enfin peut s'accorder avec le portrait qu'Aristoxène nous trace de Socrate en sa jeunesse, cette délicatesse consciencieuse avec laquelle, ainsi que nous le verrons, il s'appliquait dès son enfance à écouter dans son for intérieur la voix démonique ? Cependant Aristoxène ne restreint pas ses assertions à la jeunesse de Socrate, mais la plupart ont une portée tout à fait générale ou même portent expressément sur les dernières années de sa vie. Mais alors elles sont par là même en opposition inconciliable avec les renseignements fournis par Platon et Xénophon. A mon avis, Luzac (*loc. cit.*, p. 261 sqq.) a raison de rejeter toute la responsabilité de ces assertions sur Aristoxène. Ce philosophe paraît avoir impliqué Socrate dans sa polémique contre l'école Platonicienne et fini par ne pas reculer devant les interprétations et les déductions les plus inexactes et les plus arbitraires. C'est ainsi qu'il imagine pour son compte que Socrate aurait pris en dégoût le métier de son père.

plus immédiates ne le connaissent que comme un homme accompli dont ils honorent et respectent le caractère, comme un héros de moralité et d'humanité. « Personne, déclare XÉNOPHON, n'a été témoin d'une action, d'une parole impie de la part Socrate. » « Il était si pieux qu'il ne faisait jamais rien sans le conseil des dieux, si juste qu'il ne fit jamais à personne le moindre tort, si maître de lui qu'il ne préférait jamais l'agréable au bien, si intelligent que jamais son jugement ne se trouvait en défaut quand il s'agissait de distinguer le meilleur et le pire ; » en un mot, « c'était l'homme le meilleur et le plus heureux qu'on pût voir[1] ». Xénophon nous montre dans le philosophe un modèle de patience, de modération dans les désirs, de domination sur soi-même, un homme plein de piété et de patriotisme, un caractère d'une fermeté inébranlable dans ses convictions, un conseiller intelligent et sûr de ses amis dans les choses du corps comme dans celles de l'esprit, un compagnon aimable et délicat, sachant allier heureusement la gaieté et le sérieux, avant tout, enfin, un maître infatigable à la tâche de former les hommes, saisissant toute occasion de mener à la connaissance d'eux-mêmes et à la pratique du bien ceux qui entrent en relation avec lui, et en particulier de combattre la vanité et la légèreté de la jeunesse.

Le portrait tracé par PLATON est d'accord avec celui de Xénophon. Lui aussi, il appelle son maître l'homme le meilleur, le plus intelligent, le plus juste de son temps[2].

---

et que dès son enfance, comme plus tard, il se serait mis à passer son temps dans les rues. C'est ainsi qu'il conclut de textes comme ceux de l'*Apologie* de PLATON, 17, B sq., ou du *Banquet*, 221, E, 119, A sq., que c'était un homme sans culture, du *Banquet*, 214, D, qu'il était prompt à la colère, de l'histoire de sa prétendue bigamie et des *Mémorables* de XÉNOPHON, I, 3, 14; II, 2, 4, qu'il était incontinent. Cf. p. 45, 2.

1. *Mém.*, I, 1, 11; IV, 8, 11; cf. *ibid.*, § 10; I, 2, 1, etc. Les objections de R. LANGE (*De Xen. Apologia*, etc., Berl. 1873) contre l'authenticité du dernier chapitre (IV, 8) des *Mémorables* me paraissent trop contestables pour m'empêcher de me servir de ce chapitre.

2. *Phédon*, fin.

Il ne se lasse pas de vanter sa simplicité, sa modération, son empire sur les besoins et les désirs sensibles. Chez lui également, Socrate, dans toute sa conduite, paraît animé de la plus profonde piété. Il consacre sa vie au service du Dieu, et meurt martyr de son obéissance à la voix divine; et ce service du Dieu consiste, comme chez Xénophon, dans l'influence morale exercée en toute occasion sur autrui et en particulier sur la jeunesse. Chez Platon aussi, la sérieuse figure du philosophe ne s'illumine pas moins d'un rayon de pure philanthropie, de finesse tout attique, de gaieté spirituelle et d'agréable enjouement. Enfin Platon rend le même témoignage aux vertus civiques et au courage politique de son maître, et complète ce témoignage par une excellente peinture de la valeur militaire du philosophe[1]. Tous les traits qu'on nous rapporte sur son compte nous donnent l'idée d'une grandeur morale d'autant plus admirable qu'elle est plus spontanée, plus exempte de toute étude et de tout emprunt, plus éloignée de toute affectation et de toute ostentation de sa supériorité[2].

63 LE CARACTÈRE DE SOCRATE ET L'ESPRIT GREC. — Ce caractère naturel et spontané de la vertu socratique est un trait

---

1. Pour plus de détails, voir p. 56, 3.
2. La plupart des traits ou des anecdotes que les écrivains postérieurs nous rapportent sont en harmonie avec ce portrait de Socrate. Il y en a assurément dans le nombre qui sont d'évidentes inventions; d'autres peuvent dériver d'écrits perdus des disciples de Socrate, ou de quelques autres témoins dignes de foi. Mais, comme on ne saurait rien savoir de plus précis dans le détail sur leur origine, je me contenterai d'indiquer les passages où on les trouvera : Cic., Tusc., III, 15, 31. De off., I, 26, 90. Sén., De const., 18, 5. De ira, I, 15, 3; III, 11, 2; II, 7, 1. De tranq. an., 5, 2; 17, 4. Epist., 104, 27 sq. Plin., H. nat., VII, 18. Plut., De educ. puer., c. 14, p. 10; De adul., c. 32, p. 70; De coh. ira, c. 4, p. 455; De tranq. an., c. 10, p. 471. De garrul., c. 20, s. f., p. 512. Diog., II, 21, 24 sq., 27, 30 sqq., VI, 8. Gell., N. A.. II, 1; XIX, 9, 9. Val. Max., VIII, 8, ext. 1. Élien, V. H., I, 16; II, 11; 13; 36; III, 28; IX, 7, 29; XII, 15; XIII, 27; 32. Athen., IV, 157 e. Stob., Floril., 17, 17; 22. Basil., De leg. græc. libr. Op., II, 179 a. Thémist., Orat., VII, 95 a. (Comp. toutefois Basil., l. c., 178 e.) Simplic., In Epict. Enchir., c. 20, p. 218. Quelques autres passages ont été ou seront encore cités; j'ai omis ici tout ce qui est emprunté à Platon ou à Xénophon.

qui nous montre qu'elle porte tout à fait l'empreinte originale de la moralité grecque. La vertu de Socrate n'est pas cet idéal incolore auquel un rationalisme superficiel voudrait la réduire. Socrate est profondément grec et athénien. Le sang de sa nation coule dans ses veines ; c'est un homme en chair et en os et non le type de la moralité universelle et éternelle. D'abord sa tempérance si vantée n'a rien de cet ascétisme dont elle suggère presque toujours l'idée à l'esprit d'un moderne. Socrate aime à se trouver en joyeuse compagnie, bien qu'il évite les orgies bruyantes[1]. Il ne poursuit pas les plaisirs des sens, mais quand l'occasion les lui offre, il n'en fuit pas non plus la jouissance, ni même l'excès. Dans le *Banquet* de XÉNOPHON, si l'on demande de petites coupes, ce n'est pas pour empêcher absolument qu'on ne s'échauffe, mais pour empêcher qu'on ne s'échauffe trop vite[2]. Chez PLATON, Socrate se vante de savoir également bien s'abstenir ou user largement du vin et de savoir tenir tête à qui que ce soit sans jamais tomber lui-même dans l'ivresse[3], et l'on voit, à la fin de son *Banquet*, le philosophe, après une nuit passée à boire, laisser toute la compagnie sous la table, pour retourner, comme si rien n'était arrivé, à ses occupations quotidiennes. La tempérance ne consiste donc pas chez Socrate à s'abstenir par principe de toute jouissance, mais à conserver toute sa liberté d'esprit, à n'avoir pas besoin du plaisir et à y garder son bon sens. On admire encore la tempérance de Socrate sur un autre point[4]. Mais il est facile de voir, par de nombreux passages des *Mémo-*

---

1. PLAT., *Banq.*, 220, A. Cf. 174, A.
2. XÉN., *Banq.*, 2, 26 : ἢν δὲ ἡμῖν οἱ παῖδες μικραῖς κύλιξι πυκνὰ ἐπιψεκάζωσιν, οὕτως οὐ βιαζόμενοι ὑπὸ τοῦ οἴνου μεθύειν, ἀλλ' ἀναπειθόμενοι, πρὸς τὸ παιγνιωδέστερον ἀφιξόμεθα.
3. *Banq.*, 176, C, 220, A, 213, E sq.
4. XÉN. *Mém.*, I, 2, 1 ; 3, 14 ; Aristoxène et ceux qui le suivent ne peuvent, nous l'avons déjà montré, rendre vraisemblable la thèse contraire.

rables de XÉNOPHON[1], combien elle est loin de répondre à la rigueur de nos principes moraux. Les rapports de Socrate avec les jeunes gens ne portent-ils pas la marque de l'amour grec? Si franchement que son caractère le mette au-dessus de tout soupçon[2], avec quelque ironie qu'il parle de ses prétendues amours[3], il est bien difficile pourtant de méconnaître, dans ses rapports avec les jeunes gens, un élément sensuel, pathologique, au moins comme point de départ et comme base d'une inclination innocente d'ailleurs et toute spirituelle. S'il blâme avec la plus grande énergie les odieuses déviations des mœurs grecques[4], il n'en conçoit pas moins chez XÉNOPHON[5] et ESCHINE[6], comme chez PLATON[7], ses rapports avec ses jeunes amis avant tout sous la forme de l'Éros, d'une inclination passionnée reposant sur un plaisir esthétique.

On ne saurait non plus méconnaître la marque de l'esprit grec dans les vues morales et politiques de Socrate. Sa théologie même n'est point affranchie des formes

---

1. I, 3, 14; II, 1, 5; 2, 4; III, 11; IV, 5, 9. Cf. *Banq.*, 4, 38. Voir plus bas pour plus de détails.

2. Les contemporains de Socrate paraissent n'avoir absolument rien trouvé de choquant dans ses affections. En effet, non seulement l'accusation judiciaire, mais Aristophane lui-même, qui aurait évidemment transformé ici le plus léger soupçon en la plus grave imputation, ne présentent pas la moindre trace d'un pareil sentiment. Les autres comiques, d'après ATHÉNÉE, V, 219, semblent n'en avoir pas parlé davantage. Xénophon ne trouve pas non plus nécessaire de réfuter cette calomnie, et l'on peut dire par conséquent que le récit bien connu du *Banquet* de Platon est moins destiné à justifier qu'à glorifier le maître. En revanche, les rapports de Socrate avec Alcibiade, d'après les prétendus vers d'Aspasie, rapportés par ATHÉN. (l. c.) sur l'autorité d'HÉRODICUS, ont déjà un caractère fort sensuel, et TERTULLIEN, *Apol.*, chap. 46, interprète à tort le διαφθείρειν τοὺς νέους de l'acte d'accusation dans le sens de la pédérastie. JUVÉNAL, II, 10, en parlant des *Socratici cinædi*, fait allusion à des faits de son propre temps.

3. XÉN., *Mém.*, IV, 1, 2. *Banq.*, 4, 27 sq. PLAT., *Banq.*, 213, C, 216, D sq. 222, B. *Prot.*, init. *Charm.*, 155, D.

4. XÉN., *Mém.*, I, 2, 29 sq. 3, 8 sqq. *Banq.*, 8, 19 sqq., 32. Xénophon est ici d'accord avec PLATON (voir plus bas) sur la manière d'entendre l'Éros.

5. *Banq.*, 8, 2, 24 *et pass.* *Mém.*, IV, 1, 2.

6. Ce Socratique parlait dans son *Alcibiade* de l'amour de Socrate pour Alcibiade; voir ARISTIDE, *Or.* XLV π. ῥητορικῆς, p. 30, 34.

7. *Prot.*, init. *Banq.*, 177, D, 218, B, 222 sq., pour ne pas parler de développements dogmatiques qu'il faut mettre sur le compte de Platon.

étroites de la croyance populaire. Mais ce qui fait le mieux voir combien ces traits sont profondément accusés dans son caractère, c'est l'obéissance que pendant toute sa vie il a montrée pour les lois de l'État[1], et le respect sincère qu'il a toujours témoigné pour la religion publique[2]. Sa mort en est la preuve la plus éclatante ; car, pour ne pas violer les lois, il repoussa tous les moyens ordinaires de défense, et plus tard, l'évasion même[3] ; en sorte que l'épitaphe de Simonide pour Léonidas pourrait lui être appliquée : il mourut pour obéir à l'État[4].

TRAITS DE SON CARACTÈRE ÉTRANGERS A L'ESPRIT GREC. — 66 Le caractère de Socrate a donc de bien profondes racines dans le génie même du peuple grec. Mais on n'est pas moins frappé, d'un autre côté, de ce qu'il y a en lui de peu hellénique et de presque moderne, de cet élément étrange qui faisait de lui, aux yeux de ses contemporains un personnage absolument original et auquel il était impossible de comparer personne, de ces traits tout nouveaux et sans précédents, que ses contemporains eux-mêmes, embarrassés de trouver une expression satisfaisante, ne pouvaient qualifier autrement que comme le dernier degré de la singu-

---

1. Voir plus haut, et PLAT., *Apol.*, 28, E.
2. XÉNOPHON affirme (*Mém.*, I, 1, 2) que non seulement il prenait part aux sacrifices publics, mais qu'il en faisait assez fréquemment chez lui. Chez PLATON, *Banq.*, 220, D, il invoque Hélios, et dans le *Phédon*, 118, A, son dernier mot est la recommandation faite sérieusement à Criton de sacrifier un coq à Asclépios. Mais un point sur lequel il revient encore plus souvent, c'est la croyance aux oracles (voir plus bas), auxquels il obéissait consciencieusement (*Mém.*, I, 3, 4. PLAT., *Apol.*, 21, D), et dont il recommandait aussi à ses amis de se servir (XÉN., *Mém.*, II, 6, 8 ; IV, 7, 10 ; *Anab.*, III, 1, 5 sq.). Lui-même était persuadé qu'il avait dans sa voix démonique intérieure un oracle au sens propre du mot (voir p. 76 sq.), et il accordait foi aux songes et aux autres moyens de divination (PLAT., *Criton*, 44, A. *Phéd.*, 60, D. *Apol.*, 33, C. Voy. plus haut, p. 49, 5).
3. Ce motif est présenté par XÉN., *Mém.*, IV, 4, 4, et PLAT., *Apol.*, 34, D sqq. *Phéd.*, 98, C sqq., et dans le *Criton*, comme le motif décisif, quoique le *Criton* (cf. *Apol.*, 37, C sq.) tienne compte aussi de cette raison que sa fuite hors d'Athènes ne lui aurait été à lui-même d'aucun avantage et eût fait tort à ses amis et à tous ses adhérents. L'*Apologie* ajoute enfin qu'il serait indigne de l'orateur et de sa patrie d'apitoyer les juges.
4. XÉN., *l. c.* : προείλετο μᾶλλον τοῖς νόμοις ἐμμένων ἀποθανεῖν ἢ παρανομῶν ζῆν

larité¹. Cette singularité, ce trait de caractère inintelligible pour un Grec, consistait essentiellement, d'après l'indication fort juste de PLATON², dans une contradiction entre la manifestation extérieure et le contenu intérieur de cette personnalité, contradiction qui s'oppose d'une manière si remarquable à cette pénétration plastique du fond et de la forme, dans laquelle réside l'idéal classique. Nous trouvons chez Socrate d'un côté une indifférence à l'égard des choses extérieures qui est originairement étrangère au génie grec, de l'autre une profondeur de réflexion sur soi-même jusqu'alors inconnue. D'abord il nous apparaît avec un air prosaïque, pédant même, et, qu'on me passe l'expression, avec quelque chose de philistin qui jure évidemment avec la saine beauté, avec la forme esthétique de la vie grecque. Au second point de vue, sa vie extérieure se présente comme la manifestation d'une vie plus haute, dont la source est au plus profond de son être, qui ne se réduit pas complètement à la simple activité consciente de son esprit, et dans laquelle il voit lui-même quelque chose de divin. Sur ces deux traits originaux de leur maître, Xénophon et Platon fournissent des témoignages concordants. Déjà une observation toute superficielle nous permet de voir que cette enveloppe de Silène, dont Alcibiade chez Platon³, Socrate lui-même chez Xénophon⁴, nous parlent avec tant de verve, devait plutôt cacher que révéler au regard d'un Grec la présence d'un génie. Mais ses paroles

---

1. PLAT., *Banq.*, 221, C : Πολλὰ μὲν οὖν ἄν τις καὶ ἄλλα ἔχοι Σωκράτη ἐπαινέσαι καὶ θαυμάσαι... τὸ δὲ μηδενὶ ἀνθρώπων ὅμοιον εἶναι μήτε τῶν παλαιῶν μήτε τῶν νῦν ὄντων τοῦτο ἄξιον παντὸς θαύματος... οἷος δὲ οὑτοσὶ γέγονε τὴν ἀτοπίαν ἄνθρωπος καὶ αὐτὸς καὶ οἱ λόγοι αὐτοῦ οὐδ' ἐγγύς ἂν εὕροι τις ζητῶν, οὔτε τῶν νῦν οὔτε τῶν παλαιῶν. Cf. p. 215, A, l'ἀτοπία et 213, E, la θαυμαστὴ κεφαλή de Socrate.
2. *Banq.*, 215, A sq., 221, E sq.
3. *Banq.*, 215. Cf. *Théét.*, 143, E.
4. *Banq.*, 1, 19 sq., C, 5. Cf. 2, 19. ÉPICTÈTE, *Diss.*, IV, 11, 19 sqq. attribue à Socrate un extérieur gracieux; mais naturellement ce témoignage ne mérite aucune considération, et d'ailleurs Épictète lui-même ne veut pas aller jusqu'à le dire beau.

mêmes et ses allures trahissent une certaine pédanterie d'esprit et une indifférence bien peu grecque à l'égard de la beauté sensible de la forme. Que l'on considère seulement de quel air doctoral, dans les *Mémorables* (III, 3), il fait découvrir à un hipparque ses différents devoirs, avec quelle minutie il s'applique ailleurs à démontrer des choses que ses auditeurs savent certainement depuis longtemps (III, 10, 9 sqq. III, 11). Voyez comment il ramène l'idée du beau à la notion de l'utile (III, 8, 4 sqq.), comment il recommande même, au nom de considérations morales fondées sur l'intérêt, une conduite qui nous semble simplement odieuse (I, 3, 14) ; il refuse dans le *Phèdre* (230, D) d'aller se promener, parce que les arbres et la campagne ne peuvent rien lui apprendre ; dans l'*Apologie* de PLATON (22, C sq.), il reproche aux œuvres des poètes et des artistes d'être tout entières le produit de la nature et de l'inspiration, et non celui de la réflexion[1] ; d'après le *Banquet* de XÉNOPHON (2, 17 sqq.), il se met, en dépit de tous les usages antiques[2], à danser chez lui pour se donner un exercice hygiénique, et il défend son habitude par de singulières réflexions. Même à table (XÉN. *Banq*. 3, 2), il ne sait pas oublier sa recherche de l'utile. Si l'on considère l'ensemble de tous ces traits et d'autres analogues, on ne pourra méconnaître dans le caractère et la conduite du philosophe un certain manque d'imagination, une préoccupation

---

1. Je reviendrai encore plus loin sur ce point. Je ne voulais y toucher ici que pour montrer chez Socrate cette prépondérance de la réflexion intellectuelle sur le sentiment esthétique, qui rend le philosophe incapable de comprendre l'essence propre de l'art.

2. Comparer sur ce point le *Ménexène* de PLATON, p. 236, C (ἀλλὰ μέντοι σοί γε δεῖ χαρίζεσθαι ὥστε κἂν ὀλίγου εἴ με κελεύοις ἀποδύντα ὀρχήσασθαι, χαρισαίμην ἄν). CIC., *Pro. Mur*., c. 6. (*Nemo fere saltat sobrius, nisi forte insanit*.) *De Off*., III, 19 (*Dares hanc vim M. Crasso, in foro, mihi crede, saltaret*. Cf. ibid., c. 24, fin). PLUT., *De vit. pud*., 10, p. 535, et dans XÉNOPHON même, l. c., § 17 : Ὀρχήσομαι, νὴ Δία· Ἐνταῦθα δὴ ἐγέλασαν ἅπαντες. § 19, quand Charmide rencontre Socrate dansant, τὸ μὲν πρῶτον ἐξεπλάγην καὶ ἔδεισα, μὴ μαίνοιο, etc. Si l'histoire est vraie, l'instruction musicale que Socrate aurait été recevoir de Connus en commun avec les écoliers serait un fait du même genre. PLAT., *Euthyd*., 272, C. (Voir plus haut, p. 45, 3.)

exclusive de l'intérêt dialectique et intellectuel, et surtout une allure prosaïque formant contraste avec la poésie de la vie hellénique et la délicatesse du goût attique. Alcibiade ne dit-il pas chez Platon[1] que les discours de Socrate paraissent au premier abord ridicules et grossiers, qu'il ne parle que de bêtes de somme, de forgerons, de cordonniers et de corroyeurs, qu'il dit toujours la même chose et de la même manière? C'est exactement le même reproche qui lui est fait chez XÉNOPHON[2]. Combien il devait peu paraître étrange à ses contemporains, ce bon sens dépourvu d'ornements, qui le poussait à éviter à dessein toute forme choisie, et à n'employer jamais que l'expression la plus nue et la plus commune. Mais cette particularité de l'esprit de Socrate dérive moins d'un véritable manque de goût, que de la puissance de son intelligence et de la nouveauté de ses idées, qui ne lui permettaient pas de se contenter des formes habituelles. D'un autre côté, on peut dire que l'esprit du philosophe, en pénétrant si profondément dans ses plus intimes replis, arrive tantôt à s'absorber dans cette étude au point de devenir insensible aux impressions extérieures, tantôt à s'exprimer dans des formules énigmatiques qui, par leur contraste avec sa pensée éveillée, paraissent lui être étrangères. Sérieux et tourné vers les choses du dedans comme il l'était[3], Socrate arrivait parfois à rester plus ou moins longtemps plongé dans la méditation, indifférent au monde extérieur et comme sans

---

1. *Banq.*, 221, E. Cf. Calliclès dans le *Gorgias*, 490, C sqq. : περὶ σιτία λέγεις καὶ ποτὰ καὶ ἰατροὺς καὶ φλυαρίας... ἀτεχνῶς γε ἀεὶ σκυτέας τε καὶ γναφέας καὶ μαγείρους λέγων καὶ ἰατροὺς οὐδὲν παύει, ὡς περὶ τούτων ἡμῖν ὄντα τὸν λόγον.
2. *Mém.*, I, 2, 37 : ὁ δὲ Κριτίας, ἀλλὰ τῶνδέ τοί σε ἀπέχεσθαι, ἔφη, δεήσει, ὦ Σώκρατες, τῶν σκυτέων καὶ τεκτόνων καὶ τῶν χαλκέων, καὶ γὰρ οἶμαι αὐτοὺς ἤδη κατατετρίφθαι διαθρυλλουμένους ὑπὸ σοῦ. *Ibid.*, IV, 4, 6 : Καὶ ὁ Ἱππίας — Ἔτι γὰρ σύ, ἔφη, ὦ Σώκρατες, ἐκεῖνα τὰ αὐτὰ λέγεις, ἃ ἐγὼ πάλαι ποτέ σου ἤκουσα ; le même reproche et la même réponse se trouvent dans PLATON, *Gorg.*, 490, E; cf. 497, C (les σμικρὰ καὶ στενὰ ἐρωτήματα). Pour plus de détails, voir la suite.
3. Aussi les *Problèmes* d'ARISTOTE, XXX, 1, 953 a, 26, le rangent-ils parmi les mélancoliques, ce qui n'est pas incompatible avec ce calme et cette fermeté (τὸ στάσιμον) qu'ARISTOTE, *Rhét.*, II, 15, fin, lui attribue

conscience¹. D'après PLATON² même il serait resté une fois en cet état, debout au même endroit depuis un matin jusqu'au suivant. Telle était l'énergie de la lutte qu'il soutenait avec lui-même pour arriver à la pleine lumière sur tous les motifs de ses actions. Mais il découvrait alors en lui encore un reste de sentiments et d'inclinations que, malgré l'observation la plus attentive et la plus consciencieuse, il ne pouvait expliquer par ce qu'il savait de la vie consciente de son esprit ; et c'est ainsi que naquit en lui cette croyance à des révélations divines qu'il se félicitait de recevoir. Socrate n'était pas seulement convaincu d'une manière générale qu'il était au service de la Divinité et travaillait pour elle ; il croyait aussi qu'elle lui manifestait sa volonté non seulement par les oracles publics³, mais par des songes⁴, et plus particulièrement encore par une espèce d'inspiration supérieure et qui lui était propre, connue sous le nom du *Démon* de Socrate⁵.

LE DÉMON DE SOCRATE ; SA NATURE. — Dès l'antiquité, beaucoup d'auteurs ne voient dans cette inspiration que

1. PLATON, *Banq.*, 174, D sqq. Dans ces mots de mon texte, je prie d'ailleurs qu'on tienne compte du mot *comme* précédant *sans conscience*, afin qu'on ne me fasse pas parler (ainsi que le fait VOLQUARDSEN, *D. Dïmon. d. Socrates*, 25, 63. Cf. ALBERTI, *Sokrates*, 148) des états extatiques du philosophe, et qu'on ne m'accuse pas d'avoir confondu le Démon avec cette méditation où se plongeait le philosophe, et dont je le distingue, comme on le voit au premier coup d'œil, de la manière la plus précise.
2. *Banq.*, 220, C. On peut considérer ce fait comme historique ; mais nous ne savons pas à qui Platon avait emprunté ce renseignement, et si la tradition qu'il suivait n'avait pas exagéré la durée pendant laquelle Socrate resta dans cet état. FAVORINUS (*ap.* GELL., *N. A.*, II, 1) fait de ce cas unique une chose fréquente (πολλάκις), et A.-GELLE lui-même écrit *stare solitus*, etc. PHILOPON, *De An. R.*, 12, in., place la circonstance au milieu de la bataille de Délium.
3. Comparer à ce sujet, p. 65, 5 ; nous en parlerons encore avec plus de détails, p. 77.
4. Cf. p. 49, 5. Dans le passage cité, Socrate invoque des songes dans lesquels la divinité lui aurait ordonné de se vouer aux occupations philosophiques ; ce sont vraisemblablement ces songes qu'il mentionne dans le *Phédon*, 60, D sq. et qui, dans sa prison encore, l'amenèrent à composer de son mieux des poésies, afin de ne rien négliger de ce qu'ils lui demandaient. Dans le *Criton*, 44, A, un songe lui révèle que son exécution arriverait le troisième jour.
5. VOLQUARDSEN, *Das Dämonium d. Sokr. und seine Interpreten*; Kiel, 1822. RIBBING, *Ueber Socrates' Daimonion* (*Socratische studien*, II ; *Upsala Universitets Arsskrift*, 1870. *Philosophi*, etc., IV).

le commerce avec un génie propre, ayant une existence personnelle indépendante[1], avec lequel Socrate se serait vanté d'être en rapport, et dans les temps modernes cette conception fut longtemps prédominante[2]. Or il devait assurément être pénible aux admirateurs du philosophe qui se piquaient de rationalisme de trouver chez un homme, d'ailleurs aussi sensé que Socrate, une croyance aussi extravagante. Aussi chercha-t-on à l'excuser soit par

1. Déjà l'acte d'accusation formulé contre Socrate (et sans doute aussi l'opinion publique qui lui servait de base) semble avoir ainsi compris le Démon, lorsqu'il lui impute le crime d'introduire, à la place des dieux de l'Etat, ἕτερα καινὰ δαιμόνια. On ne peut opposer à ce fait ce que Hunding m'objecte (Sokr. Stud., II, 1), l'explication que Mélétus dans Platon (Apol., 26, B sq.) donne de son assertion, pour répondre à la question de l'accusé : à savoir que Socrate ne nie pas seulement les dieux de la République athénienne, mais tous les dieux. Les êtres démoniaques qu'il l'accuse de leur substituer, ne sont pas des dieux à ses yeux. C'est ainsi que plus tard les chrétiens furent poursuivis comme ἄθεοι, bien qu'ils adorassent leur Dieu et le Christ, et qu'aujourd'hui encore on traite d'athée celui qui sans nier Dieu l'entend autrement que les autres. Dans la suite, cette conception du démon paraît avoir été abandonnée, grâce aux explications de Platon et de Xénophon, puisqu'elle ne reparaît plus de quelque temps, même dans les écrits apocryphes attribués à Platon et à Xénophon. On voit encore Cicéron, De Div., I, 54, 122, traduire le mot δαιμόνιον non par genius, mais par divinum quoddam; et le stoïcien Antipater, dont il cite l'écrit en ce passage, l'avait sans doute compris de la même manière, malgré toutes les histoires de prodiges qu'il avait rassemblées sur son compte. À l'époque chrétienne au contraire, l'opinion que le philosophe aurait eu des relations avec un démon devient tout à fait générale; elle cadrait en effet avec la croyance régnante aux démons. On la trouve par exemple chez Plutarque, De Genio Socratis, chap. 20 et passim, Max. Tyr., XIV, 3 sq., 6, Apul., De Deo Socratis, chez les néoplatoniciens et les Pères de l'Église. Un seul point divise ces derniers : c'est la question de savoir si ce génie protecteur du philosophe était un bon ou un mauvais génie. (Voy. Brucker, Hist. Phil., I, 545 sq. Olearius, in Stanley Hist. Phil. Lips., 1711, p. 146 sqq.). Cependant Plutarque (chap. 11 sq.) et après lui Apulée mentionnent aussi l'opinion que par le Démon de Socrate il faut entendre sa faculté divinatoire, grâce à laquelle certains présages (les éternuements, etc.) ou même des signes naturels lui permettaient de conjecturer l'avenir.

2. Cf. entre une foule d'autres : Tiedemann, Geist der Spekul. Philosophie, II, 16 sq. Meiners, Ueber den Genius des Sokr. (Verm. Schriften, III, 1 sqq.). Gesch. der Wissench., II, 399, 538 sqq. Buhle, Gesch. d. Phil., 371, 388. Krug, Gesch. d. alten Phil., p. 158. Lasaulx (Sokr. Leben, etc., 1858, p. 20 sq. et pass.) dans son étude obscure et sans critique sur le Démon, croit encore à une véritable révélation de la divinité et même à un génie réel. Volquardsen lui-même (l. c., 77), dans l'étude soignée et sous bien des rapports utile à consulter qu'il a consacrée à cette question, n'aboutit qu'à cette singulière conclusion « que Socrate recevait réellement les avertissements d'une voix céleste. » On trouvera dans Olearius, 148 sq., 155 sqq. Brucker, I, 543 sq., la bibliographie des auteurs plus anciens, dont un assez grand nombre soutient pourtant aussi l'opinion que le Génie de Socrate désigne simplement sa propre raison. Voir enfin pour plus de détails Krug (Op. cit.). Lélut, Le Démon de Socrate, 163.

les superstitions générales de son temps, soit par une disposition physique particulière qui l'auront rendu visionnaire [1] ; on est même allé jusqu'à considérer ces prétendues révélations d'un esprit supérieur comme une invention faite de propos délibéré [2], ou encore comme un résultat de l'ironie socratique [3]. Cependant, si la dernière hypothèse est inconciliable avec le ton que Platon et Xénophon donnent aux discours de Socrate lorsqu'il parle de son signe

---

[1]. La première de ces excuses est très généralement répandue. Quant à la seconde, déjà Marsile Ficin avait admis une particulière disposition physique à l'extase chez d'autres philosophes, en attribuant à leur tempérament mélancolique cette aptitude à recevoir des révélations démoniques (*Theol. Platon*, XIII. 2, p. 287, é l. de Bâle). Mais ni lui ni ceux qui suivaient son opinion ne mettent en doute la personnalité du démon (Olearius, *Op. c.*, 147 sq.). Des écrivains modernes revinrent à la même hypothèse pour expliquer par là comment Socrate avait pu professer la croyance superstitieuse à un démon. Ainsi Tiedemann écrit (*Op. cit.*) : « De l'extrême contention qu'exige l'analyse de concepts abstraits, résulte mécaniquement, chez certains tempéraments, une disposition à des extases et à des ravissements. » « Socrate était fait ainsi qu'une réflexion profonde avait chez lui pour effet de fermer complètement ses sens à la perception des choses, et le menait à un état très voisin des visions suaves des extatiques. » « Ceux qui ont une disposition à l'extase prennent les pensées qui naissent tout à coup dans leur conscience pour des inspirations. Leur état physique spécial permet d'ailleurs de le comprendre aisément : les conditions anormales où se trouve le cerveau pendant le ravissement ont une influence sur les nerfs de l'abdomen et les rendent irritables ; le fait de tenir l'esprit dans une forte contention ou plongé dans une profonde méditation peu de temps après le repas aboutit chez les hypocondriaques à de singulières sensations, » etc. Dans le même ordre d'idées, voir Meiners, *Verm. Schr.*, III, 48. *Geschichte der Wissensch.*, II, 538 sqq. Cf. Schwarze, *Histor. Untersuch. : War Sokrates ein Hypochondrist?* Cité par Krug, *Gesch. d. Alt. Phil.*, 2ᵉ éd., p. 163.

[2]. Plessing, *Osiris und Sokrates*, 185 sqq., admet que Socrate, en vue de produire une révolution politique, aurait corrompu l'oracle de Delphes et se serait vanté lui-même d'être en relation avec un esprit supérieur. Chauvix, *ap.* Olearius, *l. c.*

[3]. Fraguier, *Sur l'ironie de Socrate*, etc., dans les *Mémoires de l'Académie des Inscr.*, IV, 368 sqq. Il expose cette opinion que Socrate aurait simplement désigné par son démon sa propre perspicacité et sa puissance de synthèse qui le rendait capable de formuler sur l'avenir des conjectures exactes. Il aurait présenté, par une tournure ironique, cette aptitude comme affaire de pur instinct, comme quelque chose de θεῖον ou, comme la manifestation d'une θεία μοῖρα, et se serait servi pour la désigner du mot δαιμόνιον et d'autres expressions semblables. Cependant il remarque déjà que Socrate ne désigne pas par là un *Genius familiaris*, puisque le mot δαιμόνιον ne doit pas être pris ici comme substantif, mais comme adjectif. De même Rollin, *Hist. Anc.*, IX, 4, 2 (t. IV, p. 360 de l'édition de 1737). Barthélemy, *Voy. du jeune Anacharsis*, chap. 67 (t. V, p. 289 sq., 299, traite aussi de « plaisanterie » les assertions de l'*Apologie* de Platon sur le Démon, et écarte la question de savoir si Socrate était complètement de bonne foi lorsqu'il parlait de son génie. Sur d'autres auteurs qui acceptent ces hypothèses, voir Lélut, *Op. cit.*, p. 163.

démonique et à l'importance que le philosophe lui attribue dans les plus graves circonstances¹, la première qui fait dériver le démon d'une irritabilité physique toute maladive n'irait à rien moins qu'à en faire le produit d'une imagination déréglée et à transformer le grand réformateur de la philosophie en un simple fou². A notre avis, on peut se passer de toutes ces explications depuis que SCHLEIERMACHER³, avec l'assentiment unanime de tous les juges compétents⁴, a montré que dans l'esprit de Socrate le démon n'était nullement un génie, une personnalité particulière, distincte, mais seulement, sans plus de précision, une voix démonique, une manifestation divine. Dans aucun passage des écrits de Platon ou de Xénophon il n'est réellement question du commerce de Socrate avec un démon⁵, mais seulement d'un signe démonique⁶, d'une voix que Socrate perçoit⁷, de quelque chose de surnaturel

---

1. Cf. XÉNOPH., *Mém.*, IV, 8, 4 sqq. PLAT., *Apol.*, 31, C, 40, A, 41, D.

2. On avait déjà parlé, mais timidement, de la superstition et des visions de Socrate, lorsque LÉLUT (*Du Démon de Socrate*, 1836) essaya dans une recherche minutieuse de démontrer « *que Socrate était un fou* », et il range d'ailleurs dans la même catégorie non seulement les Cardan et les Swedenborg, mais Luther, Pascal, Rousseau, etc. Son principal argument est que non seulement Socrate croyait à la réalité et à la personnalité de son démon, mais que, dans de fréquentes hallucinations, il aurait cru entendre sa voix d'une façon positive et sensible. La démonstration historique de cette assertion, pour ceux qui savent interpréter Platon comme il faut et distinguer ce qui est authentique de ce qui est apocryphe, n'a vraiment pas besoin d'être réfutée.

3. *Platon's Werke*, I, 2, 432 sq. Cf. la citation de FRAGUIER donnée plus haut.

4. BRANDIS, *Gesch. der Gr. Röm. Phil.*, II, a, 60. RITTER, *Gesch. der Phil.*, II, 40 sq. HERMANN, *Gesch. u. Syst. d. Plat.*, I, 236. SOCHER, *Ueber Platon's Schriften*, p. 99 sqq. COUSIN dans les *Notes* de sa *Traduction* de l'*Apologie* de Platon, p. 335 sqq. KRISCHE, *Forschungen*, etc., 227 sq. RIBBING, *op. c.*, 16 sq., etc. Cf. HEGEL, *Gesch. d. Phil.*, II, 77. AST lui-même (PLAT., *Leben u. Schriften*, p. 432 sq.), tout en prétendant que le δαιμόνιον de l'*Apologie* doit être pris substantivement dans le sens de Divinité, n'entend pourtant pas par là un Génie, mais seulement, d'une manière générale, le θεῖον.

5. Pas même dans les *Mémor.*, I, 4, 14 (ὅταν [οἱ θεοὶ] πέμπωσιν, ὥσπερ σοὶ φὴς πέμπειν αὐτούς, συμβούλους). car ici le masculin συμβούλους est évidemment pris par métonymie à la place de l'abstrait συμβουλὰς, car on voit que, dans ce qui suit immédiatement, l'auteur entend par là les présages, etc.

6. PLAT., *Phèdre*, 242, B : τὸ δαιμόνιόν τε καὶ τὸ εἰωθὸς σημεῖόν μοι γίγνεσθαι ἐγένετο, καί τινα φωνὴν ἔδοξα αὐτόθεν ἀκοῦσαι. *Rép.*, IV, 496, C : τὸ δαιμόνιον σημεῖον. *Euthyd.*, 272, E : ἐγένετο τὸ εἰωθὸς σημεῖον τὸ δαιμόνιον. *Apol.*, 40 : τὸ τοῦ θεοῦ σημεῖον — τὸ εἰωθὸς σημεῖον. *Ibid.*, 41, D : τὸ σημεῖον.

7. PLAT., *Apol.*, 31, D : ἐμοὶ δὲ τοῦτ' ἔστιν ἐκ παιδὸς ἀρξάμενον, φωνή τις γιγνομένη, etc. XÉN., *Apol.*, 12 : θεοῦ φωνή.

qui survient en lui, et lui révèle bien des choses[1]. Tout ce qu'on peut conclure de là, c'est donc qu'il avait conscience d'une révélation divine dans son for intérieur. Mais comment était-elle produite et quel être en était la cause prochaine? C'est une question que tous ces textes laissent absolument en suspens[2], et cette indétermination même montre assez clairement que ni Socrate, ni ses disciples ne s'étaient fait à ce sujet une idée précise[3].

RÔLE DU DÉMON. — Cette révélation se rapporte d'ailleurs toujours à des actions particulières[4]; et, à l'égard

---

1. Plat., *l. c.* : ὅτι μοι θεῖόν τι καὶ δαιμόνιον γίγνεται. P. 40, A : ἡ εἰωθυῖά μοι μαντική, ἡ τοῦ δαιμονίου. *Théét.*, 151, A : τὸ γιγνόμενόν μοι δαιμόνιον. *Euthyphron*, 3, B : ὅτι δὴ σὺ τὸ δαιμόνιον φῂς σαυτῷ ἑκάστοτε γίγνεσθαι. Xén., *Mém.*, I, 1, 4 : τὸ δαιμόνιον ἔφη σημαίνειν. IV, 8, 5 : ἠναντιώθη τὸ δαιμόνιον. *Banq.*, 8, 5. Même les écrits sans authenticité, comme l'*Apologie* de Xénophon (§ 4 sqq., 12) et le premier *Alcibiade* attribué à Platon (au commencement), ne permettent pas d'aller plus loin; et bien que les renseignements fournis par le *Théagès* sur la divination du Démon aient tout l'air d'un conte, les termes dans lesquels ils sont exprimés sont pourtant aussi tout à fait vagues; et la φωνὴ τοῦ δαιμονίου, p. 128, E. n'y doit pas non plus nécessairement désigner une personne. Du reste, la non-authenticité du *Théagès*, quoi qu'en dise Socher, n'a plus besoin d'être démontrée, surtout depuis qu'Hermann (*Op. cit.*, p. 427 sqq.) l'a prouvée lui-même d'une manière définitive.

2. Quant à la cause *première* de cette révélation, c'était sans doute, aux yeux de Socrate, Dieu ou la Divinité; mais agissait-elle directement ou par un intermédiaire quelconque? Socrate ne se prononce pas sur cette question.

3. Il est d'ailleurs assez indifférent ici de prendre l'expression τὸ δαιμόνιον substantivement ou adjectivement. La vérité est sans doute, comme Krische, *Forsch.*, 229, le remarque, que Xénophon l'emploie substantivement, comme équivalent de τὸ θεῖον ou θεός; Platon au contraire en fait un adjectif quand il l'explique par δαιμόνιον σημεῖον et dit : δαιμόνιόν μοι γίγνεται. (On sait que l'usage de la langue admet l'un et l'autre emploi; cf. Arist., *Rhét.*, II, 23, 1398, a, 15.) Quand, par suite, Ast (*Op. cit.*), contre l'explication de δαιμόνια par δαιμόνια πράγματα, donnée par Platon, invoque le témoignage de Xénophon, il commet une μετάβασις εἰς ἄλλο γένος. Du reste, cette divergence même entre Platon et Xénophon montre combien les expressions de Socrate doivent avoir été vagues lorsqu'il parlait de son Démon.

4. Cela est vrai dans tous les cas rapportés par Platon et Xénophon de l'intervention du Démon. Voici ces différents exemples : 1° Xén., *Mém.*, IV, 8, 5, quand on engage Socrate à préparer sa défense, il réplique : ἀλλὰ, νὴ τὸν Δία, ἤδη μου ἐπιχειροῦντος φροντίσαι τῆς πρὸς τοὺς δικαστὰς ἀπολογίας ἠναντιώθη τὸ δαιμόνιον. 2° Platon, *Apol.*, 31, D : Pourquoi Socrate ne s'occupe-t-il pas de politique? La raison en est l'opposition de son Démon : τοῦτ᾿ ἔστιν ὅ μοι ἐναντιοῦται τὰ πολιτικὰ πράττειν. 3° *Ibid.* (après son jugement) il remarque un fait singulier : ἡ γὰρ εἰωθυῖά μοι μαντική, ἡ τοῦ δαιμονίου ἐν μὲν τῷ πρόσθεν χρόνῳ παντὶ πάνυ πυκνὴ ἀεὶ ἦν καὶ πάνυ ἐπὶ σμικροῖς ἐναντιουμένη, εἴ τι μέλλοιμι μὴ ὀρθῶς πράξειν νυνὶ δὲ... οὔτε ἐξιόντι ἔωθεν οἴκοθεν ἠναντιώθη τὸ τοῦ θεοῦ σημεῖον,

de ces actions, elle ne se manifeste jamais immédiatement, selon Platon, que sous la forme d'une défense. Le démon empêche le philosophe de faire ou de dire quelque chose[1], et ce n'est que d'une manière indirecte qu'il indique ce qu'il faut faire, en tant qu'il approuve ce qu'il ne défend pas. De même il met indirectement Socrate en état de donner des conseils à ses amis, quand il ne l'empêche pas d'accorder son approbation expresse ou tacite à leurs projets[2].

οὔτε ἡνίκα ἀνέδυσαν ἐνταυθοῖ ἐπὶ τὸ δικαστήριον, οὔτ' ἐν τῷ λόγῳ οὐδαμοῦ μέλλοντί τι ἐρεῖν καίτοι ἐν ἄλλοις λόγοις πολλαχοῦ δή με ἐπέσχε λέγοντα μεταξύ. 1° Plat., Théét., 151, A : lorsque ceux qui se sont retirés de ma société la recherchent de nouveau, ἐνίοις μὲν τὸ γιγνόμενόν μοι δαιμόνιον ἀποκωλύει ξυνεῖναι, ἐνίοις δὲ ἐᾷ. A ces exemples il faut en ajouter encore quelques autres où Socrate lui-même plaisante plus ou moins de son Démon, mais qui méritent également d'être cités, parce que le Démon s'y montre exactement sous le même aspect que dans les précédents : 5° Xén., Banq., 8, 5, passage où Antisthène fait à Socrate le reproche suivant : ποτὲ μὲν τὸ δαιμόνιον προφασιζόμενος οὐ διαλέγῃ μοι ποτὲ δ' ἄλλου του ἐφιέμενος. 6° Plat., Phèdre, 242, B : lorsque Socrate avait voulu partir, τὸ δαιμόνιόν τε καὶ εἰωθὸς σημεῖόν μοι γίγνεσθαι ἐγένετο, — ἀεὶ δέ με ἐπίσχει ὃ ἂν μέλλω πράττειν, — καί τινα φωνὴν ἔδοξα αὐτόθεν ἀκοῦσαι ἥ με οὐκ ἐᾷ ἀπιέναι πρὶν ἂν ἀφοσιώσωμαι, ὡς τι ἡμαρτηκότα εἰς τὸ θεῖον. 7° Id. Euthyd., 272, E : lorsque Socrate avait voulu quitter le Lycée, ἐγένετο τὸ εἰωθὸς σημεῖον τὸ δαιμόνιον, il s'était donc rassis, et en effet peu après arrivaient Euthydème et Dionysodore. Dans tous ces exemples le Démon apparaît comme une voix intérieure qui détourne le philosophe d'une action particulière. La seconde citation renferme de plus une assertion plus générale, d'après laquelle le Démon faisait entendre ses avertissements chaque fois que Socrate songeait à s'occuper de politique; et c'est dans le même sens que nous devons aussi comprendre le passage de Plat., Rép., VI, 496, D : Socrate remarque que tous ceux qui ont des dispositions pour la philosophie s'en laissent détourner par des intérêts d'un autre genre, à moins que des circonstances particulières ne les y retiennent, comme, par exemple, une maladie qui les empêcherait de se livrer à la politique : τὸ δ' ἡμέτερον οὐκ ἄξιον λέγειν τὸ δαιμόνιον σημεῖον· ἢ γάρ πού τινι ἄλλῳ ἢ οὐδενὶ τῶν ἔμπροσθεν γέγονε. Le signe démonique maintient Socrate dans sa vocation philosophique en s'opposant à son projet, chaque fois qu'il veut se livrer à quelque autre occupation, en particulier à la politique. Par conséquent, le passage précédent lui-même ne nous force pas à donner aux avertissements de cette voix une autre portée que celle à laquelle les déclarations expresses de Platon les réduisent (note suiv.) : ils lui font juger l'opportunité d'une action particulière commencée ou projetée. Au début du dialogue apocryphe intitulé le Grand Alcibiade, il ne s'agit pas non plus d'autre chose, et même dans le Théagès, 128, D sqq., les prédictions du Démon n'ont encore pour objet que certaines actions à venir (aussi bien d'ailleurs celles des autres que celles de Socrate lui-même) qu'il déconseille de faire. Cependant ces deux derniers témoignages sont absolument sans valeur.

1. Apol., 31, D : ὅτι μοι θεῖόν τι καὶ δαιμόνιον γίγνεται... ἐμοὶ δὲ τοῦτ' ἐστὶν ἐκ παιδὸς ἀρξάμενον φωνή τις γιγνομένη, ἥ, ὅταν γίγνηται, ἀεὶ ἀποτρέπει με τούτου ὃ ἂν μέλλω πράττειν, προτρέπει δὲ οὔποτε. Phèdre, 242, C. Voir la note préc.
2. Les indications de Xénophon sur le Démon s'écartent de celles de Platon.

Les objets au sujet desquels la voix démonique intervient sont très différents par leur nature et leur importance. Elle se fait entendre dans une circonstance où l'intérêt personnel de Socrate était profondément engagé, à propos de son apologie devant le tribunal, et au sujet d'une question qui devait avoir une influence décisive sur la direction de sa vie entière, celle de savoir s'il prendrait part à la politique ; mais elle se fait entendre aussi dans les occasions les plus insignifiantes[1]. En réalité elle est si familière à Socrate et à ses amis[2], que, si on la traite comme quelque chose d'énigmatique, d'extraordinaire et de tout à fait inconnu jusqu'alors, au point de la considérer comme une preuve toute particulière de la protection divine, on en parle cependant sans mystère et sans solennité, dans un langage tout à fait simple et même enjoué. Le fond réel du phénomène se réduisait à ceci : c'est que Socrate éprouvait assez fréquemment un sentiment inexplicable pour lui-même, ne reposant nullement sur une réflexion consciente, et dans lequel il voyait un signe démonique, un indice divin qui l'empêchait d'exprimer une pensée ou de réaliser un projet. Se deman-

qui viennent d'être rapportées, en ce que chez celui-là le Démon ne se borne pas à défendre, il conseille, et de plus ses avertissements ne portent pas seulement sur les actions propres de Socrate, mais aussi sur celles des autres : *Mém.*, I, 1, 4 (*Apol.*, 12 sq.) : τὸ γὰρ δαιμόνιον ἔφη σημαίνειν· καὶ πολλοῖς τῶν ξυνόντων προσηγόρευε τὰ μὲν ποιεῖν, τὰ δὲ μὴ ποιεῖν ὡς τοῦ δαιμονίου προσημαίνοντος· καὶ τοῖς μὲν πειθομένοις αὐτῷ συνέφερε, τοῖς δὲ μὴ πειθομένοις μετέμελε. *Ibid.*, IV, 3, 12 : σοὶ δ' ἔφη (Euthydème', ὦ Σώκρατες, ἐοίκασιν ἔτι φιλικώτερον ἢ τοῖς ἄλλοις χρῆσθαι (sc. οἱ θεοί), εἴγε μηδὲ ἐπερωτώμενοι ὑπὸ σοῦ προσημαίνουσί σοι ἅ τε χρὴ ποιεῖν καὶ ἃ μή. Cependant les deux expositions peuvent être conciliées, comme nous essayons de le faire dans le texte. En tout cas, c'est Platon qui donne les indications les plus exactes. Ses renseignements semblent plus précis que ceux de Xénophon et se vérifient complètement dans chaque cas particulier, comme l'expose la note précédente. Xénophon, suivant son habitude, s'en tient à ce qui se voit immédiatement, au fait que le Démon met Socrate en état de juger des actions dont l'issue est incertaine. Cela lui suffit, d'autant que son but principal est de montrer l'identité de la divination de Socrate avec les autres genres de divination, afin de défendre son maître contre l'accusation d'être un novateur en matière religieuse. Sur le caractère distinctif du Démon et les faits internes dans lesquels il consiste, il vaut mieux nous en tenir à Platon.

1. πάνυ ἐπὶ σμικροῖς. Voir plus haut, p. 74, 3°.
2. πάνυ πυκνή. *Ibid.*

dait-il pourquoi ce signe lui était donné? D'après ses idées, une seule réponse était possible : c'est que ce dont il le détournait eût été nuisible à lui ou à d'autres[1]. Alors, pour justifier les avis du démon et pour se les expliquer à lui-même, il cherche à montrer que les actions qu'il a approuvées ou provoquées étaient les plus salutaires et les plus avantageuses[2]. Le signe démonique lui apparaissait donc comme une révélation intérieure de la divinité sur l'issue de ses actions, en un mot comme un oracle intérieur. Aussi est-il expressément considéré par XÉNOPHON[3], ainsi que par PLATON[4], comme une simple espèce de divination, et comparé à la divination tirée des sacrifices, du vol des oiseaux, etc.; et l'on peut ainsi appliquer au démon ce que Socrate, chez Xénophon, dit de la divination en général, à savoir qu'elle doit être consultée uniquement sur les choses que l'homme ne peut arriver à connaître par sa propre réflexion[5].

Ce qui précède suffit, on le voit, à exclure de la sphère d'action du démon le domaine de la recherche philosophique; car ce domaine, Socrate le revendique justement, avec plus de netteté encore qu'aucun de ses prédécesseurs, pour la connaissance intellectuelle, consciente de ses principes. D'ailleurs, en fait, on ne trouve non plus aucun exemple d'un axiome scientifique ou d'un précepte moral universel rapporté par Socrate à une révélation du démon.

---

1. Nous montrerons plus loin que, d'un côté, Socrate croyait absolument à une providence divine pénétrant jusqu'aux plus petits détails et que, d'un autre côté, il avait l'habitude d'apprécier les actions d'après leurs conséquences. Il suivait immédiatement de ces principes que la divinité ne pouvait interdire une action qu'à cause de ses mauvais résultats.
2. Par exemple, chez XÉN., *Mém.*, IV, 8, 5 sqq. (Cf. *ibid.*, § 1 sqq. *Apol.*, 4 sqq.), Socrate commence par raconter que le Démon lui a défendu de songer à préparer sa défense; puis il détermine les raisons pour lesquelles le dieu a bien pu considérer une mort innocente comme préférable pour lui à une vie plus longue; chez PLATON, *Apol.*, 40, B sqq., il conclut du silence du Démon pendant sa défense que la condamnation à laquelle elle avait abouti était un bonheur pour lui.
3. *Mém.*, I, 1, 3 sqq.; IV,13, 12; I, 4, 14 sqq. Cf. *Apol.*, 12.
4. *Apol.*, 40. A. (V. plus haut, 74, 1, 3°.) *Phèdre*, 242, C. *Euthyphron*, 3. B.
5. *Mém.*, I. 1, 6 sqq. : τὰ μὲν γὰρ ἀναγκαῖα συνεβούλευε καὶ πράττειν ὡς ἐνόμι-

On ne doit pas davantage confondre avec la croyance au signe démonique la conviction où était le philosophe d'avoir reçu d'en haut une mission personnelle, ni identifier la divinité par laquelle il se croyait chargé de soumettre les hommes à l'examen avec le démon lui-même[1]. Il aurait suffi pour éviter cette confusion de songer à cette circonstance que dès son enfance Socrate avait cru entendre la voix de son démon[2]; car il ne pouvait dès ce moment avoir pris conscience de sa vocation philosophique. Mais de plus cette voix, selon Platon, ne faisait jamais que l'arrêter, et ne le poussait jamais à l'action[3]; comment alors eût-elle été la source de cet ordre positif de la divinité, auquel Socrate rapportait sa mission philosophique[4]? En fait, ni Platon ni Xénophon ne le lui attribuent jamais. Socrate dit bien que le dieu l'a chargé de la tâche d'examiner les hommes, que le dieu lui impose cette occupation[5]; nulle part il ne dit qu'il ait reçu cet

ζεν ἄριστ᾽ ἂν πραχθῆναι· περὶ δὲ τῶν ἀδήλων ὅπως ἂν ἀποβήσοιτο μαντευσομένους πέμπειν, εἰ ποιητέα. C'est en effet précisément dans de semblables cas que l'on a besoin de l'art divinatoire : τεκτονικὸν μὲν γὰρ ἢ χαλκευτικὸν ἢ γεωργικὸν ἢ ἀνθρώπων ἀρχικὸν ἢ τῶν τοιούτων ἔργων ἐξεταστικὸν ἢ λογιστικὸν ἢ οἰκονομικὸν ἢ στρατηγικὸν γενέσθαι, πάντα τὰ τοιαῦτα μαθήματα καὶ ἀνθρώπου γνώμῃ αἱρετέα ἐνόμιζεν εἶναι· τὰ δὲ μέγιστα τῶν ἐν τούτοις ἔφη τοὺς θεοὺς ἑαυτοῖς καταλείπεσθαι, ὧν οὐδὲν δῆλον εἶναι τοῖς ἀνθρώποις. Or ce point capital dont il est question ici n'est autre chose, comme on le voit immédiatement par la suite, que le résultat même des actions, et la question de savoir si elles doivent tourner à l'avantage ou au détriment de celui qui les fait. Socrate déclare donc qu'il est véritablement insensé de croire que l'on puisse se passer de la divination, et réussir en tout à l'aide de sa seule intelligence : δαιμονᾶν δὲ (et comme il l'ajoute dans la suite : ἀθέμιστα ποιεῖν) καὶ τοὺς μαντευομένους, ἃ τοῖς ἀνθρώποις ἔδωκαν οἱ θεοὶ μαθοῦσι διακρίνειν, et il appuie ce jugement de plusieurs exemples. Cf. IV, 3, 12. D'après ce passage également, c'est sur le résultat (τὰ συμφέροντα, τὰ ἀποβησόμενα) et sur les moyens qui permettent de l'atteindre, ᾗ ἂν ἄριστα γίγνοιτο, que porte la divination, celle de Socrate comme toute autre.

1. C'est ce qu'ont fait précédemment beaucoup d'auteurs, par exemple MEINERS, *Verm. Schr.*, III, 24, et, d'une manière encore plus choquante, LÉLUT, *Op. cit.*, p. 113 *et passim*, qui invoque précisément comme une preuve de la croyance de Socrate à un génie le θεός, dont il faisait dériver sa mission. Mais on trouve encore la même erreur dans VOLQUARDSEN, *Op. cit.*, p. 9, 12 sqq., que réfute ALBERTI, *Sokr.*, 56.
2. ἐκ παιδός (voir plus haut, p. 75, 1), expression qui ne peut désigner une époque postérieure aux premières années de la jeunesse.
3. Voir p. 75, 2.
4. Voir p. 49, 5; 69, 4.
5. PLAT., *Apol.*, 23, B sqq., 28, D sqq., 33, C. *Théét.*, 150, C sqq.

ordre du démon¹ ; au contraire, il ne devait à ce dernier qu'une confirmation toute particulière de sa vocation philosophique : c'est, en termes précis, que le démon l'empêche de se livrer à la politique, et de devenir ainsi infidèle à cette vocation².

Enfin on a aussi assez souvent voulu voir dans le démon la voix de la conscience³. Mais cette définition est également trop large et trop étroite à la fois. Si par conscience on entend spécialement la conscience morale en général, ou plus précisément encore le sens moral en tant qu'il prononce un jugement moral sur nos actions particulières, encore faut-il remarquer que ce n'est pas exclusivement sur les actions futures qu'il se prononce, ainsi que le fait le démon de Socrate ; au contraire, les données qu'il nous fournit sont avant tout le jugement d'approbation ou de désapprobation qu'il porte sur nos actions une fois accomplies. D'un autre côté, la conscience se borne à apprécier la moralité ou l'immoralité de notre conduite. Le signe démonique, suivant Socrate lui-même, est au contraire essentiellement relatif à l'issue des actions ; Platon et Xénophon s'accordent à y voir une forme de divination particulière à Socrate. Sans doute encore, il pouvait arriver à Socrate de se tromper sur la nature véritable de ses sentiments et de ses tendances instinctives, qui lui apparaissaient alors

---

1. Il est en effet tout à fait inexact que Socrate, dans l'*Apologie* de PLATON, 31, D, « considère le δαιμόνιον de sa jeunesse comme la cause première et exclusive qui détermina son genre de vie. » (VOLQUARDSEN, *Op. cit.*, 13.) C'est seulement son abstention de la politique et non son application à la philosophie que Socrate rapporte ici au Démon.
2. Voir plus haut, p. 74, 1.
3. STAPFER, *Biogr. univers.*, t. XLII, Socrate, p. 531. BRANDIS, *Gesch. d. Griech.-röm. Phil.*, II, a, 60 (dans la *Gesch. d. Entw. d. Griech. Phil.*, I, 243, ceci est essentiellement modifié). BREITENBACH, *Zeitschr. f. d. Gymnasialwesen*, 1863, p. 499 sqq. RÖTSCHER, *Aristophanes*, 256. RIBBING, *Op. cit.*, 27 sqq., défend lui aussi cette manière de voir, mais remarque en même temps : 1° que le Démon se manifeste seulement comme *conscientia antecedens et concomitans*, non comme *conscientia subsequens*, et 2° que l'idée de la conscience ne renferme pas la notion entière du rôle du Démon ; car il apparaît surtout « comme un tact moral et pratique s'appliquant aux questions personnelles et aux actions particulières »

comme des inspirations, et dans certains cas il croyait que c'était la divinité qui lui avait défendu une action à cause de son résultat nuisible, alors que cette défense venait uniquement de son propre sentiment moral. Mais cette explication ne saurait s'appliquer à toutes les révélations du démon. Quand il l'empêchait de se livrer à la politique, le motif véritable de cette abstention résidait assurément dans le sentiment que la vie politique était incompatible avec la vocation, supérieure et bien plus importante à ses yeux, à laquelle il avait consacré sa vie. On peut donc dire que dans cette circonstance le scrupule de la conscience avait pris la forme de la voix démonique. Mais nous voyons de suite que cette interprétation ne saurait plus s'appliquer à la défense de préparer son apologie. Dans ce dernier cas on pourrait pourtant s'expliquer encore cet avertissement du démon en disant qu'un pareil souci de son intérêt personnel n'était pas en harmonie avec le caractère du philosophe et qu'il lui aurait paru indigne de lui de se défendre autrement que par une exposition pure et simple de la vérité, ne demandant pas une préparation spéciale[1]. Dans cette circonstance, il s'agit toutefois beaucoup moins de juger si un acte est moral ou non, que de savoir s'il est conforme ou non à la nature individuelle du philosophe. On peut encore moins attribuer à la conscience proprement dite la décision que prend Socrate quand il s'agit

---

1. VOLQUARDSEN, *Op. cit.*, 10, confond deux choses différentes quand il tire de PLATON (*Apol.*, 17, A sqq. *et pass.*) l'explication de la défense mentionnée par XÉNOPHON (*Mém.*, IV, 8, 4 sq.) de s'occuper de son apologie, en disant que cette interdiction ne s'applique pas ici à une pure et simple apologie, mais à un plaidoyer au sens usuel du mot, c'est-à-dire à un discours où seraient employés tous les procédés oratoires d'insinuation et de séduction. Il n'y a pas non plus un seul trait dans l'exposition de Xénophon qui justifie cette interprétation. Si c'eût été là sa pensée, quelque détail l'indiquerait nécessairement dans ce qui suit ; l'auteur aurait dit que le Démon interdisait à Socrate toute apologie, parce que, contraire à ses principes, elle n'en aurait pas moins été inutile ; mais il ne va nullement de soi qu'il n'aurait pas pu se préparer à une défense digne de lui. D'ailleurs, comme le remarque avec justesse CRON (*In der Eos*, I, 175), quelle opinion faudrait-il nous faire de Socrate s'il avait eu besoin d'un avertissement du Démon pour s'abstenir de faire une chose qu'il voyait clairement répugner à ses principes ?

d'accueillir de nouveau des disciples qui l'ont quitté[1]; car il ne s'agit ici que de l'aptitude des personnes en question à recevoir la direction de Socrate et de l'appréciation de leurs qualités individuelles. De plus, les plaisanteries que se permettent Socrate lui-même et ses amis au sujet du démon[2], seraient bien mal à propos introduites, si dans le démon il fallait voir la conscience. D'autre part, dans la mesure où elles ont un fondement historique, elles prouvent qu'il faut distinguer du démon le sentiment moral ou la conscience, et un fait qui vient confirmer on ne peut plus nettement cette observation, c'est que, comme Socrate nous l'apprend lui-même[3], la voix démonique se fait entendre dans des occasions tout à fait insignifiantes. Ajoutons enfin que personne plus que Socrate ne s'appliqua jamais à donner pour fondement à l'action des idées claires et que, d'un autre côté, il exclut du domaine de la divination, et par conséquent aussi de celui de sa divination démonique, tout ce dont notre réflexion propre est capable de nous instruire[4]; cette double remarque nous montre combien il serait illégitime de voir dans le discernement moral le rôle capital ou exclusif du démon. La voix démonique nous apparaît donc bien plutôt comme la forme que prend dans la conscience individuelle de Socrate le sentiment de la convenance d'une action quand ce sentiment atteint une certaine intensité, mais n'est pas arrivé à une connaissance claire des raisons sur lesquelles il repose[5]. Les actions auxquelles se rapportait ce senti-

---

1. Voir plus haut, p. 74, 1, 4°.
2. *Ibid.*, 5°-7°.
3. *Ibid.*, 3°.
4. Cf. p. 77, 3.
5. Ce dernier caractère résulte tout d'abord de ce que nous avons cité p. 77, 3, mais on ne saurait surtout comprendre comment Socrate aurait pu attribuer à une inspiration supérieure des impulsions dont la conscience lui aurait clairement révélé le principe, et l'on ne peut naturellement tirer aucune objection de ce fait que Socrate, *après coup*, lorsque la voix démonique s'est fait entendre, réfléchit sur les motifs qui peuvent avoir engagé les dieux à lui révéler ainsi leur volonté.

ment pouvaient, comme nous l'avons vu, être très différentes par leur nature ou par leur importance ; non moins variés devaient être les événements et les motifs internes d'où il dérivait. Ce pouvait être un scrupule moral qui s'imposait au sentiment du philosophe, sans pourtant arriver chez lui à la pleine et claire conscience. Ce pouvait être cette inquiétude sur les résultats d'une démarche, qui s'élève souvent dans l'esprit de l'observateur expérimenté des hommes et des circonstances et qui lui apparaît avec toute la force d'une impression immédiate avant qu'il lui soit possible de se rendre compte des raisons de son pressentiment. Une action, sans être ni immorale, ni maladroite, pouvait choquer le sentiment de Socrate, parce qu'elle n'était pas d'accord avec la manière d'être et le mode de conduite qui lui étaient propres. Dans les circonstances les plus insignifiantes pouvaient entrer en jeu toutes ces influences et ces impulsions innombrables qui ont d'autant plus de part dans nos décisions et nos dispositions, que l'objet par lui-même fournit moins de motifs clairs et positifs à notre résolution. En ce sens on n'a pas eu tort de ramener le démon à « la voix intérieure du tact individuel[1] » ; car par ce mot nous entendons d'une manière générale le sentiment de ce qui convient dans les paroles et dans les actions, sentiment qui se révèle dans les circonstances les plus diverses de la vie, dans les plus petites comme dans les plus graves[2]. Ce sentiment s'était manifesté chez Socrate de fort bonne heure, et avec une

---

1. Hermann, *Platonismus*, I, 236. Krische, *Forsch.*, I, 231, s'exprime d'une manière analogue.
2. Les objections que Volquardsen, p. 56, 63, et Alberti, *Sokr.*, 68, élèvent contre la manière dont nous venons de déterminer l'idée du Démon, d'une part tombent d'elles-mêmes devant la discussion qui précède, d'autre part portent beaucoup moins sur la chose que sur le mot. Si tel est ici le cas, il est inutile de discuter, puisque nous voulons parler, non seulement d'un tact social, mais d'un tact moral, non seulement d'un tact qui serait acquis, mais d'un tact inné, et par conséquent ce mot me semble très propre à désigner l'ensemble des sentiments qui se révélaient à Socrate sous la forme d'une voix démonique.

intensité extraordinaire[1]; dans la suite il se fortifia grâce à cette perspicace et patiente observation de lui-même et des autres qui était propre au philosophe, et acquit une telle sûreté qu'il fut bien rarement, ou même, croyait-il, qu'il ne fut jamais démenti par l'événement. Mais l'origine psychologique de ce sentiment échappait à sa conscience et par suite il avait pris dès l'abord à ses yeux la forme d'une influence étrangère, d'un oracle[2]. On voit par là avec quelle autorité la croyance nationale dominait encore l'esprit de Socrate[3], et en même temps se trahissent avec évidence les limites de la connaissance qu'il avait de lui-même, puisque ce sont ici des sentiments dont il n'avait pu pénétrer les fondements qui arrivaient à exercer sur lui un pouvoir aussi irrésistible. Mais d'un autre côté le démon, lorsqu'il parle, remplace tous les autres signes et les autres présages, et, à ce titre, HÉGEL[4] a raison de voir dans le démon l'indice d'un fait remarquable : c'est que les motifs d'action que le système des oracles de la Grèce faisait dépendre de phénomènes tout extérieurs sont désormais trouvés dans le for intérieur lui-même. Par là on attribue sans doute encore à des pressentiments que l'on n'est pas parvenu à résoudre en idées claires, une importance capitale; on y voit une véritable révélation de la divinité. Mais cette croyance même n'est-elle pas une preuve d'autant plus forte, que l'esprit humain commence à s'étudier avec une attention jusqu'alors inconnue aux Grecs, à tourner ses regards vers

1. Cf. p. 75, 1.
2. HEGEL, Gesch. d. Phil., II, 77 : « Le génie de Socrate n'est pas Socrate lui-même;... c'est un oracle; mais en même temps c'est un oracle qui n'a rien d'extérieur, et qui est tout subjectif. C'est *son* oracle. Il a la forme d'une connaissance alliée à une certaine inconscience. »
3. KRISCHE, loc. cit. « Ce qui n'est pas en notre pouvoir, ce que notre nature ne comporte pas, ce dont on ne peut trouver le fondement naturel dans nos instincts ou dans notre réflexion est involontaire, ou, d'après les idées anciennes, c'est quelque chose de divin ; dans cette catégorie de faits rentrent l'inspiration et la divination, l'impulsion irrésistible du désir, la puissance des sentiments. »
4. Loc. cit. et Philosophie du Droit, § 279, p. 369.

les faits du monde intérieur? La force que ces sentiments avaient acquise chez Socrate dès sa jeunesse, le recueillement avec lequel dès ce moment il écoutait sa voix intérieure, éclairent les profondeurs de cette nature sensible. Dans l'enfant nous trouvons déjà le germe de l'homme pour qui la connaissance de soi était le devoir le plus pressant de la vie, pour qui l'observation infatigable de sa constitution morale et intellectuelle, l'analyse de ses idées et de ses actions, la connaissance claire de leur nature, l'examen de leur valeur, étaient un besoin impérieux[1]. C'est la même direction d'esprit que nous révèlent les autres particularités du caractère de Socrate, si étranges aux yeux de ses contemporains. Parfois il était plongé dans ses réflexions au point de paraître insensible à ce qui se passait autour de lui ; dans certains cas, il marchait droit devant lui sans s'inquiéter des coutumes régnantes ; toute sa manière d'être témoigne une indifférence profonde aux choses extérieures, une préférence exclusive accordée à l'utile sur le beau. Tous ces traits ne s'expliquent-ils pas également pour nous par l'importance qu'il attribuait à l'étude de lui-même, au travail solitaire de sa pensée, à son autonomie, à l'indépendance de ses déterminations vis-à-vis des jugements d'autrui? Si singulier qu'il puisse nous sembler de trouver ainsi réunis en une seule personne la froideur prosaïque d'un homme de réflexion et l'enthousiasme d'un inspiré, ces deux traits ont pourtant, en dernière analyse, une origine commune. Ce qui distingue immédiatement Socrate et sa personnalité du reste de sa nation, c'est cette concentration en lui-même qui frappait les hommes de sa génération comme un élément tout à fait étranger, et qui, en effet, rompit la première à jamais la classique unité de la vie hellénique.

1. Cf. PLAT., *Apol.*, 38, A. (Voir plus haut. p. 56, 2.)

Mais quelle est d'une manière plus générale l'importance de ce caractère original, et quelles traces a-t-il laissées dans l'histoire? Cette question nous amène à étudier la philosophie de Socrate.

§ 3. LA PHILOSOPHIE DE SOCRATE.
SOURCES. PRINCIPE GÉNÉRAL DE CETTE PHILOSOPHIE.

XÉNOPHON ET PLATON. — Une exposition un peu solide de la philosophie de Socrate est une œuvre à laquelle la divergence bien connue des sources les plus anciennes oppose les plus graves obstacles. Socrate lui-même n'a pas laissé d'écrits[1]. Parmi les ouvrages de ses disciples où il jouait le rôle d'interlocuteur[2], ceux de Xénophon et ceux de Platon seuls nous sont parvenus. Mais ils s'accordent si peu dans le tableau qu'ils nous tracent, qu'on pourrait tirer des uns une idée de la philosophie socratique toute différente de celle que les autres fourniraient. Les premiers historiens se contentèrent ordinairement de composer l'image du sage athénien en rassemblant sans principe directeur et sans critique des traits empruntés non seulement à Platon et à Xénophon, mais même à des témoignages postérieurs, dont quelques-uns sont absolument dénués de valeur. Depuis BRUCKER, on prit l'habitude de voir dans Xénophon le seul témoin dont les renseignements sur la

---

1. Les essais poétiques sans importance de ses derniers jours (PLATON, *Phédon*, 60, C sqq.) ne pourraient en effet entrer en ligne de compte, alors même qu'ils nous seraient parvenus. Ils paraissent s'être d'ailleurs perdus de bonne heure; le péan du moins, que THÉMIST., *Or.*, II, 27, C, considère d'ailleurs comme authentique, était, d'après DIOG., II, 42, déjà contesté par les critiques anciens. Quant à l'authenticité des *Lettres* attribuées à Socrate, il n'y faut en tout cas point songer. Ce qui prouve bien que Socrate n'avait rien écrit, c'est le silence de Platon, de Xénophon et de toute l'antiquité, plus sûrement encore que les témoignages de CICÉRON, *De orat.*, III, 16, 60; DIOG., I, 16; PLUT., *Alex. virt.*, I, 4, p. 328, etc. On trouve une démonstration complète, mais non indispensable, de ce fait dans OLEARIUS, in STANLEI *Hist. Phil.*, 198 sqq., qui a sur ce point à combattre LEO ALLATIUS.

2. Comme nous le verrons encore chez Eschine, Antisthène et Phédon.

philosophie de Socrate fussent entièrement dignes de foi ; tous les autres, y compris Platon, étaient considérés comme fournissant tout au plus à l'étude de cette philosophie quelques indications supplémentaires. Toutefois, contre cette préférence accordée à Xénophon, SCHLEIERMACHER[1], à une époque plus récente, a élevé une protestation. Xénophon, remarque-t-il, n'est pas lui-même un philosophe et par suite ne pouvait guère être homme à comprendre complètement un philosophe comme Socrate. De plus ses *Entretiens Mémorables* étaient écrits en vue d'un but particulier, celui de défendre son maître contre certaines accusations déterminées ; nous sommes donc tout d'abord autorisés à admettre que Socrate *pouvait* avoir été quelque chose de plus que ce qu'il est chez Xénophon. Mais il *devait* aussi avoir été en effet quelque chose de plus. Comment expliquer sans cela la place si importante que l'histoire de la philosophie est obligée de lui attribuer, l'attraction si extraordinaire que sa pensée avait été capable d'exercer sur les esprits les plus cultivés et les plus élevés, le rôle enfin que Platon lui fait jouer et qui ne devait pas être en contradiction trop frappante avec l'image de son maître telle que ses lecteurs l'avaient encore présente à l'esprit ? Il y a plus : les entretiens de Xénophon lui-même font l'impression d'une pensée philosophique qui, au détriment de sa valeur intrinsèque, aurait été traduite dans le langage peu philosophique du bon sens vulgaire. Ainsi Xénophon aurait laissé une lacune que Platon seul peut nous aider à combler. Mais, à la vérité, on ne pouvait se contenter de recourir à Platon dans la mesure où le demandait MEINERS[2] ; suivant lui, on ne devait reconnaître comme historique dans les discours du

---

[1]. *Ueber den Werth des Sokrates als Philosophen* (imprimé d'abord dans les *Abhandlungen der Berliner Akademie*, Philos. Kl., 1818, p. 50 sqq., puis dans les *Ges. Werken*, III. 2, 293 sqq.). Cf. *Gesch. d. Phil.*, p. 81 sqq.

[2]. *Gesch. der Wissenschaften in Griechenland und Rom*, II, 420 sqq.

Socrate de Platon que ce qui se retrouvait chez Xénophon, ou ce qui se déduisait immédiatement des indications de Xénophon, ou enfin ce qui était en contradiction avec les idées propres de Platon. Car alors nous n'aurions toujours que le Socrate de Xénophon légèrement modifié, et la source la plus profonde de la pensée de Socrate nous resterait cachée. La seule voie sûre est bien plutôt celle qu'indique SCHLEIERMACHER : « Il faut nous poser cette question : que *peut* avoir été Socrate de plus que ce que Xénophon nous rapporte de lui, sans toutefois contredire les traits de caractère et les maximes pratiques que Xénophon nous transmet comme vraiment propres à Socrate ? Que *doit-il* avoir été pour avoir fourni à Platon l'occasion et lui avoir donné le droit de lui attribuer le rôle qu'il lui attribue dans ses dialogues ? » Au jugement porté sur Xénophon par Schleiermacher ont acquiescé d'autres auteurs[1]. D'ailleurs, même avant Schleiermacher, DISSEN[2] avait déjà déclaré qu'il ne pouvait voir dans le Socrate de Xénophon qu'un Socrate exotérique. La même approbation a été donnée également à la règle posée par Schleiermacher pour distinguer ce qui est vraiment socratique et l'on s'est contenté, pour la compléter, d'ajouter une remarque[3] : c'est que les témoignages d'Aristote sur la doctrine de Platon nous fournissaient aussi un critérium

---

1. BRANDIS dans le *Rhein. Mus.*, de NIEBUHR und BRANDIS, I, h, 122 sqq. Cf. *Gesch. der Gr.-Röm. Phil.*, II, a, 30. RITTER, *Gesch. d. Phil.*, II, 44 sqq HEBBING, *Ueber das Verhältniss zwischen den xenoph. und den platon. Berichten über... Socrates.* Upsala Universitets Arsskrift, 1870. Cf. en particulier, p. 1, sqq., 125 sqq. ALBERTI lui-même (*Sokrates*, 5 sqq.) accepte en substance l'opinion de Schleiermacher, quelque insistance qu'il mette à rappeler qu'il faut beaucoup de prudence dans l'emploi des renseignements de Platon comme données historiques. Mais nous avons remarqué, p. 49, combien il a lui-même oublié cette prudence dans l'usage qu'il fait des textes du *Phédon*. En ce qui concerne la personne plutôt que la doctrine de Socrate, VAN HEUSDE (*Characterismi principum philosophorum veterum*, p. 54 sqq.) donne la préférence au portrait plus fidèle et plus ressemblant de Platon sur celui de Xénophon, tracé en vue d'une apologie et d'un panégyrique.
2. *De Philosophia morali in Xenophontis de Socrate commentariis tradita*, p. 28. (Dans les *Kleineren Schriften* de DISSEN, p. 87 sqq.)
3. BRANDIS, *loc. cit.*

extrinsèque applicable à cette distinction. D'un autre côté, l'autorité historique de Xénophon a trouvé aussi de nombreux défenseurs[1].

Si maintenant nous voulons trancher le débat entre ces deux manières de voir opposées, une difficulté surgit. Nous ne pouvons, en effet, apprécier la valeur des témoignages dont nous disposons, au cas où ils divergent, que par leur accord avec le vrai caractère historique de Socrate; mais, inversement, nous ne pouvons, semble-t-il, juger la fidélité historique du portrait du philosophe que par sa conformité avec les témoignages dignes de foi. Cette difficulté serait vraiment insurmontable si les deux expositions avaient, même sur les points où elles sont inconciliables, la même prétention à l'exactitude historique. Les rares données que nous fournit Aristote sur la philosophie socratique seraient alors d'un bien faible secours pour trancher la question, et cela dans l'hypothèse même où nous pourrions admettre qu'il avait à sa disposition pour la connaître, outre les écrits de Platon et de Xénophon, un certain nombre d'autres sources dignes de confiance, hypothèse qu'aucun indice certain ne justifie. Maintenant n'est-il pas assez évident, dès l'abord, que Platon ne présente formellement comme historiques les renseignements qu'il fournit que dans les passages où il s'accorde pour le fond avec Xénophon, par exemple dans l'*Apologie* et dans les récits du *Banquet*? Qui voudrait affirmer, au contraire, que, dans tous les autres discours qu'il prête à Socrate, il se donne sérieusement comme un historien fidèle? D'un autre côté, en ce qui concerne Xénophon, nous devons assurément accorder que son peu de sens philosophique et ses

---

1. HEGEL, *Gesch. d. Philos.*, II, 63. ROTSCHER, *Aristophanes und sein Zeitalter*, p. 393 sqq. HERMANN, *Gesch. und Syst. des Platonismus*, I, 249 sqq. LABRIOLA, *La dottrina di Socrate* (Napoli, 1871), p. 22 sqq., etc. Cf. FOUES, *Gesch. d. Phil.*, I, 259. On trouvera d'autres indications bibliographiques sur la question dans HRANDALL, *De Philosophia morali Socratis* (Heidelberg, 1853), p. 7 sqq., et RIDDING, *Op. cit.*

préoccupations exclusivement pratiques devaient souvent l'empêcher de saisir la portée scientifique et de découvrir la liaison interne des principes de Socrate. Nous ne devons d'ailleurs pas oublier que les *Entretiens Mémorables de Socrate* étaient avant tout, dans l'esprit de leur auteur, une défense de son maître contre des accusations qui avaient amené sa condamnation et qui longtemps après sa mort étaient encore courantes. Pour atteindre ce but, c'était bien moins le côté philosophique que le côté moral et religieux du personnage de Socrate qu'il avait à peindre. C'était moins de ses convictions théoriques que de sa piété, de sa justice, de son obéissance aux lois, des services qu'il savait rendre à ses amis et à ses concitoyens, qu'il avait à parler, et lui-même déclare assez ouvertement que tel est le point de vue dominant de son ouvrage. Enfin Xénophon, avec les ressources dont il disposait, était-il en état de nous donner une reproduction absolument exacte des discours de Socrate? On ne saurait l'affirmer non plus sans restriction, car il ne composa son ouvrage que six ans après la mort de Socrate et nous n'avons pas la moindre preuve qu'il se soit servi pour l'écrire de notes que lui ou d'autres auditeurs auraient prises immédiatement après les dialogues qu'ils avaient entendus[2]. Ce qu'il rédigea ainsi plusieurs années après à l'aide de ses propres souvenirs, ou des souvenirs d'autrui, n'a donc pas le caractère d'un document original et d'une reproduction littérale, et il est à croire au contraire que les particularités de la

---

1. *Mém.*, I, 1, 1; 20; 2, 1; 3, 1; IV, 4, 25; 5, 1; 8, 11, etc.
2. Les amis de Socrate en effet avaient-ils (comme VOLQUARDSEN, *Dämon d. Sokr.*, 6, le prétend en appliquant spécialement cette remarque à Platon) rédigé ses discours quand ils rentraient et complété ces notes dans la suite par des renseignements plus complets? C'est une assertion qu'on ne saurait prouver par les textes de PLATON, *Banq.*, 172, C, 173, B. *Théét.*, 143, A. Justement, les dialogues dont ces prétendues notes prises avec soin garantiraient l'exactitude ne peuvent évidemment être regardés comme historiques; ces données n'ont donc pas plus de portée que les données semblables du *Parménide*, 126, lis qq. Ajoutons que le passage des *Mém.*, I, 4, 1, n'a pas non plus rapport à des écrits de disciples de Socrate, mais aux jugements d'adversaires, et que celui des *Mém.*, IV, 3, 2, ne parle pas de témoignages écrits, mais d'une tradition orale.

forme et la manière dont sont présentées les idées dans l'ouvrage de Xénophon lui appartiennent en propre. Mais, quoi qu'il en soit, il n'est pas douteux que son intention n'ait été de nous donner sur Socrate et sa doctrine de fidèles informations; il déclare qu'il écrit d'après ses propres souvenirs, et remarque expressément, dans chaque circonstance, qu'il assistait lui-même à l'entretien, mais qu'il avait entendu aussi des paroles semblables rapportées par d'autres, et même il lui arrive de nommer son autorité[1]. Mais admettons même que bien des discours de Socrate lui soient restés inconnus, que d'autres aient échappé à sa mémoire; admettons de plus qu'il n'ait pas très bien compris tel ou tel point de doctrine, ou n'en ait pas vu la portée philosophique; nous pouvons, malgré tout, supposer qu'un disciple de Socrate, qui resta de longues années en relations avec son maître et qui était capable de nous transmettre tout ce que Xénophon nous a transmis en effet, ne doit pas, à ne considérer que les grands traits, être absolument inexact, et ne saurait avoir laissé entièrement dans l'ombre aucun côté essentiel de la doctrine socratique. Par suite, dans la mesure où l'exposition de Platon doit être considérée comme historique, ou permet du moins quelque induction sur le Socrate de l'histoire, on peut bien lui demander certains traits pour compléter l'esquisse de Xénophon, certains éclaircissements sur le sens véritable de divers principes que son condisciple n'a pas suffisamment pénétrés, ou dont il n'a compris que l'application pratique, et, en ce sens, on ne saurait guère trouver d'objection vraiment fondée contre la règle de Schleiermacher énoncée plus haut (p. 85). Mais on doit trouver d'avance fort invraisemblable qu'entre l'exposition de

---

1. *Mém.*, I, 3, 1 : ὡς δὲ δὴ καὶ ὠφελεῖν ἐδόκει μοι τοὺς ξυνόντας... τούτων δὴ γράψω ὁπόσα ἂν διαμνημονεύσω. IV, 3, 2 : d'autres aussi ont raconté des entretiens sur les dieux auxquels ils avaient assisté, ἐγὼ δὲ ὅτε πρὸς Εὐθύδημον τοιάδε διελέγετο παρεγενόμην. IV, 8, 4 : λέξω δὲ καὶ ἃ Ἑρμογένους τοῦ Ἱππονίκου ἤκουσα περὶ αὐτοῦ.

Xénophon et les données vraiment historiques que Platon peut nous fournir, il y ait sur des points essentiels une contradiction insoluble[1]. Le seul moyen de savoir ce qu'il en est en réalité consiste à examiner un à un les renseignements tirés des différentes sources pour apprécier leur crédibilité et leur concordance. Or ce travail coïncide pour le fond avec l'exposition de la doctrine socratique, et n'en pourrait tout au plus être distingué que d'une manière purement formelle. Aussi ne séparerons-nous pas ici les deux choses. Nous exposerons ce que fut Socrate d'après le triple témoignage de Platon, de Xénophon et d'Aristote. Si nous réussissons à tirer de ces témoignages un portrait dont tous les traits s'accordent, Xénophon est par cela même justifié ; sinon, c'est alors seulement que nous aurons à rechercher quelle est celle des traditions dont nous disposons qui est dans le vrai[2].

Point de vue de la philosophie de Socrate. — J'aborde la première la question du point de vue et du principe de la philosophie socratique. Ici déjà le caractère de nos sources principales semble autoriser les vues les plus opposées. Chez Platon, Socrate nous apparaît comme un penseur éminent, familiarisé avec toutes les branches de la

---

1. Comme l'affirme Ribbing, *Op. cit.*, 125 sqq. Mais il est difficile de concilier cette opinion avec ce qu'ajoute Ribbing lorsqu'il déclare ne vouloir porter aucune atteinte « à la fidélité historique des traits essentiels » de la relation de Xénophon ; et cependant elle serait, malgré tout, bien compromise, si (comme Ribbing le dit, *loc. cit.*) on rencontre chez Xénophon lui-même, sur la doctrine socratique, des données dont le développement logique se trouve dans l'exposition de Platon, « tandis que les détails de l'exposition de Xénophon et cette relation considérée dans son ensemble sont en contradiction avec ces données. »
2. Avec la méthode que nous venons de tracer s'accorde, quant au fond, celle que suit Strümpell, *Gesch. d. prakt. Phil. d. Griech.*, I, 116 ; sans doute il croit impossible de faire avec sûreté dans le domaine théorique le départ de ce qui appartient à Socrate et de ce qui appartient à Platon ; mais dans l'éthique, au contraire, il espère pouvoir arriver à une idée complète et exacte de la personnalité de Socrate en prenant les principes qui sont incontestablement socratiques, ceux que garantit le témoignage unanime de Xénophon, de Platon et d'Aristote, pour en poursuivre les conséquences et juger d'après ces dernières le reste de la tradition.

science; Xénophon au contraire nous montre en lui bien moins le philosophe que l'homme irréprochable, accompli, plein de piété et de sagesse pratique. C'est donc aussi de Xénophon que relève la conception suivant laquelle Socrate, rejetant toutes les questions spéculatives, aurait été un simple moraliste populaire et, en un mot, plutôt un homme consacré à l'œuvre morale d'élever la jeunesse et d'instruire le peuple qu'un philosophe proprement dit [1]. On ne peut assurément contester que Socrate fût animé du zèle le plus ardent pour la moralité et vît dans son influence morale sur autrui la mission spéciale de sa vie [2]. Mais s'il n'avait rempli cette tâche qu'à l'aide de procédés aussi peu scientifiques que ceux d'une philosophie populaire, s'il s'était contenté de répandre et de raviver les idées communes de devoir et de vertu, on ne comprendrait pas l'influence qu'il exerça non seulement sur des esprits sans originalité et sans intelligence philosophique, mais sur les hommes les plus distingués et les plus versés dans la science parmi ses contemporains ; on ne s'expliquerait pas ce qui a pu induire Platon à rattacher à son nom les plus profondes recherches philosophiques, ce qui a pu amener la philosophie postérieure jusqu'à Aristote et même jusqu'aux Stoïciens et aux Néoplatoniciens à voir en lui le fondateur d'une philosophie nouvelle, et à considérer son impulsion comme l'origine de leur propre mouvement d'idées. D'ailleurs dans la personne même de

---

1. Je n'ai pas besoin, pour montrer combien cette manière de voir était commune autrefois, d'invoquer des preuves particulières et des exemples qu'on trouverait en abondance depuis Cicéron jusqu'à Wiggers et Reinhold. Mais aujourd'hui même cette opinion n'a pas encore entièrement disparu, comme le prouve entre autres l'exemple de VAN HEUSDE, *Characterismi*, p. 53, et celui de MANNACH, qui, dans son *Histoire de la Philosophie*, I, 174, 178, 181, affirme précisément que Socrate « considérait comme superflue, vaine et insensée la philosophie spéculative poursuivant la connaissance universelle », « que ce ne fut pas seulement la philosophie des Sophistes, mais toute philosophie qu'il attaque comme fausse sagesse » et qu'en un mot « il ne fut absolument pas un philosophe ».

2. Cf. *Apol.*, 23, D; 30, E; 38, A et *pass*. Voir plus haut, p. 49 sqq.

Socrate et dans sa conduite on trouve plus d'un trait qui écarte cette conception. Car elle nous conduirait à admettre que la science n'avait de valeur pour lui que dans la mesure où elle peut être considérée comme un moyen pour l'action ; or nous verrons qu'au contraire c'est l'action qui, aux yeux de Socrate, n'a de valeur que si elle dérive de la connaissance vraie ; nous verrons qu'il réduit l'activité morale ou la vertu à une science, et en fait dériver la perfection de celle de la science ; et tandis que, suivant l'hypothèse ordinaire, le but de son commerce avec autrui pourrait se réduire en dernière analyse à la poursuite de leur perfectionnement moral, il semble, d'après sa propre déclaration, que le motif fondamental de toute son activité ait été l'intérêt de la science[1]. Aussi le voyons-nous dans ses entretiens rechercher non seulement un savoir qui n'a aucune utilité morale[2], mais même un savoir dont l'application pratique ne pourrait servir qu'à des fins immorales[3]. Ajoutons que ces traits ne se ren-

---

1. V. PLAT., *Apol.*, 21 sqq.; dans ce passage, Socrate rapporte tous ses efforts à la recherche d'une science véritable; *ibid.*, 28, E.
2. On en voit des exemples dans les entretiens rapportés par XÉN., *Mém.*, III, 10, et dans lesquels Socrate essaye de faire découvrir au peintre Parrhasius, au sculpteur Cliton, à l'armurier Pistias, le concept de leurs arts. Xénophon, il est vrai, amène ces dialogues en remarquant que Socrate savait se rendre *utile* aux artistes eux-mêmes. Mais il est évident que cette préoccupation de l'utilité n'est ici que tout à fait secondaire, et que le véritable motif de ces entretiens est bien plutôt celui que nous indique l'*Apologie* platonicienne : c'est que le philosophe est poussé par l'intérêt de la science à examiner si ces hommes ont une claire conscience de la nature de leur activité. Du reste, XÉNOPHON lui-même, *Mém.*, IV, 6, 1, en témoigne : σκοπῶν σὺν τοῖς συνοῦσι, τί ἕκαστον εἴη τῶν ὄντων, οὐδεπώποτ' ἔληγεν. Cette recherche du concept des choses, qui n'intéresse pas seulement l'application de la science, mais avant tout la science elle-même, prouve déjà, à elle seule, que Socrate n'est pas un simple prédicateur de morale, mais bien un philosophe ; et Xénophon lui-même n'arrive pas, sans une interprétation très forcée, à subordonner cette recherche à son point de vue pratique, quand il dit, par exemple (*loc. cit.*) : « On peut voir par là comment il savait rendre aussi ses amis meilleurs dialecticiens. » Car la dialectique, c'est justement la science.
3. *Mém.*, III, 11. Ce morceau, mieux qu'aucun autre, est propre à réfuter l'idée suivant laquelle Socrate serait un simple prédicateur de vertu. Socrate entend un de ses familiers louer la beauté de l'hétaïre Théodote, et l'accompagne pour la voir. Il la rencontre justement posant comme modèle devant un peintre ; il noue ensuite avec elle un entretien où il essaye de l'amener à formuler l'idée et la méthode de son métier, et lui montre par quels procédés elle réussira le mieux

contrent pas seulement dans l'une ou l'autre de nos sources, mais qu'ils sont également répandus chez nos trois témoins principaux. Socrate ne saurait donc avoir été ce philosophe exclusivement moraliste et sans valeur scientifique pour lequel il a si longtemps passé. La connaissance a pour lui un prix, une importance qu'elle n'aurait pu avoir dans cette hypothèse. On ne peut même pas admettre que cette science, dont il cherchait la possession, ait eu en définitive la pratique pour unique raison d'être et qu'il ne l'ait estimée que comme un moyen pour arriver à la moralité[1]. L'homme qui n'envisagerait la science qu'à ce point de vue, qui ne poursuivrait en elle qu'un moyen d'atteindre une fin ultérieure, et dont les efforts ne seraient pas provoqués par une inclination spéciale pour le vrai, par le besoin de savoir, ne s'attacherait pas d'une manière aussi sévère, aussi inébranlable que le fit Socrate à la recherche du problème et de la méthode de la science ; jamais il n'en pourrait devenir, comme lui, le réformateur. Mais, en morale même, Socrate n'aurait pu acquérir l'influence réformatrice décisive que l'histoire lui attribue, s'il avait restreint, comme on le suppose, ses préoccupations aux questions d'intérêt pratique. Son mérite, comme moraliste, n'est assurément pas d'avoir réclamé une réforme de la vie morale ; car Aristophane lui aussi, et sans doute bien d'autres encore, la réclamaient également ; c'est d'avoir reconnu que pour la réaliser il était indispensable de fonder les convictions morales sur la science. Mais cela suppose que la connaissance seule doit déterminer et satisfaire les devoirs pra-

à séduire les hommes. S'il est vrai d'ailleurs qu'une semblable démarche n'avait pas pour un Grec ce qu'elle a pour nous de choquant, toujours est-il qu'on ne saurait remarquer ici la moindre préoccupation morale (les observations que fait Brandis, *Gesch. d. Entw.*, 236, pour rendre vraisemblable une telle préoccupation ont bien peu de portée). C'est le pur intérêt dialectique et abstrait qui pousse Socrate à rechercher ainsi l'idée générale de toute activité qui se présente à lui, sans en considérer aucunement la valeur morale.

1. Ribbing, *Socrat. Stud.*, I, 46 sq.

tiques eux-mêmes, c'est-à-dire que le savoir ne doit pas seulement être utile à l'action, mais la diriger et la dominer. Or personne n'a jamais accepté cette manière de voir sans reconnaître à la science une valeur propre, résidant immédiatement en elle-même. Si donc Socrate voulait en principe (comme nous le verrons d'ailleurs) limiter la science aux recherches qui ont pour l'homme une utilité pratique, cela ne prouve qu'une chose : c'est que Socrate lui-même n'avait pas pleinement conscience de la portée de ses idées. En fait, il dépassa ces limites et traita les questions morales elles-mêmes suivant une méthode qu'il est impossible d'adopter sans être animé de l'amour de la science pour elle-même.

PRINCIPE DE LA PHILOSOPHIE DE SOCRATE. LE CONCEPT. — Par là se trouve déjà déterminé le cercle dans lequel nous devons chercher le principe de la philosophie de Socrate. C'est à la découverte de la véritable science que Socrate s'applique pour obéir au dieu de Délos ; c'est à la science de l'essence des choses qu'il travaille assidûment avec ses amis ; c'est à la nécessité d'une science vraie qu'il ramène en dernière analyse tous les problèmes moraux eux-mêmes, et c'est par la force avec laquelle il sut faire sentir cette nécessité qu'il devint chez les Grecs le créateur d'une morale ayant une existence indépendante. Il ne lui suffit pas que les hommes fassent le bien, il faut qu'ils sachent pourquoi ils le font ; il exige qu'ils n'obéissent pas seulement à une impulsion aveugle, à une inspiration obscure, à une disposition issue de l'habitude ; il veut qu'une conscience claire donne naissance à leur action ; et c'est parce qu'il ne trouve pas ce caractère dans l'art contemporain que, malgré l'élévation de cet art, il se refuse à y reconnaître la véritable sagesse[1]. En un mot, c'est

---

1. Dans l'*Apologie* de PLATON, 22, B, Socrate dit que, dans son examen des

l'idée de la science qui est le point de départ de la philosophie de Socrate[1]. Cependant, comme toute philosophie se préoccupe de la science, il faut en tout cas compléter les remarques précédentes en ajoutant que cette recherche de la connaissance vraie n'était chez les philosophes antérieurs qu'un effort spontané, instinctif, tandis que chez Socrate elle devient pour la première fois consciente et méthodique, que, le premier, Socrate prit conscience de cette idée de la science *comme science*, et consciemment aussi en fit l'idée directrice de la philosophie[2].

Mais une nouvelle explication devient nécessaire. Si l'intérêt de la science n'était pas étranger aux philosophes antérieurs eux-mêmes, comment se fait-il qu'il ne les ait pas amenés à une recherche consciente, dialectique de la science? On ne peut en donner qu'une raison : c'est que la science vers laquelle tendaient leurs efforts était en elle-même bien différente de celle que réclamait Socrate et que leur idée de la science ne les mettait pas, comme Socrate, dans la nécessité de porter leur attention sur la méthode scientifique et sur les conditions de la connais-

---

hommes, il s'est adressé aussi aux poètes, mais qu'il s'est bien vite aperçu qu'ils ne savaient ordinairement pas rendre compte de leurs propres œuvres : ἔγνων οὖν... ὅτι οὐ σοφίᾳ ποιοῖεν ἃ ποιοῖεν, ἀλλὰ φύσει τινὶ καὶ ἐνθουσιάζοντες ὥσπερ οἱ θεομάντεις καὶ χρησμῳδοί· καὶ γὰρ οὗτοι λέγουσι μὲν πολλὰ καὶ καλά, ἴσασι δὲ οὐδὲν ὧν λέγουσιν. En outre, aucun n'a conscience des limites de son savoir, mais chacun d'eux croit tout comprendre; et il faisait les mêmes observations sur les χειροτέχναι, sur les représentants de l'art plastique et des arts manuels.

1. SCHLEIERMACHER, *Werke*, III, 2, 300) : « Cet éveil de l'idée de la science et les premières formules qui l'expriment, tel doit être avant tout le contenu de la pensée socratique. » RITTER, *Gesch. d. Phil.*, II, 50, partage entièrement cette manière de voir. BRANDIS, également, ne s'en écarte que sur un point secondaire (*Rhein. Mus.*, von NIEBUHR und BRANDIS, I, h, 130. *Gr.-Röm. Phil.*, II, A, 33 sqq.). En effet, il considère, il est vrai, comme le point de départ de la doctrine socratique le désir d'établir, contre les Sophistes, la valeur absolue des jugements moraux, mais il remarque ensuite que, pour atteindre ce but, Socrate commence par s'appliquer, avant tout, à pénétrer dans le fond de sa conscience, et arrive, grâce à elle, à distinguer avec sûreté la vraie science de l'ignorance. BRANDIS, *Gesch. d. Phil. s. Kant*, I, 155, dit de même : « Le point capital chez Socrate, c'est que pour lui la moralité dans son essence est absolument une science, issue de l'idée du bien innée dans l'âme. »

2. SCHLEIERMACHER, *op. cit.*, p. 299 sqq. BRANDIS (voir plus haut).

sance vraie. Ce qui imposait à Socrate cette nécessité, c'est un principe que les renseignements les plus autorisés sont tout à fait unanimes à considérer comme l'âme même de sa philosophie, le principe que toute science vraie doit partir de concepts exacts, et que rien ne saurait être connu sans être ramené à son idée générale et jugé d'après cette idée[1]. Ce principe, si simple qu'il semble, ne réclamait rien moins qu'un changement radical dans la méthode de la science[2]. L'opinion ordinaire se figure que les choses ne sont rien d'autre que ce qui nous est donné immédiatement dans la perception, ou, si les contradictions de l'expérience s'y opposent, elle

---

1. Xén., *Mém.*, IV, 6, 1 : Σωκράτης γὰρ τοὺς μὲν εἰδότας, τί ἕκαστον εἴη τῶν ὄντων, ἐνόμιζε καὶ τοῖς ἄλλοις ἂν ἐξηγεῖσθαι δύνασθαι, τοὺς δὲ μὴ εἰδότας οὐδὲν ἔφη θαυμαστὸν εἶναι αὐτούς τε σφάλλεσθαι καὶ ἄλλους σφάλλειν. ὧν ἕνεκα σκοπῶν σὺν τοῖς συνοῦσι, τί ἕκαστον εἴη τῶν ὄντων, οὐδεπώποτ' ἔληγεν. § 13 : ἐπὶ τὴν ὑπόθεσιν ἐπανῆγε πάντα τὸν λόγον, c.-à-d., comme l'explique le contexte, il ramenait toutes les questions débattues aux concepts généraux, pour en trouver la solution dans ces concepts. IV, 5, 12 : ἔφη δὲ καὶ τὸ διαλέγεσθαι ὀνομασθῆναι ἐκ τοῦ συνιόντας κοινῇ βουλεύεσθαι, διαλέγοντας κατὰ γένη τὰ πράγματα· δεῖν οὖν πειρᾶσθαι ὅτι μάλιστα πρὸς τοῦτο ἑαυτὸν ἕτοιμον παρασκευάζειν etc. Cf. I, 1, 16 et les exemples nombreux donnés par les *Mémorables*. Arist., *Métaph.*, XIII, 4, 1078, b, 17, 27 : Σωκράτους δὲ περὶ τὰς ἠθικὰς ἀρετὰς πραγματευομένου καὶ περὶ τούτων ὁρίζεσθαι καθόλου ζητοῦντος πρώτου... ἐκεῖνος εὐλόγως ἐζήτει τὸ τί ἐστιν... δύο γάρ ἐστιν ἅ τις ἂν ἀποδοίη Σωκράτει δικαίως, τούς τ' ἐπακτικοὺς λόγους καὶ τὸ ὁρίζεσθαι καθόλου. Les deux choses sont d'ailleurs identiques au fond, car les λόγοι ἐπακτικοί ne sont que le moyen de trouver les idées générales. C'est pourquoi Aristote dit ailleurs avec raison (*Mét.*, I, 6, 987, b, 1 ; XIII, 9, 1086, b, 3. *De part. anim.*, I, 1, 642, a, 28) que le véritable mérite personnel de Socrate comme philosophe, c'est d'avoir entrepris cette recherche de l'idée générale et de l'essence des choses. Aussi voyons-nous Socrate, même dans les entretiens que nous a conservés Xénophon, se livrer à la poursuite de l'idée générale, du τί ἐστι, et de même dans l'*Apologie* de Platon, 22, B, il désigne l'examen auquel il soumet les hommes par l'expression διερωτᾶν τί λέγοιεν, c'est-à-dire qu'il fait porter son interrogation sur le concept de ce que font les praticiens et de ce que disent les poètes. Voir aussi *Ménon*, 70, A, sq.; *Phèdre*, 262, B, 265, D. En revanche, il serait difficile de prouver par les textes de Platon que Socrate eût déjà expressément formulé la distinction de l'ἐπιστήμη et de la δόξα, comme le croit Brandis (*Gr.-Röm. Phil.*, II, a, 36; *Gesch. d. Entwick.*, I, 235). Car nous ne savons pas si des assertions comme celles du *Ménon*, 98, B, traduisent la pensée de Socrate ou seulement celle de Platon ; Antisthènes, de son côté, qui, suivant Diog., VI, 17, avait écrit περὶ δόξης καὶ ἐπιστήμης, devait peut-être aux Éléates cette distinction, et dans le passage de Xén., *Mém.*, IV, 2, 33, il ne faut pas la chercher. Mais, au fond, cette opposition n'en est pas moins impliquée dans toute la méthode socratique et indiquée dans certains passages, comme Xén., *Mém.*, IV, 6, 1 ; Plat., *Apol.*, 21, B, sqq.

2. Cf. sur ce point p. 31 sqq. et t. I, 1027 sqq. (Trad. franç., t. II, p. 541 sqq.)

s'en tient à ce côté des phénomènes, qui fait sur chaque observateur l'impression la plus profonde, déclare qu'il constitue l'essence des choses et tire de cette hypothèse le reste de ses déductions. Jusqu'alors les philosophes n'avaient pas non plus procédé autrement; même lorsqu'ils attaquaient la véracité des sens, ils prenaient néanmoins pour point de départ ces données exclusives de l'observation, sans avoir conscience de la nécessité de confirmer ce jugement par une recherche embrassant toutes les faces de l'objet. La sophistique avait renversé ce dogmatisme; on s'était aperçu que la perception n'avait jamais qu'une vérité relative et subjective, qu'elle ne nous représente pas les choses comme elles *sont*, mais seulement comme elles nous *apparaissent*. Il en résultait qu'à toute affirmation on pouvait légitimement opposer une affirmation contraire; car si l'une est vraie pour tel homme et dans tel moment, l'autre peut l'être aussi bien pour un autre homme et à un autre instant.

Socrate ne fait guère plus de cas de l'opinion commune. Il sait qu'elle ne procure pas de science et qu'elle se heurte à mille contradictions. Toutefois il n'en conclut pas avec les Sophistes que la science soit absolument impossible, mais seulement que *dans cette voie* on ne saurait la trouver. La plupart des hommes manquent de connaissance vraie, car ils s'en tiennent à des hypothèses dont ils n'ont pas contrôlé la vérité; ils ne considèrent qu'un seul aspect, qu'une seule qualité des choses, non leur essence. Corrigeons ces vices de méthode, considérons chaque chose sous toutes ses faces et cherchons, par cette analyse complète, à en déterminer la véritable essence; nous obtiendrons alors, au lieu de représentations sans consistance, des concepts; au lieu de procédés aveugles et sans principes, une recherche méthodique; au lieu d'une science apparente, une science réelle. Ainsi, en réclamant la constitution d'une science fondée sur les concepts,

Socrate rompt d'une manière radicale non seulement avec la manière de voir commune, mais aussi avec toute la philosophie antérieure. Il exige une observation complète, une critique dialectique, une recherche méthodique, ayant conscience de ses principes ; il renverse tout ce qui a passé jusqu'alors pour science, parce que cela ne satisfait pas à ces conditions ; mais en même temps il professe la conviction qu'en les respectant on peut atteindre une science véritable.

LA SCIENCE ET LA MORALE. — Ce principe n'a pas simplement pour Socrate une importance théorique. Il a en même temps et d'une façon immédiate une portée pratique. C'est précisément en lui un des traits les plus caractéristiques que son incapacité absolue de séparer la moralité de la science et de concevoir, soit un savoir sans vertu, soit une vertu sans savoir[1]. A ce point de vue encore il est bien de son temps, et c'est justement sa gloire d'avoir su, avec sa pénétration et son génie, faire comprendre les besoins et favoriser ce qu'il y avait de plus légitime dans les efforts de son siècle. Les progrès de la culture avaient rendu nécessaire en Grèce un enseignement plus élevé ; d'un autre côté, le développement scientifique avait changé de direction et s'était détourné des recherches naturelles pour se porter vers l'étude des choses de l'esprit. Dès lors un lien plus étroit entre la science et la pratique devenait indispensable : la première ne pouvait plus trouver que dans l'homme son objet suprême ; la seconde ne pouvait plus trouver que dans la science le point d'appui et l'auxiliaire dont elle avait besoin. C'est ce besoin que les Sophistes, avec tant d'habileté et de vivacité, entreprirent de satisfaire ; et de là leur succès extraordinaire. Mais la philosophie pratique des Sophistes était établie sur des fonde-

---

1. Le détail des preuves sur ce point sera donné plus loin.

ments trop mal assurés, leur scepticisme en avait trop ébranlé la base scientifique, pour qu'elle ne fût pas condamnée à dégénérer avec une effrayante rapidité et à se mettre au service de tous les penchants bas et égoïstes. Loin que la vie morale se fût élevée sous l'influence de la science, la pratique et la science s'étaient également fourvoyées. Socrate comprit bien cet état de choses. Parmi ses contemporains, les uns, aveuglés par leur admiration pour l'enseignement des Sophistes, n'en voyaient pas les dangers; les autres, redoutant ces dangers et méconnaissant les besoins de ce temps et le cours de l'histoire, maudissaient sans merci les novateurs, à la façon d'Aristophane. Socrate au contraire sut d'un regard pénétrant discerner dans l'esprit de son siècle ce qu'il y avait de juste et ce qu'il y avait d'erroné. Les lacunes de l'ancienne culture, l'absence de principes solides dans la vertu commune, les contradictions et l'obscurité des opinions régnantes, la nécessité d'une éducation scientifique, il les reconnut aussi clairement qu'un Sophiste seul pouvait le faire. Mais il assigna un but différent et plus élevé à cette éducation. Elle devait, au lieu d'ébranler la croyance à la vérité, changer la méthode scientifique et montrer ainsi la voie à suivre pour la trouver. Elle devait, au lieu de se mettre au service de l'égoïsme régnant, tirer au contraire les esprits de l'égoïsme et du relâchement par la connaissance du vrai bien et de la vraie utilité; elle devait, au lieu de ruiner par la base la moralité et la piété, les élever sur des fondements nouveaux et inébranlables posés par la science. C'est ainsi que Socrate fut à la fois le réformateur de la science et de la morale. Sa grande pensée fut de transformer et de restaurer la vie morale en lui donnant la science pour base, et ces deux éléments étaient si indissolublement liés dans son esprit qu'il ne sut pas donner à la science d'autre objet que la vie humaine, et qu'inversement, dans la vie, il ne voyait pas de salut en dehors de la science[1]. Quels services ses efforts ont rendus dans l'un et l'autre domaine, quel empire il exerça sur le développement intellectuel et moral de sa nation et de l'humanité, le témoignage de l'histoire est là pour nous le dire. Si dans la suite la distinction de l'activité morale et de l'activité scientifique fut reconnue de nouveau plus complètement aussi bien que leur unité, pourtant le lien qu'il avait établi entre l'une et l'autre n'a pas été rompu; si dans les derniers siècles du monde ancien la philosophie vint remplacer la religion périssante, fournir à la moralité un nouveau point d'appui, purifier et éclairer la conscience morale, préparer enfin la voie à une religion monothéiste universelle, le mérite de ce grand et salutaire résultat, dans la mesure toutefois où l'on peut en faire honneur à un seul individu, revient à Socrate.

CARACTÈRE SUBJECTIF DE SA DOCTRINE. — Mais, avec Socrate, l'intérêt de la philosophie se tourne du monde exté-

---

[1]. Nous pouvons maintenant revenir sur la question posée plus haut, de savoir si pour Socrate la science était primitivement un simple moyen ayant pour fin la conduite morale, ou si celle-ci n'était qu'une conséquence de la science. Voici ce qu'il faudrait répondre : L'originalité de Socrate consiste justement en ce que pour lui ce dilemme n'existait pas. Pour lui, la science était en elle-même un besoin moral et une force morale ; mais, par cela même, la vertu, comme nous le verrons, n'était pour lui ni une simple conséquence de la science ni un but qu'il fallait poursuivre à l'aide de la science, elle était immédiatement en elle-même une science. Ainsi donc, lorsque LABRIOLA (*Dottrina di Socrate*, 40) voit « dans le besoin moral de certitude et dans la conviction qu'on ne pouvait l'atteindre que grâce à une connaissance claire, indubitable et sûre », le seul motif interne de tous les efforts de Socrate, cette assertion ne saurait être contestée. En revanche, RIBBING, *Sokr. Stud.*, I, 46 sqq.) ne m'a pas persuadé que le socratisme fût, d'après Platon comme d'après Xénophon, « un système avant tout pratique », et que la théorie de la connaissance ne s'y trouve développée qu'en vue du but moral. La coïncidence de la connaissance vraie et de la volonté droite, aux yeux de Socrate, je l'ai déjà mise en relief avec précision dans les éditions antérieures de cet ouvrage. Quant à l'opinion suivant laquelle la science n'aurait en elle-même aucun prix à ses yeux, mais n'aurait été poursuivie par lui que comme un moyen en vue du but moral (et ce doit être l'opinion de RIBBING d'autant plus qu'il a dû y être amené par le désir de me contredire), je ne peux y accéder par les raisons que j'ai exposées p. 90 sqq. Pour les textes cités par Ribbing (PLAT., *Apol.*, 22, D, sqq.; 28, D, sqq.; 29, E; 31, A; 38, A) contre mon opinion, ils ne disent pas ce qu'il leur prête.

rieur vers l'homme et sa nature morale, et l'homme ne doit plus accepter pour vrai et pour obligatoire que ce dont il a lui-même reconnu la vérité par une recherche scientifique : aussi trouvons-nous chez lui cette profonde réflexion de la subjectivité sur elle-même, où les modernes ont cherché le caractère distinctif de sa philosophie[1]. Mais cette subjectivité socratique ne doit être confondue, ni avec la subjectivité de l'arbitraire individuel, qui est celle des Sophistes, ni avec la subjectivité abstraite des écoles postaristotéliciennes. Socrate reconnaît que c'est à chacun à chercher par lui-même ses convictions, que la vérité n'est pas une chose qu'on puisse recevoir toute faite, mais qu'on ne peut la trouver que grâce à son activité intellectuelle propre. Il exige que toute opinion, si courante, si ancienne qu'elle puisse être, soit critiquée à nouveau, et qu'on ajoute foi non pas aux autorités, mais seulement aux raisons. Mais il est bien loin de déclarer pour cela avec Protagoras que l'homme est la mesure de toutes choses. Il ne fait pas non plus comme les Stoïciens ou les Épicuriens, qui ne laissent en dernière analyse subsister d'autre critérium que la conviction subjective et le besoin pratique, ou comme les Sceptiques, qui réduisent toute vérité à la simple vraisemblance. Mais, s'il est convaincu que la vérité est une fin en soi, il croit également qu'on ne peut atteindre la vraie science que par l'examen réfléchi des choses. En outre, Socrate voit dans l'homme l'objet propre de la philosophie. Mais, au lieu d'élever comme les Sophistes la volonté de l'individu à la hauteur d'une loi, il veut la subordonner à la loi objective, fondée sur la nature des choses et sur les conditions de l'activité morale[2], et au lieu de considérer, à la façon des philosophes

---

1. HEGEL, *Gesch. d. Phil.*, 40 sqq. *et passim*. RŒTSCHER, *Aristoph.*, p. 244 sqq., 388 sqq.
2. Les preuves s'en trouvent dans les *Mémorables* de XÉNOPHON, p. ex., II, 2; II, 6, 1-7 ; III, 8, 1-3; IV, 4, 20 sqq.

postérieurs, l'indépendance du sage qui se suffit à lui-même comme sa fin suprême, il s'en tient au contraire au point de vue de la moralité antique, qui est incapable de concevoir l'homme en dehors de la société[1], qui reconnaît par suite comme son premier devoir de se consacrer à l'État[2] et voit la règle naturelle de sa conduite dans la loi de l'État[3]. L'apathie comme le cosmopolitisme du Portique et des écoles contemporaines sont donc étrangers à Socrate. Ainsi l'on a pu dire, il est vrai avec raison, que « chez lui apparaît la subjectivité infinie, la liberté de la conscience individuelle[4] » ; mais, d'un autre côté, il faut ajouter que cette définition n'épuise pas encore le contenu du principe socratique, et voici dans quels termes on peut trancher le débat sur le subjectivisme ou l'objectivisme de la doctrine de Socrate[5]. Si on la compare aux systèmes antérieurs, le trait caractéristique qu'on y remarque, c'est la réflexion profonde du sujet sur lui-même ; mais elle n'a pas pour cela un caractère purement subjectif. Elle espère atteindre une science qui ne répond pas seulement à un besoin du sujet ; mais le terrain sur lequel cette science doit être cherchée ne peut être que celui de la pensée propre du sujet[6].

---

1. Cf. l'entretien de Socrate avec Aristippe. *Mém.*, II, 1, 13 sqq., et le *Criton* de PLATON, 53, A, sqq.
2. Socrate lui-même justifie son activité propre par cette considération, comme nous l'avons déjà montré p. 55, 58, d'après XÉN., *Mém.*, I, 6, 15 ; PLATON, *Apol.*, 30, A sqq., et d'autres passages encore.
3. *Mém.*, IV, 4, 12 sqq., 3, 15 sqq. Comparer les autres indications données plus haut sur la conduite personnelle du philosophe (p. 65).
4. HEGEL, *loc. cit.*
5. Cf. d'un côté RÖTSCHER, *loc. cit.*, de l'autre BRANDIS, *Ueber die vorgebliche Subjectivität der Sokrat. Lehre*, Rhein. Mus., II, 1, 85 sqq.
6. HEGEL, lui aussi, ne dit pas autre chose au fond, lorsque dans son *Histoire de la Philosophie*, II, 40 sqq., 66, il distingue Socrate des Sophistes en remarquant que chez Socrate « l'objet produit par la pensée existe en même temps en soi et pour soi », et que l'élément subjectif est en même temps « l'objectif et le général en soi (le bien) », qu'au principe sophistique « l'homme est la mesure de toutes choses » se substitue ce principe « que l'homme, en tant qu'il pense, est la mesure de toutes choses », qu'en un mot ce n'est pas la subjectivité empirique, mais la subjectivité universelle en soi qui sert de principe à Socrate. Cette manière de caractériser le socratisme s'accorde également avec celle

Ce principe assurément ne reçoit pas encore de Socrate un plus complet développement. Il a, il est vrai, posé cet axiome que la science recherchant le concept est la seule vraie science. Mais il ne s'est pas encore élevé jusqu'à ce principe qui complète le premier, que l'existence du concept est aussi la seule véritable existence, que par suite le concept est la seule réalité[1]; il n'est pas encore parvenu à l'exposition systématique des idées vraies en soi. La science n'est donc encore chez Socrate qu'un postulat, un problème que le sujet doit résoudre; la philosophie n'est encore qu'un instinct philosophique et une méthode philosophique, elle n'est qu'une recherche et n'est pas encore une possession de la vérité. Ces lacunes mêmes semblent encore devoir justifier l'opinion spécieuse qui fait du point de vue de Socrate celui d'un subjectivisme absolu; mais il ne faut jamais oublier ici que pourtant chez Socrate il s'agit toujours de connaître et de mettre en lumière ce qui est vrai et bon en soi. C'est à l'homme qu'il faut une éducation intellectuelle et morale, mais le seul et unique moyen d'atteindre ce but est la connaissance de la vérité.

Puisqu'il s'agit avant tout pour Socrate de former l'homme, et non d'exposer un système, le point capital d'une étude sur Socrate est la détermination de la voie qui, selon lui, mène à la vérité, la question de sa méthode philosophique. Quant au contenu de sa doctrine, d'un côté l'étendue semble en être restreinte aux questions qui intéressent immédiatement la vie humaine; de l'autre, les résultats n'en paraissent pas dépasser ce principe

---

qu'adoptent RÖTSCHER, *loc. cit.*, p. 246 sqq., 392, et HERMANN, *Gesch. u. Syst. des Plat.*, I, 239 sqq.

1. Les objections qu'ALBERTI, *Sokr.*, 94, oppose aux paroles précédentes s'évanouissent si l'on tient compte du mot « seule ». La phrase ne signifie rien autre chose, sinon que Socrate, et tout le monde le sait, n'avait pas poussé sa théorie des concepts jusqu'à la doctrine des Idées et n'avait pas encore opposé le général, renfermé dans le concept, aux choses individuelles, comme étant la seule vraie réalité.

général et tout formel qui exige que toute action soit déterminée par la science des concepts ; les formes particulières de l'activité morale ne sont point encore systématiquement analysées, ni expliquées d'une manière satisfaisante.

§ 3. LA MÉTHODE PHILOSOPHIQUE.

CARACTÈRE GÉNÉRAL DE LA MÉTHODE. — En quoi donc consiste, d'une manière générale, le caractère propre de la méthode socratique ? Cette méthode tire des idées communes un concept, mais, d'un autre côté, elle ne dépasse pas encore la formation des concepts et l'exercice philosophique individuel, pour atteindre à la constitution systématique d'une doctrine. Le principe de la connaissance par concepts ne se présente encore ici que comme un postulat. Dès lors, d'un côté l'idée de la nécessité de ce principe s'impose immédiatement à la conscience du philosophe, et il cherche à pénétrer l'essence des choses ; de l'autre sa pensée s'en tient à cette recherche, et n'est pas encore assez formée pour arriver à un système de science objective, et par suite n'a pas même encore donné à sa méthode cette maturité qu'exige la constitution d'un système. Par la même raison, la célèbre méthode inductive elle-même n'est pas davantage arrivée à former une théorie exacte et complète. Ce que Socrate comprend bien et formule nettement, c'est simplement, d'une manière générale, la nécessité de ramener toute chose à son concept ; quant au mode et à la forme de cette réduction, quant aux procédés logiques qu'elle exige, Socrate ne les a pas encore élaborés suffisamment pour en faire une doctrine, et nous ne les trouvons encore chez lui qu'à l'état d'application immédiate d'une aptitude personnelle. En effet, il n'y a, dans tout ce que

nous savons de lui, qu'une seule chose qui ressemble à
une règle logique : c'est cette maxime qui prescrit de
borner la recherche dialectique aux notions généralement
admises[1] et cette formule est assurément beaucoup trop
vague pour infirmer notre assertion.

1. LA CONNAISSANCE DE SOI. L'IGNORANCE SOCRATIQUE. —
La méthode de Socrate, à l'examiner de plus près, renferme trois moments distincts. Le premier est la *connaissance de soi-même* réclamée par Socrate. Le philosophe,
ne reconnaissant pour vraie que la connaissance par les
concepts, doit critiquer toute prétendue science, pour voir
si elle répond ou non à cette idée de la science. Rien
ne lui paraît plus absurde, rien ne lui semble mettre un
obstacle plus immédiat à la vraie sagesse que de se
figurer savoir ce que l'on ne sait pas[2]. Il n'y a donc pas de
devoir plus impérieux, plus pressant que celui de se
livrer à cet examen de soi-même qui nous montre quelles
sont les choses que nous savons réellement et celles que
nous pensons seulement savoir[3]. Rien n'est plus indispensable pour notre conduite pratique que de connaître
notre état intérieur, l'étendue de notre science et de notre

---

1. *Mém.*, IV, 6, 15 : ὁπότε δὲ αὐτός τι τῷ λόγῳ διεξίοι, διὰ τῶν μάλιστα ὁμο-
λογουμένων ἐπορεύετο, νομίζων ταύτην τὴν ἀσφάλειαν εἶναι λόγου.
2. XÉN., *Mém.*, III, 9, 6 : μανίαν γε μὴν ἐναντίον μὲν ἔφη εἶναι σοφίᾳ, οὐ μέντοιγε
τὴν ἀνεπιστημοσύνην μανίαν ἐνόμιζεν τὸ δὲ ἀγνοεῖν ἑαυτὸν καὶ ἃ μὴ οἶδε δοξάζειν
τε καὶ οἴεσθαι γιγνώσκειν ἐγγυτάτω μανίας ἐλογίζετο εἶναι. Ordinairement, il est
vrai, ajoute-t-il, on nomme fous ceux qui se trompent sur ce que tout le monde
sait, non ceux qui se trompent sur ce que tout le monde *ignore*. De même PLAT.,
Apol., 29, B : καὶ τοῦτο πῶς οὐκ ἀμαθία ἐστὶν αὕτη ἡ ἐπονείδιστος ἡ τοῦ οἴεσθαι
εἰδέναι ἃ οὐκ οἶδεν ;
3. Socrate explique en ce sens (PLAT., *Apol.*, 21, B sqq.) comment, pour obéir
à l'oracle, il a interrogé tous ceux qu'il a pu, pour voir quelle science ils possé-
daient ; partout il a trouvé, à côté des connaissances les plus variées, une ignorance qu'il ne voudrait pas accepter au prix de toutes les autres connaissances :
c'est que tous pensaient savoir ce qu'ils ne savaient pas. Il considère, au contraire, pour sa part (28, E), comme sa vocation φιλοσοφοῦντα ζῆν καὶ ἐξετάζοντα
ἐμαυτὸν καὶ τοὺς ἄλλους, et p. 38, A, il déclare qu'il n'y a pas de plus grand
bien que de passer toutes ses journées en conversations comme celles qu'il tenait,
ὁ δὲ ἀνεξέταστος βίος οὐ βιωτὸς ἀνθρώπῳ.

pouvoir[1]. Mais comme le philosophe, en s'examinant ainsi lui-même, arrive à voir avec évidence que toute sa science actuelle ne répond pas à son idée de la science, le premier résultat de cet examen est cette *conscience de son ignorance* que Socrate déclare être l'unique sagesse. Car il prétendait ne posséder aucune science[2], et c'est pourquoi il ne voulait pas se donner comme le maitre de ses amis[3], mais seulement chercher et apprendre avec eux[4]. Cet aveu d'ignorance n'est d'ailleurs nullement une négation sceptique de la science[5]; car une semblable

---

1. XÉN., *Mém.*, IV, 2, 24 sq. : dans une discussion sur le γνῶθι σαυτὸν de l'oracle de Delphes, il montre que la connaissance de soi procure les plus grands avantages, que l'absence de cette connaissance entraîne au contraire les plus grands dommages : οἱ μὲν γὰρ εἰδότες ἑαυτοὺς τά τε ἐπιτήδεια ἑαυτοῖς ἴσασι καὶ διαγιγνώσκουσιν ἅ τε δύνανται καὶ ἅ μή, καὶ ἅ μὲν ἐπίστανται πράττοντες (l'examen de soi-même se rapporte toujours d'une manière immédiate à la science, puisque, la science donnée, la droite conduite s'ensuit d'elle-même) πορίζονταί τε ὧν δέονται καὶ εὖ πράττουσιν, etc. PLAT., *Phèdre*, 229, E : Socrate déclare n'avoir pas le temps de s'occuper des interprétations de la mythologie, qui étaient alors à la mode, parce qu'il n'est pas même encore arrivé, conformément à l'oracle de Delphes, à se connaître lui-même : γελοῖον δή μοι φαίνεται, τοῦτο ἔτι ἀγνοοῦντα τὰ ἀλλότρια σκοπεῖν. Dans le *Banq.*, 216, A, Alcibiade se plaint : ἀναγκάζει γάρ με ὁμολογεῖν ὅτι πολλοῦ ἐνδεὴς ὢν αὐτὸς ἔτι ἐμαυτοῦ μὲν ἀμελῶ, τὰ δ' Ἀθηναίων πράττω.
2. PLAT., *Apol.*, 21, B : ἐγὼ γὰρ δὴ οὔτε μέγα οὔτε σμικρὸν ξύνοιδα ἐμαυτῷ σοφὸς ὤν. 21, D : τούτου μὲν τοῦ ἀνθρώπου ἐγὼ σοφώτερός εἰμι κινδυνεύει μὲν γὰρ ἡμῶν οὐδέτερος οὐδὲν καλὸν κἀγαθὸν εἰδέναι, ἀλλ' οὗτος μὲν οἴεταί τι εἰδέναι οὐκ εἰδώς, ἐγὼ δὲ ὥσπερ οὖν οὐκ οἶδα, οὐδὲ οἴομαι. 23, B : οὗτος ὑμῶν, ὦ ἄνθρωποι, σοφώτατός ἐστιν, ὅστις ὥσπερ Σωκράτης ἔγνωκεν, ὅτι οὐδενὸς ἄξιός ἐστι τῇ ἀληθείᾳ πρὸς σοφίαν, et auparavant : τὸ δὲ κινδυνεύει, ὦ ἄνδρες Ἀθηναῖοι, τῷ ὄντι ὁ θεὸς σοφὸς εἶναι, καὶ ἐν τῷ χρησμῷ τούτῳ τοῦτο λέγειν, ὅτι ἡ ἀνθρωπίνη σοφία ὀλίγου τινὸς ἀξία ἐστὶ καὶ οὐδενός. *Banq.*, 216, D : ἀγνοεῖ πάντα καὶ οὐδὲν οἶδεν, ὡς τὸ σχῆμα αὐτοῦ. *Théét.*, 150, C : ἄγονός εἰμι σοφίας, καὶ ὅπερ ἤδη πολλοί μοι ὠνείδισαν, ὡς τοὺς μὲν ἄλλους ἐρωτῶ, αὐτὸς δὲ οὐδὲν ἀποκρίνομαι περὶ οὐδενὸς διὰ τὸ μηδὲν ἔχειν σοφὸν, ἀληθὲς ὀνειδίζουσι. τὸ δὲ αἴτιον τούτου τόδε· μαιεύεσθαί με ὁ θεὸς ἀναγκάζει, γεννᾶν δὲ ἀπεκώλυσεν. Cf. *Rép.*, I, 337, E (v. pl. b., 107, 3) ; *Ménon*, 98, D. Ce trait, Platon l'emprunte certainement au Socrate de l'histoire, comme ses dialogues mêmes le prouvent; car nulle part le Socrate de Platon n'est représenté comme aussi ignorant. D'un autre côté, ESCHINE (*ap*. ARISTIDE, *Or.* XLV, p. 34, Cant.) prête aussi à Socrate les paroles suivantes : καὶ δὴ καὶ ἐγὼ οὐδὲν μάθημα ἐπιστάμενος, ὃ διδάξας ἄνθρωπον ὠφελήσαιμ' ἄν, ὅμως ᾤμην ξυνὼν ἂν ἐκείνῳ διὰ τὸ ἐρᾶν βελτίω ποιῆσαι.
3. Voy. plus haut p. 57.
4. Κοινῇ βουλεύεσθαι, κοινῇ σκέπτεσθαι, κοινῇ ζητεῖν, συζητεῖν, etc. XÉN., *Mém.*, IV, 5, 12 ; 6, 1 ; PLAT., *Théét.*, 151, E ; *Prot.*, 330, D ; *Gorg.*, 505, E ; *Crat.*, 384, B ; *Ménon*, 89, E sq. *et passim*.
5. Comme le prétendait la Nouvelle Académie. Cf. CIC., *Acad.*, I, 12, 45, II, 23, 74.

négation serait incompatible avec tout le reste de l'œuvre philosophique de Socrate. Il exprime simplement, avant tout, la situation d'esprit du philosophe lui-même et ensuite celle des personnes dont il a eu occasion de mettre la science à l'épreuve[1]. D'autre part, on ne peut non plus prendre cette profession d'ignorance pour une pure ironie ou pour un excès de modestie[2]. Socrate ne savait véritablement rien, c'est-à-dire qu'il n'avait aucune théorie développée, aucune doctrine dogmatique positive. Par-dessus tout, il sentait pleinement et profondément la nécessité de la science fondée sur les concepts; par suite, tout ce qui jusqu'alors avait passé pour vérité et pour science ne pouvait présenter à ses yeux les caractères de la vraie science. Mais comme, en même temps, il était le premier à mettre en lumière cette nécessité, il n'avait pas encore acquis de connaissances déterminées qui fussent la matière de cette science. L'idée de la science ne se présentait encore à lui que comme un problème indéterminé, en face duquel il ne pouvait que reconnaître son ignorance[3]. A ce titre, on ne peut assurément méconnaître une certaine parenté entre l'esprit de la philosophie socratique et celui du scepticisme sophistique. Socrate combattait ce scepticisme en tant qu'il niait absolument la possibilité de la science; mais il était d'accord avec lui en tant que ce scepticisme portait sur la philosophie antérieure. Les Physiciens, suivant lui, dépassaient dans leur recherche les bornes imposées à la science humaine, et c'est ce qui résultait clairement du seul fait de leur antagonisme mutuel sur les questions les plus importantes.

---

1. L'allégation de l'*Apol.*, 23, A sq., que nous venons de citer, ne contredit pas cette assertion; car elle ne nie pas la *possibilité* de la science, mais affirme simplement la *limitation* de cette science comparée à celle des dieux.
2. Comme le remarque aussi GROTE, *Plato*, I, 270, 323, en s'appuyant sur ARIST., *Soph. el.*, 34, 183, b, 7 : ἐπεὶ καὶ διὰ τοῦτο Σωκράτης ἠρώτα, ἀλλ' οὐκ ἀπεκρίνετο· ὁμολογεῖ γὰρ οὐκ εἰδέναι. Cf. PLAT., *Rép.*, 337. (Voy. plus haut, 107, 3).
3. Sur ce point, v. aussi HEGEL, *Gesch. d. Phil.*, II, 51 ; HERMANN, *Plat.*, 326 sq.

Les uns, en effet, considèrent l'être comme une unité, les autres comme une multiplicité infinie ; les uns enseignent que tout est en mouvement, les autres que rien ne se meut ; les uns affirment que tout est sujet, les autres que rien n'est sujet à la naissance et à la mort[1]. La sophistique avait détruit l'une par l'autre les assertions opposées des Physiciens ; de même Socrate, lui aussi, conclut du conflit des systèmes qu'aucun d'eux ne renferme la vérité. Mais entre Socrate et les Sophistes il y a une grande différence : c'est que les Sophistes font de cette ignorance un principe, et croient que le dernier terme de la sagesse est de mettre toute vérité en doute, tandis que Socrate maintient au contraire la nécessité de la science et la croyance à sa possibilité, et regarde par suite l'ignorance comme le plus grand mal.

2. Recherche de la véritable science. L'examen, l'amour et l'ironie. — Si telle est la portée de l'ignorance socratique, elle implique immédiatement, chez le philosophe, le devoir de s'en affranchir. La connaissance de son ignorance le mène à *rechercher la vraie science*. Mais comme, en même temps, la conscience de son ignorance persiste en lui, comme, tout en possédant l'idée de la science, il ne voit pas cette idée réalisée en lui, cette recherche de la science prend naturellement la forme d'une enquête qu'il fera sur les autres, pour voir s'il ne trouverait pas chez eux la science qui lui fait défaut[2]. De là vient la nécessité de philosopher en com-

---

1. Xén., *Mém.*, I, 1, 11 sqq. : Socrate ne s'occupait pas de questions physiques et même il considérait comme des insensés ceux qui les abordent : ἐθαύμαζε δέ, εἰ μὴ φανερὸν αὐτοῖς ἐστιν, ὅτι ταῦτα οὐ δυνατόν ἐστιν ἀνθρώποις εὑρεῖν· ἐπεὶ καὶ τοὺς μέγιστον φρονοῦντας ἐπὶ τῷ περὶ τούτων λέγειν οὐ ταὐτὰ δοξάζειν ἀλλήλοις, ἀλλὰ τοῖς μαινομένοις ὁμοίως διακεῖσθαι πρὸς ἀλλήλους, puis vient ce que nous rapportons dans le texte.

2. La connexion de ces deux idées est assez nette dans Platon, *Apol.*, 21, B, dès qu'à la réponse de l'oracle on substitue le fondement interne de la philosophie socratique, résidant dans l'instinct philosophique de son fondateur. (Voy. p. 50.)

mun et par dialogue¹. Pour Socrate cette habitude de conserver n'a pas simplement une portée en quelque sorte pédagogique; elle n'est pas seulement destinée à faire plus facilement pénétrer ses idées chez autrui et à leur donner une influence plus fructueuse. Elle est pour lui-même une condition indispensable du développement de sa pensée, et c'est un procédé dont le Socrate de l'histoire ne se départit jamais². Pour la définir avec plus de précision, l'essence de ce procédé n'est pas autre chose que l'examen des autres hommes, comme la nomme l'*Apologie*³, ou la *maïeutique*, comme la désigne le *Théétète*⁴. En d'autres termes, le philosophe amène les autres par ses questions à lui ouvrir leur conscience⁵; il s'informe de leur opinion personnelle, des raisons de leurs croyances et de leurs actions et cherche ainsi dans son interrogation à analyser leurs conceptions, afin de mettre en lumière la pensée qui s'y trouve cachée et dont eux-mêmes n'ont pas conscience⁶. On voit que, d'un côté, cette pratique supposant chez les autres l'existence d'une science qui manque au philosophe, on peut l'attribuer au désir qu'il a de se perfectionner auprès d'eux, et ce commerce avec les autres, pour un philosophe aux yeux de qui connaissance et volonté se confondent, n'est pas

---

1. Cf. p. 104, 2.
2. Cf., outre les *Mémorables*, PLATON, *Apol.*, 24, C sqq.; *Protag.*, 335, B, 336, B sq.; *Théét.*, l. c.
3. Et de même XÉN., *Mém.*, IV, 7, 1 : πάντων μὲν γὰρ ὧν ἐγὼ οἶδα μάλιστα ἔμελεν αὐτῷ εἰδέναι, ὅτου τις ἐπιστήμων εἴη τῶν συνόντων αὐτῷ. Xénophon, il est vrai, ne veut prouver par là qu'une chose, ὅτι αὐτάρκεις ἐν ταῖς προσηκούσαις πράξεσιν αὐτοὺς εἶναι ἐπεμελεῖτο, et tel est en effet le rôle de l'examen d'autrui, par exemple, dans les *Mém.*, III, 6, IV, 2. Mais le motif premier de cet examen n'est évidemment pas celui dont il est ici question, c'est le besoin que Socrate en a pour lui-même.
4. P. 149 sqq. Voy. plus haut, p. 103, 3.
5. PLAT., *Lach.*, 187, E : celui qui entre en conversation avec Socrate μὴ παύεσθαι ὑπὸ τούτου περιαγόμενον τῷ λόγῳ, πρὶν ἂν ἐμπέσῃ εἰς τὸ διδόναι περὶ αὑτοῦ λόγον, ὅντινα τρόπον νῦν τε ζῇ, etc., et avec lui on ne peut échapper à l'enquête (βασανίζεσθαι) la plus approfondie.
6. Ce procédé suppose aussi, cela va de soi, que chacun est capable de rendre compte de ce qu'il sait et de ce qu'il est. PLAT., *l. c.*, 190, C.; *Charm.*, 158, E.

seulement un besoin intellectuel, mais en même temps un besoin personnel et moral. Cette habitude de philosopher s'identifie donc avec la communauté de la vie, le désir de la science est aussi le désir de l'amitié, et c'est justement dans cette fusion des deux ordres de besoins que réside le caractère original de l'*Éros* socratique [1]. Mais, comme les autres ne possèdent pas réellement la science cherchée et que les questions de Socrate ne peuvent aboutir qu'à mettre à découvert leur ignorance, son procédé prend le caractère de l'*Ironie*. Par ce mot, en effet, nous ne devons pas entendre un simple tour de la conversation [2], et moins encore peut-être cette familiarité railleuse et cette simplicité affectée qui ne tend un piège à l'adversaire que pour rire de l'y voir tomber; il ne faut pas entendre non plus par là ce subjectivisme absolu, cette négation de toute science générale qui, pendant quelque temps, ont été désignés par ce mot dans l'école romantique. Ce qui constitue bien plutôt l'essence propre de l'ironie, c'est que Socrate, dépourvu lui-même de connaissances positives et poussé par le besoin de savoir, s'adresse aux autres pour apprendre ce qu'ils savent, mais que, dans la tentative qu'il fait pour atteindre ce résultat, ils voient eux-mêmes leur prétendue science s'évanouir, anéantie par l'analyse dialectique à laquelle il soumet leurs opinions [3].

---

1. Cf. p. 64 sq. En outre Brandis, II, a, 64 sq., rappelle avec raison qu'à côté des écrits de Platon et de Xénophon on en mentionne d'Euclide, de Criton, de Simmias et d'Antisthène qui avaient pour sujet l'Éros; ce fait montre quelle importance avait l'Éros dans l'école socratique. Chez Xénophon, le passage capital où la question est didactiquement exposée est celui du *Banquet*, c. 8, où sont distingués les avantages de l'amour intellectuel, les inconvénients de l'amour sensuel; sans doute c'est ici Xénophon qui parle pour son compte, comme le montre une réminiscence évidente du *Banquet* de Platon, mais il s'inspire sans aucun doute de Socrate lui-même. De même Eschine et Cébès avaient traité de l'amour au sens socratique. V. Plut., *de puer. educ.*, c. 15, p. 11, et le fragment d'Eschine dans Aristide, *Or*. XLV, p. 34, Cant.

2. Avec Hegel, *Gesch. d. Phil.*, II, 53, 57. Cf. Arist., *Eth. Nic.*, IV, 13, 1127 b, 22 sqq.

3. Du moins Platon donne ce sens plus profond à l'ironie socratique. Cf.

Cette ironie est donc, d'une manière générale, le moment 108
dialectique ou critique de la méthode socratique, et s'il
prend cette forme particulière, c'est à cause de l'ignorance personnelle de celui qui exerce ainsi la dialectique.

3. L'INDUCTION. — Toutefois, si Socrate pouvait ne
trouver aucune connaissance réelle dans sa conscience,
il devait au moins se croire en possession de l'idée et de
la méthode de la vraie science : sans cette conviction,
il n'aurait pu ni reconnaître sa propre ignorance, ni
découvrir celle des autres. Car cet aveu et cette découverte n'étaient possibles que s'il comparait la science
telle qu'elle lui était donnée avec l'idée vivante qu'il s'en
faisait. Si nulle part il ne trouvait cette idée de la science
réalisée, ce devait être pour lui une raison impérieuse

Rép., I, 337, A : αὕτη ἐκείνη ἡ εἰωθυῖα εἰρωνεία Σωκράτους· καὶ ταῦτ' ἐγὼ ᾔδη τε
καὶ τούτοις προὔλεγον, ὅτι σὺ ἀποκρίνασθαι μὲν οὐκ ἐθελήσοις, εἰρωνεύσοιο δὲ καὶ
πάντα μᾶλλον ποιήσοις ἢ ἀποκρινοῖο εἴ τίς σε ἐρωτᾷ. Cf. p. 337, E : ἵνα Σωκράτης
τὸ εἰωθὸς διαπράξηται, αὐτὸς μὲν μὴ ἀποκρίνηται, ἄλλου δὲ ἀποκρινομένου λαμβάνῃ
λόγον καὶ ἐλέγχῃ, à quoi Socrate répond : πῶς γὰρ ἂν... τις ἀποκρίναιτο πρῶτον
μὲν μὴ εἰδὼς μηδὲ φάσκων εἰδέναι, etc. *Banq.*, 216, E : εἰρωνευόμενος δὲ καὶ
παίζων πάντα τὸν βίον πρὸς τοὺς ἀνθρώπους διατελεῖ ; ce texte, d'après ce qui précède, indique d'un côté que Socrate se donne comme épris sans l'être pourtant
à la façon sensuelle des Grecs, de l'autre que ἀγνοεῖ πάντα καὶ οὐδὲν οἶδεν. C'est
la même idée, quoique le mot εἰρωνεία ne soit pas prononcé, qu'expriment le
passage cité plus haut (p. 103, 3) du *Théétète*, le *Ménon*, p. 80, A (οὐδὲν ἄλλο ἢ
αὐτός τε ἀπορεῖς καὶ τοὺς ἄλλους ποιεῖς ἀπορεῖν, et l'*Apologie* de PLATON, 23, E,
qui, après avoir décrit l'examen auquel Socrate soumet les hommes, ajoute : ἐκ
ταυτησὶ δὴ τῆς ἐξετάσεως πολλαὶ μὲν ἀπέχθειαί μοι γεγόνασι... ὄνομα δὲ τοῦτο,
σοφὸς εἶναι. οἴονται γάρ με ἑκάστοτε οἱ παρόντες ταῦτα αὐτὸν εἶναι σοφὸν ἃ ἂν
ἄλλον ἐξελέγξω. De même Xénophon, quoique le mot ironie lui soit étranger,
écrit, *Mém.*, IV, 4, 10 : ὅτι τῶν ἄλλων καταγελᾷς, ἐρωτῶν μὲν καὶ ἐλέγχων πάντας,
αὐτὸς δὲ οὐδενὶ θέλων ὑπέχειν λόγον οὐδὲ γνώμην ἀποφαίνεσθαι περὶ οὐδενός. *Ibid.*,
11. Cf. I, 2, 36 : ἀλλά τοι σύ γε, ὦ Σώκρατες, εἰωθὼς εἰδὼς πῶς ἔχει τὰ πλεῖστα
ἐρωτᾶν. Aussi est-ce avec beaucoup de justesse que QUINTILIEN, IX, 2, 46, remarque que la vie entière de Socrate apparaît comme une ironie, en ce sens qu'il
jouait le rôle d'un admirateur de la science d'autrui. Cf. les remarques que nous
avons faites précédemment sur l'ignorance socratique. A cette observation se
rattache d'ailleurs ce fait que Socrate se sert volontiers aussi de l'ironie comme
d'une pure forme de conversation, par exemple PLAT., *Gorg.*, 489, E ; *Banq.*, 218,
D ; XÉN., *Mém.*, IV, 2 ; mais la portée de l'ironie ne doit pas être bornée à ce rôle.
Cf. HERMANN, *Plat.*, 242 sq., 326 sq., mais en particulier aussi SCHLEIERMACHER,
Gesch. d. Phil., 83 sq., et sur l'emploi du mot, outre HERMANN, *loc. cit.* LÉOP.
SCHMIDT, dans l'*Ind. Lection. Marburg.* 1873 æst.

de travailler à la réaliser et ainsi le troisième moment de sa méthode philosophique se présente comme un effort pour atteindre la vraie science. Mais il ne pouvait, nous l'avons vu, considérer comme véritable science que celle qui se fondait sur le concept de la chose. Dès lors s'impose avant tout la formation du concept ou l'*Induction*[1]. Car si Socrate ne travaille pas toujours à obtenir des définitions formelles, il commence toujours par chercher une détermination générale relative au concept et à l'essence de l'objet, pour trancher la question précise qui se pose à lui en faisant rentrer le cas particulier dans cette détermination générale[2]; l'induction est donc pour lui le point le plus essentiel de la méthode.

Le point de départ de cette induction, ce sont les opinions les plus communes. Il commence par prendre des exemples dans la vie de tous les jours, par énoncer des propositions connues et universellement acceptées, et, sur chaque point en litige, il fait appel à cette sorte de considérations, espérant par là même atteindre à l'intelligence générale du problème[3]. Puisque toute la science antérieure est devenue suspecte, il n'y a plus qu'à tout recommencer, depuis les premiers éléments, en s'appuyant sur les expériences les plus simples. D'un autre côté, l'induction ne désigne pas encore chez Socrate la méthode qui tire les concepts d'un ensemble d'observations complètes et passées au crible d'une critique sévère. En effet, c'est seulement plus tard que le problème de l'induction fut ainsi posé par Aristote d'abord, puis par la philosophie moderne. Mais la large base d'une science

---

1. Sur ce point, voy. p. 94, 2, ce que nous citons d'ARISTOTE.
2. ἐπὶ τὴν ὑπόθεσιν ἐπανῆγε πάντα τὸν λόγον. Voy. plus haut, p. 94, 2.
3. Voir les citations données p. 68, 2 et 102, 1, et les *Mémorables* en entier. PLATON donne également de nombreux exemples de cette méthode. V. aussi XÉN., *Écon.*, 19, 15 : ἡ ἐρώτησις διδασκαλία ἐστίν... ἄγων γάρ με δι' ὧν ἐγὼ ἐπίσταμαι, ὅμοια τούτοις ἐπιδεικνὺς ἃ οὐκ ἐνόμιζον ἐπίστασθαι, ἀναπείθεις, οἶμαι, ὡς καὶ ταῦτα ἐπίσταμαι et sur ce principe que la connaissance de la moindre chose peut amener à celle de la plus importante, v. PLAT., *Gorg.*, 497, C.

expérimentale étendue fait encore défaut et même on la dédaigne ouvertement; de plus, Socrate ne développe sa pensée que dans un entretien personnel où il ne perd jamais de vue le cas particulier donné, ni les facultés et les besoins de son interlocuteur. Il est donc obligé de se borner aux hypothèses que peuvent lui fournir les circonstances et son expérience personnelle restreinte ; il doit faire reposer l'entretien sur des opinions et des aveux isolés et ne peut le pousser plus loin que ses interlocuteurs ne le suivent. Il s'appuie donc ordinairement plutôt sur des exemples particuliers que sur une démonstration expérimentale complète[1]. D'ailleurs il cherche à corriger ce qu'il y a de contingent dans de semblables principes en comparant des cas opposés, afin de compléter et de rectifier l'une par l'autre des expériences différentes. S'agit-il, par exemple, du concept de l'injustice? L'homme injuste, dit Euthydème, est celui qui ment, qui trompe, qui vole, etc. Mais, répond Socrate, il est permis de duper, de tromper, de voler les ennemis. Il faut donc déterminer cette idée avec plus de précision : est injuste l'homme qui traite de cette façon ses amis. Mais cela est encore permis dans certaines circonstances. Par exemple, un général ne commet pas une injustice quand il donne du courage à son armée à l'aide d'un mensonge, ni un père lorsqu'il fait prendre un remède à son fils au moyen d'une supercherie, ni un ami quand il dérobe à son ami les armes avec lesquelles il voulait se tuer. Il nous faut donc ajouter un trait nouveau à la définition : l'homme injuste est celui qui trompe, etc., ses amis pour leur nuire[2]. Voulons-nous de même trouver le concept du chef ou du souverain ? L'opinion commune considère comme un chef celui qui

---

1. Par exemple dans la comparaison citée plus loin entre l'homme d'État et le médecin, le pilote, etc.
2. *Mém*, IV, 2, 11 sqq.

a le pouvoir de commander. Mais ce pouvoir, remarque Socrate, on ne l'accorde sur un vaisseau qu'au pilote, dans une maladie qu'au médecin, en général dans tous les cas à l'homme compétent. Le souverain est donc seulement celui qui possède les connaissances nécessaires pour commander[1]. Faut-il déterminer les qualités d'une bonne armure? L'armurier dit que la bonne armure est celle qui est bien proportionnée. Mais si celui qui doit la porter est mal conformé? Alors, est-il répondu, elle doit être bien proportionnée à ce vice de conformation. Elle a donc cette bonne proportion lorsqu'elle va bien. Mais si l'homme veut se mouvoir, la cuirasse doit-elle donc être juste? Non, car alors ses mouvements seraient entravés. Nous devons donc, en disant qu'une chose va bien, qu'elle convient, entendre qu'elle est commode pour celui qui s'en sert[2]. C'est ainsi que nous voyons Socrate analyser d'une manière approfondie les conceptions de ses interlocuteurs. Il leur signale tous les côtés de chaque question; il met en évidence la contradiction de chaque idée soit avec elle-même, soit avec une autre; il cherche à corriger, à compléter, à déterminer plus exactement les opinions tirées d'une expérience particulière, par des expériences d'un autre genre. Grâce à cette méthode, on distingue ce qui appartient et ce qui n'appartient pas à l'essence de chaque objet. C'est ainsi que d'une simple opinion Socrate tire le concept.

LA DÉMONSTRATION. — Pour la démonstration également le point capital est la formation des concepts. Socrate veut-il se rendre compte de la justesse d'une définition, ou de la nécessité d'une certaine manière d'agir? Il remonte au concept de la chose dont il s'agit[3], et en déduit ce qui en résulte dans le cas donné[4]. Comme il

1. *Ibid.*, III, 9, 10 sqq.
2. *Ibid.*, III, 10, 9 sqq.
3. *L. c.*, IV, 6, 13. (Voy. plus haut, p. 94, 2.)
4. Par exemple, pour reprocher à Lamproclès son attitude à l'égard de Xan-

le fait toujours dans la recherche du concept, il part ici également de ce qui est connu et universellement admis[1]. La démonstration prend donc, suivant le point de départ qui s'offre à lui, les tournures les plus diverses[2]. Il se fait accorder un principe général et fait ensuite rentrer dans ce principe le cas donné[3]; il réfute les assertions des adversaires en montrant qu'elles sont en contradiction soit avec elles-mêmes, soit avec d'autres propositions incontestées ou avec les faits[4]; il appuie sur l'induction les principes dont il tire ses déductions, ou même conclut immédiatement à l'aide d'une analogie lumineuse[5]. Mais il n'a pas donné la théorie de cette méthode, ni distingué les diverses espèces de démonstrations. Ce qu'il y a d'essentiel à remarquer ici, c'est que le concept est le terme de comparaison auquel il faut ramener et le critère avec lequel on doit trancher toute question. Quant aux différents procédés qui permettent d'atteindre ce résultat, ils relèvent des aptitudes dialectiques individuelles du philosophe. Aussi, lorsque ARISTOTE fait résider, à ce point de vue, le mérite de Socrate uniquement dans la détermination des concepts et dans l'induction[6], nous devons d'une manière générale lui donner raison.

Si maintenant nous nous demandons quels sont, avec plus de précision, les objets auxquels Socrate a appliqué sa méthode, les *Mémorables* de Xénophon nous présen-

---

thippe, il lui fait donner tout d'abord (*Mém.*, II, 1) une définition de l'ingratitude et montre ensuite que sa conduite tombe sous ce concept. Pour faire discerner tous ses devoirs à un général de cavalerie, il commence (III, 3, 2) par déterminer sa mission, dont il énumère ensuite les différentes parties d'après leur genre. Pour prouver l'existence des dieux, il pose en principe cette vérité générale que ce qui sert à un but exige une cause intelligente (I, 4, 4). Pour découvrir quel est le meilleur de deux citoyens, il commence par demander quels sont les caractères du bon citoyen (IV, 6, 14).

1. Voy. plus haut, p. 109; 102, 1.
2. Cf. SCHWEGLER, *Gesch. d. Griech. Phil.*, 2ᵉ éd., 121 sq.
3. Comme dans les discussions mentionnées note 2.
4. Par exemple *Mém.*, I, 2, 34; 36; IV, 2, 31 sqq., 4, 7.
5. Par ex. *Mém.*, IV, 2, 22, IV, 4, 14 sqq., I, 2, 32.
6. Voy. plus haut, p. 94, 2.

tent tout d'abord une grande variété de sujets divers : recherches sur l'essence de la vertu, les devoirs de l'homme, l'existence des dieux ; discussions avec les Sophistes, conseils de toute espèce donnés à ses amis et connaissances, entretiens avec des généraux sur les obligations de leur emploi, avec des artisans et des artistes sur leur art, et même avec des hétaïres sur leur métier ; il n'y a rien de si infime qui n'excite le désir de science dont le philosophe est animé et qui ne devienne de sa part l'objet d'une recherche approfondie et méthodique. De même que plus tard Platon reconnaissait dans toute chose sans exception une idée qui en formait l'essence, Socrate, lui aussi, ramène chaque chose à son concept, alors même qu'aucune utilité pédagogique ou autre n'est en jeu, et uniquement dans l'intérêt de la science[1]. Mais il considérait la vie et l'action de l'homme comme l'objet propre de ses recherches. Les autres choses ne l'occupaient au contraire que dans la mesure où elles peuvent avoir une influence sur la condition et les devoirs de l'homme. Sa philosophie, qui dans sa forme théorique générale est une dialectique, devient dans son application concrète une éthique.

§ 4. LA DOCTRINE SOCRATIQUE CONSIDÉRÉE DANS SON CONTENU : L'ÉTHIQUE.

SI LA PHILOSOPHIE DE SOCRATE RENFERME UNE PHYSIQUE. — Socrate, dit XÉNOPHON[2], ne parlait pas de la nature de l'univers, comme la plupart des autres philosophes ; il ne posait pas le problème de l'essence du monde, ni des lois des phénomènes célestes. Il déclarait même, au contraire, que c'était folie que de chercher à résoudre de pareilles questions. D'abord, en effet, il est insensé de sonder les

---

1. Cf. p. 93.
2. *Mém.* I, 1, 11. Cf. p. 105, 1.

choses divines, avant de connaître à fond les choses humaines ; de plus, le désaccord des physiciens suffit à prouver que l'objet de leurs recherches dépasse la portée de l'intelligence humaine ; enfin ces recherches sont entièrement dénuées d'utilité pratique. Nous voyons encore le Socrate de Xénophon apprécier la valeur de la géométrie et de l'astronomie par leur utilité immédiate et les réduire à la science de l'arpenteur et à celle du pilote (*Mém.* IV, 7). En pousser plus loin l'étude, c'est, à ses yeux, perdre son temps en futilités, c'est même faire preuve d'impiété, car l'homme, dit Socrate, ne pourra jamais dévoiler le dessein de l'œuvre divine et il est manifeste que les dieux ne veulent pas qu'il tente cette téméraire entreprise. Aussi de semblables recherches ne peuvent-elles aboutir qu'à des extravagances comme celles d'Anaxagore[1]. Quelques auteurs modernes[2] ont pourtant révoqué en doute l'exactitude de cette manière de comprendre Socrate. S'il a pu, a-t-on dit, émettre ces assertions ou des assertions analogues, il ne s'ensuit nullement qu'il ait voulu supprimer, d'une manière générale, toute recherche spéculative sur la nature. Une pareille opinion serait, en effet, trop manifestement opposée au principe fondamental de Socrate, à l'idée de l'unité de toute science ; et elle conduirait, dans les termes où Xénophon la lui fait exprimer, à des conséquences

---

1. *Mém.*, IV, 7, 6 : ὅλως δὲ τῶν οὐρανίων, ᾗ ἕκαστα ὁ θεὸς μηχανᾶται, φροντιστὴν γίγνεσθαι ἀπέτρεπεν· οὔτε γὰρ εὑρετὰ ἀνθρώποις αὐτὰ ἐνόμιζεν εἶναι, οὔτε χαρίζεσθαι θεοῖς ἂν ἡγεῖτο τὸν ζητοῦντα ἃ ἐκεῖνοι σαφηνίσαι οὐκ ἐβουλήθησαν. De pareilles rêveries ne peuvent conduire qu'à des absurdités, οὐδὲν ἧττον ἢ Ἀναξαγόρας παρεφρόνησεν ὁ μέγιστον φρονήσας ἐπὶ τῷ τὰς τῶν θεῶν μηχανὰς ἐξηγεῖσθαι, et il le prouve immédiatement par une foule de remarques qui montrent l'extravagance de l'opinion suivant laquelle le soleil serait une pierre en feu.

2. SCHLEIERMACHER, *Werke*, III, 2, 305-307. *Gesch. d. Phil.*, p. 83; BRANDIS, *Rhein. Mus.*, I, 2, 130. *Gr.-Röm. Phil.*, II, a, 31 sqq.; RITTER, *Gesch. d. Phil.*, II, 48 sqq., 61 sqq.; SÜVERN, *Ueber die Wolken des Aristophanes*, p. 11 ; KRISCHE, *Forschungen*, 105 sqq.; ALBERTI, *Sokr.*, 93 sq, 98 sq., adopte aussi particulièrement du moins cette opinion, et, après ce que nous avons cité de lui p. 49, 2, on devait s'attendre à le voir aller encore beaucoup plus loin en ce sens.

par trop absurdes. PLATON[1], ajoute-t-on, témoigne d'ailleurs que Socrate n'attaquait pas la physique en général, mais seulement la manière dont elle était traitée d'ordinaire; et XÉNOPHON lui-même[2] ne peut dissimuler qu'il ait porté son attention sur l'ensemble de la nature pour arriver, grâce à une conception téléologique des choses, à l'idée de leur harmonie et de leur régularité où la raison se manifeste. Socrate pourrait donc sans doute n'avoir eu pour la physique aucune aptitude remarquable et par conséquent ne s'y être jamais livré d'une manière bien suivie; mais il faudrait reconnaître que l'on peut chercher tout au moins chez lui le germe d'une forme nouvelle de cette science. La conception téléologique de la nature renfermerait « l'idée d'une immanence universelle de l'intelligence dans l'ensemble de la nature », « le principe d'une harmonie absolue entre la nature et l'homme, et la croyance que l'homme occupe dans la nature une situation qui fait de lui un microcosme[3] ». S'il ne donnait pas de développement à ce germe de doctrine et s'il restreignait les recherches physiques à ce qu'elles ont de pratiquement utile, ce n'aurait été là, dans sa pensée intime, qu'une restriction provisoire : il aurait simplement voulu indiquer par là qu'avant de s'aventurer dans ces problèmes il fallait chercher au fond de la conscience un principe dialectique solide; ou bien encore on interprète la condamnation portée par Socrate contre la physique en disant qu'elle concerne, non pas la

---

[1]. *Phédon*, p. 96, A sq., 97, B sqq. *Rép.*, III, 520, A. *Philèbe*, 28, D sq. *Lois*, XII, 966, E sqq.

[2]. *Mém.*, I, 4, IV, 3. Je ne pense pas qu'on puisse invoquer ici le texte des *Mém.*, I, 6, 14 (τοὺς θησαυροὺς τῶν πάλαι σοφῶν ἀνδρῶν, οὓς ἐκεῖνοι κατέλιπον ἐν βιβλίοις γράψαντες, ἀνελίττων κοινῇ, σὺν τοῖς φίλοις διέρχομαι), car il n'est pas nécessaire de supposer que ces σοφοί soient justement les philosophes antérieurs (les poètes, les historiens, etc., sont aussi des σοφοί), et au contraire Socrate dit expressément qu'il les lisait pour y trouver ce qui pouvait être *moralement profitable* à lui et à ses amis. D'après les *Mém.*, I, 2, 56, on serait porté à penser qu'il s'agit plutôt ici des poètes.

[3]. SCHLEIERMACHER, *loc. cit.* RITTER parle d'une manière analogue.

culture philosophique, mais l'instruction commune[1].

Cependant cette opinion repose sur des hypothèses inadmissibles. D'abord en effet, ce n'est pas seulement Xénophon, c'est aussi Aristote[2], sans parler de témoins postérieurs[3], qui affirme que Socrate ne s'est jamais occupé de recherches physiques. Or c'est justement Aristote qu'on invoque, d'autre part, comme arbitre entre Xénophon et Platon. Comment serions-nous en droit, dès qu'il se prononce contre Platon, de nous récrier et de le récuser? Mais Platon lui-même reconnaît indirectement par la bouche de Timée que l'étude de la nature était étrangère à Socrate; et s'il prête ailleurs à Socrate des principes de physique, on ne saurait prouver cependant que ces paroles se présentent comme des témoignages rigoureusement historiques. Même dans le passage du *Phédon*, nous ne saurions voir un semblable témoignage, si nous nous refusons à considérer également comme historique ce qu'ajoute le *Phédon* (100, B sqq), lorsqu'il nous montre Socrate cherchant un refuge dans la théorie des Idées. D'ailleurs Xénophon est d'accord, il est vrai, avec Platon pour nous dire que Socrate réclamait l'adoption de la téléologie dans la conception de la nature. Mais si l'on prétend qu'il ne faut pas entendre cette téléologie, ainsi que le fait Xénophon, « dans le sens inférieur qu'on lui donna plus tard », mais qu'il faut y voir des idées spéculatives supérieures, je ne sais où l'on pourrait trouver la justification historique d'une semblable assertion. Invoquera-t-on enfin la logique du

---

1. Krische, 208. Comme si Socrate avait distingué la culture qu'il faut au philosophe de celle qu'il faut à l'homme de bien.
2. *Métaph.*, I, 6, 987 b, 1 : Σωκράτους δὲ περὶ μὲν τὰ ἠθικὰ πραγματευομένου, περὶ δὲ τῆς ὅλης φύσεως οὐθέν. XIII, 4. (Voy. p. 94, 2.) *De part. anim.*, I, 1, 642 a, 28 : ἐπὶ Σωκράτους δὲ τοῦτο μὲν [τὸ ὁρίσασθαι τὴν οὐσίαν] ηὐξήθη, τὸ δὲ ζητεῖν τὰ περὶ φύσεως ἔληξε. Cf. *Eth. Eud.*, I, 5, 1216 b, 2.
3. Par exemple Cic., *Tusc.*, V, 4, 10. *Acad.*, I, 4, 15 ; II, 39, 123. *De fin.*, V, 29, 87. *De Rép.*, I, 10 ; Sénèque, *Ep.*, 71, 7 ; Sext., *Adv. Math.*, VII, 8 sqq. ; Gell., *N. A.*, XIV, 6, 5 et Diog., II, 21 (d'après Démétrius de Byzance).

principe socratique? Elle montre précisément que le dédain de Socrate pour la physique spéculative, ainsi que sa téléologie populaire, devaient être des opinions absolument sérieuses de sa part. Si en effet Socrate avait placé au sommet de sa philosophie l'idée de la solidarité de toute science sous une forme aussi explicite, on ne comprendrait guère son peu d'estime pour la physique ; si au contraire il ne s'agissait pas pour lui de constituer la science en général, mais tout d'abord d'appliquer la science à la culture et à l'éducation de l'*homme*, il est naturel qu'il se soit préoccupé exclusivement dans ses recherches des conditions et des modes de l'activité humaine[1] et n'ait accordé son attention à la nature que juste dans la mesure où elle est utile à l'homme. Il faut reconnaître d'ailleurs que dans cette téléologie il y avait déjà certains germes de recherches de philosophie naturelle et de métaphysique, germes qui, chez Platon et Aristote, devaient se développer et porter des fruits précieux. Mais ce nouveau principe de la philosophie de la nature ne se présentait à lui que comme une sorte de produit accessoire de ses recherches morales sans qu'il en aperçût

1. Il y a ici un point de contact entre Socrate et Kant, qui occupe d'ailleurs dans l'histoire philosophique une place analogue à celle de Socrate. Kant, après avoir détruit l'ancienne métaphysique, ne laissait debout que la morale ; de même Socrate, après avoir rejeté la philosophie naturelle, se tourna d'une manière exclusive vers la morale. D'un côté comme de l'autre, une philosophie assez étroite à l'origine est complétée par les successeurs, et le point de vue découvert et adopté tout d'abord pour la morale est étendu à l'ensemble de la philosophie. Affirme-t-on que Socrate, quoiqu'il se refuse par principe, ainsi que cela nous est formellement attesté, à toute spéculation cosmologique ou théologique, s'abstint il est vrai en réalité de ces recherches, mais ne pouvait se dissimuler qu'elles étaient impliquées dans le développement logique de son principe? On pourra tout aussi bien prétendre, en dépit de la Dialectique de la Raison Pure, que Kant a, il est vrai, combattu la métaphysique de Wolff, mais qu'il devait forcément s'être aperçu que l'adoption de son point de vue conduisait nécessairement à l'idéalisme de Fichte et à la philosophie de la nature de Schelling ; ces deux doctrines n'ont-elles pas en effet, et la première contre les déclarations de Kant lui-même, affirmé avec toute l'énergie possible leur origine kantienne ? Mais c'est un procédé dangereux que d'invoquer les conséquences logiques et les résultats historiques d'un principe pour corriger les témoignages précis que nous possédons sur la doctrine de celui qui l'a mis en avant, puisque la question est justement de savoir s'il avait conscience de ces conséquences et dans quelle mesure.

clairement la portée. Ses préoccupations conscientes ne portent que sur l'éthique seule ; et ses vues téléologiques sur la nature ne doivent, dans sa pensée, servir elles-mêmes qu'à un but moral : il y fait appel pour exhorter ses amis à la piété[1]. Si ces remarques ne nous autorisent point à négliger entièrement ce côté de sa doctrine, nous ne lui attribuerons pourtant pas, dans l'esprit du philosophe, une valeur indépendante, et nous ne pourrons par la même raison lui donner le pas sur l'éthique.

Les mêmes observations s'appliquent à la théologie ; car elle coïncide encore ici avec la physique. Les mêmes raisons qui avaient écarté Socrate de l'une devaient aussi l'écarter de l'autre[2]. S'il a pourtant exprimé quelques opinions précises sur les dieux et le culte qu'on leur doit, c'est qu'il y a été amené tout d'abord par la préoccupation de l'intérêt pratique de la piété. Nous ne pourrons donc traiter non plus ces différents éléments de la doctrine de Socrate que comme des compléments à son éthique.

Mais en morale même nous ne trouvons qu'un petit nombre de théories philosophiques précises que l'on puisse avec certitude attribuer à Socrate. Comment pouvait-il en être autrement, puisqu'il est impossible de constituer systématiquement la morale sans lui donner des bases métaphysiques et psychologiques ? Ce qu'il y a ici de capital dans l'œuvre de Socrate, c'est l'élément formel, à savoir la réduction de la conduite morale à la science. Mais dès qu'il s'agit au contraire de déduire les formes particulières de l'activité morale et les différentes conditions de la conduite, il se contente de faire appel à la coutume régnante,

---

1. Xén., *Mém.*, I, 4, 1 ; 18, IV, 3, 2 ; 17 sq.

2. Xén., *Mém.*, I, 1, 11 : Jamais on n'entendit dans la bouche de Socrate une parole impie : οὐδὲ γὰρ περὶ τῆς τῶν πάντων φύσεως... διελέγετο... ἀλλὰ καὶ τοὺς φροντίζοντας τὰ τοιαῦτα [ou, comme il est dit § 15 : οἱ τὰ θεῖα ζητοῦντες] μωραίνοντας ἀπεδείκνυε. Il demandait (§ 12) s'ils connaissaient déjà complètement les choses humaines pour se livrer à de telles recherches : ἢ, τὰ μὲν ἀνθρώπινα παρέντες τὰ δαιμόνια δὲ σκοποῦντες ἡγοῦνται τὰ προσήκοντα πράττειν. § 16 : αὐτὸς δὲ περὶ τῶν ἀνθρωπείων ἀεὶ διελέγετο, σκοπῶν τί εὐσεβές, τί ἀσεβές. etc.

ou bien il invoque une utilité extérieure, considérations dont un progrès ultérieur devait d'ailleurs corriger en partie l'insuffisance.

PRINCIPE DE LA MORALE SOCRATIQUE : LA VERTU EST UNE SCIENCE. — Le principe général de la morale socratique est contenu dans cette formule : Toute vertu est une science[1]. Cette thèse est étroitement liée avec l'idée dominante de la philosophie de Socrate. En effet, le but de tous ses efforts, c'est de restaurer la moralité à l'aide de la science, et de lui donner dans la science un fondement plus profond. L'expérience de son siècle l'a convaincu que l'honnêteté morale traditionnelle, reposant uniquement sur l'autorité et la coutume, était incapable de résister aux coups du scepticisme moral. En examinant les hommes, il n'avait rencontré chez les plus illustres de ses contemporains qu'une prétendue vertu au lieu d'une véritable[2]. Pour arriver à la moralité vraie, il est nécessaire que l'homme arrive à trouver dans une science claire et certaine la règle de sa conduite[3]. Mais ce principe fondamental, Socrate ne le prend encore que dans un sens exclusif et étroit : la science, à ses yeux, n'est pas seulement une condition indispensable et un auxiliaire de la vraie moralité, mais

---

1. ARIST., *Eth. Nic.*, VI, 13, 1144 b, 17; 28 : Σωκράτης... φρονήσεις ᾤετο εἶναι πάσας ἀρετάς... Σωκράτης μὲν οὖν λόγους τὰς ἀρετὰς ᾤετο εἶναι, ἐπιστήμας γὰρ εἶναι πάσας. *Ibid.*, III, 11. 1116 b, 4. (Voy. p. 120, 1.) *Eth. Eud.*, I, 5, 1216 b, 6 : ἐπιστήμας ᾤετ' εἶναι πάσας τὰς ἀρετὰς, ὥσθ' ἅμα συμβαίνειν εἰδέναι τε τὴν δικαιοσύνην καὶ εἶναι δίκαιον. Cf. *ibid.*, III, 1, 1229 a, 14, VII, 13, fin. *Magn. Mor.*, I, 1, 1182 a, 15. I, 35, 1198 a, 10. XÉN., *Mém.*, III, 9, 5 : ἔφη δὲ καὶ τὴν δικαιοσύνην καὶ τὴν ἄλλην πᾶσαν ἀρετὴν σοφίαν εἶναι. τά τε γὰρ δίκαια καὶ πάντα ὅσα ἀρετῇ πράττεται καλά τε καὶ ἀγαθὰ εἶναι· καὶ οὔτ' ἂν τοὺς ταῦτα εἰδότας ἄλλο ἀντὶ τούτων οὐδὲν προελέσθαι (car, est-il dit précédemment, πάντας γὰρ οἶμαι προαιρουμένους ἐκ τῶν ἐνδεχομένων ἃ ἂν οἴωνται συμφορώτατα αὑτοῖς εἶναι ταῦτα πράττειν), οὔτε τοὺς μὴ ἐπισταμένους δύνασθαι πράττειν, ἀλλὰ καὶ ἐὰν ἐγχειρῶσιν ἁμαρτάνειν, etc. I, 1, 16 : Socrate parlait sans cesse de la justice, de la piété, etc., καὶ περὶ τῶν ἄλλων, ἃ τοὺς μὲν εἰδότας ἡγεῖτο καλοὺς καὶ ἀγαθοὺς εἶναι, τοὺς δὲ ἀγνοοῦντας ἀνδραποδώδεις ἂν δικαίως κεκλῆσθαι. (Ce dernier détail se retrouve IV, 2, 22.) PLAT., *Lach.*, 194, D : πολλάκις ἀκήκοά σου λέγοντος ὅτι ταῦτα ἀγαθὸς ἕκαστος ἡμῶν ἅπερ σοφός, ἃ δὲ ἀμαθὴς ταῦτα δὲ κακός. *Euthyd.*, 278, E sqq.
2. Cf. PLAT., *Apol.*, 21, C, 29, E.
3. Voy. plus haut, p. 96 sq.

elle est immédiatement la moralité tout entière, et là où la science fait défaut, il ne se contente pas de reconnaître simplement une vertu imparfaite, il ne voit plus du tout de vertu. Nous ne trouverons que plus tard chez Platon et plus complètement chez Aristote des corrections apportées à cette forme étroite de la doctrine socratique de la vertu.

Pour justifier son assertion, Socrate faisait valoir deux raisons : d'abord, sans une juste connaissance une conduite juste est impossible, et inversement partout où se trouve la connaissance la conduite juste suit d'elle-même. La première se fonde sur ce qu'aucun effort accompli, aucune chose possédée ne nous est d'aucune utilité, à moins que l'emploi n'en soit dirigé par l'intelligence vers le but convenable[1] ; la seconde, sur ce que personne ne fait que ce qu'il croit devoir faire, que ce qu'il juge être un bien pour lui[2] ; personne n'est méchant volontairement

---

1. C'est seulement chez PLATON (*Euthyd.*, 280, D sqq.; *Ménon*, 87, C sqq.) que Socrate fait expressément valoir cette raison, et c'est de là que la *Grande Morale* aristotélicienne semble tenir la donnée correspondante (I, 35, 1198 a, 10). Toutefois non seulement en elle-même elle porte bien la marque d'une pure origine socratique, mais elle ressort aussi des textes de XÉNOPHON, lorsque Socrate, *Mém.*, IV, 2, 26 sqq., parlant plus particulièrement de la connaissance de soi-même, explique qu'elle seule peut nous faire connaître nos besoins et nos forces, nous mettre par là en état de juger également les autres d'une manière équitable, et nous rendre capable d'agir habilement et utilement. Il n'y a pas de contradiction entre ce passage et le suivant, où il reconnaît que la sagesse n'est pas, elle non plus, un ἀναμφισβητήτως ἀγαθόν, puisqu'on a pu voir bien des hommes, comme Dédale et Palamède, périr à cause de leur sagesse même ; en effet, cette dernière assertion n'est employée ici que par forme d'argumentation, et la σοφία est prise ici dans le sens vulgaire, suivant lequel elle s'applique à tout art et à toute connaissance ; mais s'il eût parlé de la science au sens où lui-même entendait ce mot, Socrate n'eût assurément pas contesté, en exprimant sa véritable opinion, qu'elle fût un bien, sous prétexte qu'elle pourrait, ainsi que la vertu avec laquelle elle s'identifie, mener l'homme à sa perte. Lorsqu'il est dit de l'εὐπραξία par opposition à l'εὐτυχία (III, 9, 14) qu'elle est le κράτιστον ἐπιτήδευμα, cela se rapporte aussi à la science, car l'εὐπραξία consiste justement : μαθόντα τι καὶ μελετήσαντα εὖ ποιεῖν ou, comme l'explique PLATON, *Euthyd.*, 281, A, l'ἐπιστήμη est ce qui nous apprend à faire un bon usage de tous les biens, et c'est elle qui, dirigeant l'action, κατορθοῦσα τὴν πρᾶξιν, procure également l'εὐπραγία et l'εὐτυχία. XÉNOPHON, *Écon.*, I, 1, 7 sqq., 6, 4, s'exprime encore avec plus de précision en ce sens. ESCHINE également (ap. DÉMÉTR., *De eloc.*, 297 ; *Rhet. Gr.*, IX, 122), met la question suivante dans la bouche de Socrate parlant du riche héritage d'Alcibiade : « A-t-il également hérité de la science qui lui apprendrait à s'en servir ? »

2. XÉN., *Mém.*, III, 9, 4 sq. (voy. plus haut, 117, 1), IV, 6, 6 : εἰδότας δὲ ἃ δεῖ

puisque aussi bien cela équivaudrait à se rendre volontairement malheureux[1]. La science reste donc toujours la plus forte, et ne peut être vaincue par le désir[2]. En ce qui concerne en particulier celles des vertus qui semble le plus éloignée de la science, le courage, Socrate invoquait encore, à l'appui de son opinion, ce fait, que dans toute circonstance celui qui connaît la véritable nature d'un danger apparent et les moyens d'y faire face a plus de courage que celui qui les ignore[3]. Il croit pouvoir

ποιεῖν οἴει τινὰς οἴεσθαι δεῖν μὴ ποιεῖν ταῦτα; Οὐκ οἴομαι, ἔφη. Οἶδας δέ τινας ἄλλα ποιοῦντας ἢ ἃ οἴονται δεῖν; Οὐκ ἔγωγ', ἔφη, etc. *Ibid.*, § 3, 11. PLAT., *Prot.*, 358, C.
1. ARIST., *Magna Mor.*, I, 9 : Σωκράτης ἔφη οὐκ ἐφ' ἡμῖν γενέσθαι τὸ σπουδαίους εἶναι ἢ φαύλους· εἰ γάρ τις, φησίν, ἐρωτήσειεν ὁντινοῦν, πότερον ἂν βούλοιτο δίκαιος εἶναι ἢ ἄδικος· οὐδεὶς ἂν ἕλοιτο τὴν ἀδικίαν, etc. Avec moins de précision, et sans nommer Socrate, l'*Éthique à Nicomaque*, III, 7, 1113 b, 14 (cf. *Eth. Eud.*, II, 7, 1223 b, 3), parle aussi de la formule ὡς οὐδεὶς ἑκὼν πονηρὸς οὐδ' ἄκων μάκαρ (voir sur ce point t. I, 462, 5; trad. fr. t. I, p. 473, 1). BRANDIS, *Gr.-Röm. Phil.*, II, a, 39) remarque avec raison que sans doute elle se rapporte tout d'abord à des argumentations du Socrate de Platon (par exemple, *Ménon*, 77, B sqq.; *Prot.*, 345, D, 353, C sqq.), mais que pourtant des passages déjà cités des *Mémorables*, III, 9, 4, IV, 6, 6; 11 et l'*Apologie* de Platon, 25, E sq. disent la même chose (ἐγὼ δὲ... τοῦτο τὸ τοσοῦτον κακὸν ἑκὼν ποιῶ, ὡς φῂς σύ; ταῦτα ἐγὼ σοὶ οὐ πείθομαι, ὦ Μέλητε... εἰ δὲ ἄκων διαφθείρω... δῆλον ὅτι ἐὰν μάθω παύσομαι ὅ γε ἄκων ποιῶ). Cf. *Dial. de justo*, s. f. DIOG. LAERT., II, 31.
2. PLAT., *Prot.*, 352, C sq. : ἆρ' οὖν καὶ σοὶ τοιοῦτόν τι περὶ αὐτῆς [τῆς ἐπιστήμης] δοκεῖ, ἢ καλόν τε εἶναι ἡ ἐπιστήμη, καὶ οἷον ἄρχειν τοῦ ἀνθρώπου καὶ ἐάνπερ γιγνώσκῃ τις τἀγαθὰ καὶ τὰ κακὰ μὴ ἂν κρατηθῆναι ὑπὸ μηδενός, ὥστε ἄλλ' ἄττα πράττειν, ἢ ἃ ἂν ἡ ἐπιστήμη κελεύῃ, ἀλλ' ἱκανὴν εἶναι τὴν φρόνησιν βοηθεῖν τῷ ἀνθρώπῳ; A cette dernière question est donnée, avec l'assentiment de Socrate, une réponse affirmative. (Les autres arguments peuvent être considérés comme appartenant en propre à Platon.) ARIST., *Eth. Nic.*, VII, 3, init. : ἐπιστάμενον μὲν οὖν οὔ φασί τινες οἷόν τε εἶναι [ἀκρατεύεσθαι]· δεινὸν γὰρ, ἐπιστήμης ἐνούσης, ὡς ᾤετο Σωκράτης, ἄλλο τι κρατεῖν. *Eth. Eud.*, VII, 13, fin : ὀρθῶς τὸ Σωκρατικόν, ὅτι οὐδὲν ἰσχυρότερον φρονήσεως· ἀλλ' ὅτι ἐπιστήμην ἔφη, οὐκ ὀρθόν, ἀρετὴ γάρ ἐστι καὶ οὐκ ἐπιστήμη. Si donc quelqu'un semble agir contrairement à ce qu'il sait le mieux lui-même, Socrate n'accorde pas qu'il puisse en être réellement ainsi ; il conclut au contraire inversement que, si sa conduite est en contradiction avec la droite raison, c'est que celle-ci doit justement en être absente; *Mém.*, III, 9, 4 (à la suite de ce que nous citons p. 121) : προσερωτώμενος δὲ, εἰ τοὺς ἐπισταμένους μὲν ἃ δεῖ πράττειν, ποιοῦντας δὲ τἀναντία σοφούς τε καὶ ἐγκρατεῖς εἶναι νομίζοι· οὐδέν γε μᾶλλον, ἔφη, ἢ ἀσόφους τε καὶ ἀκρατεῖς. Chez Xénophon, il est vrai, Socrate lui-même parle comme s'il eût réellement admis la possibilité du cas où, avec une connaissance juste, on agirait d'une manière fausse. Mais le vrai sens de sa réponse ne peut être que celui que nous avons indiqué plus haut.
3. XÉN., *Mém.*, III, 9, 2 ; *Banq.*, 2, 12; dans ce passage, Socrate, en présence d'une danseuse qui fait la roue au milieu de pointes d'épée, en tire occasion pour faire la remarque suivante : οὗτοι τοὺς γε θεωμένους τάδε ἀντιλέξειν ἔτι οἴομαι, ὡς οὐχὶ καὶ ἡ ἀνδρεία διδακτόν. PLAT., *Prot.*, 349, E sq., passage où l'exemple

conclure de là que la vertu dépend entièrement de la science et par suite il définit aussi les vertus particulières comme consistant toutes en général dans une science et ne différant entre elles que par l'objet de cette science. L'homme pieux est celui qui sait quelle conduite convient à l'égard des dieux; l'homme juste celui qui sait quelle conduite convient à l'égard des hommes [1]; l'homme courageux est celui qui sait se comporter comme il faut vis-à-vis des dangers [2], l'homme prudent et sage, celui qui sait pratiquer les choses bonnes et nobles, et éviter les choses mauvaises [3]. Toutes les vertus reviennent donc à la sagesse ou à la science, car science et sagesse ne font qu'un [4]; l'opinion commune qui admet l'existence de vertus

---

des plongeurs, des cavaliers, des peltastes sert à démontrer que οἱ ἐπιστήμονες τῶν μὴ ἐπισταμένων θαρραλεώτεροί εἰσι. Arist., *Eth. Nic.*, III, 11, 1116 b, 3 : δοκεῖ δὲ καὶ ἡ ἐμπειρία ἡ περὶ ἕκαστα ἀνδρεία τις εἶναι ὅθεν καὶ ὁ Σωκράτης ᾤθη ἐπιστήμην εἶναι τὴν ἀνδρείαν. Cf. *Eth. Eud.*, III, 1, 1229 a, 14; 1230 a, 6; dans ce passage comme dans celui de l'*Éthique de Nicomaque*, l'auteur montre le défaut de cette démonstration.

1. εὐσεβὴς = ὁ τὰ περὶ τοὺς θεοὺς νόμιμα εἰδώς. δίκαιος = ὁ εἰδὼς τὰ περὶ τοὺς ἀνθρώπους νόμιμα. *Mém.*, IV, 6, 4; 6. L'εὐσέβεια dont Socrate donne ici la définition est identique à l'ὁσιότης dont l'*Euthyphron* de Platon recherche le concept. Aussi lorsque Grote (*Plato*, I, 328) remarque, à propos de ce dernier que le Socrate de Xénophon n'aurait pu ni rechercher le concept général de la sainteté, ni en supposer un, un coup d'œil suffit pour démentir son observation. On ne saurait non plus le déduire de cette circonstance (voy. p. 125, 1) que Socrate voulait voir les dieux honorés νόμῳ πόλεως; car pourquoi n'aurait-il pas pu dire que la piété ou la sainteté consiste à savoir quelle conduite convient à l'égard des dieux et que ce savoir impliquait, en ce qui concerne le culte, que chacun prierait les dieux suivant l'usage de sa patrie? Le sentiment de la piété en effet n'est pas identique au culte, et il peut rester partout le même alors que les formes du culte sont diverses.

2. *Loc. cit.*, § 11 : οἱ μὲν ἄρα ἐπιστάμενοι τοῖς δεινοῖς τε καὶ ἐπικινδύνοις καλῶς χρῆσθαι, ἀνδρεῖοί εἰσιν, οἱ δὲ διαμαρτάνοντες τούτου δειλοί. Plat., *Prot.*, 360, D : ἡ σοφία ἄρα τῶν δεινῶν καὶ μὴ δεινῶν ἀνδρεία ἐστίν. La définition donnée par le *Lachès*, 194, E, et qui n'est pas sérieusement compromise par les difficultés soulevées contre elle dans la suite au point de vue socratique, exprime la même idée : elle définit le courage ἡ τῶν δεινῶν καὶ θαρραλέων ἐπιστήμη; mais il ne faut naturellement pas traduire ici θαρραλέος par *hardi* (comme le fait Schaarschmidt, *Samml. der platon. Schr.*, 409), mais ce mot signifie d'après le *Lachès*, 198, B, comme cela est si fréquent, ᾧ μὴ δέος παρέχει. Cf. Bonitz, *Plat. Stud.*, III, 441.

3. *Mém.*, III, 9, 4 : σοφίαν δὲ καὶ σωφροσύνην οὐ διώριζεν, ἀλλὰ τὸν τὰ μὲν καλά τε καὶ ἀγαθὰ γιγνώσκοντα χρῆσθαι αὐτοῖς καὶ τὸν τὰ αἰσχρὰ εἰδότα εὐλαβεῖσθαι σοφόν τε καὶ σώφρονα ἔκρινε.

4. *Mém.*, IV, 6, 7 : ἐπιστήμη ἄρα σοφία ἐστίν; — Ἔμοιγε δοκεῖ. Mais un homme ne peut jamais tout savoir : ὃ ἄρα ἐπίσταται ἕκαστος, τοῦτο καὶ σοφός ἐστιν.

multiples et diverses est inexacte; en réalité la vertu est une[1]. On ne peut même invoquer contre cette doctrine la diversité des personnes, de l'âge, du sexe ; car chez tous ce doit être un seul et même principe qui fait que la conduite est vertueuse[2], et l'on doit aussi supposer que tous les hommes ont, au fond, la même aptitude à la vertu[3]. L'essentiel est donc toujours de cultiver cette aptitude à l'aide d'un bon enseignement. Sans doute pour chaque mode d'activité on trouve des hommes naturellement mieux doués que d'autres; mais tous ont besoin d'exercer et de cultiver ces dispositions, et c'est justement à ceux qui ont le plus de talent que cela est le plus nécessaire : sans cela ils s'exposent aux plus pernicieux égarements[4]. Or s'il n'y a pas de plus grand obstacle à la science véritable que la science imaginaire, au point de vue moral il n'y aura pas non plus de nécessité plus impérieuse que la connaissance

---

1. PLATON seul formule expressément cette pensée dans des écrits de sa jeunesse qui se tiennent encore strictement au point de vue socratique (*Prot.*, 329, B sqq., 349, D—360, E). Mais chez XÉNOPHON également elle ne ressort pas moins de ce que nous venons de citer. Le sens de ce passage, comme le met en évidence celui des *Mém.*, III, 9, 4, n'est assurément pas qu'on pourrait posséder le savoir dans lequel réside une vertu et manquer de celui qui en constitue une autre; mais Socrate admet au contraire ici, tout comme le Socrate de Platon dans le *Protagoras*, que là où se rencontre une vertu, toutes doivent se rencontrer; car toutes reposent sur la connaissance du bien. C'est de cette doctrine socratique que devaient sortir les thèses des Cyniques et des Mégariques sur l'unité de la vertu.

2. PLATON, *Ménon*, 71, D sqq., et ARISTOTE, *Polit.*, I, 13, 1216 a, 20, qui sans doute s'appuie sur ce passage, mais devait pourtant en avoir reconnu la conformité avec la doctrine socratique telle qu'il la connaissait : ὥστε φανερὸν ὅτι ἔστιν ἠθική ἀρετὴ τῶν εἰρημένων πάντων, καὶ οὐχ ἡ αὐτὴ σωφροσύνη γυναικὸς καὶ ἀνδρὸς, οὐδ' ἀνδρία καὶ δικαιοσύνη καθάπερ ᾤετο Σωκράτης... πολὺ γὰρ ἄμεινον λέγουσιν οἱ ἐξαριθμοῦντες τὰς ἀρετάς.

3. XÉNOPHON, *Banq.*, 2, 9 : καὶ ὁ Σωκράτης εἶπεν ἐν πολλοῖς μὲν, ὦ ἄνδρες, καὶ ἄλλοις δῆλον, καὶ ἐν οἷς δ' ἡ παῖς ποιεῖ, ὅτι ἡ γυναικεία φύσις οὐδὲν χείρων τῆς τοῦ ἀνδρὸς οὖσα τυγχάνει, ῥώμης δὲ καὶ ἰσχύος δεῖται. Cf. PLATON, *République*, V, 452, E sqq.

4. *Mém.*, III, 9, 1 sqq. (voy. plus bas, 123, 3), IV, 1, 3 sq.; IV, 2, 2 sqq. La question de savoir si la vertu est un don de la nature ou le fruit de l'enseignement, question à laquelle Platon a également consacré dans le *Ménon* et le *Protagoras* de pénétrantes discussions, paraît être devenue un sujet favori de polémiques, surtout grâce à l'apparition de Sophistes professeurs de vertu : chez XÉNOPHON du moins, III, 9, 1, et au début du *Ménon*, c'est ainsi que cette question se présente. L'opposition entre les dons naturels et ce qui est acquis par l'étude avait déjà été fortement exprimée par Pindare (voy. p. 19).

de soi-même, qui anéantit l'apparence fallacieuse de la science et révèle à l'homme ses défauts et ses besoins. Car, puisque, d'après l'hypothèse socratique, la conduite juste est immédiatement donnée avec la science, la conduite mauvaise avec l'ignorance, celui qui se connaît lui-même fera infailliblement ce qui lui est salutaire, celui qui ne se connaît pas ce qui lui est nuisible[1]. Seul celui qui sait peut faire les choses comme il faut; seul il est utile et estimé[2]. Le savoir en un mot est la source de toute conduite morale, l'ignorance est la raison de toutes les fautes, et s'il était possible de faire le mal en connaissance de cause, cela vaudrait encore mieux que de le faire par ignorance : car, dans ce dernier cas, la première condition pour bien agir, la disposition morale, fait défaut; dans l'autre au contraire, elle serait présente et l'agent moral ne lui serait infidèle qu'accidentellement[3].

Mais quelle est la nature de cette science dans laquelle

---

1. *Mém.*, IV, 2, 24 sqq. et pass. Voy. p. 103, 2. On trouvera dans les *Mémorables*, III, 6 ; IV, 2 des exemples d'entretiens dans lesquels Socrate cherche à amener ses amis à la connaissance d'eux-mêmes.
2. *Mém.*, I, 2, 52 sqq. : l'accusateur reprochait à Socrate d'induire ses adhérents à mépriser leurs amis et leurs parents; car il aurait prétendu que celui-là seul méritait d'être honoré qui pouvait par sa science se rendre utile. Xénophon accorde que Socrate avait montré combien les gens inutiles et ignorants obtenaient peu d'estime de leurs amis et de leurs parents eux-mêmes ; mais par là, ajoute-t-il, il ne voulait pas pousser qui que ce fût à mépriser les siens, mais seulement mettre en évidence cette vérité, qu'on doit s'efforcer d'acquérir l'intelligence, ὅτι τὸ ἄφρον ἄτιμόν ἐστι.
3. *Mém.*, IV, 2, 19 sq. : τῶν δὲ δὴ τοὺς φίλους ἐξαπατώντων ἐπὶ βλάβῃ πότερος ἀδικώτερός ἐστιν, ὁ ἑκὼν, ἢ ὁ ἄκων ; et cette question est ainsi tranchée dans la suite : Τὰ δίκαια πότερον ὁ ἑκὼν ψευδόμενος καὶ ἐξαπατῶν οἶδεν, ἢ ὁ ἄκων ; — Δῆλον ὅτι ὁ ἑκών. — Δικαιότερον δὲ [φῂς εἶναι] τὸν ἐπιστάμενον τὰ δίκαια τοῦ μὴ ἐπισταμένου ; — Φαίνομαι. Cf. PLATON, *République*, II, 382 ; III, 389, B ; IV, 459, C sq. ; VII, 535, E ; *Hipp. min.*, 371, E sqq. D'ailleurs, le cas même où, le sachant et le voulant, on ferait le mal, ne peut jamais être admis que d'une manière provisoire. Car, en réalité, il est justement inconcevable, d'après les principes socratiques, que celui qui sait, en tant qu'il sait, puisse, à l'aide de sa science, agir autrement qu'il ne faut, ou que personne choisisse volontairement le mal ; quand par suite on dit à bon escient et volontairement ce qui est faux, ce ne pourra être que cette fausseté tout extérieure et purement apparente, que PLATON (*Rép.*, II, 382 ; III, 389, B ; IV, 459, C sq.) permet lui-même comme un moyen pour des fins supérieures, tandis que « le mensonge proprement dit » ne peut être reconnu à ses yeux que dans l'ignorance, qui est toujours involontaire (*Rép.*, II, 382 ; V, 535, E). Sur ce point, voir ZELLER, *Platon. Stud.*, p. 152.

consiste la vertu? Est-elle expérimentale ou spéculative? Est-elle purement théorique ou au contraire est-elle pratique? Ce sont là des questions que Socrate, d'après tout ce que nous savons, ne s'est encore nullement posées. Chez XÉNOPHON du moins il juxtapose encore simplement l'étude et l'exercice que PLATON[1] distingue déjà[2], et pour prouver que la vertu consiste dans une science, qu'elle a besoin de science et qu'elle peut être acquise par l'enseignement, il choisit de préférence (comme chez Platon d'ailleurs) des exemples empruntés aux connaissances pratiques et même aux travaux qui exigent une habileté mécanique[3].

124 MATIÈRE DE LA MORALITÉ. EUDÉMONISME DE LA MORALE SOCRATIQUE. — Toutes ces indications toutefois ne déterminent encore que la forme de la vertu : la vertu doit être une science. Mais quel est le contenu de cette science? A cette question Socrate répond tout d'abord d'une manière générale que c'est le bien. L'homme vertueux, juste, courageux est celui qui sait ce qui est bon et juste[4]. Mais cette définition est elle-même tout aussi générale et aussi purement formelle que la précédente; la science qui rend l'homme vertueux est la science du bien; mais qu'est le

---

1. Au commencement du *Ménon*.
2. *Mém.*, III, 9, 1 sq. : à la question de savoir si le courage est διδακτὸν ou φυσικόν, Socrate répond que sans doute la disposition au courage est aussi variable que la force du corps. νομίζω μέντοι πᾶσαν φύσιν μαθήσει καὶ μελέτῃ πρὸς ἀνδρίαν αὔξεσθαι, comme on peut le constater dans ce simple fait qu'aucun peuple n'ose, avec des armes au maniement desquelles il n'est pas exercé, affronter le combat contre ceux qui sont habitués à ces armes. Mais en toute autre chose également c'est l'ἐπιμέλεια, le μανθάνειν καὶ μελετᾶν qui transforme une simple disposition naturelle en une faculté supérieure. Dans les *Mém.*, IV, 1, 3, la μάθησις et la παιδεία sont seules exigées d'une manière générale, mais ici encore aucune distinction n'est établie entre l'enseignement théorique et l'enseignement pratique.
3. Par exemple, *Prot.*, 319, E (p. 120, 1); *Mém.*, III, 9, 1 sq. (note préc.). *Ibid.*, § 11 : ceux-là seuls sont ἄρχοντες qui sont ἐπιστάμενοι ἄρχειν, dans un vaisseau, le pilote; pour l'agriculture, les maladies, les exercices corporels, les hommes du métier; dans l'art de filer, les femmes. La question dont nous parlons a été étudiée d'une manière complète par STRÜMPELL, *Gesch. der prakt. Phil. der Gr. vor Arist.*, 146 sqq.
4. Voy. plus haut, p. 129 sq.

bien lui-même? Le bien n'est justement que le concept envisagé comme fin, et faire le bien, c'est simplement accomplir l'action conforme au concept de la chose : c'est donc la science elle-même dans son application pratique. L'essence du savoir moral n'est donc pas déterminée plus clairement par cette définition générale qui en fait la science du bien, du juste, etc. Pourtant Socrate dans sa réflexion philosophique ne dépasse pas cette définition. De même que sa philosophie théorique se borne à postuler d'une manière générale la constitution d'une science fondée sur les concepts, de même sa philosophie pratique se borne à exiger, sans indication plus précise, que la conduite soit conforme aux concepts. Mais de ce principe général on ne peut encore déduire aucun mode déterminé de l'activité morale. Si l'on veut par suite arriver à une semblable application de ce principe, il n'y a plus d'autre ressource que de s'appuyer sur la coutume régnante, acceptée sans autre critique; ou bien, puisque, conformément au principe de la science, l'activité morale doit se justifier devant la pensée, on en trouvera le fondement dans la conséquence des actions. Aussi voyons-nous Socrate adopter ces deux solutions. D'un côté, en effet, il explique le concept du juste par celui de la légalité [1]; il professe que le meilleur culte est celui qui se conforme à la tradition [2], et lui-même refuse de se soustraire à un jugement injuste pour

---

1. *Mém.*, IV, 6, 6 : Δίκαια δὲ οἶσθα, ἔφη, ὁποῖα καλεῖται; — Ἄ οἱ νόμοι κελεύουσιν, ἔφη. — Οἱ ἄρα ποιοῦντες ἃ οἱ νόμοι κελεύουσι δίκαιά τε ποιοῦσι καὶ ἃ δεῖ; — Πῶς γὰρ οὔ; *ibid.*, IV, 4, 12, Socrate dit : φημὶ γὰρ ἐγὼ τὸ νόμιμον δίκαιον εἶναι, et comme Hippias demande une explication plus précise sur ce qu'il entend par νόμιμον : νόμους δὲ πόλεως, ἔφη, γιγνώσκεις; — Ἔγωγε, ἔφη. — Καὶ τίνας τούτους νομίζεις; — Ἅ οἱ πολῖται, ἔφη, συνθέμενοι, ἅ τε δεῖ ποιεῖν καὶ ὧν ἀπέχεσθαι, ἐγράψαντο. — Οὐκοῦν, ἔφη [Σωκράτης], νόμιμος μὲν ἂν εἴη ὁ κατὰ ταῦτα πολιτευόμενος, ἄνομος δὲ ὁ ταῦτα παραβαίνων; — Πάνυ μὲν οὖν, ἔφη. — Οὐκοῦν καὶ δίκαια μὲν ἂν πράττοι ὁ τούτοις πειθόμενος, ἄδικα δ' ὁ τούτοις ἀπειθῶν; — Πάνυ μὲν οὖν.

2. *Mém.*, IV, 3, 16 : Euthydème se demande si personne peut honorer les dieux autant qu'ils le méritent; Socrate essaye de le rassurer : ὁρᾷς γὰρ ὅτι ὁ ἐν Δελφοῖς θεός, ὅταν τις αὐτὸν ἐπερωτᾷ πῶς ἂν τοῖς θεοῖς χαρίζοιτο, ἀποκρίνεται· νόμῳ πόλεως. Le même principe est encore attribué à Socrate, I, 3, 1. Voy. plus haut p. 63, 5.

ne pas violer les lois¹. Mais d'un autre côté ses principes ne lui permettent précisément pas de se contenter de l'autorité des choses établies et l'obligent à chercher un fondement scientifique à l'activité morale. Ce fondement, il ne sait le trouver que dans les conséquences des actions, et dans cette recherche il procède assez souvent d'une manière si superficielle, que, prise en elle-même, la démonstration par laquelle il justifie ses thèses morales ne pourrait se distinguer de la morale sophistique que par la conclusion et non par le principe². Ne déclare-t-il pas, quand on lui parle d'un bien qui ne serait pas bien pour un but déterminé, qu'il ne connaît pas et ne désire pas connaître un tel bien, que chaque chose est bonne et belle pour l'objet auquel elle est bien appropriée, et que par conséquent une seule et même chose peut être bonne relativement à un objet, et mauvaise relativement à un autre³? Ne dit-il pas, dans les termes les plus précis, que le bien n'est rien autre chose que l'utile, que le beau n'est rien autre chose que ce qui peut servir et que par suite chaque chose est bonne et belle relativement à l'objet pour lequel elle est utile et avantageuse⁴? Ne prouve-t-il pas sa doctrine

---

1. Voy. plus haut p. 65, 6.
2. Comme DISSEN, dans la dissertation citée plus haut, p. 86, 1, l'a déjà pleinement démontré. Voy. aussi WIGGERS. *Sokrates*, p. 187 sq. HUXNDALL, *De philosophia morali Socratis* (Heidelberg, 1853); ce dernier toutefois n'apporte guère de contributions nouvelles à la question. GROTE, *Hist. of Greece*, VIII, 605 sq., se range aussi à l'opinion formulée ci-dessus, sauf qu'il ne veut pas me permettre de parler de la morale sophistique comme d'une doctrine formant un tout. On peut voir dans notre Iʳᵉ partie, p. 1000 sqq., 1024 sq. (trad. fr., t. II, p. 515 sqq., 538 sqq.) s'il en a le droit.
3. *Mém.*, III, 8, 1-7; on peut en particulier noter ces mots : εἴ γ' ἐρωτᾷς με εἴ τι ἀγαθὸν οἶδα, ὃ μηδενὸς ἀγαθόν ἐστιν, οὔτ' οἶδα, ἔφη, οὔτε δέομαι... — Λέγεις σύ ἔφη ['Αρίστιππος], καλά τε καὶ αἰσχρὰ τὰ αὐτὰ εἶναι ; — Καὶ νὴ Δία ἔγωγ' ἔφη [Σωκράτης], ἀγαθά τε καὶ κακά, etc. Mais, ainsi que le montre d'ailleurs la suite, cela ne signifie pas, comme RIDDING, *loc. cit.*, 105, le traduit : que le bien et le mal sont la même chose ; cela veut dire que la même chose est bonne ou mauvaise, en tant qu'elle est utile relativement à une certaine fin (et par suite bonne), nuisible au contraire relativement à une autre ; πάντα γὰρ ἀγαθὰ μὲν καὶ καλά ἐστι πρὸς ἃ ἂν εὖ ἔχῃ, κακὰ δὲ καὶ αἰσχρὰ πρὸς ἃ ἂν κακῶς.
4. *Xén. Mém.*, IV, 6, 8 sq. avec cette conclusion : τὸ ἄρα ὠφέλιμον ἀγαθόν ἐστιν ὅτῳ ἂν ὠφέλιμον ᾖ.... τὸ χρήσιμον ἄρα καλόν ἐστι πρὸς ὃ ἂν ᾖ χρήσιμον. Cf. IV, 1, 5; 5, 6. *Banq.*, 5, 3 sqq. PLATON, *Pr*., 313, D sq.; 353, C sqq.;

suivant laquelle le mal est involontaire (un des points fondamentaux de sa morale), en faisant remarquer que personne ne fait que ce qu'il considère comme utile[1]? Ainsi il n'y a point à ses yeux de bien absolu, mais seulement un bien relatif : l'utile et le nuisible, voilà la mesure du bien et du mal[2]. Aussi le voyons-nous également, dans les dialogues rapportés par Xénophon, fonder presque toujours ses préceptes moraux sur la considération de l'utilité. Nous devons nous efforcer d'être tempérants, parce que le tempérant vit d'une manière plus agréable que l'intempérant[3]. Nous devons nous endurcir à la fatigue, parce que l'homme ainsi endurci se porte mieux, et aussi parce qu'il lui est plus facile d'acquérir la gloire et l'honneur[4]. Nous devons être modestes, parce que la forfanterie nous est nuisible et nous attire des mépris[5]. Nous devons être en bons termes avec nos frères et sœurs, parce qu'il est absurde de tourner à notre désavantage ce qui nous est donné dans notre intérêt[6]. Nous devons nous efforcer de nous assurer des amis dévoués, parce qu'un ami fidèle est le trésor le plus utile qu'on puisse posséder[7]. Nous ne devons pas nous refuser à prendre part aux affaires publiques, parce que le bien-être de la communauté profite à tous les individus[8]. Nous devons obéir aux lois, parce que c'est là ce qu'il y a de plus utile et pour nous-mêmes et pour l'État, et nous abstenir de l'in-

---

passage où Socrate se rencontre avec Protagoras, en soutenant la thèse que τοῦτ' ἐστὶν ἀγαθὰ ἅ ἐστιν ὠφέλιμα τοῖς ἀνθρώποις et plus loin il ramène le bien à ce qui nous procure du plaisir, ou à ce qui nous délivre de la douleur.

1. *Mém.*, III, 9, 4 (voy. plus haut, p. 117, 1). Cf. PLATON, *Prot.*, 358, B sq.
2. En revanche, je ne puis tirer aucun argument de ce que dans les *Mém.*, III, 2, 4; IV, 1, 2, il présente le bonheur comme la fin suprême de la vie; car tous les philosophes moralistes grecs en font autant, y compris Platon, Aristote, et même les Stoïciens.
3. *Mém.*, I, 5; G; II, 1, 1 sqq.; cf. IV, 5, 9.
4. *Ibid.*, III, 12; II, 1, 18 sqq.; cf. I, 6.
5. *Ibid.*, I, 7.
6. *Ibid.*, II, 3, 19.
7. *Ibid.*, II, 4, 5 sq.; II, 6, 4 sqq., 10.
8. *Ibid.*, III, 7, 9; II, 1, 14.

justice, parce qu'elle finit toujours par être punie[1]. Nous devons vivre vertueusement, parce que la vertu nous procure, de la part des dieux et des hommes, les plus grands avantages[2]. Prétendra-t-on que de semblables assertions n'expriment pas la véritable conviction du philosophe, mais s'expliquent par l'intention d'amener à la vertu les hommes incapables de se laisser toucher par des motifs plus purs, en la justifiant à leur propre point de vue? Socrate s'exprime avec trop de netteté pour qu'une telle hypothèse soit soutenable[3]. A moins d'aller jusqu'à admettre que Xénophon nous fournit, sur des points essentiels, des renseignements inexacts, il faut donc accorder que Socrate, en ramenant le bien à l'utile, et en fondant par suite les devoirs moraux d'une manière conforme à ce principe, parlait avec une sincère et sérieuse conviction.

D'un autre côté, nous trouvons à la vérité dans la bouche de Socrate beaucoup d'autres formules qui nous élèvent bien au-dessus de cette interprétation superficielle des obligations morales, en ce qu'elles font résider immédiatement l'utilité essentielle de la vertu, le but auquel elle sert et en vue duquel elle est bonne et belle dans son effet sur la vie intellectuelle de l'homme[4]. Il n'y aurait plus le moindre doute, la moindre indécision sur ce point, si nous pouvions attribuer au Socrate de l'histoire la proposition si familière au Socrate de Platon[5], suivant laquelle la justice est la santé de l'âme, l'injustice sa

---

1. *Mém.*, IV, 4, 16 sqq., 20 sqq.; III, 9, 12 sq.
2. *Ibid.*, II, 1, 27 sqq.; ceci n'est donné, il est vrai, que dans le développement tiré de l'écrit de Prodicus; mais Socrate s'en approprie le contenu. Cf. I, 4, 18; IV, 3, 17.
3. Nous y reviendrons plus loin.
4. Au sujet de ce qui suit, comparer Hermann, *Op. cit.*, p. 83, 91 sqq., 105 sqq., dont je mets à profit les recherches, et auquel je dois beaucoup, bien que je ne sois pas toujours d'accord avec lui. Je ne puis entrer dans plus de détails au sujet des développements donnés antérieurement par cet érudit (*Plat. Ideenlehre*, I, 40 sqq.).
5. Voy. plus bas, p. 713 sq., 3ᵉ éd. (2ᵉ éd., p. 561 sq.).

maladie; d'où il suit que l'injustice est toujours nécessairement nuisible à celui qui la commet, la justice nécessairement et toujours utile. Toutefois des expositions comme celles de la *République* ou du *Gorgias* ne nous autorisent nullement à une semblable induction. Car ces dialogues prêtent souvent sans contredit à notre philosophe un langage qu'il n'a jamais tenu ou n'a jamais pu tenir. Dira-t-on que Platon n'aurait pu avoir de si pures conceptions morales si son maître ne les avait eues avant lui? On ne saurait le prétendre, car il faudrait alors attribuer à Socrate la doctrine des Idées et beaucoup d'autres théories sous prétexte qu'elles se trouvent chez Platon. Le *Criton* ne présente pas non plus une garantie suffisante pour nous permettre d'affirmer que dans ses détails il reproduise la pensée de Socrate lui-même; car son auteur n'était pas présent à l'entretien qu'il raconte. Toutefois, comme il paraît avoir été composé peu de temps après la mort de Socrate, et que d'ailleurs il ne dépasse guère le point de vue socratique, il est encore digne de remarque que l'on y rencontre les mêmes principes que dans les dialogues cités plus haut[1]. Cette circonstance témoigne donc en tous cas que ces principes avaient une base dans la doctrine de Socrate. D'autre part, l'*Apologie*, elle aussi, s'exprime dans le même sens; car Socrate y définit le but de ses efforts en s'attribuant la mission de persuader à ses concitoyens que le perfectionnement de leur âme était pour eux chose plus importante que l'argent et les biens, que l'honneur et la gloire[2], et il ajoute expressément qu'il

---

1. *Criton*, 47, D : Comme dans les soins du corps on doit suivre les conseils du médecin, de même, quand il s'agit du juste et de l'injuste, on doit suivre les avis de celui ᾧ εἰ μὴ ἀκολουθήσομεν, διαφθεροῦμεν ἐκεῖνο καὶ λωβησόμεθα, ὃ τῷ μὲν δικαίῳ βέλτιον ἐγίγνετο, τῷ δὲ ἀδίκῳ ἀπώλλυτο. Si d'ailleurs la vie n'a plus de prix dans un corps maladif, μετ' ἐκεῖνου ἆρα βιωτὸν ἡμῖν διεφθαρμένον, ᾧ τὸ ἄδικον λωβᾶται τὸ δὲ δίκαιον ὀνίνησιν; d'autant que cette partie de nous-mêmes est πολὺ τιμιώτερον que la première. 49, A : toujours l'injustice nuit à celui qui la commet et le couvre d'opprobre.

2. *Apol.*, 29, D : tant qu'il vivra, il ne cessera φιλοσοφῶν καὶ ὑμῖν παρακελευόμενος,... λέγων οἷάπερ εἴωθα, ὅτι, ὦ ἄριστε ἀνδρῶν, ...χρημάτων μὲν οὐκ αἰσχύνει

ignore si la mort est un mal, mais qu'il sait bien que l'injustice en est un[1]. XÉNOPHON nous fournit aussi des traits du même genre. Chez lui aussi Socrate désigne l'âme comme ce qu'il y a de plus précieux en l'homme, comme la partie divine de son essence, parce qu'elle est le siège de la raison et que ce qui possède la raison est seul précieux[2]; il demande donc qu'elle soit avant toute chose l'objet de nos soins[3]; il est convaincu que la vie est d'autant meilleure que l'on travaille davantage à la perfectionner, d'autant plus heureuse que l'on prend une plus pleine conscience de ce perfectionnement[4]. Mais, comme la perfection spirituelle de l'homme dépend avant tout de sa science, la sagesse est désignée par Socrate comme le plus grand bien, plus précieux sans comparaison qu'aucun autre[5], et il recommande l'étude non seulement pour l'utilité qu'on en retire, mais pour le plaisir qu'elle procure immédiatement par elle-même[6]. Un semblable langage est entièrement d'accord avec celui que tient Socrate

---

ἐπιμελούμενος καὶ δόξης καὶ τιμῆς, φρονήσεως δὲ καὶ ἀληθείας καὶ τῆς ψυχῆς, ὅπως ὡς βελτίστη ἔσται, οὐκ ἐπιμελεῖ οὐδὲ φροντίζεις. Au contraire, il fera des reproches à tous ceux qu'il faudra, ὅτι τὰ πλείστου ἄξια περὶ ἐλαχίστου ποιεῖται, τὰ δὲ φαυλότερα περὶ πλείονος.

1. *Apol.*, 29, B.
2. *Mém.*, I, 4, 13 : les dieux n'ont pas seulement pris soin du corps de l'homme, ἀλλ' ὅπερ μέγιστόν ἐστι καὶ τὴν ψυχὴν κρατίστην τῷ ἀνθρώπῳ ἐνέφυσε. I, 2, 53; 55, passage où la proposition ὅτι τὸ ἄφρον ἄτιμόν ἐστι est prouvée par cette remarque que l'on enterre le corps aussitôt que l'âme, ἐν ᾗ μόνῃ γίγνεται φρόνησις, l'a quitté. IV, 3, 14 : ἀνθρώπου γε ψυχή, εἴπερ τι καὶ ἄλλο τῶν ἀνθρωπίνων, τοῦ θείου μετέχει.
3. *Mém.*, I, 2, 4 : Socrate recommandait, dans une certaine limite, les exercices du corps; τούτων γὰρ τὴν ἕξιν ὑγιεινήν τε ἱκανῶς εἶναι καὶ τὴν τῆς ψυχῆς ἐπιμέλειαν (le soin de l'âme donne donc la mesure des soins du corps) οὐκ ἐμποδίζειν ἔφη.
4. *Mém.*, IV, 8, 6 : ἄριστα μὲν γὰρ οἶμαι ζῆν τοὺς ἄριστα ἐπιμελουμένους τοῦ ὡς βελτίστους γίγνεσθαι, ἥδιστα δὲ τοὺς μάλιστα αἰσθανομένους ὅτι βελτίους γίγνονται. I, 6, 9 : οἴει οὖν ἀπὸ πάντων τούτων τοσαύτην ἡδονὴν εἶναι ὅσην ἀπὸ τοῦ ἑαυτόν τε ἡγεῖσθαι βελτίω γίγνεσθαι καὶ φίλους ἀμείνους κτᾶσθαι.
5. *Mém.*, IV, 5, 6 : σοφίαν δὲ τὸ μέγιστον ἀγαθόν, etc.: IV, 2, 9 : dans ce passage Socrate loue Euthydème d'attacher plus de prix aux trésors de la sagesse qu'à l'or et à l'argent; car ces derniers ne rendent pas l'homme meilleur, τὰς δὲ τῶν σοφῶν ἀνδρῶν γνώμας ἀρετῇ πλουτίζειν τοὺς κεκτημένους.
6. *Mém.*, IV, 5, 10 : ἀλλὰ μὴν ἀπὸ τοῦ μαθεῖν τι καλὸν καὶ ἀγαθόν... οὐ μόνον ὠφέλειαι ἀλλὰ καὶ ἡδοναὶ μέγισται γίγνονται. Cf., II, I, 19.

chez Platon, et de plus paraît logiquement fort naturel de la part d'un philosophe qui aspire d'une façon aussi déclarée à fonder toute la vie morale sur la science, et qui presse les hommes de travailler à se connaître eux-mêmes et à se perfectionner avec autant d'insistance que l'a fait Socrate[1].

Mais alors que devons-nous penser des témoignages, si fréquents chez Xénophon, qui nous montrent Socrate fondant les obligations morales sur des considérations toutes superficielles d'utilité? Devons-nous admettre que ces explications étaient uniquement destinées à ceux qui n'étaient pas encore mûrs pour comprendre la vraie pensée du philosophe? Ont-elles pour unique but de faire voir que, même en admettant, quelque insuffisants qu'ils soient en eux-mêmes, les mobiles ordinaires d'utilité, la conduite vertueuse est encore la meilleure? et dira-t-on que, dans ces discussions purement provisoires et préliminaires, Xénophon aurait vu toute la philosophie pratique de Socrate et nous aurait ainsi donné de cette philosophie une image répondant il est vrai à ses idées personnelles, mais non aux vraies idées socratiques[2]? Cette manière de voir a sans doute une part de vérité, mais il est difficile de croire qu'elle renferme toute la vérité. Nous pouvons le reconnaître sans hésiter : une théorie qui fondait les prescriptions morales sur la considération facile à saisir de leurs résultats extérieurs devait paraître à Xénophon plus claire et plus intelligible qu'une théorie plus profonde pour laquelle l'essentiel était au contraire l'effet de ces prescriptions sur l'état intérieur de l'homme. Aussi ne pouvions-nous guère attendre de sa part une autre

---

1. Cf. p. 55, 102 sq., 117 sqq.
2. Telle est essentiellement l'opinion de BRANDIS, *Rhein. Mus. von Niebuhr u. Brandis*, I, b, 138 sqq. *Gr.-Röm. Phil.*, II, a, 40 sq. *Gesch. d. Entwick.*, I, 238 sq.; HIBBING, *Sokr. Stud.*, I, 115 sq.; VOLQUARDSEN, *Dämon. d. Sokr.*, 4 sq.; mais ce dernier rend aussi inexactement les assertions de Xénophon que les miennes.

exposition des idées socratiques : il devait naturellement mettre en avant cette interprétation plus claire à ses propres yeux, la préférer aux dépens même de l'autre, et reléguer cette dernière au second plan, en l'effaçant ainsi plus que ne l'aurait permis une exacte comparaison de leur valeur respective. Aussi, toutes les fois que nous trouverons chez lui dans la bouche de Socrate des maximes qui révèlent une plus profonde conception morale, devrons-nous leur attribuer une double importance. Mais, d'un côté, nous ne pouvons le regarder comme un témoin assez infidèle pour nous rapporter et pour prêter expressément à Socrate un langage qu'il n'aurait pas tenu; de l'autre, nous ne pouvons pas non plus donner de ce langage une interprétation qui le mettrait en parfait accord avec l'exposition platonicienne de la morale socratique. Qu'on prenne par exemple l'entretien avec Aristippe dans les *Mémorables*, III, 8; celui-ci demande à Socrate de lui nommer un bien et ensuite une chose belle, et les deux fois Socrate déclare que la bonté et la beauté consistent uniquement dans l'adaptation à certaines fins[1]. Quelle raison aurait eue ici Socrate de dissimuler sa véritable pensée? Aristippe peut-il le moins du monde passer pour un de ces esprits peu ouverts et peu philosophiques qui n'étaient pas en état de comprendre cette pensée? N'était-il pas au contraire, avec Euclide et Platon, un des penseurs ayant le plus d'aptitudes personnelles et la meilleure préparation scientifique parmi ceux qui entouraient Socrate? Pourquoi le philosophe se contente-t-il de répondre : « Chaque chose est belle et bonne relativement à l'objet auquel elle est bien appropriée, et par suite une seule et même chose peut être bonne relativement à ceci, mauvaise relativement à cela? » Pourquoi n'ajoute-t-il pas : « Mais il y a une chose, une seule,

---

1. Voy. plus haut, p. 125, 4.

qui est toujours et absolument bonne, et n'est jamais mauvaise, c'est ce qui rend notre âme meilleure? » Ou faut-il supposer qu'il l'aurait ajouté en effet, et que Xénophon aurait omis cette addition, c'est-à-dire justement la chose la plus importante, et peut-on admettre qu'il en serait encore de même dans d'autres cas[1]? Une pareille opinion ne serait justifiée que si nous étions en état de prouver que Socrate n'a pu s'exprimer comme Xénophon nous le rapporte, ou que ses paroles ne peuvent avoir le sens que le texte de Xénophon leur donne[2]. Mais, pour le prouver, il ne suffit pas d'invoquer la contradiction dans laquelle, autrement, le philosophe serait tombé. Assurément il y a contradiction à professer que la vertu est la fin suprême de la vie, et à la recommander en même temps à cause des avantages qu'elle procure[3], et Platon en effet,

---

1. Par exemple, *Mém.*, IV, 6, 8. Brandis, *loc. cit.*
2. Comme Brandis, *loc. cit.* l'affirme; cf. Dissen, *loc. cit.*, 88; Ritter, *Gesch. der Phil.*, II, 70 sqq.
3. A l'appui de son opinion Brandis apporte encore d'autres arguments qui me semblent moins importants. D'abord, prétend-il, Socrate aurait distingué la simple bonne fortune de la bonne conduite et ensuite il aurait classé le bonheur, tel qu'on a l'habitude de le concevoir, seulement parmi les biens relatifs. Sur le premier point la distinction indiquée est faite dans Xénophon, *Mém.*, III, 9, 14, et Platon, *Euthyd.*, 281, B (voy. plus haut, 118, 3). Mais un eudémoniste déclaré, comme Aristippe, pourrait aussi s'approprier cette distinction, du moment où il admettrait qu'on ne peut atteindre à un bonheur vrai et durable que par son activité et son intelligence propres et non par la seule faveur du hasard, et qu'on ne doit pas se mettre dans la dépendance des choses extérieures, mais qu'il faut s'assurer une félicité constante par notre empire sur nous-mêmes et sur les circonstances; lorsque Brandis (*Gesch. d. Entwick*, I, 237) considère une semblable doctrine comme impossible, il me suffit pour lui répondre d'en appeler au fait; nous trouvons en réalité de semblables vues dans l'école cyrénaïque comme dans l'école épicurienne; voy. p. 260 sq., et III, a, 404, 2ᵉ éd. — Sur le second point, Brandis invoque le texte des *Mém.*, IV, 2, 34. Dans ce passage, Socrate veut prouver à Euthydème qu'il ignore ce que sont les biens et les maux. Il a donc d'abord montré que tout ce qu'Euthydème déclare être un bien, même la sagesse, peut, dans certaines circonstances, nous être nuisible; puis Euthydème ajoutant : κινδυνεύει... ἀναμφιλογώτατον ἀγαθὸν εἶναι τὸ εὐδαιμονεῖν, Socrate réplique : εἴ γε μή τις αὐτὸ ἐξ ἀμφιλόγων ἀγαθῶν συντιθείη, ou, comme la suite l'explique immédiatement : εἴ γε μὴ προσθήσομεν αὐτῷ κάλλος ἢ ἰσχὺν ἢ πλοῦτον ἢ δόξαν ἢ καί τι ἄλλο τῶν τοιούτων, par cette raison qu'il n'est pas une seule de ces choses qui ne puisse devenir la source de mille maux. Mais ce langage, loin d'impliquer que le bonheur ne soit pas le souverain bien, implique au contraire formellement la supposition opposée, qui est, sans exception, celle de toute la morale grecque. Le bonheur n'est nullement qualifié ici d'ἀμφίλογον

reconnaissant là une contradiction, l'a évitée¹. Mais la question est justement de savoir si Socrate l'a évitée également et dans quelle mesure, et rien ne nous autorise à supposer qu'il n'ait pas pu s'y trouver enfermé. Car n'y a-t-il pas une contradiction chez Kant lorsque, après avoir repoussé de la manière la plus absolue, comme entaché d'hétéronomie, tout critérium emprunté à l'expérience pour juger les actions au point de vue moral, il résout cette question : « Quelles sont les maximes qui peuvent être érigées en principes d'une législation universelle, » en considérant les conséquences qui résulteraient de ces maximes dans l'hypothèse de leur valeur universelle? N'y a-t-il pas une contradiction chez le même philosophe lorsque, après avoir combattu avec tant de vigueur l'eudémonisme, il fonde la croyance à l'existence de Dieu sur le postulat d'un bonheur correspondant au mérite? La *Critique de la Raison Pure*, en maintenant l'existence de la chose en soi, tandis qu'elle nie absolument la possibilité de la connaître, ne tombe-t-elle pas également dans une contradiction tellement choquante, que, suivant Fichte, si réellement la *Critique* admettait une chose en soi, il y verrait plutôt l'œuvre du plus étrange hasard que celle d'une tête humaine? Faut-il pour cela que l'historien fasse dire au philosophe de Kœnigsberg autre chose que ce qu'il a dit réellement? Doit-il rejeter de force ces contradictions au lieu de les expliquer? Est-il donc si inconcevable que la doctrine socratique se trouve dans un cas analogue? Le philosophe veut fonder la vie morale sur la science. Mais de même qu'au point de vue formel sa conception de la science est assez mal déterminée pour

ἀγαθόν, mais il l'est seulement dans le cas où on le composerait d'ἀμφίλογα ἀγαθά, c'est-à-dire de choses qui dans certaines circonstances produisent des maux, et qui par suite ne sont pas seulement ἀγαθά, mais parfois aussi κακά. On ne peut trouver davantage une contradiction entre ce passage et ceux où la valeur de chaque chose et de chaque mode de conduite est mesurée par ses conséquences, car c'est justement le critérium qu'applique ici Socrate.

1. Cf. *Rép.*, II, 362, E sqq. *Phédon*, 68, D sq.

embrasser, à côté de convictions philosophiques, toutes sortes d'aptitudes d'ordre empirique (voy. p. 123), de même au point de vue matériel elle pèche par une indétermination semblable. Le bien constitue la matière de la science pratique et le bien est l'utile, ou, cela revient au même, ce qui est approprié à une fin[1]. Mais en quoi consiste cette utilité, c'est ce que Socrate ne détermine pas avec assez de précision pour enlever toute indécision à sa morale. Dans les passages mêmes de Platon où nous pouvons avec quelque certitude trouver l'expression des idées du Socrate historique, il se contente de dire que le perfectionnement intellectuel, que le soin de son âme sont pour l'homme la fin la plus importante. Quant à faire de cette fin le but suprême et absolu de toute l'activité humaine, c'est ce qui est impossible à sa réflexion morale dépourvue d'unité systématique, procédant par aphorismes particuliers, privée de l'appui d'une recherche psychologique étendue. Aussi voyons-nous à côté de cette fin morale supérieure se poser d'autres fins qui apparaissent comme indépendantes, et qui intéressent le bien de l'homme aux points de vue les plus différents ; l'activité morale elle-même ne semble plus alors être qu'un moyen pour atteindre ces fins[2]. Ainsi lorsque Xénophon nous rapporte une foule d'entretiens où cette question est ainsi présentée, nous pouvons, il est vrai, reconnaître encore qu'ils ne nous donnent pas d'une manière complète les fondements de la morale socratique; mais nous n'avons nullement le droit de refuser toute créance à son exposition, surtout quand

---

1. Cf. p. 125, 4; 126, 1, 2. L'identité du bien et de l'utile est d'ailleurs encore supposée dans les passages de Platon cités p. 127 sq., quoique le concept de l'utile y soit entendu dans un sens profond.
2. Cf. les bonnes remarques de STRÜMPELL, *Gesch. der prakt. Phil. d. Griech.*, 138 sqq., qui aboutit à cette conclusion : que Socrate ne faisait dans le concept de l'ἀγαθόν aucune distinction spécifique, qui eût consisté à considérer le bien relatif à la vertu comme un bien moral, tandis que tout autre bien n'aurait été qu'un bien satisfaisant l'intelligence, par suite une chose simplement utile ou appropriée à sa fin.

elle se trouve confirmée par beaucoup d'indications analogues que nous fournit Platon ; nous ne pouvons davantage transformer le sens de ces témoignages pour leur donner un sens opposé, sous prétexte que Xénophon ne nous rapporterait que le commencement de dialogues dont la portée définitive eût été toute différente. D'ailleurs la fidélité de ces témoignages sur la question qui nous occupe est encore confirmée par cette circonstance [1] que dans les écoles socratiques, à côté de la morale cynique et de la dialectique mégarique, trouva place également l'hédonisme des Cyrénaïques, et que tout nous donne à penser que le promoteur de cette théorie se croyait bien réellement fidèle au véritable esprit de la doctrine socratique. Si cette doctrine ne lui avait fourni aucun point d'appui, il y aurait là un fait difficile à comprendre. Dans son essence propre, la morale socratique n'est assurément rien moins qu'un eudémonisme, mais cela n'empêche pas que dans l'établissement de ses principes elle ait revêtu la forme d'un eudémonisme. Le défaut que nous y relevons n'est pas dans le contenu moral de la doctrine, mais dans la réflexion théorique à l'aide de laquelle elle se justifie.

[1] Sur laquelle Hermann, *Plat.*, I, 257, attire avec raison l'attention. Cependant, lorsque ce savant (*Ibid.*, p. 254 sq. *Gesammte Abhandl.*, 232 sqq.) veut voir dans ce principe de l'utilité ou, comme il l'appelle de préférence, dans la prépondérance de la relativité chez Socrate, non seulement un point faible de sa philosophie, mais en même temps un trait de la modestie socratique, je me demande en quoi consisterait ici, à proprement parler, cette modestie. Il veut en outre établir un lien entre cette théorie socratique et la doctrine générale, qui, d'après lui, constituerait la différence capitale de la dialectique socratique et de la dialectique des Sophistes, et serait la base des idées socratiques sur la vérité des concepts généraux, la doctrine suivant laquelle toutes les déterminations accidentelles seraient relatives et toute liaison de concepts n'aurait qu'une valeur tout extrinsèque et nullement essentielle. Mais je ne puis trouver cette doctrine ni dans les *Mémorables* (III, 8, 4-7; 10, 12; IV, 6, 9; 2, 13 sqq.), ni dans le *Grand Hippias* platonicien (p. 288 sqq), source d'ailleurs assez suspecte. Ces passages affirment bien, il est vrai, que le bien et le beau ne sont tels que par leur appropriation à certaines fins, mais non que d'une manière absolue toute application d'un prédicat à un sujet ait une valeur purement relative. En aucun cas, d'un autre côté, une semblable thèse ne saurait établir la *différence* entre la philosophie sophistique et celle de Socrate, puisque l'un des traits essentiels de la sophistique est justement de n'attribuer aux principes scientifiques et moraux qu'une valeur relative.

Socrate ne pouvait se proposer une exposition systématique des modes de l'activité morale. Il développait ses vues à propos de cas particuliers, à mesure qu'ils s'offraient à lui. Ajoutons que c'est dans une certaine mesure le hasard qui a décidé du choix des dialogues qui nous ont été transmis. Cependant on peut admettre que les sujets sur lesquels il semble revenir avec une préférence marquée chez Xénophon sont aussi, en général, ceux qui le préoccupaient le plus. A ce point de vue, si nous mettons à part les passages où il montre la nécessité d'une science morale et de la connaissance de soi, nous distinguerons avant tout trois questions dominantes : 1° L'indépendance de l'individu assurée par la limitation des besoins et des désirs ; 2° l'ennoblissement de la vie sociale par l'amitié ; 3° enfin l'accroissement du bien public grâce à une vie politique bien ordonnée. A ces questions peut s'en ajouter une quatrième : celle de savoir si Socrate s'est élevé, et jusqu'à quel point, au-dessus du point de vue de la morale grecque ordinaire en recommandant l'amour des ennemis.

1. L'INDIVIDU. — Non seulement Socrate était personnellement un modèle d'austérité et de tempérance, mais il s'efforçait d'inculquer ces vertus à ses amis. C'est l'objet le plus ordinaire des entretiens que nous rapporte Xénophon[1], et Socrate désigne expressément la tempérance comme la pierre angulaire de toute moralité[2]. L'idée essentielle qui est à la base de cette doctrine est celle à laquelle

---

1. Voir les preuves p. 126, 4, 5.
2. *Mém.*, I, 5, 4 : ἆρά γε οὐ χρὴ πάντα ἄνδρα, ἡγησάμενον τὴν ἐγκράτειαν ἀρετῆς εἶναι κρηπῖδα, ταύτην πρῶτον ἐν τῇ ψυχῇ κατεσκευάσθαι; Il n'y a pas de contradiction entre cette phrase et l'affirmation que toute vertu consiste dans une science, et même si Socrate avait poussé jusqu'au bout sur ce point sa réflexion, il aurait aussi montré dans la tempérance une science (comme p. 121, 1, pour la σωφροσύνη), de sorte que la proposition ci-dessus pourrait s'exprimer : tout savoir moral (c'est-à-dire toute vertu) a pour condition première la conviction que les plaisirs des sens n'ont pas de valeur.

plus tard les écoles Cynique et Stoïque devaient donner tant d'importance. C'est que l'homme ne peut devenir maître de lui-même qu'en s'affranchissant de ses besoins et en exerçant ses forces, tandis que, s'il se met dans la dépendance de sa nature physique et de ses plaisirs corporels, il se soumet à un véritable esclavage[1]. Un philosophe aux yeux duquel il n'y a rien au-dessus du savoir, doit tenir avant tout à ce que l'esprit du penseur se consacre avec une pleine liberté à la recherche du vrai, sans être troublé par les besoins et les désirs sensibles[2]. Plus les biens extérieurs lui semblaient, en eux-mêmes, dénués de valeur, plus il faisait dépendre exclusivement le bonheur de l'état intérieur de l'âme[3], plus il sentait aussi s'imposer à lui la nécessité de donner à ces principes la sanction de la pratique, en s'affranchissant réellement de la domination du monde extérieur. En revanche, d'autres motifs de cette doctrine, qui dans les morales postérieures acquièrent une valeur prépondérante, lui sont encore complètement étrangers. A l'égard des plaisirs des sens, non seulement il ne professe pas l'ascétisme, mais il se montre même assurément moins sévère qu'on n'aurait pu s'y attendre. Ils ne lui sont pas nécessaires, mais il ne les fuit pas non plus, et sa modération consiste essentiellement ici en ce qu'au milieu même des jouissances la clarté de sa pensée exempte de trouble lui permet de rester maître de lui-même[4]. Ce caractère de la tempérance socratique est surtout en relief lorsqu'il parle des plaisirs sexuels. Quelque exemplaire que fût sous ce rapport sa

---

1. XÉNOPHON, *Mém.*, I, 5, 3 ; 5 sq.; I, 6, 5; 9 sq. (voy. plus haut, 54, 3); II, 1, 11 ; I, 2, 29; III, 13, 3 ; 6, et en particulier IV, 5, 2 sqq. *Banq.*, 8, 23.
2. La connexion de ces deux idées est surtout mise en relief par le texte des *Mémorables*, IV, 5, 6. Socrate, après avoir montré que l'intempérance fait de l'homme un esclave, tandis que la tempérance le fait libre, ajoute : σοφίαν δὲ τὸ μέγιστον ἀγαθὸν οὐ δοκεῖ σοι ἀπείργουσα τῶν ἀνθρώπων ἡ ἀκρασία εἰς τοὐναντίον αὐτοὺς ἐμβάλλειν ; car comment pourrait-on distinguer et choisir le bien et l'utile, lorsqu'on est sous l'empire du désir qui vous porte vers l'agréable?
3. Voy. plus haut, p. 118, 3; 127 sqq.
4. Voy. plus haut, p. 63 sq.

conduite personnelle, il ne trouve pourtant rien de blâmable en principe dans la satisfaction des appétits en dehors du mariage. Il demande seulement que cette satisfaction ne dépasse pas les besoins du corps et n'entrave pas la réalisation de fins plus élevées[1]. L'idée directrice de son éthique est moins la pureté morale que la liberté intellectuelle de l'homme.

2. L'AMITIÉ. — Cette première loi, qui est encore purement négative, se complète d'une manière positive, grâce aux rapports de l'individu avec les autres. L'amitié est la première forme de ces rapports. Socrate, nous l'avons vu, ne sait donner encore à l'amitié elle-même d'autre fondement que la considération de son utilité. Mais on ne peut méconnaître que l'amitié n'ait eu pour lui et dans sa philosophie un sens plus profond, et c'est pourquoi toutes les écoles socratiques ont repris et étudié ce sujet avec une prédilection si marquée. Quand la science et la moralité s'unissent d'une manière aussi immédiate que dans la doctrine socratique, l'association scientifique établie entre des individus ne saurait aller sans une complète intimité de la vie tout entière. Ces rapports personnels deviennent d'autant plus indispensables au philosophe qu'il peut moins se tenir enfermé dans les bornes de sa propre pensée, et qu'il ressent plus vivement le besoin d'une recherche faite en commun, d'un échange d'idées réciproque. Dans l'association pythagoricienne nous avons

---

1. *Mém.*, I, 3, 14 : οὕτω δὴ καὶ ἀφροδισιάζειν τοὺς μὴ ἀσφαλῶς ἔχοντας πρὸς ἀφροδίσια ᾤετο χρῆναι πρὸς τοιαῦτα, οἷα μὴ πάνυ μὲν δεομένου τοῦ σώματος οὐκ ἂν προσδέξαιτο ψυχή, δεομένου δὲ οὐκ ἂν πράγματα παρέχοι. Cette dernière remarque porte d'un côté (d'après *Mém.*, I, 3, 11, et II, 1, 5) sur les effets nuisibles de la passion elle-même qui rend l'homme esclave, et le détourne d'un bien supérieur, de l'autre sur les conséquences fâcheuses qui en résultent pour la fortune, l'honneur et la sûreté personnelle. Socrate trouve absurde de s'exposer à des dangers et de se donner du tourment pour une jouissance qu'il est si simple de se procurer auprès de la première fille publique. *Mém.*, II, 1, 5; 2, 4. Nous montrons plus loin quelle application les Cyniques firent de ces principes.

déjà vu la communauté des tendances morales et religieuses faire éclater ce vif sentiment de la solidarité, ce sens de l'amitié et de la fraternité. Les mêmes causes ont produit dans bien d'autres cas le même résultat, et c'est ainsi également que dans l'école socratique la fusion de l'intérêt scientifique et de l'intérêt moral établit entre le maître et les disciples une intimité plus étroite que n'aurait pu le faire la seule communauté des études scientifiques. En effet, qu'est-ce qui est ici primitif, et qu'est-ce qui est dérivé ? On peut à peine le demander et dire si ce fut le besoin de l'amitié qui fit de la recherche philosophique de Socrate un continuel dialogue, ou si ce fut le besoin d'une recherche faite en commun qui l'entraîna sans cesse vers ceux qu'il croyait capables de s'y livrer. Il paraît bien plus vrai de dire, au contraire, que le trait essentiel du caractère de Socrate, ce qui fait justement de lui l'amant philosophique que nous dépeint Platon, c'est que, si la société d'autrui était indispensable à ses recherches, il ne pouvait davantage se passer de la recherche philosophique dans cette fréquentation.

Aussi rencontrons-nous chez Socrate de pénétrantes discussions sur le prix et l'essence de l'amitié[1]. Il y revient toujours en dernière analyse sur cette idée qu'une vraie amitié ne peut exister qu'entre des hommes vertueux, mais que pour eux elle est même naturelle et nécessaire; de vrais amis, pense-t-il, doivent tout faire l'un pour l'autre : la vertu et la bienveillance active, voilà les vrais moyens de se faire des amis[2]. C'est à ce point de vue qu'est aussi jugée la coutume régnante. Non seulement Socrate permet à l'amitié de prendre la forme grecque de l'amour des enfants et des hommes, mais il adopte pour

---

1. *Mém.*, II, 4-6.
2. *Loc. cit.*, 4, 6 sq.; 6, 21-39. De semblables discussions sont également présentées dans le dialogue platonicien *Lysis*, mais vraisemblablement avec une liberté qui ne nous permet pas d'y démêler ce qu'il y a de purement socratique.

lui-même cette forme de l'amitié, et l'on ne peut guère admettre qu'il le fasse par pure déférence pour les autres[1]. Toutefois, en appliquant ses propres principes moraux à ce genre de relations, il est amené à combattre les errements communs, et à exiger que ces rapports se purifient ; il élève ainsi la conception pathologique de l'Éros à la hauteur de la conception morale de l'amitié ; le véritable amour, déclare Socrate[2], est celui où l'on cherche d'une manière désintéressée le plus grand bien de la personne aimée, et non celui où un égoïsme sans scrupules poursuit des fins et emploie des moyens qui inspirent aux deux amis du mépris l'un pour l'autre. C'est aussi dans cet amour seul qu'on peut rencontrer de la fidélité et de la constance. Quant au subterfuge qui consiste à prétendre que l'aimé achète par ses complaisances l'aide de l'amant pour travailler à son perfectionnement moral, il faut entièrement le rejeter. Car jamais l'immoralité et l'impudeur ne pourront servir de moyens en vue d'une fin morale[3]. En professant ces principes, Socrate semble réellement avoir énoncé une vérité nouvelle, ou du moins rappelé à son siècle une vérité longtemps oubliée[4].

En revanche, Socrate partageait le peu d'estime de ses concitoyens pour le mariage, sentiment qui contribuait d'un côté à développer la coutume de l'amour grec, et qui de l'autre était favorisé lui-même par cette coutume[5]. Quoiqu'il reconnaisse aux femmes les mêmes aptitudes morales qu'aux hommes[6], et quoique personnellement il entretînt

---

1. Voy. plus haut, p. 64 sq.
2. XÉNOPHON, *Banq.*, 8, 12, passage où les idées directrices au moins peuvent être tenues pour socratiques. *Mém.*, I, 2, 29 sqq., 3, 8 sq , II, 6, 31 sqq.
3. *Banq.*, 8, 27 : οὐ γὰρ οἷόν τε πονηρὰ αὐτὸν ποιοῦντα ἀγαθὸν τὸν συνόντα ἀποδεῖξαι, οὐδέ γε ἀναισχυντίαν καὶ ἀκρασίαν παρεχόμενον ἐγκρατῆ καὶ αἰδούμενον τὸν ἐρώμενον ποιῆσαι.
4. Cf. PLATON, *Banq.*, 178, C sq., 180, C sqq. (le discours de Pausanias), 216, E sqq.
5. Voir sur ce point PLATON, *Banq.*, 192, A sq. et mes remarques sur cet ouvrage (*Plato's Gastmahl*, Marb. 1857) p. 92.
6. Voir plus haut, p. 121, 5.

avec des femmes d'une intelligence supérieure des relations d'enseignement mutuel, la manière dont il parle de l'état de mariage trahit plutôt le mari de Xanthippe que l'ami d'Aspasie. Il accorde qu'une femme active n'est pas moins utile que l'homme à la tenue d'une maison, et il croit devoir reprocher aux hommes de ne pas se soucier de l'éducation de leurs femmes[1]. Mais pour lui le but unique du mariage est la procréation des enfants[2], et sa conduite personnelle ne nous révèle en lui qu'un goût médiocre pour la vie domestique[3]. Ses besoins sociaux et personnels sont satisfaits par les relations d'amitié avec les hommes. Dans ces relations, il voit un moyen de remplir sa mission particulière, qui consiste à former l'esprit de ses semblables. D'ailleurs, cette considération mise à part, il regarde, en véritable Grec, l'État et non la famille comme l'objet suprême de l'activité morale.

3. LA VIE POLITIQUE. — Socrate a une très haute idée de l'importance de l'État et des devoirs dont il est l'objet. Veut-on vivre parmi les hommes, dit-il, il faut vivre dans l'État, soit comme gouvernant, soit comme gouverné[4]. Aussi réclame-t-il d'abord l'obéissance la plus absolue aux lois et va-t-il même jusqu'à ramener le concept de la justice à celui de la légalité[5] ; mais il veut aussi que tous ceux qui possèdent les aptitudes nécessaires participent au gouvernement de l'État, puisque le bien-être des indi-

---

1. XÉNOPHON, Écon., 3, 10 sqq. ; mais au sujet de ce passage la question est encore de savoir jusqu'à quel point le fond de ces observations peut être attribué à Socrate. Banq., 2, 9.
2. Mém., II, 2, 4.
3. En effet, qu'on tienne compte, si l'on veut, dans le trait rapporté par PLATON, Phédon, 60, A, du caractère de Xanthippe, qui ne peut avoir aucune prétention à une grande tendresse, et aussi du ton enjoué du langage dans le Banquet de XÉNOPHON, 2, 10, et qu'on mette en balance de l'autre côté le passage de l'Apol., 34, D, il n'en reste pas moins certain que Socrate vivait presque entièrement au dehors dans les lieux publics, et n'était presque jamais chez lui. Voir plus haut, p. 37 sq. PLATON, Banq., fin.
4. Mém., II, 1, 12 sqq.
5. Voir p. 124, 2.

vidus dépend de celui de la communauté¹. Ces principes, il les mit lui-même en pratique dans sa vie. Il remplit avec dévouement et abnégation ses devoirs de citoyen, et mourut pour ne pas violer les lois². Son activité philosophique elle-même était en même temps à ses yeux l'accomplissement d'un devoir envers l'État³, et dans les *Mémorables* de Xénophon nous le voyons saisir toutes les occasions de pousser aux travaux de la politique tous les hommes doués des aptitudes nécessaires, d'en écarter ceux qui n'y étaient pas propres, de réveiller chez ceux qui avaient une fonction publique le souci de leurs devoirs et de leur venir en aide dans l'accomplissement de leur office⁴. Lui-même met expressément en relief ce caractère politique de ses efforts, quand il fait entrer dans l'idée de l'art du commandement⁵ celle de toutes les vertus⁶. Il souscrit donc franchement à l'antique conception grecque de la vie politique. Néanmoins il s'en écarte également d'un autre côté. Si la condition de toute véritable vertu est la science, il en sera de même de la vertu politique, et cela d'autant plus que l'on s'en fait une idée plus élevée. Socrate doit donc exiger que quiconque aspire au rôle d'homme d'État s'y prépare au moyen d'un examen approfondi de lui-même, et des études scientifiques⁷. Inversement il ne peut non plus reconnaître des aptitudes et un

---

1. *Mém.*, III, 7, 9.
2. Voir plus haut, p. 65.
3. Voir p. 56, 1; 58, 3.
4. *Mém.*, III, 2-7.
5. βασιλική τέχνη, *Mém.*, II, 1, 17, et dans ce qui précède, IV, 2, 11 ; PLATON, *Euthyd.*, 291, B sq., où l'on trouve aussi πολιτική, à la place de βασιλική.
6. Aussi lorsque CICÉRON, *Tusc.*, V, 37, 108; PLUT., *De exil.*, c. 5, p. 600; ÉPICT., *Diss.*, I, 9, 1 (cf. MUSON., *ap.* STOB., *Floril.*, 40, 9), nous racontent que quelqu'un ayant demandé à Socrate d'où il était, il aurait répondu qu'il était « citoyen du monde », l'histoire manque de vraisemblance, et déjà cette question adressée à Socrate à Athènes semble bien étrange. Dans le *Criton* de PLATON et dans l'*Apologie*, 37, C sq., il tient un langage bien différent de celui des philosophes cosmopolites postérieurs. C'est sans doute un de ceux-ci qui aura le premier prêté à Socrate la réponse rapportée plus haut.
7. *Mém.*, III, 6 en particulier vers la fin ; IV, 2, 6 sqq. PLATON, *Bang.*, 216, A; voir plus haut, p. 55, 6.

droit à remplir une mission politique que chez celui qui satisfait à ces conditions. Ce n'est pas la possession de la force, ce n'est pas davantage le hasard du sort ni celui d'un choix populaire, c'est la science seule qui donne à un homme la situation de gouvernant[1]. Quant au gouvernement de la masse, Socrate estime[2] qu'il est complètement impossible à un homme d'État soucieux du droit et de la justice, de lui tenir tête. Là où il règne, il ne reste plus à l'homme d'honneur qu'à se retirer dans la vie privée. Socrate posait ici un principe qui le mettait en opposition non seulement avec la démocratie athénienne, mais encore avec la constitution politique de la Grèce entière. A l'égalité de tous, comme aux privilèges de la naissance ou de la fortune, il voulait substituer une aristocratie de l'intelligence, au règne des bourgeoisies une administration scientifiquement instruite, au gouvernement des castes ou à celui du peuple un gouvernement d'hommes compétents que Platon, développant logiquement les principes de Socrate, essayera de réaliser dans sa République gouvernée par les philosophes. Nous voyons ici encore Socrate suivre la voie où les Sophistes étaient entrés les premiers. Les premiers, en effet, ils avaient offert et déclaré nécessaire un enseignement scientifique destiné à préparer à la carrière politique. Pourtant ce que Socrate réclame est,

---

1. *Mém.*, III, 9, 10 : βασιλεῖς δὲ καὶ ἄρχοντας οὐ τοὺς τὰ σκῆπτρα ἔχοντας ἔφη εἶναι, οὐδὲ τοὺς ὑπὸ τῶν τυχόντων αἱρεθέντας οὐδὲ τοὺς κλήρῳ λαχόντας, οὐδὲ τοὺς βιασαμένους, οὐδὲ τοὺς ἐξαπατήσαντας, ἀλλὰ τοὺς ἐπισταμένους ἄρχειν. Dans tous les autres cas n'est-ce pas uniquement aux hommes compétents que l'on obéit? et il le prouve immédiatement par l'exemple du médecin, du pilote, etc. Cf. p. 110. De même *Mém.*, III, 5, 21 ; IV, 2, 2; III, 1, 4; 4, 6 : λέγω ἔγωγ', ὡς ὅτου ἄν τις προστατεύῃ, ἐὰν γιγνώσκῃ, τε ὧν δεῖ καὶ ταῦτα πορίζεσθαι δύνηται, ἀγαθὸς ἂν εἴη προστάτης. PLATON, *Polit.*, 297, D sqq. justifie les mêmes vues par les mêmes exemples, qui semblent d'ailleurs s'être conservés dans toute l'école socratique. Aussi voit-on l'accusateur (XÉN., *Mém.*, I, 2, 9) reprocher à Socrate d'avoir encouragé au mépris des institutions politiques existantes, λέγων ὡς μωρὸν εἴη τοὺς μὲν τῆς πόλεως ἄρχοντας ἀπὸ κυάμου καθιστάσθαι, κυβερνήτῃ δὲ μηδένα θέλειν κεχρῆσθαι κυαμευτῷ μηδὲ τέκτονι μηδ' αὐλητῇ μηδ' ἐπ' ἄλλα τοιαῦτα, etc., et Xénophon lui-même ne conteste pas l'exactitude de cette allégation, mais cherche seulement à montrer que de semblables principes étaient inoffensifs.
2. PLATON, *Apol.*, 31. E; cf. *Rép.*, VI, 496, C sq.

au fond, tout différent de ce qu'ils demandaient. Pour lui, le but politique n'est pas la puissance de l'individu, mais le bien de la communauté; le but de l'enseignement n'est pas l'habileté personnelle, mais la connaissance de la vérité; le procédé de cette éducation n'est pas 142 la Rhétorique, mais la Dialectique. Socrate visait à une science qui permît de réformer l'État, les Sophistes à une science qui permît de le dominer.

Au caractère aristocratique de cette politique paraît difficile à allier la liberté avec laquelle Socrate s'élevait au-dessus des préjugés sociaux de sa nation, quand, au mépris régnant du travail industriel, il opposait ce principe qu'on ne doit rougir d'aucune activité utile, quelle qu'elle soit, mais au contraire de la paresse et de l'oisiveté[1]. Cependant ces deux opinions dérivent d'une seule et même source. Comme Socrate demande que la valeur de l'individu dans l'État se mesure à ses œuvres, inversement il veut qu'on estime toute activité dont il peut résulter quelque bien. Le concept du bien est ici, comme toujours, son critérium suprême.

4. L'AMOUR DES ENNEMIS. — Au caractère politique de la moralité grecque se rattache ce fait que la formule traditionnelle du devoir de l'homme vertueux lui ordonnait de faire du bien à ses amis et du mal à ses ennemis. XÉNOPHON prête une formule identique[2] à Socrate qui, d'après lui, trouve en effet tout naturel aussi qu'on éprouve de la peine à voir le bonheur de ses ennemis[3]. Au con-

---

1. *Mém.*, I, 2, 56 sqq. Conformément à ce principe, il détermine un ami (II, 7) à employer les femmes de sa maison au travail de la laine, et un autre (II, 8), à chercher un emploi d'intendant, et, dans les deux cas, il réfute l'objection que de semblables occupations ne conviennent pas à des personnes libres. Sur ce point, XÉNOPHON (voir *Écon.*, 4, 2 sq., 6, 5 sq.) en juge tout autrement, et Platon, comme on le sait, fait de même. Socrate parle en fils d'un pauvre artisan, Platon et Xénophon comme des gens ayant rang et fortune.
2. *Mém.*, II, 6, 35 : καὶ ὅτι ἔγνωκας ἀνδρὸς ἀρετὴν εἶναι νικᾶν τοὺς μὲν φίλους εὖ ποιοῦντα, τοὺς δὲ ἐχθροὺς κακῶς. Cf. t. I, 1002, 3 ; trad. fr., t. II, 518, 1.
3. *Mém.*, III, 9, 8 : φθόνον δὲ σκοπῶν ὅ τι εἴη, λύπην μέν τινα ἐξεύρισκεν αὐτὸν ὄντα, οὔτε μέντοι τὴν ἐπὶ φίλων ἀτυχίαις οὔτε τὴν ἐπ' ἐχθρῶν εὐτυχίαις γιγνομένην.

traire, chez PLATON, et déjà dans un des premiers et des plus historiques de ses dialogues¹, Socrate déclare qu'il est injuste de faire du mal à autrui; car faire du mal et commettre une injustice, c'est tout un; or on ne doit jamais commettre d'injustice, même à l'égard de celui de la part duquel on a soi-même souffert une injustice². Il est difficile de résoudre la contradiction de ces deux expositions. En effet, même en admettant que, chez Xénophon, Socrate ne se place qu'au point de vue de l'opinion populaire, il faudrait reconnaître que ce témoin ne peut guère avoir entendu Socrate exprimer les idées que Platon lui attribue. D'un autre côté, on ne doit sans doute pas prendre l'exposition platonicienne, même dans le *Criton*, pour un renseignement rigoureusement historique; cependant on se demande encore si l'on peut vraiment admettre que Platon se soit déjà écarté d'une manière si frappante de la doctrine socratique³. Toutefois on ne saurait nier la possibilité d'un semblable écart, de sorte qu'en définitive nous devons nous résoudre à laisser en suspens la question de savoir quels ont été sur ce point les véritables principes de Socrate⁴.

---

1. *Criton*, 49, A sqq.; de même *Rép.*, I, 334, B sqq.
2. MEINERS (*Gesch. d. Wissensch.*, II, 456) ne résout pas la question quand il prétend remarquer que Socrate aurait cru permis de faire du mal (physiquement) à ses ennemis, mais non de leur nuire (dans leur véritable bien); car Xénophon autorise expressément le κακῶς ποιεῖν, et Platon l'interdit.
3. Cf. p. 128.
4. Encore moins avons-nous le droit d'admettre, comme HILDEBRAND (*Xenoph. et Arist. de Œconomia publica doctrina part. I*, Marb. 1845, p. 26) semble incliner à le faire, que Socrate fût en principe adversaire de l'esclavage. Sans doute beaucoup de travaux que le préjugé grec considérait comme ne convenant qu'à un esclave, ne lui paraissaient pas indignes de l'homme libre (voir plus haut). Mais il ne s'ensuit pas, il s'en faut, qu'il blâmât l'esclavage lui-même; et quand ARISTOTE (*Pol.*, I, 3, fin) mentionne l'opinion suivant laquelle l'esclavage serait contraire à la nature, il ne nomme pas Socrate comme l'ayant émise. Si elle était venue de lui, il n'eût pas manqué de le faire; du reste l'ensemble de ce passage s'applique mal à Socrate, à qui l'opposition de φύσει et de νόμῳ est étrangère. Il nous fait plutôt penser aux Cyniques.

§ 4. SUITE. LA NATURE, LA DIVINITÉ ET L'HOMME.

LA FINALITÉ DANS LA NATURE. — Les recherches physiques, comme nous l'avons remarqué, n'entraient pas dans le plan de notre philosophe. Néanmoins la direction de sa pensée l'amena à des vues personnelles sur la nature et ses principes. Un penseur qui appliquait une réflexion si profonde au problème de la vie humaine en l'étudiant sous toutes ses faces, ne pouvait laisser passer inaperçus les nombreux rapports qui unissent l'homme au monde extérieur. Or, comme il estimait ces rapports d'après le critère de leur utilité pour l'homme, qui est en effet son critère suprême, il devait se persuader que la nature entière est organisée en vue du bien du genre humain, qu'elle présente de la finalité et qu'elle est bonne[1]. Mais le bien et l'appropriation à une fin sont nécessairement aux yeux de Socrate l'œuvre de la raison. Car si l'homme ne peut rien faire d'utile sans l'intelligence, il n'est pas moins impossible que l'utilité ne la suppose pas d'une manière générale. Sa conception de la nature est donc essentiellement téléologique. Mais il ne s'agit pas ici de cette téléologie profonde qui découvre les rapports internes des différentes parties de la nature, et la fin, innée en chaque être naturel, de son existence et de sa constitution. Au contraire, il s'agit d'une finalité externe qui rapporte toute chose au bien de l'homme, comme à son but suprême. Comment les choses reçoivent-elles cette destination? Socrate

---

1. Car par *bien* Socrate entend justement, comme on l'a montré plus haut, ce qui est utile à l'homme.
2. *Mém.*, I, 4, 2 sqq. Dans ce passage, ce raisonnement par analogie est particulièrement mis en relief : Socrate veut convaincre un ami de l'existence des Dieux et finit par lui demander si la production d'êtres vivants ne témoigne pas une sagesse plus grande que celle d'images comme en créent Polyclète et Zeuxis. Aristodème ne consent à l'accorder que d'une manière conditionnelle, et seulement dans le cas suivant : εἴπερ γε μὴ τύχῃ τινὶ, ἀλλ' ὑπὸ γνώμης ταῦτα

l'explique encore en invoquant des dispositions également tout externes, prises par une raison qui, à la façon de l'ouvrier, a donné à chaque chose cette appropriation tout accidentelle à l'égard de la chose même. Nous avons vu que dans la morale socratique la sagesse qui doit régir l'activité humaine devient une réflexion tout externe sur l'utilité des actes particuliers ; de même ici Socrate ne sait pas se représenter autrement la sagesse qui a formé le monde. Il montre[1] de quelle sollicitude pour nous témoigne l'existence de la lumière, de l'eau, du feu et de l'air; non seulement le soleil nous éclaire le jour, mais la lune et les étoiles nous éclairent la nuit ; les constellations nous indiquent la division du temps, la terre nous fournit notre nourriture et satisfait à tous les autres besoins de la vie, le changement des saisons nous évite l'excès de la chaleur ou du froid, etc. Il rappelle les mille services que nous rendent les bœufs, les chèvres, les porcs, les chevaux et les autres animaux; il signale l'ordonnance du corps humain, la structure des organes des sens, la station droite de l'homme, et l'inappréciable habileté de ses mains comme autant de preuves de la sagesse de l'ouvrier qui l'a formé[1]. Il voit dans les instincts naturels de reproduction et de conservation, dans l'amour des parents pour les enfants, dans la crainte de la mort un signe de la Providence divine. Il ne se lasse pas de vanter les avantages intellectuels de l'homme, son habileté, sa mémoire, son entendement, sa faculté de parler, son senti-

---

γεγένηται. Mais Socrate réplique immédiatement en lui demandant : τῶν δὲ ἀτεκμάρτως ἐχόντων ὅτου ἕνεκά ἐστι καὶ τῶν φανερῶς ἐπ' ὠφελείᾳ ὄντων πότερα τύχης, καὶ πότερα γνώμης ἔργα κρίνεις; — Πρέπει μὲν, est-il obligé d'avouer, τὰ ἐπ' ὠφελείᾳ γενόμενα γνώμης εἶναι ἔργα. Cf. PLATON, *Phédon*, 96, A sqq., quoique ce passage, d'après ce que nous avons remarqué p. 49, ne nous fournisse pas un renseignement rigoureusement historique; et ARISTOTE, *M. Mor.*, I, 1, 1183, b, 9.
1. *Mém.*, I, 4 ; IV, 3.
2. A ces remarques s'en ajoute une (I, 4, 12) qui montre bien le caractère populaire de ces considérations : τὸ δὲ καὶ τὰς τῶν ἀφροδισίων ἡδονὰς τοῖς μὲν ἄλλοις ζώοις δοῦναι περιγράψαντας τοῦ ἔτους χρόνον, ἡμῖν δὲ συνεχῶς μέχρι γήρως ταῦτα παρέχειν;

ment religieux. A ses yeux il serait inintelligible que la croyance aux dieux et à la Providence fût imprimée par la nature même dans l'esprit de tous les hommes, qu'elle se fût maintenue de temps immémorial, et que non seulement les individus arrivés à l'âge mûr, mais aussi les États et les peuples, y fussent fermement attachés, si cette croyance était mensongère. Enfin il invoque les révélations spéciales qui ont été accordées aux hommes, pour leur plus grand bien, dans la divination et les présages. Si peu scientifiques que soient assurément ces considérations, elles n'en ont pas moins eu dans la suite la plus grande importance en philosophie. De même que Socrate, par ses recherches morales, malgré tous les défauts qu'elles présentent, a fondé la morale scientifique, de même par sa téléologie, en dépit du caractère populaire qu'il lui a donné, il a fondé cette conception idéaliste de la nature qui dès ce moment règne dans la philosophie naturelle des Grecs et qui, malgré les abus qu'elle a entraînés, s'est montrée même jusqu'à nos jours si féconde dans la physique empirique. Quant à Socrate, il n'a sans doute pas conscience, comme nous l'avons déjà fait voir plus haut, de s'occuper ici de physique. Ce qui le préoccupe dans cette considération de la finalité de la nature, c'est avant tout qu'elle sert l'intérêt moral de la piété. Pourtant nos observations précédentes font suffisamment ressortir combien est étroit le lien de cette conception de la nature avec le principe de la science fondée sur les concepts, et comment, d'un autre côté, les défauts mêmes de cette conception s'expliquent par l'imperfection générale de la méthode scientifique de Socrate.

LA DIVINITÉ. — Si nous nous demandons maintenant comment nous devons nous représenter la raison créatrice, Socrate ne parle habituellement des dieux qu'à la manière populaire comme d'une pluralité[1], et il n'y a aucun doute que sa pensée ne s'applique immédiatement aux dieux de la croyance vulgaire[2]. Mais au-dessus de cette multiplicité s'élève chez lui constamment, et cette époque offre de nombreux exemples de ce fait[3], l'idée de l'unité divine[4], idée qui d'ailleurs n'est pas étrangère à la religion grecque. Dans un passage même, Socrate établit une distinction remarquable entre celui qui a fait et qui gouverne le monde entier et les autres dieux[5]. Nous voyons donc déjà chez ce philosophe se produire cette union, rendue si facile à un Grec par sa mythologie même, entre le monothéisme et le polythéisme et qui consiste à réduire les dieux multiples au rôle d'instruments du Dieu unique. D'un autre côté, comme c'est avant tout l'harmonie et la finalité de l'univers qui conduit Socrate à la doctrine de l'unité du Dieu suprême, il le considère en même temps avec Héraclite et Anaxagore comme la raison du monde. Cette raison est, à ses yeux, dans le même rapport avec le monde que l'âme de l'homme avec son corps[6]. Cette manière de voir est intimement liée avec ses conceptions pures et

---

1. Par exemple, *Mém.*, I, 1, 19 ; 3, 3 ; 4, 11 sqq. ; IV, 3, 3 sqq.
2. Cf. IV, 3, 6.
3. Voir sur ce point l'introduction du présent volume et mes *Vorträge und Abhandlungen*, p. 3 sq.
4. Par exemple, I, 4, 5 ; 7 ; 17 : ὁ ἐξ ἀρχῆς ποιῶν ἀνθρώπους — σοφοῦ τινος δημιουργοῦ καὶ φιλοζῴου — τὸν τοῦ θεοῦ ὀφθαλμόν, τὴν τοῦ θεοῦ φρόνησιν.
5. *Mém.*, IV, 3, 13 : les dieux sont invisibles : οἵ τε γὰρ ἄλλοι ἡμῖν τὰ ἀγαθὰ διδόντες οὐδὲν τούτων εἰς τοὐμφανὲς ἰόντες διδόασιν, καὶ ὁ τὸν ὅλον κόσμον συντάττων τε καὶ συνέχων, ἐν ᾧ πάντα καλὰ καὶ ἀγαθά ἐστιν καὶ ἀεὶ μὲν χρωμένοις ἀτριβῆ τε καὶ ὑγιᾶ καὶ ἀγήρατον παρέχων, θᾶττον δὲ νοήματος ἀναμαρτήτως ὑπηρετοῦντα, οὗτος τὰ μέγιστα μὲν πράττων ὁρᾶται, τάδε δὲ οἰκονομῶν ἀόρατος ἡμῖν ἐστιν. Ce qu'objecte Krische, *Forsch.*, 220 sqq. contre l'authenticité de ces mots déjà connus, il le montre lui-même, de Philodème, de Cicéron et de l'auteur du traité du *Monde*, ne saurait me convaincre.
6. *Mém.*, I, 4, 8 : σὺ δὲ σαυτὸν φρόνιμόν τι δοκεῖς ἔχειν, ἄλλοθι δὲ οὐδαμοῦ οὐδὲν οἴει φρόνιμον εἶναι..... καὶ τάδε τὰ ὑπερμεγέθη καὶ πλῆθος ἄπειρα (les éléments ou en général les parties de l'univers) δι' ἀφροσύνην τινὰ οὕτως εὐτάκτως ἔχειν ; § 17 : κατάμαθε ὅτι καὶ ὁ σὸς νοῦς ἐνὼν τὸ σὸν σῶμα ὅπως βούλεται μεταχειρίζεσθαι. οἴεσθαι οὖν χρὴ καὶ τὴν ἐν τῷ παντὶ φρόνησιν τὰ πάντα ὅπως ἂν αὐτῇ ἡδὺ ᾖ οὕτω τίθεσθαι· καὶ μή, τὸν σὸν μὲν ὄμμα δύνασθαι ἐπὶ πολλὰ στάδια ἐξικνεῖσθαι, τὸν δὲ τοῦ θεοῦ ὀφθαλμὸν ἀδύνατον εἶναι ἅμα πάντα ὁρᾶν· μηδὲ τὴν σὴν μὲν ψυχὴν καὶ περὶ τῶν ἐνθάδε καὶ περὶ τῶν ἐν Αἰγύπτῳ καὶ Σικελίᾳ δύνασθαι φροντίζειν, τὴν δὲ τοῦ θεοῦ φρόνησιν μὴ ἱκανὴν εἶναι ἅμα πάντων ἐπιμελεῖσθαι.

élevées sur l'invisibilité, l'omniscience, l'omniprésence et la toute-puissance de la divinité. De même que l'âme produit dans le corps des effets visibles sans pourtant apparaître elle-même aux yeux, ainsi fait la divinité dans le monde. L'âme a un pouvoir illimité sur cette petite portion du monde qui lui est attachée et qui forme son corps ; il en est de même de la divinité à l'égard de l'univers ; comme l'âme est présente dans toutes les parties de son corps, de même la divinité est présente dans toutes les parties du grand tout. Celle-là enfin, malgré sa limitation, peut percevoir des objets éloignés, et penser aux choses les plus différentes, de même celle-ci embrasse toutes choses à la fois dans sa science et dans sa pensée providentielle[1]. En outre, la croyance à la Providence[2] résultait immédiatement de la preuve téléologique de l'existence des dieux et semblant s'expliquer de la manière la plus satisfaisante par l'analogie de la Providence avec la sollicitude de l'âme pour son corps. Socrate considère encore les oracles comme une preuve toute spéciale de la Providence divine[3]; grâce à eux, les choses les plus importantes, que l'homme par lui-même ne saurait connaître, lui sont dévoilées par les dieux. C'est pourquoi il est à ses yeux également insensé de mépriser les oracles et de les interroger sur ce que l'homme peut découvrir par sa propre réflexion[4].

LE CULTE. — De cette conviction résulte naturellement qu'il faut honorer les dieux par la prière, le sacrifice et

---

1. Outre ce que nous venons de citer, voy. *Mém.*, I, 4, 18: Quand tu l'adresses aux dieux pour connaître l'avenir, γνώσῃ, τὸ θεῖον ὅτι τοσοῦτον καὶ τοιοῦτόν ἐστιν, ὥσθ' ἅμα πάντα ὁρᾶν καὶ πάντα ἀκούειν καὶ πανταχοῦ παρεῖναι καὶ ἅμα πάντων ἐπιμελεῖσθαι. *Ibid.*, § 9; IV, 3, 12 sqq. (où l'on trouve encore, entre autres, ces mots : ὅτι δέ γε ἀληθῆ λέγω... γνώσῃ, ἂν μὴ ἀναμένῃς, ἕως ἂν τὰς μορφὰς τῶν θεῶν ἴδῃς, etc.), I, 1, 19.
2. *Mém.*, IV, 3 ; I, 4, 6 ; II sqq. Cf. les notes précédentes.
3. *Mém.*, IV, 3, 12 ; 16 ; I, 4, 14.
4. *Mém.*, I, 1, 6 sqq. Cf. p. 77, 3; 65, 5.

l'obéissance[1]. En ce qui concerne le mode et la forme du culte à accorder aux dieux, Socrate veut, comme nous le savons déjà[2], que chacun s'en tienne à la tradition de son pays. Mais il pose en outre quelques principes plus élevés, conformes à son idée de Dieu : il conseille de ne point demander aux dieux des biens déterminés, surtout des biens extérieurs, mais de leur demander seulement le bien, car les dieux savent seuls, et savent le mieux, ce qui est utile à l'homme. Pour les sacrifices, il déclare que ce qui importe ce n'est pas la grandeur du sacrifice, mais l'intention de celui qui l'accomplit, et que plus une personne est pieuse, plus est agréable aux dieux un présent en rapport avec ses ressources[3]. Comme il s'abstenait d'ailleurs par principe de toute spéculation théologique[4] et que son but n'était pas de rechercher la nature des dieux, mais d'exciter les hommes à la piété, on ne saurait admettre qu'il ait ressenti le besoin de ramener à une conception synthétique les différentes parties constitutives de sa croyance religieuse, ni même simplement d'en tracer une exposition d'ensemble parfaitement harmonieuse et d'écarter les contradictions qu'il n'était pas difficile d'y faire voir[5].

DIGNITÉ DE L'HOMME. IMMORTALITÉ DE L'AME. — Socrate, comme beaucoup d'autres avant lui, voit quelque chose de divin surtout dans l'âme de l'homme[6], et peut-être

---

1. Sur ce point, voir *Mém.*, IV, 3, 14 sqq.; II, 2, 14.
2. Voy. p. 125, 1 ; 65, 5.
3. *Mém.*, I, 3, 2 sq.; IV, 3, 17.
4. Voy. p. 116.
5. Nous n'avons donc nullement le droit de conjecturer (DENIS, *Histoire des idées morales dans l'antiquité*; Paris et Strasbourg, 1856, I, 79) que Socrate, comme Antisthènes, n'aurait cru qu'à un seul Dieu, mais aurait épargné le polythéisme par égard pour les besoins de la masse populaire. Cette opinion serait en contradiction non seulement avec le témoignage précis et réitéré de Xénophon, mais aussi avec l'amour de la vérité exempt d'arrière-pensée qui caractérise Socrate.
6. *Mém.*, IV, 3, 14 : ἀλλὰ μὴν καὶ ἀνθρώπου γε ψυχή, εἴπερ τι καὶ ἄλλο τῶν ἀνθρωπίνων, τοῦ θείου μετέχει.

cette opinion n'est-elle pas sans lien avec la croyance à une révélation immédiate de la divinité dans l'esprit humain, révélation dont il se croyait lui-même honoré. Si volontiers que cette idée dût être acceptée par un philosophe qui consacrait une si sérieuse attention à la nature morale et intellectuelle de l'homme, il ne semble pas qu'il ait cherché à la justifier d'une manière philosophique. Nous ne trouvons pas davantage chez lui d'argumentation philosophique en faveur de l'immortalité de l'âme, si porté à cette croyance qu'il pût être d'ailleurs, soit par sa haute idée de la valeur de l'homme, soit par son utilitarisme moral[1]. On voit même que chez PLATON, dans l'*Apologie*[2], à un moment où on ne peut croire qu'il ait dissimulé ses convictions, il parle de cette question dans un langage plein de doute et de circonspection[3]; de plus les paroles de Cyrus mourant, chez XÉNOPHON[4], s'accordent avec ce langage d'une manière trop frappante pour ne pas nous obliger d'admettre que sans doute Socrate considérait la subsistance de l'âme après la mort comme vraisemblable, mais sans prétendre sur ce point posséder une science plus certaine[5]. C'était pour lui un article de foi dont il rangeait sans doute la justification rationnelle parmi les problèmes qui sont au-dessus des forces de l'homme[6].

1. Sur ce point, voy. HERMANN (*Marburger Lektionskatalog*, 1835-1836, *Phil.*, 684 sq.), qui donne en outre quelques autres indications bibliographiques.
2. 40. C sqq., après sa condamnation.
3. La mort, dit-il, est ou un sommeil éternel, ou le passage à une vie nouvelle, mais dans aucun des deux cas elle ne peut être un mal.
4. *Cyrop.*, VIII, 7, 19 sqq. Plusieurs preuves de l'immortalité sont sans doute tout d'abord invoquées; il aurait fallu toutefois les approfondir sérieusement pour leur donner la valeur d'arguments philosophiques (sur ce point, comparer le § 19 avec PLATON, *Phédon*, 105, C sqq.). Mais en dernière analyse (§ 22; 27) il est reconnu possible que l'âme meure avec le corps, et dans cette hypothèse encore la mort est acceptée comme la bienvenue, étant la fin de tous les maux.
5. En fait, il dit aussi chez PLATON, *Apol.*, 29, A s[. (cf. 37, B) : on craint la mort comme le plus grand mal, sans savoir si elle ne serait pas le plus grand bien ; ἐγὼ δὲ... οὐκ εἰδὼς ἱκανῶς περὶ τῶν ἐν Ἅιδου οὕτω καὶ οἴομαι οὐκ εἰδέναι.
6. L'exposition que nous venons de faire de la philosophie socratique se fonde uniquement sur les textes de Xénophon, de Platon et d'Aristote. Ce que nous

§ 5. RETOUR SUR XÉNOPHON ET PLATON. SOCRATE ET LES SOPHISTES.

XÉNOPHON ET PLATON. — Du point où nous sommes maintenant arrivés revenons sur la question que nous apprennent les auteurs postérieurs est, pour la plus grande partie, emprunté à ces sources plus anciennes; quant aux renseignements que ces auteurs ajoutent aux témoignages qu'elles nous fournissent, rien ne nous en garantit la valeur historique, quoique, à la vérité, ils aient pu trouver dans les écrits d'Eschine ou de quelques autres socratiques des paroles du philosophe qui ne nous ont pas été transmises par les témoins que nous possédons. A cette catégorie appartiennent les renseignements suivants : CLÉANTHE (ap. CLÉMENT, Strom., II, 417, D; témoignage reproduit par CICÉRON, De Off., III, 3, 11) : Socrate aurait enseigné que la justice et le bonheur coïncident et maudit celui qui le premier les a séparés. CICÉRON, De Off., II, 12, 43 (d'après XÉNOPHON, Mém., II, 6, 39; cf. Cyrop., I, 6, 22); SÉNÈQUE, Ep., 28, 2; 104, 7 (que les voyages ne servent de rien au fou); 71, 16 (identité de la vérité et de la vertu); PLUTARQUE, De educ. puer., c. 7, p. 4 (sur l'éducation des enfants; ce que l'auteur ajoute c. 9, p. 6, n'est qu'une réminiscence inexacte de PLATON, Gorg., 470, D); Id., Consol. à Apoll., c. 9, p. 106 : s'il fallait répartir également les souffrances, chacun préférerait garder les siennes propres; Id., Conj. præc., c. 25, p. 140 (DIOGÈNE, II, 33. Exc. e Floril. Joann. Damasc., II, 13, 98; STOBÉE, Floril., éd. Mein., IV, 202) : sur l'emploi moral du miroir; Id., de sera numinis vind., c. 5, p. 550 : contro la colère; DÉMÉTRIUS BYZ., ap. DIOGÈNE, II, 21 (GELL., N. A., XIV, 6, 5; MUSON., in Exc. e Floril. Joan. Dam., II, 13, 126, p. 221, Mein.) : que la philosophie doit se borner à étudier ὅττι τοι ἐν μεγάροισι κακόν τ' ἀγαθόν τε τέτυκται (d'autres attribuent ce mot à Diogène ou à Aristippe; voy. plus bas); CICÉRON, De Or., I, 47, 204 : Socrate aurait déclaré qu'il voulait uniquement provoquer les efforts des hommes vers la vertu, et que, cela obtenu, tout le reste suivait de soi : proposition qui s'accorde d'une manière frappante avec l'opinion du stoïcien Ariston et vient peut-être de lui; cf. t. III, a, 51, 1, 2ᵉ éd.; DIOGÈNE, II, 30 : blâme infligé à la sophistique d'Euclide; ibid., 31 (sans doute d'après un écrit cynique ou stoïque, comme l'indique également ce qui suit; cette exagération n'est pas socratique) : l'intelligence est le seul bien, l'ignorance le seul mal; la richesse et la noblesse de naissance sont plutôt un mal qu'un bien; ibid., 32 : quelques maximes morales; il est également mauvais de se marier et de ne pas se marier; GELL., XIX, 2, 7 (ATHÉNÉE, IV, 158 sq.; PLUT., De aud. poet., 4, p. 21) : la plupart des hommes vivent pour manger, lui mange pour vivre; STOBÉE, Eclog., I. 54 : une définition de la Divinité; ibid., II, 356; Floril., 48, 26 (cf. PLATON, Lois, I, 626, E) : se commander à soi-même, voilà la meilleure des souverainetés; TÉLÈS, ap. STOBÉE, Floril., 40, 8 : blâme adressé aux Athéniens qui bannissent les meilleurs citoyens et honorent les pires; enfin les apophtegmes rapportés par VAL. MAX., VII, 2, ext. 1. Une foule de prétendus mots de Socrate nous sont transmis par PLUTARQUE dans ses traités, STOBÉE, dans le *Florilegium*, et aussi SÉNÈQUE (voir les Index); mais la plupart d'entre eux sont sans originalité, ou tournent en épigrammes et en pointes cherchées qui ne compensent pas l'absence de la vraie pensée socratique; un grand nombre sont attribués aussi à d'autres philosophes, et tous deviennent suspects par leur abondance même. Beaucoup ont pu être empruntés à ces recueils de sentences que des auteurs postérieurs répandirent sous le titre de Sentences socratiques.

avons posée plus haut : quelle est celle de nos sources qui nous fournit un portrait vraiment historique de Socrate et une exposition fidèle de sa philosophie? Il faut reconnaître tout d'abord qu'aucune d'elles ne nous offre de l'authenticité de son exposition des garanties aussi complètes qu'auraient pu en présenter des écrits personnels du philosophe ou des relations littérales de ses paroles[1]. Cependant, en ce qui concerne la *personne* de Socrate, il est manifeste au premier coup d'œil que Platon et Xénophon sont d'accord sur les traits essentiels du portrait qu'ils nous en tracent, et que si, par certains côtés, ces deux portraits peuvent se compléter mutuellement, ils ne sont en contradiction sur aucun point ; il est même facile, au contraire, d'emprunter à l'un certains détails omis par l'autre, pour les ajouter à l'image d'ensemble que tous deux s'accordent à nous présenter. Quant à la *philosophie* de Socrate, elle est aussi exposée, dans ses traits essentiels, de la même manière par Platon et Aristote que par Xénophon, pour peu que nous empruntions à Platon uniquement ce dont l'origine socratique n'est pas douteuse, et que d'autre part nous sachions discerner dans le Socrate de Xénophon la portée philosophique des principes de la forme souvent peu philosophique qu'ils revêtent. Chez Xénophon aussi Socrate exprime la conviction que le vrai savoir est le bien suprême, et que ce savoir consiste dans la connaissance du concept. Chez lui aussi nous trouvons ces particularités caractéristiques de la méthode à l'aide de laquelle il a essayé de réaliser cette connaissance; chez lui également la vertu est réduite à la science, et il appuie ce principe sur les mêmes raisons, en déduit les mêmes conséquences que chez Platon et Aristote. Les traits fondamentaux de la philosophie socratique ont donc été conservés par Xé-

---

1. Cf. p. 84 sqq.

nophon lui-même. Cela ne nous empêche pas d'ailleurs de reconnaître que la valeur philosophique de bien des principes lui a en partie échappé, et que par suite il ne les a pas mis en relief autant qu'ils le méritaient. Pour la même raison il lui arrive de temps à autre d'employer l'expression populaire au lieu de l'expression philosophique; par exemple, au lieu de nous donner la formule exacte : toute vertu est une *science*, il nous donne la formule moins précise : toute vertu est *sagesse*. D'un autre côté, si les défauts de la philosophie de Socrate, l'aspect populaire et prosaïque de sa forme extérieure, le caractère peu systématique de sa méthode scientifique, le fondement eudémonique de sa morale, ressortent davantage chez Xénophon que chez Platon et Aristote, il ne faut pas nous en étonner : ce fait s'explique par la brièveté avec laquelle Xénophon nous parle de Socrate et la liberté avec laquelle Platon développe la forme comme le contenu des principes socratiques. On peut même dire, au contraire, que la fidélité de l'exposition de Xénophon est ici confirmée d'un côté par quelques aveux isolés de Platon[1], de l'autre par la vérité interne et l'accord de cette exposition avec l'idée que nous devons nous faire de la première apparition du principe nouveau découvert par Socrate. Que pouvons-nous donc accorder aux détracteurs de Xénophon? Nous reconnaîtrons seulement que, de toute façon, il n'a pas saisi dans toute sa profondeur la valeur philosophique de son maître, que dans son exposition il l'a reléguée au second plan, et que par suite nous devons faire aux textes de Platon et d'Aristote le meilleur accueil, pour compléter les renseignements qu'il fournit. Mais, en revanche, nous ne saurions admettre que sur des points essentiels il nous transmette des données positivement fausses, et qu'il nous soit impossible, en nous aidant de

---

1. Voy. plus haut, p. 68; 126, 1.

ces deux autres témoignages plus philosophiques, de tirer de son exposition elle-même la connaissance de la forme et de la valeur véritables de la doctrine socratique.

On est porté à croire, il est vrai, que cette manière de voir est incompatible avec la place qu'on accorde à notre philosophe dans l'histoire. Si Socrate, fait remarquer SCHLEIERMACHER[1], n'avait fait que tenir des discours de ce genre et de ce niveau au-dessus desquels ne s'élèvent pas les *Mémorables*, eussent-ils même été encore plus brillants et plus beaux, on ne comprendrait pas comment, au bout de tant d'années, la crainte de sa présence ne faisait pas déserter le marché et les ateliers, les promenades et les gymnases ; on ne comprendrait pas comment il a pu si longtemps satisfaire les Alcibiade et les Critias, les Platon et les Euclide ; comment il a pu jouer un pareil rôle dans les dialogues de Platon, comment surtout il a pu devenir le créateur et le modèle de la philosophie attique. Mais c'est justement PLATON qui nous fournit un grave témoignage en faveur de l'exactitude de l'exposition de Xénophon. Que désigne en effet son Alcibiade lorsqu'il parle de dévoiler ce qui se cache de divin dans les discours de Socrate comme sous le masque d'un Silène? Qu'a-t-il en vue dans cette étonnante description qu'il nous fait de l'impression produite sur lui par Socrate[2]? Quelle est la

---

1. *Werke*, III, 2, 295. Cf. 287 sqq.
2. *Banq.*, 215, E sqq : ὅταν γὰρ ἀκούω [Σωκράτους] πολύ μοι μᾶλλον ἢ τῶν κορυβαντιώντων ἥ τε καρδία πηδᾷ καὶ δάκρυα ἐκχεῖται ὑπὸ τῶν λόγων τῶν τούτου. ὁρῶ δὲ καὶ ἄλλους παμπόλλους τὰ αὐτὰ πάσχοντας. Aucun autre orateur ne lui a jamais fait éprouver la même impression, οὐδὲ τεθορύβητό μου ἡ ψυχὴ οὐδ᾽ ἠγανάκτει ὡς ἀνδραποδωδῶς διακειμένου (de même Euthydème chez XÉNOPHON, *Mém.*, IV, 2, 39), ἀλλ᾽ ὑπὸ τουτουὶ τοῦ Μαρσύα πολλάκις δὴ οὕτω διετέθην, ὥστε μοι δόξαι μὴ βιωτὸν εἶναι ἔχοντι ὡς ἔχω... ἀναγκάζει γάρ με ὁμολογεῖν ὅτι πολλοῦ ἐνδεὴς ὢν αὐτὸς ἔτι ἐμαυτοῦ μὲν ἀμελῶ, τὰ δ᾽ Ἀθηναίων πράττω... (Cf. *Mém.*, IV, 2; III, 6). πέπονθα δὲ πρὸς τοῦτον μόνον ἀνθρώπων, ὃ οὐκ ἄν τις οἴοιτο ἐν ἐμοὶ ἐνεῖναι, τὸ αἰσχύνεσθαι ὁντινοῦν... δραπετεύω οὖν αὐτὸν καὶ φεύγω, καὶ ὅταν ἴδω αἰσχύνομαι τὰ ὡμολογημένα· καὶ πολλάκις μὲν ἡδέως ἂν ἴδοιμι αὐτὸν μὴ ὄντα ἐν ἀνθρώποις· εἰ δ᾽ αὖ τοῦτο γένοιτο, εὖ οἶδα ὅτι πολὺ μεῖζον ἂν ἀχθοίμην, ὥστε οὐκ ἔχω, ὅ τι χρήσομαι τούτῳ τῷ ἀνθρώπῳ. P. 221, D sqq. : καὶ οἱ λόγοι αὐτοῦ ὁμοιότατοί εἰσι τοῖς Σειληνοῖς τοῖς διοιγομένοις.... διοιγομένους δὲ ἰδὼν ἄν τις καὶ ἐντὸς αὐτῶν γιγνόμενος πρῶτον μὲν νοῦν ἔχοντας ἔνδον μόνους εὑρήσει τῶν λόγων, ἔπειτα θειο-

cause qui, à l'entendre, aurait produit ce changement, cette révolution dans la conscience du peuple grec? Rien autre chose, sinon justement ces considérations morales qui forment chez Xénophon le contenu des entretiens socratiques. Dans l'*Apologie* de Platon[1] également, ce sont ces considérations seules que Socrate met en avant lorsqu'il parle de sa mission supérieure et des services qu'il a rendus à l'État; son occupation consiste à exhorter les hommes à la vertu et, s'il fait résider en même temps le charme de ses entretiens dans leur intérêt dialectique[2], il ne faut encore entendre par là rien autre chose que ce procédé dont Xénophon nous donne maint exemple et qui consiste à convaincre les gens de leur ignorance dans les choses mêmes de leur métier.

Ce succès des discours de Socrate, alors même qu'ils n'auraient pas été d'un ordre plus élevé que ne le veut Xénophon, n'a rien qui doive nous paraître étrange. Les recherches du Socrate de Xénophon peuvent sans doute nous sembler souvent triviales et ennuyeuses, et elles peuvent aussi l'être dans plus d'un cas, si nous ne considérons que le résultat obtenu dans chaque circonstance. Quand, par exemple, on arrive à conclure que l'armurier

τάτους καὶ πλεῖστ' ἀγάλματ' ἀρετῆς ἐν αὑτοῖς ἔχοντας, καὶ ἐπὶ πλεῖστον τείνοντας, μᾶλλον δὲ ἐπὶ πᾶν ὅσον προσήκει σκοπεῖν τῷ μέλλοντι καλῷ κἀγαθῷ ἔσεσθαι. Ce qu'ALBERTI, *loc. cit.*, p. 78, objecte contre l'emploi que nous faisons ci-dessus de ces passages revient simplement à dire que ces « moments du dialogue dans lesquels l'âme se sent captivée », sans faire d'ailleurs complètement défaut chez Xénophon, sont plus nombreux et plus remarquables chez Platon, en d'autres termes que l'esprit de la philosophie socratique est mieux mis en lumière par l'exposition platonicienne. Mais j'ai si peu combattu cette opinion, que je l'ai même explicitement acceptée. Les remarques ci-dessus ne sont pas dirigées contre cette idée que Platon nous fait pénétrer plus profondément que Xénophon dans l'esprit de la doctrine socratique, mais contre l'assertion de Schleiermacher qui veut que les discours de Socrate aient été par leur contenu et leur portée essentiellement différents de ceux que Xénophon nous a transmis.

1. 29, B sqq.; 38, A; 41, E.
2. *Apol.*, 23, C : πρὸς δὲ τούτοις οἱ νέοι μοι ἐπακολουθοῦντες οἷς μάλιστα σχολή ἐστιν οἱ τῶν πλουσιωτάτων αὐτόματοι χαίρουσιν ἀκούοντες ἐξεταζομένων τῶν ἀνθρώπων, καὶ αὐτοὶ πολλάκις ἐμὲ μιμοῦνται εἶτα ἐπιχειροῦσιν ἄλλους ἐξετάζειν, etc. Cf. 33, B sqq. Comme exemple d'un examen de ce genre on peut citer l'entretien d'Alcibiade avec Périclès, *Mém.*, I, 2, 40 sqq.

doit adapter la cuirasse au corps de celui qui la porte (*Mém.* III, 10, 9 sqq.), que le soin du corps nous assure beaucoup d'avantages (III, 12, 4), que c'est par la bienfaisance et l'attention qu'on acquiert des amis (II, 10 ; 6, 9 sqq.), de semblables propositions, que Socrate expose souvent avec d'assez longs développements, n'ont certes aucune nouveauté pour nous et ne pouvaient en avoir davantage pour les contemporains du philosophe. Mais la nouveauté et l'importance de ces discussions ne résident pas dans leur contenu, elles résident dans la méthode qui s'y trouve employée. Elles consistent en ce que pour la première fois on veut obtenir à l'aide de la réflexion ce qui auparavant n'était qu'une supposition non critiquée, une disposition inconsciente ; et si Socrate fait souvent de ce principe une application mesquine et pédantesque, elle pouvait ne pas paraître aussi choquante aux contemporains du philosophe qu'elle nous le semble peut-être, à nous qui n'avons plus, comme eux, besoin de lui pour apprendre cet art de penser librement et de nous affranchir d'une tradition aveugle[1]. Ne voyons-nous pas en effet que les recherches des Sophistes avaient un contenu encore bien moins positif, et que, malgré les vaines subtilités dans lesquelles ils se plaisent si souvent, elles ont réussi à saisir vivement les contemporains uniquement pour cette raison que, même dans cette application étroite, elles révélaient à l'esprit grec une puissance et une méthode de réflexion encore nouvelles pour lui ? Ainsi, quand même Socrate n'aurait traité que ces sujets insignifiants qui constituent toute la matière d'un grand nombre de ses entretiens, nous pourrions déjà nous expliquer au moins son influence immédiate sur son siècle. Mais à vrai dire ces sujets secondaires n'occupent que le second plan dans les entretiens mêmes rapportés par

---

1. Cf. sur ce point, HEGEL, *Gesch. der Phil.*, II, 59.

Xénophon. Au contraire, ce qui nous apparaît, même chez ce dernier, comme l'objet capital des préoccupations de Socrate, ce sont les recherches philosophiques sur la nécessité de la science, sur l'essence de la moralité, sur le concept des différentes vertus, sur l'examen intellectuel et moral de soi-même ; ce sont les indications pratiques pour la formation des concepts, les discussions dialectiques qui obligent l'interlocuteur à réfléchir sur le contenu de ses idées et sur le but de son activité. Pouvons-nous nous étonner que de semblables recherches aient produit sur les contemporains de Socrate cette profonde impression et dans la pensée du peuple grec cette révolution que le témoignage de l'histoire leur attribue en effet ? Pouvons-nous être surpris que, sous cette apparence de frivolité et de banalité que reconnaissent unanimement les témoins [1], les paroles de Socrate aient donné à ceux qui les considéraient d'un regard plus pénétrant le pressentiment de la découverte d'un monde nouveau ? Il était réservé à Platon et à Aristote de conquérir ce monde nouveau, mais Socrate est le premier qui l'ait découvert et en ait montré le chemin. Sans doute nous devons reconnaître sans détour les lacunes de son œuvre et l'étroitesse des limites où l'enfermait sa nature personnelle ; mais cette œuvre reste encore, malgré tout, assez considérable pour que nous puissions honorer en lui l'instigateur de la philosophie du concept, le réformateur de la méthode philosophique, le premier fondateur d'une morale scientifique.

SOCRATE ET LES SOPHISTES. — Les rapports de la philosophie de Socrate avec la sophistique ne nous apparaîtront également avec une parfaite clarté que si, à côté de ce que cette philosophie a de grand et d'important, nous

---

1. Cf. p. 68, 1 ; 2 ; 169 ; 103, 3.

n'oublions pas ce qu'il y a d'étroit et d'insuffisant dans sa méthode et ses résultats. Ces rapports ont été, comme on le sait, cherchés dans plusieurs sens différents depuis un certain nombre d'années. Tandis qu'auparavant on s'accordait généralement à ne voir en Socrate que l'adversaire des Sophistes tel que Platon nous l'a représenté, HEGEL le premier a préparé la voie à l'opinion opposée, suivant laquelle, au contraire, Socrate aurait accepté comme les Sophistes le point de vue de la subjectivité et de la réflexion[1]. En un autre sens encore, GROTE[2] a de nouveau combattu l'idée traditionnelle de l'opposition entre la philosophie de Socrate et la sophistique. Si en effet, prétend-il, on entend par Sophiste uniquement ce que l'histoire nous permet de désigner par cette expression, c'est-à-dire un professeur public qui veut préparer les jeunes gens à la vie publique, Socrate lui-même serait le vrai type du Sophiste; si, au contraire, on veut simplement désigner par là le caractère de certaines personnes et leur doctrine, on n'a pas le droit d'employer en ce sens le mot de sophistique, ou, en d'autres termes, de réunir sous cette expression les individus divers qui se présentaient comme sophistes. Les Sophistes n'ont pas formé une secte, ni une école; c'était simplement une classe d'hommes exerçant une certaine profession, ayant d'ailleurs les opinions les plus diverses, ayant pour la plupart un grand mérite et dignes de la plus haute estime, et dont les doctrines n'ont rien qui doive nous choquer. Ainsi, tandis que HEGEL et ses successeurs avaient combattu l'opinion communément acceptée au sujet des rapports entre Socrate et les Sophistes, parce que Socrate lui-même avait avec les Sophistes certains côtés communs, GROTE, au contraire, la combat parce que les plus importants de ceux qu'on est convenu d'appeler des Sophistes se

---

1. Voy. p. 99 sq.
2. *Hist. of Greece*, VIII, 479 sqq., 606, etc.

174   SOCRATE.

rapprochent de Socrate. Toutes nos études antérieures auront montré que ces deux manières de voir se justifient l'une et l'autre dans une certaine mesure, mais que pourtant ni l'une ni l'autre n'est absolument exacte. Assurément l'histoire ne nous autorise pas à nous représenter Socrate et les Sophistes en opposition entre eux comme la vraie et la fausse philosophie, comme le bien et le mal ; et à ce point de vue il faut bien remarquer que Socrate lui-même est bien loin de se poser chez Xénophon en adversaire aussi déclaré des Sophistes que chez Platon[1], et que même chez Platon il ne les traite pas avec autant d'hostilité que beaucoup d'auteurs modernes le prétendent[2]. Mais les résultats de nos discussions antérieures[3] ne nous permettent pas d'établir entre Socrate et les hommes que l'on a coutume de désigner collectivement sous le nom de Sophistes (et qui en effet par leur point de vue général et l'ensemble de leur méthode sont réellement apparentés) un rapprochement aussi étroit que l'a fait GROTE dans son célèbre ouvrage. Il est impossible de placer sur la même ligne le scepticisme des Protagoras et des Gorgias et la philosophie socratique du concept, l'éristique des Sophistes et la critique à laquelle Socrate soumet les opinions des hommes. On ne saurait identifier la proposition que l'homme est la mesure des choses avec le principe par lequel Socrate exige que la conduite soit fondée sur une conviction personnelle[4] ; enfin on ne peut oublier combien

---

1. Outre ce que nous avons cité p. 59, 1 et Ire part., p. 954, 1, 2. (Trad. franç., t. II, p. 471, 1, 2 ; cf. XÉNOPHON, *Mém.*, IV, 4.)
2. Les preuves en sont fournies par le *Protagoras* et le *Gorgias*, le *Théétète*, 151, B, 162, D, 164, D, 165, E sqq. ; la *République*, I, 354, A ; VI, 498, C.
3. Ire Part., 964 sqq. (Trad. franç., t. II, 479), 1024 sqq. (Trad. franç., t. II, 538).
4. Comme le fait GROTE, *Plato*, I, 305. A propos de ce que dit Socrate dans le *Criton*, 49, D, lorsqu'il déclare être convaincu que dans aucune circonstance on n'a le droit de commettre une injustice, si petit que puisse être le nombre de ceux qui partagent cette conviction, GROTE écrit : « Nous trouvons ici le dogme de Protagoras, *homo mensura* — que nous verrons Socrate combattre dans le *Théétète*, — proclamé par Socrate lui-même » (Here we have the protagorean dogma, *homo mensura* — which Sokrates will be found combating in the

était superficielle la morale de rhéteurs professée par les premiers Sophistes, combien était dangereuse et peu scientifique celle des Sophistes postérieurs.

En ce qui concerne l'opinion hégélienne qui rapproche Socrate des Sophistes, elle a aussi provoqué des contradictions assurément plus vives qu'elle ne le méritait. Les auteurs de cette thèse, en effet, n'ont pas nié que le subjectivisme socratique fût tout autre que celui des Sophistes[1]; d'autre part, adversaire ou partisan de cette opinion, personne ne peut nier que les Sophistes les premiers aient ramené la philosophie des recherches objectives à l'éthique et à la dialectique, réclamé pour la conduite pratique des fondements scientifiques, requis une critique des coutumes et des lois existantes, et soumis la distinction du vrai et du faux, du juste et de l'injuste au jugement de la conscience subjective. Dès lors, tout le débat se réduit à cette question : devons-nous dire que les Sophistes et Socrate se sont ressemblés par la communauté de leur point de vue subjectif, mais se sont séparés dans la détermination plus précise de ce subjectivisme, ou bien qu'ils

Theætetus, — proclaimed by Sokrates himself). Mais il suffit de se rappeler le sens de la formule de Protagoras pour voir immédiatement avec évidence quelle distance sépare les deux propositions; cf. I⁽ʳᵉ⁾ part., 981 sq. (Trad. franç., t. II, 497 sq.). GROTE (I, 259 sq., 535 ; III, 479) affirme encore que ce n'est pas la Sophistique, mais Socrate qui fut le chef de l'éristique en Grèce, que ce fut lui qui le premier renversa les croyances acceptées par la conscience commune à l'aide de sa dialectique négative, tandis que les Protagoras, les Prodicus et les Hippias avaient reconnu et mis à profit les autorités reconnues jusqu'alors (les poètes, etc.) et n'avaient pas porté atteinte aux notions morales reçues ; il remarque (II, 410. cf. 428 sq.) à propos du reproche fait par PLATON (Soph., 232, B sq.) aux Sophistes, de parler sans cesse et d'enseigner à parler de choses qu'ils ne savent pas, que Socrate n'a justement pas fait autre chose de sa vie. Mais on oublie ici que Socrate, dans l'examen auquel il soumettait les opinions humaines, n'avait nullement la prétention de posséder lui-même une science supérieure, et qu'il ne s'en tenait pas non plus au résultat négatif consistant à confondre les autres, mais avait au contraire l'ambition de remplacer des opinions dépourvues de caractère scientifique par des concepts éprouvés et scientifiquement valables. On oublie d'autre part que chez les Sophistes le défaut d'esprit scientifique sérieux, le caractère superficiel de la méthode, la négation de toute vérité objective devaient amener, avec l'incapacité d'aboutir à aucun résultat scientifique positif, ces conséquences pratiques qui, en effet, ne devaient pas tarder à se manifester. Cf. I⁽ʳᵉ⁾ part., 1034 (Trad. franç., t. II, 512).

1. Voy. p. 100, 6.

se sont distingués par le contenu de leur principe, mais se sont rapprochés dans leur subjectivisme? En d'autres termes, s'il faut reconnaître également la parenté et la différence de ces deux philosophies, lequel de ces deux aspects nous présente ce qu'il y a de plus important et de plus essentiel? A cette question, nous ne pouvons faire qu'une réponse d'après les raisons développées plus haut[1] : c'est que l'opposition de la philosophie socratique et de la philosophie sophistique l'emporte sur leur analogie. Il manque justement aux Sophistes ce qui est le fondement de la grandeur philosophique de Socrate, la recherche d'une science objectivement vraie et universelle, et la méthode pour y atteindre. Ils savent bien mettre en question tout ce qui jusqu'alors avait passé pour vérité, mais ils sont incapables d'indiquer une voie nouvelle et plus sûre pour atteindre à la vérité. Ils peuvent donc avoir avec Socrate un point commun, en ce qu'ils ne s'occupent plus de recherches physiques, mais de la préparation de l'homme à la vie pratique. Toutefois cette préparation, cette éducation a chez eux un tout autre caractère et un tout autre sens que chez Socrate. Le but dernier de leur enseignement est une habileté toute formelle, dont l'usage devait logiquement être abandonné au caprice de l'individu, puisqu'on a renoncé à la vérité objective. Pour Socrate, au contraire, le but dernier, c'est justement la connaissance de la vérité, et c'est en elle seule qu'on trouve la règle de la conduite individuelle. La Sophistique devait donc, dans la suite de ses développements, abandonner non seulement la science antérieure, mais même absolument toute recherche scientifique, et si elle eût pu arriver à régner sans conteste, c'en était fait de la philosophie grecque. Socrate seul portait en lui le germe fécond d'une transformation fondamentale de la

---

1. Voy. p. 99 sqq, et 1ʳᵉ part., 138 (Trad. franç., t. I, p. 159), 1021 sqq. (Trad. franç., t. II, p. 538.

science, et son principe philosophique le rendait seul
apte à devenir le réformateur de la philosophie[1].

§ 6. LA MORT DE SOCRATE.

C'est maintenant seulement que nous sommes en état
d'arriver à un jugement exact sur les circonstances qui
amenèrent la mort du philosophe. On connaît les détails
historiques de cet évènement. Socrate avait déjà poursuivi
son œuvre à Athènes pendant la pleine durée d'une vie
humaine, sans jamais avoir été, malgré des attaques
de toutes sortes[2], appelé en justice[3], lorsque, en l'année 399
av. J.-C.[4], un procès lui fut intenté. On l'accusait d'avoir
abjuré la religion de l'État, introduit des divinités nouvelles
et exercé sur la jeunesse la plus pernicieuse influence[5].

---

1. C'est ce qu'accorde également au fond HERMANN quand il dit (*Plat.*, I, 232) :
Il nous faut « apprécier l'importance historique de Socrate beaucoup plus par sa
lutte personnelle contre la sophistique que par les liens généraux qui l'en rapprochent ». « La sophistique se distingue de la sagesse socratique uniquement
[ce mot est peut-être risqué] par l'absence de germe fécond. » Mais comment
cette concession s'accorde-t-elle avec la prétention de commencer la seconde
période de la philosophie grecque, non avec Socrate, mais avec les Sophistes ?
En revanche, la plus récente discussion de la question (SIEBECK, *Untersuch. zur
Phil. d. Griech.*, p. 1 sqq. « *Ueber Sokrates' Verhältniss zur Sophistik* ») est
pleinement d'accord avec nos résultats. Il en est de même des principales études
récentes sur l'histoire de la philosophie grecque. STRÜMPELL également (*Gesch.
d. Prakt. Phil. d. Gr.*, p. 26 sqq.) se prononce dans le même sens, quoique sa
manière de voir sur les Sophistes diffère de la nôtre en ce qu'il combat l'idée
d'une liaison étroite entre leur éthique et leur scepticisme. Il voit en effet le
caractère distinctif de Socrate dans son effort pour réformer l'éthique par un
examen scientifique approfondi et méthodique, tandis que les Sophistes, tout en
se posant, eux aussi, en maîtres de vertu, accommodaient leur enseignement,
sans critique indépendante, aux tendances et aux idées de leur temps.
2. Outre les *Nuées* d'Aristophane, voir XÉNOPHON, *Mém.*, I, 2, 31 sqq., IV, 4,
3 ; PLATON, *Apol.*, 32, C sqq.; 22, E.
3. PLATON, *Apol.*, 17, D.
4. Sur la chronologie, voir p. 43.
5. D'après FAVORINUS, *ap.* DIOGÈNE, II, 40 ; XÉNOPHON, *Mém.*, init. (cf. PLATON,
Apol., 24, B), l'acte d'accusation portait : τάδε ἐγράψατο καὶ ἀντωμόσατο Μέλητος
Μελήτου Πιτθεὺς Σωκράτει Σωφρονίσκου Ἀλωπεκῆθεν· ἀδικεῖ Σωκράτης, οὓς μὲν
ἡ πόλις νομίζει θεοὺς οὐ νομίζων, ἕτερα δὲ καινὰ δαιμόνια εἰσηγούμενος· ἀδικεῖ δὲ
καὶ τοὺς νέους διαφθείρων. τίμημα θάνατος. Mais GROTE, *Plato*, I, 283, commet une
méprise manifeste lorsqu'il prend la parodie de cet acte d'accusation, que Socrate
met dans la bouche de ses « premiers accusateurs » (Aristophane, etc.), pour
une autre rédaction de la γραφή judiciaire.

L'accusateur principal[1] était Mélétus[2], auquel s'associait Anytus, un des chefs et des restaurateurs de la démocratie athénienne[3], et le rhéteur Lycon[4], que nous ne connaissons pas autrement. Les amis de Socrate semblent d'abord avoir considéré sa condamnation comme impossible[5]. Lui-même pourtant ne se faisait pas d'illusion sur

---

1. Voy. note préc.; PLATON, *Apol.*, 19, B sq., 24, B sqq.; 28, A. *Euthyphron*, 2, B; MAX. TYR., IX, 2, ne prouve rien contre ces textes, comme le montre HERMANN, *De Socratis accusatoribus* (Ind. Schol. Gott., 1854-5), p. 13 sq.

2. Sur cette orthographe du nom qu'on avait coutume d'écrire auparavant Μέλιτος, voy. HERMANN, *Op. cit.*, p. 4. On trouvera chez le même auteur tous les détails relatifs à la personne de Mélétus. La comparaison des différents textes (en part. PLAT., *ll. cc.*) me fait, comme lui, juger vraisemblable que l'accusateur de Socrate n'était ni le politique avec lequel FORCHHAMMER l'identifie (*Die Athener und Sokrates*, p. 82), ni l'adversaire d'Andocide avec lequel d'autres l'ont confondu, ni même enfin le poète cité par ARISTOPHANE (*Grenouilles*, 1302), mais quelque autre personnage plus jeune, peut-être le fils de ce poète.

3. Pour les détails au sujet d'Anytus, voy. FORCHHAMMER, 79 sqq.; HERMANN, 9 sqq.; d'après PLATON, *Ménon*, 90, A. *Schol. in Plat. Apol.*, 18, B; LYSIAS, *Adv. Dard.*, 8 sq. *Adv. Agor.*, 78; ISOCRATE, *Adv. Callim.*, 23; PLUT., *de Herodi malign.*, 26, 6, p. 862. *Coriol.*, c. 14; ARISTOTE, *ap.* HARPOCR., s. v. δεκάζων. *Schol. in Aeschin. adv. Tim.*, § 87; DIODORE, XIII, 64. Chez XÉNOPHON, *Hellén.*, II, 3, 42; 44, ainsi que chez ISOCRATE, *loc. cit.*, il est nommé avec Thrasybule comme un des chefs du parti démocratique.

4. Voy. dans HERMANN, p. 12 sq., les différentes conjectures à son sujet. Outre ceux que nous avons nommés, un certain Polyeucte, d'après FAVORINUS, *ap.* DIOG., III, 38, aurait joué dans le procès de Socrate le rôle d'avocat de l'accusateur. Mais il faut probablement lire ici Ἄνυτος au lieu de Πολύευκτος et dans ce qui suit Πολύευκτος à la place d' Ἄνυτος : Πολύευκτος ne serait lui-même qu'une faute du copiste pour Πολυκράτης (HERMANN, *Op. cit.*, p. 14). En tout cas ce renseignement doit être inexact. Polycrate, le rhéteur bien connu (voy. Ire part., 1017, 1. Trad. fr., t. II, p. 531, 3), aurait été l'auteur du discours d'Anytus (DIOG., *loc. cit.* d'après HERMIPPUS ; THÉMIST., *Or.*, XXIII, 296 b; QUINTIL., II, 17, 4. *Hypoth. in Isocr.* Busirid.; ESCHINE, *Socrat. Epist.*, 14, p. 84, Or. SUIDAS, Πολυκράτης, parle même de deux discours, l'un pour Anytus, l'autre pour Mélétus), et il est constant qu'il écrivit un plaidoyer contre Socrate, comme le prouvent également ISOCRATE, *Bus.*, 4; ÉLIEN, *V. H.*, XI, 10. Mais il ne put certainement servir dans le procès, comme suffit à le prouver le texte de FAVORINUS (quoi qu'en dise HERMANN, *loc. cit.*, p. 15; *Plat.*, 629), dont le témoignage montre clairement que ce discours ne fut composé que longtemps après la mort du philosophe. Il est fait allusion à cet écrit dans quelques passages des *Mémorables* de XÉNOPHON; cf. UEBERWEG, *Gesch. d. Phil.*, I, 94 (4e éd.) et les auteurs qu'il cite.

5. C'est ce que prouve l'*Euthyphron* de PLATON, si nous admettons avec SCHLEIERMACHER (*Plat. Werke*, I, a, 52 sq.) et STEINHART (*Plato's Werke*, II, 191 sq., 199 sqq.) que ce dialogue est un écrit de circonstance composé par Platon peu après le début du procès pour montrer combien Socrate était par la vraie piété et la connaissance de ce qui en constitue l'essence, supérieur à un homme qui sans doute s'était attiré par ses exagérations toutes sortes de railleries, mais n'en avait pas moins réussi à se mettre en odeur de sainteté. Cette hypothèse reste d'ailleurs à mes yeux, même après les objections d'UEBERWEG (*Unter-*

le péril qui le menaçait[1]. Mais il répugnait à sa conscience de s'occuper de sa défense personnelle[2]. Car, d'une part, il estimait qu'il était injuste et indigne de lui de chercher à agir sur ses juges autrement que par la vérité toute pure ; d'autre part, il lui était aussi, dans une certaine mesure, personnellement impossible de sortir de sa nature individuelle pour s'approprier la forme d'une éloquence artificielle qui lui était étrangère. Quant à l'issue, il croyait devoir s'en remettre avec une pleine confiance à la divinité. N'était-il pas profondément convaincu que la divinité ne pouvait lui réserver que le sort le meilleur, et cette conviction ne l'avait-elle pas familiarisé avec cette pensée que la mort lui était plutôt avantageuse que nuisible, qu'une condamnation injuste lui épargnerait l'épreuve pénible du déclin de la vieillesse, sans porter la moindre atteinte à son nom exempt de toute flétrissure[3] ?

162

such. der plat. Schr., 250) et de GROTE (*Plato*, I, 316), la plus vraisemblable, à supposer même que ce genre d'apologie n'ait pas été en réalité très bien choisi ; car cette manière légère et satirique d'aborder la question ne pouvait guère se présenter à l'esprit après que les évènements eurent montré toute la gravité de la situation.

1. Cf. XÉNOPHON, *Mém.*, IV, 8, 6 sqq.; PLATON, *Apol.*, 19, A; 24, A; 28, A sq., 36, A.
2. Chez XÉNOPHON, *Mém.*, IV, 8, 5 (voir à ce propos la remarque faite p. 79), Socrate dit qu'au moment où il avait songé à préparer une défense, son démon s'y était opposé, et d'après DIOGÈNE, II, 40 sq.; CICÉRON, *De orat.*, I, 51 ; QUINTILIEN, *Instit. Or.*, II, 15, 30; XI, 1, 11; VAL. MAX., VI, 4, 2 ; STOBÉE, *Floril.*, 7, 56, il aurait refusé un discours que lui offrait Lysias. De plus, il dit également chez PLATON, *Apol.*, 17, B sq., qu'il parle sans préparation. Le renseignement fourni par l'*Apologie* attribuée à Xénophon, § 22, suivant laquelle un certain nombre de ses amis auraient parlé pour lui, ne peut avoir plus d'autorité contre le témoignage de Platon que celui de DIOGÈNE, II, 41.
3. Voilà tout ce que nous permettent d'affirmer, suivant moi, au sujet des motifs de la conduite de Socrate, les textes de PLATON, *Apol.*, 17, B sqq.; 19, A, 29, A, 30, C sq., 34 C sqq.; XÉNOPHON, *Mém.*, IV, 8, 4-10. Au contraire, COUSIN et GROTE attribuent au philosophe plus de calcul que ne le comportent les témoignages historiques et son caractère même. Suivant Cousin, en effet (*Œuvres de Platon*, I, 58), Socrate se serait bien rendu compte qu'il devait succomber dans cette lutte contre son époque ; mais il oublie ici que la déclaration de l'*Apologie* de PLATON, 29, D sqq., est purement conditionnelle et que les paroles que l'on trouve plus loin, 37, C sqq., sont postérieures au moment où les juges eurent prononcé la culpabilité ; c'est ainsi également que VOLQUARDSEN, *Dämon. des Sokrates*, 15), en essayant de prouver à l'aide des textes de XÉNOPHON, *Mém.*, IV, 4, 4 et PLATON, *Apol.*, 19, A, que Socrate avait prévu avec certitude sa condamnation, oublie que dans ces passages il ne s'agit que de conjectures vraisem-

163 C'est aussi ce sentiment qui dicta son apologie elle-même[1]. Il n'y parle pas comme un accusé qui a sa vie à

> blables. Mais Grote également va trop loin lorsque dans son exposition, d'ailleurs excellente, du procès, il émet cette opinion (*Hist. of Greece*, VIII, 654 sqq.) que Socrate aurait à peine souhaité son acquittement, et aurait adressé sa défense moins aux juges qu'à la postérité; et cette observation vaut aussi, à plus forte raison, contre Köchly (*Akadem. Vorträge*, I, 362 sq.), qui pousse cette opinion jusqu'à affirmer « que non seulement Socrate ne fit rien et négligea tout pour obtenir son acquittement, mais qu'au contraire il fit tout ce qui pouvait rendre inévitable sa condamnation. » Les témoignages historiques nous permettent seulement d'admettre que, dans son magnanime dévouement à sa cause, Socrate fut indifférent au succès de ses paroles et chercha à se préparer d'avance à l'issue fatale qu'il prévoyait. Mais il en résulte si peu qu'il ait *désiré* sa condamnation qu'il dit même expressément le contraire. Une autre raison d'ailleurs suffirait à nous empêcher de le croire : c'est qu'il ne pouvait souhaiter ce qu'il considérait comme injuste, et que dans cette circonstance également il devait se résigner à ignorer ce qui était le meilleur pour lui (cf. Plat., *Apol.*, 19, A, 29, A sq., 30, D sqq., 35, D). Mais lorsque Grote ajoute (p. 668 sq.) que Socrate avait bien calculé son plan de défense, qu'il l'avait choisi avec une entière prévision du résultat, que sa conduite devant le tribunal fut dictée par la préoccupation de faire éclater la sublimité de sa personne et de sa mission, de quitter la vie à l'apogée de sa grandeur et de donner ainsi à la jeunesse la leçon la plus frappante qu'il pût lui donner, quand Grote, dis-je, attribue au philosophe de semblables calculs, une telle hypothèse est non seulement en contradiction avec ce fait acquis, qu'il n'avait pas préparé son apologie, mais aussi en opposition, à mes yeux, avec l'idée que nous devons nous faire de Socrate. D'après celle que je me fais de lui, il me semble que sa conduite n'est pas l'œuvre d'un calcul, mais le fait d'une conviction immédiate, la conséquence de cette fermeté de caractère qui lui défendaient de faire un seul pas de plus que ses principes ne le comportaient. Or ses principes lui ordonnaient de n'avoir aucun égard à l'issue des évènements, puisqu'il ne pouvait savoir laquelle lui serait la plus salutaire, de ne s'occuper que de dire la vérité, et de repousser toute tentative de séduire les juges par l'éloquence. Nous pouvons sans doute trouver cette façon d'envisager les choses étroite et exclusive; mais aucune autre manière d'agir ne pouvait mieux s'accorder avec les idées et le caractère de Socrate, et c'est justement là sa grandeur, qu'en face des derniers dangers il choisit la ligne de conduite qui convenait à sa nature propre, avec un calme, une sérénité toute classique et sans la moindre arrière-pensée.
>
> 1. On sait que nous possédons deux sources de renseignements sur les paroles que prononça Socrate devant le tribunal; la moins considérable est l'*Apologie* attribuée à Xénophon, et l'autre, plus étendue, est celle de Platon. Maintenant, l'*Apologie* attribuée à Xénophon est certainement apocryphe, et par cela même le prétendu témoignage d'Hermogène, auquel l'auteur (par imitation des *Mémorables*, IV, 8, 4) affirme devoir ses informations, perd toute espèce de valeur. Quant à l'*Apologie* de Platon au contraire, l'opinion généralement admise me paraît bien fondée; d'après cette opinion, l'*Apologie* ne serait pas une libre création de l'écrivain, mais une exposition fidèle, dans ce qu'elle contient d'essentiel, des paroles réelles de Socrate. La tentative faite par Georgii pour démontrer le contraire (dans l'*Introduction* à sa traduction de l'*Apologie*; cf. Steinhart, *Plat. Werke*, II, 235 sq.) ne me paraît pas plausible. Georgii se plaint de ne pas trouver chez le Socrate de l'*Apologie* de Platon cette μεγαληγορία dont l'*Apologie* de Xénophon lui fait honneur. C'est là un jugement auquel peu de personnes souscriront sans doute, et que l'auteur même de l'écrit attribué à Xénophon ne justifie pas non plus (§ 1). Georgii trouve invraisemblable dans la

défendre, mais comme un tiers impartial qui veut par une simple exposition de la vérité rectifier des opinions erronées, comme un patriote qui veut mettre ses concitoyens en garde contre l'injustice et la précipitation. Il cherche à convaincre son accusateur d'ignorance, à ré-

bouche de Socrate le sophisme par lequel il se défend de l'accusation d'athéisme. Mais ne pouvons-nous pas le lui attribuer tout aussi bien qu'à son disciple ? Il doute que Socrate ait pu affirmer dans cette circonstance un calme si parfait ; mais tout ce que nous savons de Socrate ne nous montre-t-il pas justement dans cette égalité d'âme inébranlable un des côtés essentiels de son caractère ? Il voit le trait distinctif du philosophe dans un certain calcul diplomatique que pour mon compte je n'arrive pas à découvrir en lui. Il considère comme invraisemblable que Socrate ait commencé par cette citation cherchée des *Nuées* d'Aristophane, dont le but est pourtant uniquement de réfuter des préjugés qui, au témoignage de Xénophon, *Mém.*, I, 1, 11 ; *Économique*, 11, 3 ; *Banq.*, 6, 6, persistèrent incontestablement jusqu'après la mort du philosophe, et furent peut être la cause principale de sa condamnation. Il regrette (ainsi que Steinhart, *loc. cit.*) de ne pas trouver chez Platon plus d'un argument que Socrate aurait pu invoquer pour sa défense et que l'*Apologie* de Xénophon met en effet dans sa bouche. Mais, outre qu'il n'y a aucun fond à faire sur cette dernière, Socrate lui-même a bien pu, dans un discours improvisé, omettre des arguments qui auraient pu servir utilement sa cause. Georgii ne peut non plus se persuader que Socrate ait fait la leçon à Mélétus d'une manière aussi sophistique qu'il le fait chez Platon. Mais cette discussion est parfaitement en harmonie avec le caractère général des discours de Socrate et le « sophisme » par lequel Socrate prouve qu'il ne corrompt pas intentionnellement la jeunesse est sa doctrine la plus personnelle (voy. plus haut, p. 118 sq.). Il ne peut s'expliquer autrement que par les opinions religieuses de Platon que chez lui Socrate réponde par des sophismes au reproche d'athéisme, au lieu d'invoquer tout simplement le fait de son culte pour les dieux populaires. Mais Platon n'avait aucune raison pour omettre ce dernier argument si Socrate l'eût réellement fait valoir, car il sait aussi nous montrer Socrate rendant hommage aux dieux populaires (voy plus haut, p. 65, 5), dont il est lui-même désireux de voir le culte se maintenir (voir plus bas) ; d'autre part, en ce qui concerne ces « sophismes », Aristote (*Rhét.*, II, 23 ; III, 18 ; 1398 a, 15 ; 1419 a, 8) n'en a pas non plus été choqué. On pourrait répondre d'une manière analogue à toutes les autres raisons alléguées par Georgii. Il me semble au contraire que c'est précisément l'écart entre l'*Apologie* et la manière ordinaire de Platon qui montre que cette œuvre n'a pas été entreprise par Platon avec l'entière liberté d'une création artistique, et quand Georgii veut rejeter cet écrit à la même époque que le *Phédon*, la différence considérable qui sépare les deux œuvres au point de vue philosophique comme à celui de leur forme artistique m'empêche absolument de l'admettre. L'attitude différente que l'auteur y prend vis-à-vis de la croyance à une autre vie (voy. p. 149) serait déjà une raison décisive de rejeter cette opinion. Il n'était d'ailleurs assurément pas dans l'intention de Platon de reproduire littéralement le discours de Socrate et nous pouvons par suite, en ce sens, accepter la comparaison de Steinhart, qui compare le procédé de Platon avec celui de Thucydide dans ses discours ; il faudrait toutefois ajouter cette restriction qu'on doit alors appliquer aussi à Platon ce que Thucydide, I, 22, dit de lui-même : qu'il s'est tenu aussi exactement que possible, dans sa relation, au sens et au contenu des paroles réellement prononcées. Sur ce point, voir encore Ueberweg, *Untersuch. der plat Schr.*, 237 sqq.

futer l'accusation par la méthode dialectique. Mais en même temps il déclare qu'il n'oubliera pas sa dignité et ses principes au point d'émouvoir ses juges par un ton suppliant ; il ne redoute pas leur sentence, quelle qu'elle puisse être ; il est au service de la divinité et il est déterminé à garder son poste en face de tous les dangers ; aucun ordre ne pourra l'empêcher de rester fidèle à sa mission supérieure et d'obéir à Dieu plutôt qu'aux Athéniens. Ce discours eut le résultat qu'on pouvait en attendre. La majorité des juges aurait incontestablement incliné à l'absoudre[1]. Mais la fière attitude de l'accusé ne pouvait qu'irriter les membres d'un tribunal populaire habitués à trouver même chez les hommes d'État les plus considérés une tout autre manière de se comporter[2]. Beaucoup de ceux qui sans cela lui auraient été favorables lui devinrent hostiles, et, à une majorité insignifiante[3], la sen-

---

1. Comme en témoigne XÉNOPHON, *Mém.*, IV, 4, 4.
2. Il suffit de se rappeler par exemple l'attitude de Périclès dans le procès contre Aspasie, et celle que décrit PLATON dans l'*Apologie*, 34, C sqq. On sait assez d'ailleurs combien, sous la constitution démocratique d'Athènes, l'exercice du pouvoir judiciaire était devenu l'objet d'une passion populaire (cf. ARISTOPHANE, *Guêpes; Nuées*, 207 sq.), et combien le peuple était jaloux de cet acte de souveraineté. Comment VOLQUARDSEN, *Dämon. des Sokrates*, 15, peut-il déduire des mots qu'on vient de lire que je suis favorable au jugement d'ailleurs étroit de Hegel sur la rébellion de Socrate contre la puissance du peuple ? C'est ce que je ne puis découvrir.
3. D'après PLATON, *Apol.*, 36, A, il aurait été acquitté si seulement *trois*, ou suivant une autre leçon, *trente* juges eussent voté autrement. Il est vrai que cela ne peut se concilier avec ce que nous apprend DIOGÈNE, II, 41, qui écrit : κατεδικάσθη διακοσίαις ὀγδοήκοντα μιᾷ πλείοσι ψήφοις τῶν ἀπολυουσῶν. Mais on ne peut guère douter ou que le texte ne soit ici altéré, ou que Diogène n'ait dénaturé gravement un renseignement plus exact. Toutefois il est difficile de dire ce qu'il en est en réalité. On pense généralement que le nombre 281 est le nombre total des voix contre Socrate ; on pourrait donner ce sens aux mots de DIOGÈNE en admettant qu'originairement le texte fût : κατεδικάσθη διακοσίαις ὀγδοήκοντα μιᾷ ψήφοις ς' πλείοσι τῶν ἀπολυουσῶν. Mais le tribunal des héliastes se composait toujours d'un nombre exact de centaines de juges, tout au plus peut-être avec l'adjonction d'une voix pour former une majorité (400, 500, 600, ou encore 401, 501, 601). On n'obtiendrait donc, dans cette hypothèse, aucune combinaison des votes qui fût exactement d'accord avec le texte de Platon, quelque leçon qu'on adopte. Il faudrait donc admettre avec BÖCKH (dans SÜVERN, *Ueber Aristophanes' Wolken*, 87 sq.) qu'une partie des juges s'abstinrent, ce qui d'ailleurs semble possible. Alors, en acceptant dans l'*Apologie* la leçon τρεῖς, sur 600 héliastes, 281 auraient pu voter contre lui, 275 ou 276 pour lui. Mais il est encore possible de croire (comme BÖCKH, *loc. cit.* le propose également) que le texte de Diogène ou de son

tence de culpabilité fut prononcée[1]. D'après la jurisprudence athénienne, il fallait passer immédiatement à la question de la pénalité applicable. Mais Socrate, avec un courage inébranlable, déclara que s'il devait proposer la peine qu'il méritait, il ne pouvait proposer que d'être nourri dans le Prytanée aux frais de l'État; il protesta de nouveau qu'il lui était impossible de renier l'œuvre à laquelle il avait jusqu'alors consacré sa vie; toutefois il finit, cédant aux conseils de ses amis, par consentir à une amende de trente mines, parce qu'il pouvait le faire, pensait-il, sans par là s'avouer coupable[2]. On comprend que la plupart des juges n'aient pu voir dans ce langage d'un condamné que l'expression d'une obstination incorrigible et le mépris de la dignité du tribunal[3]. Aussi pro-

autorité portait originairement 251 au lieu de 281. Dans ce cas, on aurait 251 voix contre l'accusé, 245 ou 246 pour lui, en tout par conséquent près de 500 voix; un petit nombre d'entre elles, même si le collège était au complet tout d'abord, pouvaient s'être perdues pendant les débats mêmes, ou bien on pourrait encore ici admettre l'hypothèse de l'abstention. Si enfin dans le texte de Platon la leçon τριάκοντα est la bonne (elle a, il est vrai, pour elle plusieurs des meilleurs manuscrits, mais contre elle le contexte), on pourrait conjecturer chez Diogène ou son auteur : κατεδικάσθη, διακοσίαις ὀγδοήκοντα ψήφοις, κ' πλείοσι τῶν ἀπολυουσῶν. Nous aurions alors 280 voix contre 220, en tout 500 voix, et si 30 voix de plus s'étaient déclarées pour l'accusé, il était acquitté à l'égalité des votes. Moins vraisemblable à mes yeux est la conjecture de KÖCHLY, *Akad. Vorträge*, I, 370, suivant lequel il faudrait maintenir dans le texte de Diogène le nombre 281, mais insérer ξ' devant ψήφοις, et supposer qu'à la place des 31 voix, qui dès lors auraient dû voter pour Socrate, pour amener l'égalité des votes, Platon aurait écrit en nombre rond 30 ; car le contexte fait attendre ici, semble-t-il, un compte absolument exact. Cependant cette différence a peu d'importance.

1. Non seulement cette marche des événements est en elle-même vraisemblable, si l'on considère le caractère du discours de Socrate et la nature des circonstances, mais XÉNOPHON (*Mém.*, IV, 4, 4) dit aussi expressément que son acquittement était certain s'il avait tant soit peu condescendu à témoigner aux juges la déférence traditionnelle. PLATON, *Apol.*, 38, D, témoigne dans le même sens.

2. Cela s'appuie sur l'*Apologie* de PLATON, contre laquelle ne peuvent être pris en considération ni le renseignement moins exact de la prétendue *Apologie* de Xénophon (§ 23), suivant lequel il aurait repoussé cette concession comme indigne de lui, ni le texte de DIOGÈNE, II, 41.

3. Jusqu'à quel point Socrate prévit-il cet effet de sa conduite, c'est ce que nous ignorons : il peut lui avoir paru vraisemblable; mais peut-être aussi croyait-il encore d'autant plus à la possibilité d'une autre issue, qu'il était convaincu précisément que cette conduite était pour lui un devoir. La conjecture de NIETSCHE (*Sokrates*, Bâle, 1871, p. 17) suivant qui Socrate « aurait agi en pleine conscience de manière à provoquer sa condamnation à mort », me paraît tomber

noncèrent-ils la sentence de mort demandée par l'accusateur[1].

Mort de Socrate. — Socrate l'accueillit avec l'indifférence que devait faire attendre l'attitude gardée par lui jusqu'alors. Il persista à ne pas se repentir de sa conduite et à exprimer de nouveau en face de ses juges la conviction que la mort ne serait pas pour lui un malheur[2]. L'exécution de la sentence fut retardée à cause de la théorie de Délos[3]. Il resta donc encore trente jours en prison, conservant ses relations habituelles avec ses amis. Pendant tout ce temps, la sérénité inébranlable de son âme ne se démentit pas[4]. Il dédaigna l'évasion, dont ses amis avaient réussi à faire tous les préparatifs, comme injuste et indigne de lui[5]. Le jour même de sa mort, il le passa en une tranquille conversation philosophique. Le soir, il but la coupe de ciguë avec une telle fermeté, une telle impassibilité et une confiance si absolue dans la Providence, que chez ses plus intimes amis eux-mêmes l'impression du sublime et le sentiment de l'admiration dominaient encore la douleur[6]. Quant au peuple athénien, on rapporte que, chez lui aussi, le mécontentement que lui avaient causé les importunes prédications du moraliste ne tarda pas à faire place au repentir peu de temps

---

sous des arguments semblables à ceux que nous avons opposés à des hypothèses analogues, p. 162 sq.

1. D'après Diogène, II, 42, par quatre-vingts voix de plus que la sentence de culpabilité.
2. Platon, *Apol.*, 38, C sqq.
3. *Mém.*, IV, 8, 2. Platon, *Phédon*, 58, A. Voy. plus haut, p. 43.
4. *Mém.*, loc. cit.; *Phédon*, 59, D.
5. Voy. plus haut, p. 65, 6. Suivant Platon, ce fut Criton qui essaya de déterminer Socrate à s'évader. L'épicurien Idoménée, qui au lieu de Criton nomme Eschine (ap. Diog., II, 60; III, 36), est un témoin trop peu autorisé.
6. Voir le *Phédon*, dont le témoignage sur les questions de personnes paraît être fidèle quant au fond; en particulier voir p. 58, E sq , 116, A sqq.; Xénophon, *Mém.*, IV, 8, 2 sq. On peut contester le caractère historique des autres renseignements fournis par Xénophon, *Apol.*, 28 sq.; Diogène, II, 35; Élien, *Var. Hist.*, I, 16, sans parler des exagérations de Télès, ap. Stobée, *Florit.*, 5, 67.

après sa mort, et dans la suite son accusateur aurait même subi un sévère châtiment[1]. Toutefois ces derniers renseignements sont très incertains et, à tout prendre, invraisemblables[2].

[1]. Suivant Diodore, XIV, 37, fin, le peuple se serait repenti d'avoir mis à mort Socrate, aurait conçu de la colère contre ses accusateurs et les aurait tués sans jugement. De même Suidas, s. v. Μέλητος, nous rapporte que Mélétus aurait été lapidé. Plutarque, De invid., c. 6, p. 538, prétend que les auteurs de l'accusation calomnieuse portée contre Socrate devinrent odieux à leurs concitoyens, qui refusèrent d'allumer leurs feux, de se baigner dans la même eau et de répondre à leurs questions, de sorte qu'ils auraient fini par se pendre de désespoir. Diogène, II, 43 (cf. VI, 9), dit que les Athéniens furent immédiatement saisis de repentir, condamnèrent Mélétus à mort, exilèrent les autres accusateurs, et élevèrent à Socrate une statue de bronze faite par Lysippe; les Héracléotes fermèrent leur ville à Anytus. Thémistius, Or., XX, 239, C : les Athéniens se repentirent bientôt de ce qu'ils avaient fait; Mélétus fut châtié, Anytus s'exila et fut lapidé à Héraclée du Pont, où l'on voit encore son tombeau. Tertullien, Apologet., 14, dit aussi que les Athéniens punirent les accusateurs de Socrate et lui élevèrent une statue d'or. Augustin, Cité de Dieu, VIII, 3, enfin dit qu'un des accusateurs fut mis à mort par le peuple, et l'autre exilé pour la vie.

[2]. Cette assertion déjà émise par Forchhammer (Op. cit., p. 66) et Grote (VIII, 683 sq.), me semble exacte en dépit des objections d'Hermann (Op. cit., p. 11). Sans doute, il n'y a rien en soi d'impossible à ce que des adversaires politiques ou personnels d'Anytus et des autres accusateurs aient profité de ce qu'ils s'étaient mis en avant dans le procès de Socrate, pour les attaquer eux-mêmes et obtenir leur condamnation. Cependant 1° les témoins ne sont vraiment pas assez anciens ni assez sûrs pour que nous leur accordions une confiance absolue. Le prétendu tombeau d'Anytus, que suivant Thémistius on voyait encore de son temps à Héraclée (à supposer même qu'un Anytus y fût réellement enterré et que ce fût le nôtre, ce que je ne crois pas), prouve aussi peu la vérité du récit que les tombeaux des saints, que l'on peut voir aujourd'hui encore par centaines, prouvent celle des légendes qu'on en raconte. 2° De plus, tous ces témoins se contredisent presque dans tous les détails, sans parler de l'anachronisme de Diogène au sujet de Lysippe. 3° Enfin, et c'est là la raison capitale, ni Platon, ni Xénophon, ni l'auteur de l'Apologie attribuée à ce dernier, ne font mention d'un événement qu'ils devaient pourtant, semble-t-il, désirer si vivement, quoiqu'il leur fût bien facile de trouver l'occasion de le faire. Il y a plus : six ans après la mort de son maître, Xénophon croit encore nécessaire de le défendre contre les imputations de ses accusateurs, et Eschine (voy. plus bas) invoque le jugement prononcé contre Socrate, sans craindre l'objection qui se serait immédiatement présentée, à savoir que, par la punition des accusateurs, on avait rapporté ce jugement. Isocrate, Περὶ ἀντιδόσ, 19, fait-il allusion précisément à cette circonstance plutôt qu'à toute autre (comme par exemple au cas des vainqueurs des Arginuses), c'est ce qu'il est absolument impossible de démontrer. Lorsque enfin une analyse anonyme du Busiris d'Isocrate prétend que les Athéniens, rougissant de la condamnation de Socrate, défendirent de parler en public du philosophe, et qu'alors Euripide (comme le veut aussi Diogène, II, 44, — Euripide était mort sept ans avant Socrate) aurait fait une allusion voilée à Socrate dans ces vers de son Palamède, qui auraient fait fondre en larmes tous ses auditeurs, il n'y a aucun cas à faire d'une histoire aussi apocryphe, et c'est peine perdue que de vouloir maintenir cette fable, en supposant que cette scène aurait été introduite dans une représentation postérieure du Palamède, donnée peu de temps après la mort de Socrate.

169 Causes de sa condamnation. — Si complètement que nous soient connues, comme on le voit, les circonstances qui amenèrent la mort de Socrate, les opinions ne diffèrent pas moins cependant sur les véritables causes et sur la justification de sa condamnation. Autrefois, on ne pouvait naturellement l'expliquer que par l'impulsion accidentelle de la passion. Si, en effet, Socrate était cet incolore idéal de vertu auquel on l'avait réduit faute de comprendre assez profondément son rôle historique, on restait incapable de concevoir comment de sérieux intérêts se seraient trouvés assez gravement lésés par lui pour lui faire une opposition qu'en bonne conscience on pût croire légitime. Si donc il avait été accusé et condamné, on ne pouvait en chercher l'explication que dans les motifs les plus détestables d'une haine personnelle. Mais qui aurait eu plus de raisons d'éprouver une semblable haine que les Sophistes, dont Socrate avait si énergiquement combattu les efforts, et qu'on jugeait d'ailleurs capables de tous les crimes? Ce devait donc être à leur instigation qu'Anytus et Mélétus avaient d'abord poussé Aristophane à composer ses *Nuées*, et avaient ensuite attaqué Socrate devant la justice. Telle était l'explication universellement acceptée autrefois par nos érudits[1]. Pourtant déjà Fréret démontra la complète fausseté de cette manière de voir[2]. Il fit remarquer que Mélétus était encore enfant lorsque parurent les *Nuées*, que d'un autre côté Anytus resta encore longtemps après en fort bons termes **170** avec Socrate; que d'ailleurs Anytus, en qui Platon nous montre l'ennemi et le détracteur le plus acharné des Sophistes[3], n'avait pu s'entendre avec eux, ni Mélétus avec

---

1. Renvoyons à Brucker, I, 549, pour nous dispenser de citer tous les autres.
2. Dans son excellente dissertation intitulée : *Observations sur les causes et sur quelques circonstances de la condamnation de Socrate*, dans les Mém. de l'Acad. des Inscriptions, t. XLVII, b, 209 sqq.
3. *Ménon*, 92, A sqq.

le poëte comique¹. Il ajoutait qu'aucun auteur digne de foi ne dit mot d'une participation des Sophistes à l'accusation dirigée contre Socrate², qu'enfin les Sophistes, qui à Athènes n'avaient que peu d'influence politique ou même n'en avaient aucune³, auraient difficilement pu obtenir la condamnation de Socrate, et pouvaient encore bien moins élever contre lui des griefs qui les auraient atteints eux-mêmes indirectement⁴. Cette démonstration de Fréret, bien que longtemps laissée dans l'oubli⁵, a obtenu de nos jours un assentiment général⁶. D'ailleurs les avis n'en restent pas moins toujours fort partagés et l'on discute encore si la condamnation du philosophe fut simplement avant tout l'œuvre de l'inimitié personnelle, ou si elle fut le résultat de causes plus générales, si ces dernières étaient d'ordre politique, ou au contraire si elles étaient plutôt d'ordre moral et religieux, si enfin cette décision, conformément à l'opinion commune, doit être considérée comme une criante injustice ou si l'on peut en trouver une justification relative; on a même été

---

1. Parce que, disait-on, Aristophane raille à plusieurs reprises le poëte Mélétus; mais ce dernier était sans doute, nous l'avons remarqué, un personnage différent de l'accusateur de Socrate, et plus vieux que lui. Voy. Hermann, *De Socratis accusatoribus*, 5 sq., et plus haut, p. 106, 6.
2. Élien lui-même (*V. H.*, II, 13), l'autorité principale de l'ancienne opinion, ne dit nulle part qu'Anytus ait agi à l'instigation des Sophistes.
3. Le rôle politique d'un homme comme Damon, qui pouvait sans doute, d'après l'usage que les Grecs faisaient du mot, être appelé lui aussi un Sophiste, ne prouve rien contre cette assertion.
4. Avant Socrate même, Protagoras avait été poursuivi comme athée, et dans la personne de Socrate, Aristophane flagelle en réalité la sophistique, dont il n'a jamais épargné les représentants.
5. Fréret avait lu sa dissertation dès l'année 1736; mais elle ne fut imprimée qu'en 1809 avec quelques autres travaux du même auteur. Voy. *Mém. de l'Acad. des Inscr.*, t. XLVII, b, 1 sq. De là vient qu'elle resta inconnue des savants allemands de la fin du dernier siècle. Ceux-ci suivent donc en majorité l'ancienne opinion, par exemple Meiners, *Gesch. der Wissensch.*, II, 476 sqq.; Tiedemann, *Geist der Spekul. Phil.*, II, 21 sqq. D'autres cependant, comme Bühle, *Gesch. der Phil.*, I, 372 sq.; Tennemann, *Gesch. der Phil.*, II, 40, s'en tiennent à cette thèse générale, que Socrate par ses efforts pour répandre la moralité s'était attiré beaucoup d'ennemis, sans mentionner expressément les Sophistes.
6. Quelques-uns font exception, comme Heinsius, *Sokrates nach dem Grade seiner Schuld*, p. 26 sqq.); mais on me permettra de n'en pas tenir compte.

dans ce dernier sens[1] jusqu'à déclarer, avec Caton l'Ancien[2], que jamais jugement plus légal ne fut prononcé.

LES HAINES PERSONNELLES. — Parmi ces opinions, la plus voisine de l'ancienne est celle qui voit dans la condamnation de Socrate le résultat des haines personnelles, mais rejette toutefois l'idée insoutenable d'une participation des Sophistes à cette condamnation[3]. A l'appui de cette manière de voir on peut sans doute invoquer beaucoup d'arguments. Chez PLATON[4], Socrate dit expressément qu'il ne succombera pas aux coups d'Anytus ou de Mélétus, mais à l'inimitié qu'il s'était attirée par son habitude de soumettre les hommes à son examen. Du reste, Anytus lui-même, comme nous l'avons raconté, était entraîné par des motifs personnels à attaquer Socrate : PLATON[5] donne à entendre qu'il avait été blessé par ses jugements sur les hommes d'État athéniens, et, d'après l'*Apologie* attribuée à Xénophon[6], il aurait conservé rancune à Socrate de l'avoir pressé de donner à un fils in-

---

1. FORCHHAMMER, *Die Athener und Sokrates, die Gesetzlichen und der Revolutionär*.
2. PLUTARQUE, *Cato*, c. 23.
3. Cette opinion se rencontre par exemple chez FRIES (*Gesch. d. Phil.*, I, 249 sq.). Cet auteur, en effet, n'indique pas d'autres causes du procès que « la haine et l'envie d'une grande partie des citoyens ». SIGWART (*Gesch. d. Phil.*, I, 89 sq.) met également ce motif en relief et BRANDIS (*Griech.-röm. Phil.*, II, a, 26 sqq.), tout en distinguant deux catégories d'adversaires de Socrate, ceux qui considéraient sa philosophie comme incompatible avec la simplicité et la moralité anciennes, et ceux qui ne pouvaient supporter son austère morale, attribue cependant l'accusation surtout à ces derniers. GROTE (VIII, 637 sqq.) se range à cette opinion. Il montre combien l'examen auquel Socrate soumettait les hommes devait le rendre impopulaire. Il remarque que même nulle part ailleurs qu'à Athènes ce procès ne se serait fait si longtemps attendre, et qu'il n'y avait pas lieu de s'étonner que Socrate ait été accusé et condamné, mais de s'étonner qu'il ne l'ait pas été plus tôt; toutefois, puisqu'on l'avait si longtemps toléré, il faut encore admettre que des causes particulières amenèrent l'accusation ; GROTE incline à les chercher en partie dans sa liaison avec Alcibiade et Critias, en partie dans la haine d'Anytus.
4. *Apol.*, 28, A ; cf. 22, E ; 23, C sq.
5. *Ménon*, 94, E sq., passage auquel il faut rapporter ce que DIOGÈNE, II, 38, dit d'Anytus : Οὗτος γὰρ οὐ φέρων τὸν ὑπὸ τοῦ Σωκράτους χλευασμόν, etc.
6. 29 sq. Cf. HEGEL, *Gesch. der Phil.*, II, 92 sq. ; GROTE, *Hist. of Greece*, VIII, 641 sqq.

telligent une éducation plus élevée que celle d'un simple corroyeur et d'avoir peut-être nourri par là chez ce jeune homme le mépris de son métier¹. Voilà pourquoi Anytus aurait d'abord engagé Aristophane à composer sa comédie, et ensuite se serait associé lui-même à Mélétus pour intenter un procès à Socrate². Il est vraisemblable, et l'on peut l'affirmer d'avance, que de semblables mobiles furent en jeu dans l'attaque dirigée contre Socrate et ne contribuèrent pas médiocrement au succès de cette attaque³. Amener les hommes à avouer leur ignorance, voilà assurément la tâche la plus ingrate que l'on puisse s'imposer; et lorsque, pendant toute sa vie, on se livre à cette occupation sans plus de précaution ni de ménagements que ne le faisait Socrate, on ne peut manquer de se faire beaucoup d'ennemis, et des ennemis d'autant plus dangereux, que ceux auxquels il faisait subir son examen étaient des hommes d'une position plus élevée et d'un talent plus éminent.

INSUFFISANCE DE CETTE EXPLICATION. — Mais ces inimitiés personnelles ne sauraient être le seul motif de sa condamnation. Les affirmations de Platon ne doivent point nous arrêter ici; car plus Socrate lui-même et ses disciples étaient persuadés de la justice de sa cause, moins on peut s'attendre à ce qu'ils aient su s'expliquer le procès intenté contre lui par les raisons véritables. L'objet de ses aspirations et de ses efforts n'avait-il pas toujours été le plus louable? Comment alors aurait-on pu lui faire obstacle,

---

1. Les auteurs postérieurs en savent encore plus long. Suivant PLUTARQUE, *Alcib.*, c. 4; *Amator.*, 17, 27, p. 762, et SATYRUS, *ap.* ATHÉNÉE, XII. 534 c, Anytus était l'amant d'Alcibiade, mais fut méprisé par lui, tandis qu'au contraire Alcibiade témoignait à Socrate toutes sortes d'attentions, et ce fait n'aurait pas, assurent-ils, été étranger à la haine d'Anytus contre Socrate. LUZAC (*De Socrate cive*, p. 133 sq.) n'aurait pas dû ajouter foi à cette invraisemblable histoire, d'autant que Platon et Xénophon n'eussent certainement point passé sous silence un semblable motif de l'accusation.
2. DIOGÈNE, *loc. cit.* ÉLIEN, *V. H.*, II, 13.
3. Cf. GROTE, *Op. cit.*, p. 638 sqq.

à moins d'être poussé par les rancunes d'un orgueil offensé? Le récit de l'*Apologie* de Xénophon expliquerait donc tout au plus l'irritation d'Anytus, mais non pas la prévention si répandue contre Socrate. On se demande pourtant si ce récit est vrai et si, même en supposant qu'il soit exact, Anytus n'eut pas d'autre raison que cette offense personnelle pour prendre le rôle d'accusateur[1]. Enfin si Socrate s'était, à n'en pas douter, attiré l'inimitié de gens influents, il n'en est pas moins très singulier que cette haine personnelle n'ait atteint son but qu'après le rétablissement de l'ordre à Athènes, tandis qu'à l'époque la plus troublée et la plus corrompue de la république athénienne elle n'avait provoqué aucune poursuite sérieuse contre lui. A cette époque, en effet, elle n'avait mis à profit contre lui ni sa liaison avec Alcibiade lors du procès de la mutilation des Hermès, ni le soulèvement des passions populaires après la bataille des Arginuses[1]. PLATON[3], d'un autre côté, nous dit aussi que ce fut l'universelle conviction du caractère dangereux de sa doctrine qui lui fut le plus fatale; il déclare même que, dans l'état où se trouvaient les choses, il était impossible qu'un homme dît la vérité au peuple en matière politique sans être raillé comme un bavard fâcheux, et poursuivi comme un séducteur de la jeunesse[4]. Ce préjugé contre Socrate, à Athènes du moins, ne fut pas seulement passager, mais régna

---

[1]. Pourtant cela serait d'ailleurs possible : Anytus n'était point un caractère intègre; nous le voyons bien par l'histoire que rapportent HARPOCRATION, δεκάζων d'après ARISTOTE; DIODORE, XIII, 64, fin; PLUTARQUE, *Coriol.*, 14 : il aurait d'abord été accusé lui-même de trahison, injustement d'ailleurs selon toute vraisemblance, et il aurait corrompu ses juges. Au contraire, ISOCRATE, *in Callim.*, 23, le loue de ce que, comme Thrasybule, fidèle aux conventions, il ne mésusa pas de sa puissance politique pour se venger des pertes qu'il avait subies pendant le gouvernement oligarchique.

2. Aussi, lorsque TENNEMANN, *loc. cit.*, exprime son étonnement à ce sujet, il n'y a rien là que de bien naturel à son point de vue; seulement la manière dont il résout la difficulté n'est guère satisfaisante.

3. *Apol.*, 18, B sq., 19, B, 23, D.

4. *Polit.*, 299, B sq.; *Répub.*, VI, 488; 496, C. *Apol.*, 32, E. *Gorgias*, 473, E; 521, D sqq.

pendant toute une génération, et il ne fut pas restreint à la foule, mais fut également partagé par des hommes importants et influents. C'est ce que nous prouvent les témoignages opposés de Xénophon et d'Aristophane. Si le premier crut nécessaire, six ans après la mort de son maître, de le défendre contre les imputations sur lesquelles l'accusation était fondée, il fallait que ces préventions fussent profondément enracinées dans l'esprit des Athéniens. Pour Aristophane, il est impossible de méconnaitre ce qu'il y a d'exagéré à accorder dans sa poésie, comme on le fait parfois, une place si prédominante aux préoccupations politiques, que celles de l'art leur semblent sacrifiées et à revêtir le comique, qui dans ses folles boutades livre à la risée universelle toutes les autorités divines et humaines, du caractère sérieux jusqu'au tragique d'un prophète politique[1]. Mais on ne se tromperait pas moins si l'on ne savait pas apercevoir sous la licence comique de ses pièces le fond sérieux qu'elles contiennent, et si l'on ne voyait qu'un jeu frivole dans ce ton pathétique qu'il lui arrive de prendre de temps en temps. S'il n'y avait rien de plus ici, cette fausseté interne de l'inspiration ne manquerait pas de se trahir surtout par les défauts artistiques eux-mêmes. Au contraire, chez Aristophane le sérieux d'un sentiment patriotique ne se révèle pas seulement par la beauté sans mélange de certains passages isolés, mais le même intérêt patriotique se fait sentir dans l'ensemble de toutes ses pièces; il en est la note dominante, et si dans les premières il trouble parfois la pureté

---

1. L'exposition de RÖTSCHER, d'ailleurs si fine et si spirituelle, pèche par cette exagération, et HEGEL lui aussi, dans son morceau sur la mort de Socrate (*Gesch. der Phil.*, II, 82 sqq.), n'y a pas non plus complètement échappé, bien que l'un et l'autre (HEGEL, *Phénoménologie*, 560 sq.; *Æsthetik*, III, 537, 562; RÖTSCHER, p. 365 sqq.) reconnaissent avec justesse dans la comédie d'Aristophane, aussi bien que dans les tendances auxquelles elle s'attaque, un moment de la dissolution de la vie hellénique.

2. Cf. p. 23 sq.

de l'inspiration poétique[1], cela ne prouve que mieux combien ce sentiment était profond chez le poète. Seule cette préoccupation patriotique avait pu l'amener à donner à sa comédie cette portée politique, et à lui assigner par là, comme il s'en vante lui-même[2], un but bien plus élevé que ses prédécesseurs. Du reste, il faut, il est vrai, reconnaître que la moralité des anciens âges et les anciennes croyances ne font pas moins défaut à Aristophane qu'aux autres[3]; il faut également accorder qu'il était absurde de réclamer le retour de l'ancien temps, quand les hommes et les choses avaient si complètement changé; mais il ne résulte pas de là qu'en réclamant cette restauration, Aristophane n'ait pas agi sérieusement. Aristophane nous semble au contraire un exemple d'un fait bien fréquent dans l'histoire : c'est qu'il arrive à un homme de combattre chez les autres un principe à l'influence duquel il a lui-même cédé sans s'en rendre compte. Aristophane combat toute innovation en morale et en politique, dans la religion et dans l'art. Mais comme lui-même, dans le fond le plus intime de son être, est bien un fils de son siècle, il ne sait combattre ces innovations qu'avec les armes et sur le terrain qu'il lui offrait. Avec l'étroitesse d'idées de l'homme aux vues exclusivement pratiques, dont la réflexion ne dépasse pas la coutume traditionnelle et les nécessités immédiates, il poursuit de sa profonde aversion toute tentative d'analyser les concepts moraux et politiques, d'examiner s'ils sont fondés ou non. Mais comme poète il ne se fait aucun scrupule de tourner en frivoles railleries la vérité et les bonnes mœurs, pourvu qu'il obtienne le succès désiré. Il se met donc en contradiction avec lui-même et travaille tout ensemble à détruire les ancien-

---

1. Cf. SCHNITZER, Uebers. der Wolken, p. 24, et les passages que cite cet auteur de WELCKER, SÜVERN et RÖTSCHER (Aristoph., p. 71).
2. Paix, 732 sqq.; Guêpes, 1022 sqq.; Nuées, 537 sqq.
3. Cf. DROYSEN, Aristoph. Werke, 2ᵉ éd., I, 174 sq.; cet auteur me semble d'ailleurs aller trop loin. Voy. aussi plus haut, p. 23 sqq.

nes mœurs et à en réclamer le retour. Loin de contester qu'il soit tombé dans cette contradiction, j'y veux voir une preuve de sa brièveté de vue, puisqu'il voulait ressusciter une forme de civilisation qui était désormais irrévocablement disparue. Mais ce que je ne puis croire, c'est qu'il ait eu conscience de cette contradiction. Était-ce du reste un railleur sans conviction, comme celui qu'on veut voir dans notre poète, qui eût osé cette dangereuse attaque? Et Platon nous l'eût-il davantage montré dans son *Banquet* aussi étroitement lié avec Socrate, lui eût-il prêté ce discours plein de verve et d'esprit, s'il l'eût considéré comme un caractère moralement méprisable? Il faut donc regarder comme sérieuse l'attaque dirigée par Aristophane contre Socrate; il faut avouer que ce poète avait réellement cru reconnaître en lui ce sophiste dangereux pour la morale et la religion qu'il met en scène dans les *Nuées*. Dès lors il est clair que les reproches qui lui étaient faits par ses accusateurs n'étaient pas de simples prétextes, et que sa condamnation eut d'autres motifs que des motifs purement personnels.

MOTIFS POLITIQUES. — Si maintenant nous nous demandons quels purent être ces autres motifs, ce que nous savons de l'accusation et de la personne des accusateurs ne nous laisse le choix qu'entre deux opinions : ou l'attaque dirigée contre Socrate visait spécialement sa profession de foi politique[1], ou, d'une manière plus générale, elle visait l'ensemble de sa doctrine et de son enseignement en matière de morale, de religion et de politique[2]. Ces

---

1. Par exemple, FRÉRET, *op. c.*, 233 sqq.; DRESIG dans sa dissertation : *De Socrate damnato* (Lips., 1738); SÜVERN, *Ueber Aristophanes' Wolken*, p. 86; RITTER, *Gesch. der Phil.*, II, 30 sq.; FORCHHAMMER, *Die Athener und Sokrates*, en particulier, p. 39; d'une manière moins précise HERMANN, *Platonismus*, I, 35; WIGGERS, *Sokrates*, p. 123 sqq.
2. HEGEL, *Gesch. der Phil.*, II, 81 sqq.; RÖTSCHER, *loc. cit.*, p. 256 sq., 268 sqq. (l'auteur a particulièrement en vue les *Nuées* d'Aristophane); HENNING, *Princip. der Ethik*, p. 44. Cf. BAUR, *Sokrates und Christus*, Tüb. Zeitschrift, 1837, 3, 128-144.

deux manières de voir sont, il est vrai, assez voisines; cependant elles ne se confondent pas si complètement que nous puissions négliger de les distinguer.

D'abord bien des arguments engagent à penser que c'est avant tout l'intérêt de la démocratie qui provoqua l'attaque dirigée contre le philosophe. Parmi ses accusateurs, Anytus nous est connu comme un des démocrates les plus en vue à cette époque[1]. Ses juges nous sont également présentés comme des hommes qui, bannis avec Thrasybule, étaient revenus avec lui[2]. Nous savons en outre que, devant ce tribunal, on reprocha à Socrate d'avoir eu pour disciple Critias, le plus pervers et le plus détesté des oligarques[3]; et ESCHINE dit en propres termes aux Athéniens : « Vous avez mis à mort le sophiste Socrate, parce qu'il était le maître de Critias[4]. » D'ailleurs, parmi les disciples de Socrate on trouvait encore d'autres hommes que leurs opinions aristocratiques devaient rendre odieux aux démocrates : tels étaient Charmide[5] et Xénophon, qui fut exilé à l'époque du procès de Socrate (et peut-être y avait-il un rapport entre ce procès et cet exil), à cause de ses relations avec Sparte et avec Cyrus le Jeune, l'ami des Spartiates[6]. Enfin on nous rapporte

1. Voy. p. 160, 7.
2. PLATON, *Apol.*, 21, A.
3. *Mém.*, I, 2, 12; Cf. PLATON, *Apol.*, 33, A.
4. *Adv. Tim.*, 173. Le contexte prouve d'ailleurs qu'il ne faut pas attribuer à ce témoignage une bien grande autorité; car ici Eschine parle non en historien, mais en orateur.
5. Charmide, l'oncle de Platon, était, d'après XÉNOPHON (*Hellén.*, II, 4, 19), sous les Trente, un des dix commandants du Pirée, et tomba le même jour que Critias dans le combat contre les exilés.
6. Voy. FORCHHAMMER, *loc. cit.*, p. 84 sq. Cet érudit nomme, en outre (p. 31 sq.), parmi les disciples de Socrate, Théramène, le soutien et le principal fondateur du gouvernement des Trente, dont il fut plus tard victime; Socrate pouvait sans doute avoir été son maître en d'autres choses sans pour cela lui avoir enseigné, comme le veut FORCHHAMMER, la politique. Mais DIODORE (XIV, 5) à qui nous devons cette histoire, est ici une mauvaise autorité; car chez lui ce renseignement est lié avec cette assertion invraisemblable, que Socrate aurait tenté d'arracher Théramène aux séides des Trente, et n'aurait été détourné de cette témérité que par les conseils de Théramène lui-même. Ni Xénophon ni Platon ne nomment Théramène parmi les disciples de Socrate; ni l'un ni l'autre ne font valoir

expressément qu'un des réquisitoires faisait un grief à Socrate de s'être prononcé contre l'institution démocratique du tirage au sort des magistrats [1], et lui reprochait d'enseigner une insolente dureté à l'égard des pauvres en citant fréquemment certains vers de l'*Iliade* [2]. Toutes ces raisons réunies ne permettent pas de douter que dans le procès de Socrate l'intérêt de la démocratie ne fût en jeu.

---

en faveur de Socrate une semblable démarche, comme PLATON. *Apol.*, 32, C fait valoir sa conduite dans un cas analogue: et dans le procès des vainqueurs des Arginuses, ce fut Socrate qui embrassa leur cause, et Théramène qui par ses intrigues amena leur condamnation. PSEUDO-PLUTARQUE (*Vit. dec. rhetorum*, IV, 3) raconte une histoire analogue, mais plus vraisemblable, au sujet d'Isocrate, et c'est à ce dernier, disciple de Théramène, qu'elle se rapportait sans doute originairement; et plus tard seulement on aura attribué le fait à Socrate, dont le nom est d'ailleurs fréquemment confondu dans les manuscrits avec celui d'Isocrate.

1. *Mém.*, I, 2, 9.
2. *Mém.*, I, 2, 58 (*Iliade*, II, 188). FORCHHAMMER, *op. cit.*, p. 52 sqq., trouve encore bien d'autres choses dans ces vers. Il pense que Socrate, en les citant, voulait exprimer sa conviction de la nécessité d'une constitution oligarchique, et qu'il aurait ensuite, à l'aide de ces mots d'Hésiode également rappelés par son accusateur « ἔργον δ' οὐδὲν ὄνειδος », etc., fait entendre « qu'il fallait faire trêve de délais, et agir dès que l'occasion s'en présenterait ». Il faudrait, en effet, suivant lui, chercher le véritable sens de la citation d'Homère, non pas dans les vers que reproduit Xénophon, mais dans ceux qu'il laisse de côté (*Il.*, II, 192-197, 203-205), et le grief élevé par les accusateurs n'aurait pas été celui de répandre des *opinions antidémocratiques* (c'est le seul dont parle Xénophon), mais celui d'avoir réclamé le rétablissement d'une *constitution oligarchique*. Mais n'est-ce pas là évidemment procéder à l'inverse d'une bonne méthode historique? Si FORCHHAMMER voulait s'appuyer sur les témoignages de Xénophon, il ne devait pas en même temps prétendre que, sur les points les plus essentiels, ces témoignages étaient faux; s'il voulait au contraire justifier ces témoignages, il ne fallait pas s'en autoriser pour établir les vues d'après lesquelles il les condamne. Le même érudit découvre encore des tendances oligarchiques là où il est impossible d'en trouver : en effet (p. 24 sqq.; 39; 42 sqq.), il compte non seulement Critias, mais Alcibiade lui-même parmi les disciples de Socrate hostiles à la démocratie, et ailleurs (p. 29), parlant du rôle politique du philosophe après la bataille des Arginuses, il fait observer que « les oligarques avaient mis dans le conseil leurs affiliés politiques ». Alcibiade fut, il est vrai, par sa légèreté fort dangereux pour la démocratie; auprès de ses contemporains toutefois, il ne passait pas pour un oligarque, mais bien pour un démocrate; cf. XÉNOPHON, *Mém.*, I, 2, 12; THUCYD., VIII, 63; 48; 68. En ce qui concerne la condamnation des vainqueurs des Arginuses, Athènes avait alors renversé non pas à moitié, comme le prétend FORCHHAMMER, mais entièrement la constitution oligarchique de Pisandre; c'est ce qui résulte, comme FRÉRET le remarque déjà (*op. cit.*, p. 243), du détail de ce procès (XÉN., *Hell.*, I, 7), et en outre de la déclaration expresse de PLATON (*Apol.*, 32, C : καὶ ταῦτα μὲν ἦν ἔτι δημοκρατουμένης τῆς πόλεως); enfin de ce fait que tous ces généraux étaient des démocrates avoués, et par conséquent n'avaient certainement pas été choisis par des oligarques.

Mais nous ne pouvons cependant pas nous en tenir à ce motif seul pour expliquer la condamnation de Socrate. Aussi bien l'accusation dirigée contre le philosophe ne place-t-elle nullement ses tendances antidémocratiques au premier plan. Ce qu'on lui reproche, c'est 1° de nier les dieux de l'État; 2° de corrompre la jeunesse. Or ces dieux ne sont pas seulement les dieux de la démocratie, mais les dieux d'Athènes. D'ailleurs, s'il est vrai que, dans certains cas (comme dans le procès des Hermokopides)[1], les attentats contre les dieux se trouvèrent liés avec des attaques contre la constitution démocratique, cette connexion n'était d'abord nullement nécessaire, et ensuite elle ne s'affirme pas dans l'accusation portée contre Socrate. En ce qui concerne la corruption de la jeunesse, on invoquait[2] d'abord sans doute le mépris de la constitution démocratique et l'orgueil aristocratique que Socrate inspirait aux jeunes gens, et on lui reprochait d'avoir été le maître de Critias. Toutefois on l'accusait aussi d'avoir eu pour disciple Alcibiade, qui avait nui à sa patrie, non comme oligarque, mais comme démagogue. On l'accusait en outre d'enseigner aux fils à mépriser leurs pères[3] et d'avoir dit qu'on n'était pas tenu de s'abstenir d'une action, si injuste et si honteuse qu'elle fût, si elle était avantageuse[4]. On le voit : ce n'était pas seulement ici le caractère *politique* à proprement parler, mais, d'une manière plus générale, le caractère *moral* et *religieux* de sa doctrine que l'accusation avait en vue. C'est à ce côté de l'enseignement socratique que s'attaque plus exclusivement encore ARISTOPHANE. Il est une chose, en effet, que toutes les discussions anciennes ou récentes sur le but des *Nuées*[5]

---

1. Voy. plus haut, p. 160, 4. PLATON, *Apol.*, 24, B.
2. *Mém.*; I, 2, 9 sqq., 58.
3. *Mém.*, I, 2, 49. Cf. *Apol.*, 20, 29 sq.
4. *Mém.*, I, 2, 56.
5. RÖTSCHER (*Aristophanes*, p. 272 sqq.) passe en revue les opinions antérieures à son travail. Depuis sont venues s'ajouter les études de DROYSEN, de SCHNITZER, opp. citt., de FORCHHAMMER, op. cit., p. 25, de KÖCHLY, *Akad. Vorträge*, I.

nous permettent de considérer comme établie : c'est que le poète ne s'est pas borné, usant de la licence que comporte la comédie, à faire de son Socrate le représentant d'une manière de penser qu'il aurait su lui être étrangère[1]; que ce n'est pas seulement, en général, le goût des subtilités philosophiques, ou le ridicule d'une érudition inutile, ou encore la sophistique qu'il attaque dans la personne de Socrate ; mais que c'est très expressément la direction philosophique de Socrate lui-même qu'il a en vue. On ne peut davantage admettre, d'après ce que nous avons déjà fait remarquer, que la méchanceté ou l'inimitié personnelle ait été la seule cause de cette attaque ; le tableau que nous trace Platon dans son *Banquet* serait absolument en contradiction avec une semblable hypothèse. Les opinions de REISIG[2] et de WOLF[3] sont également insoutenables. Le premier prétend que les traits attribués par Aristophane au philosophe doivent être partagés entre lui et ses disciples, dont Euripide en particulier[4]. Mais les spectateurs pouvaient-ils faire autrement que de les appliquer tous à Socrate? C'est donc que le poète lui-même voulait qu'ils lui en fissent l'application. WOLF croit que le portrait tracé dans les *Nuées* se rapporte à la philosophie physique que Socrate, lui aussi, aurait cultivée dans sa jeunesse. Mais les mêmes reproches contre lui se renouvellent dix-huit ans après dans les *Grenouilles* (v. 1491 sqq.), et d'ailleurs l'*Apologie* de PLATON[5] nous montre que l'idée commune qu'on se fit de la personne du philosophe et de sa doctrine jusqu'à sa

---

1. Comme l'admettent G. HERMANN, *Præf. ad Nubes*, 2ᵉ éd., p. 33 ; 40 sqq. et quelques autres. Contre cette opinion, voy. SÜVERN, p. 35 sqq.; RÖTSCHER, p. 294 sqq., 273 sqq., 307 sqq., 311.
2. *Præf. ad Nubes*. Rhein. Mus., II (1828), 1ᵉʳ fascic., p. 191 sqq.
3. Dans sa traduction des *Nuées*, voy. RÖTSCHER, 297 sqq. De même, VAN HEUSDE, *Characterismi*, p. 19, 21. Cf. WIGGERS, *Sokrates*, p. 20.
4. Or Euripide avait dix ans de plus que Socrate et ne peut en aucun cas avoir été son disciple, quoiqu'il ait pu être lié avec lui.
5. Voy. p. 18 et *passim*.

mort, concordait absolument avec la manière dont Aristophane avait représenté l'un et l'autre. On pourrait ajouter que vraisemblablement Socrate ne fut jamais un adepte de la philosophie physique, et que, dans les *Nuées* mêmes, c'est bien moins le physicien que le sophiste qui est pris à partie. Aristophane doit donc avoir cru réellement découvrir, dans le Socrate tel que l'histoire de la philosophie nous le révèle, des traits qui méritaient ses attaques. Cela ne nous empêche naturellement pas de reconnaître que de cette figure historique il fit une charge, et même qu'il y introduisit des éléments qu'il savait bien lui être étrangers. Pourtant, il nous faut admettre que les traits essentiels de son portrait étaient conformes à l'idée qu'il se faisait de Socrate, et à l'idée qu'on s'en faisait communément. Aussi, lorsque SÜVERN[1] pense que le philosophe des *Nuées* n'est pas un individu, mais un symbole, et que l'attaque du poète ne vise pas spécialement Socrate, mais, d'une manière générale, l'école des sophistes et des rhéteurs[2], son opinion est inexacte. Au contraire, si Socrate est posé ici en représentant de la sophistique, c'est uniquement parce qu'en réalité Aristophane le considérait comme tel. Le poète a cru que Socrate, envisagé comme personnage public, était réellement le dangereux novateur qu'il nous montre en lui. Mais pas un trait de sa peinture ne porte l'empreinte d'une préoccupation politique. Les reproches qui lui sont faits sont bien plutôt, mis à part quelques détails qui évidemment ne doivent pas être pris au sérieux[3], les trois suivants : il s'occupe de recherches subtiles et inutiles de physique et de dialectique (voy. 143-234;

---

1. Dans la dissertation plusieurs fois citée p. 19, 26, 30 sqq., 55 sqq.
2. Nous ne parlons pas de la conjecture erronée que HERTZBERG (*Alkibiades*, p. 67) défend pourtant, suivant laquelle la pièce serait particulièrement dirigée contre Alcibiade qui serait caché sous les traits de Phidippide. Contre cette hypothèse, voy. DROYSEN, p. 180 ; SCHNITZER, p. 34 sq.
3. Comme le calcul des sauts d'une puce et le vol de l'offrande du sacrifice.

636 sqq.) ; il nie les dieux populaires (365-410), et enfin (c'est là la pierre angulaire de toute la pièce) il cultive l'éloquence sophistique, qui sait donner à la cause injuste le triomphe sur la cause juste, et rendre le plus fort le discours le plus faible (voy. 889 sqq.)[1]. C'est donc seulement le côté immoral, irréligieux et sophistique de la doctrine de Socrate qui est ici attaqué, et au contraire nous ne trouvons rien sur ses tendances antidémocratiques, qu'Aristophane, on doit le supposer, n'aurait pas manqué de mettre surtout en relief. Plus tard encore[2], Aristophane n'élève pas d'autres reproches contre Socrate. Ce sont ces griefs seuls, d'un autre côté, qui, d'après Platon également, formèrent toujours le fond des accusations dirigées contre lui et le mirent particulièrement en danger[3]. D'après tout ce qui précède, il nous faut bien en croire son affirmation.

Nous avons cependant reconnu aussi la part des raisons politiques dans le procès de Socrate. Comment concilierons-nous ces deux opinions? La réponse exacte à cette question a déjà été indiquée par d'autres auteurs[4]. Si l'on était convaincu de la culpabilité de Socrate, c'est qu'on supposait sa doctrine dangereuse pour la moralité et la religion, mais si l'on poursuivit judiciairement ce crime, la raison en est sans aucun doute dans la situation

---

1. Droysen (*Wolken*, p. 177) reproche à cette scène de substituer le λόγος le plus juste au plus fort. Mais le λόγος κρείττων est en réalité, d'après le sens primitif de l'expression (indiqué par Xénophon, *Écon.*, 11, 25, et Aristote, *Rhét.*, II, 24, fin, entre autres), celui qui en lui-même et en droit est le plus fort, mais en fait est vaincu par celui qui, en droit, est le plus faible, le λόγος ἥττων; ainsi τὸν ἥττω λόγον κρείττω ποιεῖν signifie : donner la supériorité du succès à la cause qui en droit est inférieure, faire paraître juste la cause injuste. (Voy. Ire partie, p. 1017. Trad. franç., t. II, p. 531).
2. *Grenouilles*, 1491 sqq.
3. *Apol.*, 23, D : λέγουσιν, ὡς Σωκράτης τίς ἐστι μιαρώτατος καὶ διαφθείρει τοὺς νέους. καὶ ἐπειδάν τις αὐτοὺς ἐρωτᾷ, ὅ τι ποιῶν καὶ ὅ τι διδάσκων, ἔχουσι μὲν οὐδὲν εἰπεῖν, ἀλλ' ἀγνοοῦσιν, ἵνα δὲ μὴ δοκῶσιν ἀπορεῖν, τὰ κατὰ πάντων τῶν φιλοσοφούντων πρόχειρα ταῦτα λέγουσιν, ὅτι τὰ μετέωρα καὶ τὰ ὑπὸ γῆς, καὶ θεοὺς μὴ νομίζειν, καὶ τὸν ἥττω λόγον κρείττω ποιεῖν. (*Ibid.*, 18, B.)
4. Ritter, *loc. cit.*, p. 31 ; Marbach, *Gesch. der Phil.*, I, 185. 9, et Schwegler, *Gesch. der Phil.*, 30 sqq.

182 politique particulière de ce temps. La philosophie indépendante des Sophistes n'était en réalité ni la seule ni la principale cause de la chute d'Athènes dans la guerre du Péloponnèse. Mais elle y avait incontestablement contribué, et les adversaires de la nouvelle culture étaient naturellement portés à la voir bien plus coupable qu'elle n'était en réalité. N'était-ce pas de l'école des Sophistes qu'étaient sortis un grand nombre de ces politiciens nouveaux qui, les uns comme oligarques, les autres comme démagogues, avaient déchiré l'État? N'était-ce pas dans cette école qu'on professait ouvertement cette pernicieuse morale qui mettait les passions et les caprices de l'individu à la place de la coutume établie et de la religion traditionnelle, qui substituait l'intérêt au droit et apprenait à désirer la tyrannie comme le dernier terme du bonheur humain? N'était-ce pas dans cette école qu'était née cette éloquence sans scrupule, qui n'employait le trésor de ses procédés techniques que pour atteindre toute fin sans distinction, et dont le plus haut triomphe était de donner la victoire à la cause injuste? Pouvons-nous nous étonner qu'Aristophane rende cette éducation à la mode nouvelle responsable de tous les maux publics[1], qu'Anytus chez PLATON[2] ne trouve pas d'expression assez forte de son horreur pour l'influence corruptrice des Sophistes, que tous les amis du bon vieux temps aient cru y voir le mal radical dont souffrait l'État, qu'en particulier enfin dans les dernières années de la guerre du Péloponnèse, et pendant que l'oligarchie avait établi le règne de la force, ce sentiment soit devenu plus intense que jamais? Il était donc naturel que ceux qui avaient délivré Athènes de l'oligarchie et rétabli, avec l'ancienne constitution, son indépendance politique, eussent la pensée de supprimer le

---

1. Par exemple, *Nuées*, 910 sqq.; *Chevaliers*, 1373 sq. Voir, pour de plus amples détails, SÜVERN sur les *Nuées*, 24 sqq.
2. *Ménon*, 91, C sqq.

mal dans ses racines mêmes en écrasant l'enseignement sophistique. Or Socrate ne passait pas seulement d'une manière générale pour un maître appartenant à l'école moderne, sophistique, mais on croyait avoir reconnu son influence pernicieuse chez plusieurs de ses disciples, parmi lesquels Critias et Alcibiade se faisaient remarquer au premier rang[1]. Ne s'explique-t-on pas dès lors parfaitement que ce soient ceux-là mêmes dont les efforts tendaient à rétablir la constitution démocratique et l'ancienne prépondérance d'Athènes qui aient cru trouver en lui un corrupteur de la jeunesse et un homme dangereux pour l'État ? Socrate succomba donc victime de la réaction démocratique qui succéda à la chute des Trente. Mais ce n'étaient pas ses opinions politiques, comme telles, qui furent le motif capital de l'attaque dirigée contre lui. On cherchait son crime avant tout dans le renversement de la morale et de la religion nationales, révolution dont la tendance antidémocratique de sa doctrine était en partie une conséquence tout indirecte, en partie une manifestation isolée.

PROBLÈME DE LA LÉGITIMITÉ DE SA CONDAMNATION. — Que faut-il penser maintenant de la légitimité de ce procès et du jugement qui en résulta ? Comment faut-il apprécier les tentatives récentes qu'on a faites pour le justifier[2] ? La

---

[1]. Outre le témoignage d'ESCHINE, cité plus haut, XÉNOPHON, *Mém.*, I, 2, 12 sqq. montre combien cette circonstance contribua à la condamnation de Socrate.

[2]. On sait que HEGEL (*op. cit.*) l'a défendue en se plaçant au point de vue du droit grec. Cent ans auparavant, DRESIG, dans sa dissertation citée p. 176, et d'ailleurs assez superficielle, avait déjà soutenu que Socrate, comme adversaire de la constitution démocratique, avait été condamné justement. FORCHHAMMER, dans sa dissertation déjà mentionnée, et DENIS, dans l'ouvrage cité plus haut, p. 118, 6 (I, 85 sqq.), vont encore plus loin. Au contraire, KÖCHLY (*Akad. Vortr.*, I, 382) se borne à affirmer « que, dans le procès de Socrate, le tort fut partagé presque également et des deux côtés réduit à son minimum. » La réplique de HEINSIUS à Forchhammer (*Sokrates nach dem Grade seiner Schuld.*, Leipz., 1839) est insignifiante ; l'ouvrage plus savant de P. VAN LIMBURG BROUWER, *Apologia Socratis contra Meliti redivivi calumniam* (Giron., 1838), ne témoigne

plupart des griefs élevés contre Socrate reposent, on ne peut le méconnaître, sur des méprises, des faits dénaturés et des inductions forcées. Socrate aurait nié les dieux de l'État. Cependant, nous avons vu plus haut que cette assertion est en contradiction avec tous les témoignages historiques [1]. Il leur aurait substitué son démon ; or nous savons aussi qu'il ne visait ni à le mettre à la place des dieux ni à déposséder à son profit les oracles de leur autorité [2]. C'était un oracle privé à côté des oracles publics, et dans un pays où les prêtres n'avaient pas le monopole des révélations divines, il n'était défendu à personne d'en avoir un semblable [3]. Il aurait été adonné à la science athéistique des choses célestes, professée par Anaxagore [4] ; et cependant il déclarait expressément qu'elle était une absurdité [5]. Il aurait, d'après Aristophane, enseigné l'élo-

pas non plus d'une intelligence suffisante des questions générales engagées ici, quoiqu'il contienne plus d'une observation juste de détail contre Forchhammer, et, sous ce rapport, elle est bien au-dessous de la dissertation de Preller (*Haller Allg. Litt. Zeitsch.*, 1838, n° 87). Nous ne pouvons nous aider davantage dans la question qui nous occupe, de Luzac (*De Socrate cive*, 1796), quelque érudition d'ailleurs que témoigne cet ouvrage. Au contraire, nous devons accorder la plus grande attention aux remarques de Grote sur les circonstances atténuantes qui, si elles ne justifient pas, il est vrai, la condamnation de Socrate, l'excusent cependant dans une large mesure (*Hist. of Greece*, VIII, 678 sqq., 653 sqq.).

1. Pourtant Forchhammer (*op. cit.*, p. 3 sqq) reprend ce grief sans preuves à l'appui, comme si la justesse en était évidente de soi, et il parle alors d'hérésie et d'orthodoxie à la façon d'un théologien moderne. Mais, pour les Grecs, il s'agit bien moins de la foi que du culte, et c'est pourquoi, à l'accusation portée contre Socrate d'avoir renié les dieux de l'État, Xénophon (*Mém.*, I, 1, 2) répond par le fait qu'il leur avait offert des sacrifices.
2. Cf. p. 65, 5 ; 77 ; 125, 1 ; 148.
3. Aussi Xénophon (*Mém.*, I, 1, 2 sqq) présente-t-il, sans la moindre arrière-pensée, le démon de Socrate comme une preuve de sa croyance aux dieux, et Platon (*Eutyphron*, 3, B sq.) en compare-t-il les révélations aux divinations d'Eutyphron lui-même. On sait d'ailleurs combien était pratiquée la divination en dehors des oracles publics.
4. Ce reproche lui est fait non seulement par Aristophane, mais aussi par Mélétus (Platon, *Apol.*, 26, C). Quand Forchhammer (p. 10), comme avant lui Ast (*Plat. Leb. und Schriften*, p. 482), trouve incroyable que Mélétus ait pu reprocher à Socrate d'une manière si maladroite, il oublie qu'il a toujours été dans l'ordre des choses de voir l'athéisme relatif confondu avec l'athéisme absolu, le doute à l'égard d'une conception religieuse déterminée pris pour la négation de toute religion. Chez les peuples anciens cette loi est justement très générale, et c'est pourquoi nous voyons, par exemple, les chrétiens qualifiés d'une manière absolue d'ἄθεοι.
5. Voy. p. 113, 1.

quence sophistique ; et cela est si inexact, que, d'après
tout ce que nous savons, Mélétus n'osa même jamais
l'affirmer. On lui reproche d'avoir eu pour disciples Critias et Alcibiade ; mais Xénophon[1] déjà répondait avec
raison à ce reproche que ces hommes n'avaient point
appris leurs vices de Socrate, et qu'ils se corrompirent
seulement lorsqu'ils le quittèrent. Peut-être dira-t-on[2] que
le maître doit inspirer à ses disciples une ferme et constante disposition au bien ; ce n'est pourtant pas nécessairement sa faute, à lui, si dans un cas particulier il n'y
réussit pas. Cependant la valeur de son enseignement ne
peut guère se juger que par ses résultats généraux ; or ces
résultats rendent en faveur de Socrate le témoignage le
plus éclatant qu'on puisse souhaiter. Un homme dont
l'influence bienfaisante ne se manifeste pas seulement
chez quelques individus[3], mais qui a donné pour des
siècles des fondements nouveaux à la moralité dans sa
nation, ne peut évidemment avoir été un corrupteur de
la jeunesse. Tire-t-on maintenant un nouveau grief contre
Socrate de cette citation d'Hésiode dont il se servait pour
exhorter à travailler utilement[4] ? Xénophon démontre
d'une manière convaincante que ce serait en dénaturer
la portée véritable. Lui reproche-t-on enfin d'avoir enseigné à mépriser parents et famille sous prétexte qu'il
disait que la science seule donne à l'homme une valeur[5] ?
C'est là tirer une conséquence on ne peut plus erronée de
principes qui, dans sa bouche, ont un sens absolument
irréprochable. Quand un maître fait comprendre à son
disciple qu'il doit apprendre quelque chose pour devenir
un homme utile et estimé, n'est-il pas naturel qu'il rende

---

1. *Mém.*, I, 2, 12 sqq.
2. Forchhammer, p. 43.
3. Platon, *Apologie*, 33, D sqq., et Xénophon, *Mém.*, I, 2, 48, en énumèrent toute une série.
4. *Mém.*, I, 2, 56. Cf. p. 177, 3, et Platon, *Charm.*, 163, B.
5. *Mém.*, I, 2, 49 sqq.

les fils plus habiles que leurs pères, et qui pourra lui en vouloir, hormis les gens grossiers? C'eût été bien différent s'il eût réellement parlé avec mépris de l'ignorance des parents, et nié les devoirs des enfants à leur égard;
186 mais Socrate en était bien éloigné[1]. Il est pourtant encore un argument qu'on pourrait invoquer contre Socrate : un philosophe pour qui la seule et unique mesure de la valeur des hommes est leur science, et qui en même temps ne rencontre chez personne la vraie science, ne devait-il pas nécessairement inspirer de l'orgueil à ses disciples et leur apprendre à se placer, par la prétendue supériorité de leur savoir, au-dessus de toutes les autorités? Mais, si excessif que soit le prix qu'il attribue, d'une manière exclusive, à la science, il échappait à cette fâcheuse conséquence pratique, puisqu'il cherchait avant tout à donner à ses amis la conscience de leur propre ignorance, et que lui-même n'avait pas la prétention de posséder la science, mais uniquement celle de la poursuivre. Celui qui s'était pénétré de cet esprit d'humilité et de modestie pouvait-il donner à craindre un tel abus de la doctrine socratique? Quant aux fausses interprétations de sa doctrine, et aux conséquences fâcheuses résultant de ce qu'on la comprenait d'une manière superficielle et fautive, Socrate ne peut pas plus qu'un autre maître en être rendu responsable.

SOCRATE ET LA DÉMOCRATIE ATHÉNIENNE. — Un autre

---

[1]. Cf. *Mém.*, II, 2, 3. A ce reproche se lie encore celui d'avoir déterminé beaucoup de jeunes gens à suivre sa direction, plutôt que celle de leurs pères, dans leur éducation. L'*Apologie* attribuée à XÉNOPHON (§ 20) accorde le fait et cherche à justifier Socrate sur ce point. Cependant, pour être en état de juger si le grief est fondé et si le philosophe n'aurait pas ici quelque tort réel, comme cela n'a d'ailleurs rien en soi d'impossible, il faudrait avoir des témoignages plus autorisés, et connaître avec plus de détails les circonstances des différents faits de ce genre. Dans le seul exemple que rapporte ce passage, et dont l'exactitude historique me semble fort douteuse, il s'agit du fils d'Anytus (voy. p. 171 sq.), et Socrate n'aurait pas excité le fils contre le père, mais aurait simplement invité celui-ci à donner une meilleure éducation à son fils, ou même se serait exprimé en ce sens devant des tiers; ce dont il avait incontestablement le droit.

point, touché dans les débats judiciaires, est de la plus haute importance ; c'est la question des rapports entre Socrate et la démocratie athénienne. Socrate considérait le régime établi, nous le savons déjà[1], comme radicalement mauvais ; il demandait que le pouvoir appartint dans l'État non pas à ceux que désignaient le sort ou l'élection, mais à ceux qui avaient les aptitudes nécessaires ; et il exprime à l'occasion, sur la foule qui remplit le Pnyx ou le Théâtre dans les assemblées du peuple, une opinion qui assurément renfermait une grande part de vérité, mais n'en avait pas moins l'air d'un crime de lèse-majesté contre le peuple souverain[2]. Il est assez naturel que les accusateurs de Socrate aient tiré parti contre lui de paroles semblables et qu'elles n'aient pas non plus manqué de produire leur effet sur les juges. Cependant un blâme librement exprimé des institutions existantes n'est pas une haute trahison, et si beaucoup d'États grecs imposaient des limites assez étroites à l'expression des opinions personnelles, la liberté de penser et de parler était au contraire presque illimitée à Athènes, et elle y formait une partie essentielle de la constitution démocratique ; l'Athénien la considérait comme un droit inaliénable et se faisait honneur de se distinguer par là de tous les autres Grecs[3]. Même à l'époque des plus violentes luttes intestines, nous ne connaissons pas d'exemple d'une opinion ou d'une doctrine politique qui ait provoqué contre elle une intervention du pouvoir. Les partisans déclarés de

---

1. Voy. plus haut, p. 140 sq.
2. *Mém.*, III, 7 : Socrate cherche à rassurer Charmide qui redoute d'aborder la vie publique, en lui représentant que la foule dont il a peur n'est qu'un amas de cordonniers, de paysans, des boutiquiers, etc., qui ne méritent pas le moins du monde de provoquer une telle appréhension. En revanche, le reproche que l'accusateur fait à Socrate (*Mém.*, I, 2, 58 sq.) d'avoir déclaré tout naturel que les riches maltraitassent les pauvres repose sur une altération manifeste de la vérité, comme le montre Xénophon, *loc. cit.*
3. Cf. par exemple, Platon. *Gorgias*, 461, E ; Démosthène, *in Androt.*, p. 603. *Or. funebr.*, 13.66 sq.

l'aristocratie spartiate purent sans danger arborer leur drapeau, tant qu'ils s'abstinrent de toute attaque effective contre l'ordre établi ; et un Socrate n'aurait pas pu revendiquer le même droit[1] ! Dans sa conduite extérieure, il n'y avait rien à lui reprocher : il n'avait jamais transgressé les lois de l'État ; il avait rempli ses devoirs civiques d'une manière exemplaire ; il se déclarait profondément convaincu que l'homme doit vivre pour l'État et obéir aux lois. Ce n'était pas non plus un homme dévoué au parti de l'oligarchie ; il avait au contraire deux fois risqué sa vie : la première pour ne pas abandonner à la fureur du peuple les vainqueurs des Arginuses, connus pour de bons démocrates, sans leur assurer la sauvegarde d'une procédure légale, la seconde pour ne pas accomplir un ordre injuste des Trente Tyrans[2]. Son école, si tant est qu'on puisse parler d'une école de Socrate, n'affiche non plus aucune couleur politique déclarée, et si d'ailleurs la plupart de ses disciples appartenaient aux plus hauts rangs de la société et sans doute aussi par conséquent au parti aristocratique[3], nous trouvons pourtant d'un autre côté un de ses plus intimes amis[4] parmi les compagnons de Thrasybule, et le plus grand nombre de ceux qui s'étaient attachés à lui ne paraissent avoir joué aucun rôle politique. Enfin, plus récemment, on a fait à Socrate un reproche de s'être éloigné de la politique. Mais, à ce sujet, l'on est en droit de porter des jugements différents suivant le point de vue où l'on se place ; nous ne pouvons, pour notre part, que le louer d'être resté fidèle à sa mission supé-

---

1. GROTE (op. cit., p. 679 sq.) se sert donc d'un argument qui manque de justesse, lorsqu'il rappelle que la république de Platon ne comportait aucune liberté d'opinion individuelle. Les principes de l'État platonicien sont différents de ceux qui régnaient alors à Athènes. PLATON (Rép., VIII, 557. B) compte justement la liberté de la parole, παρρησία, parmi les maux qu'entraîne la démocratie dont le type est la constitution athénienne.
2. Voy. p. 56 sq., 65, 124 sq., 139 sq.
3. Voy. plus haut, p. 176, et PLATON, Apol., 23, C.
4. Chéréphon ; voy. PLATON, Apol., 21, A.

rieure, sans dépenser inutilement ses forces et sa vie dans une carrière où il ne serait arrivé à aucun résultat et pour laquelle il n'était pas fait. Mais, quoi qu'on puisse penser sur ce point, ce n'est pas, en tout cas, une faute méritant châtiment que de renoncer à la carrière d'homme d'État; c'en est encore moins une, quand on y est amené par la conviction que l'on peut rendre à la société de plus grands services dans un autre domaine. Or Socrate faisait les plus sérieux efforts pour être utile à sa patrie d'une manière indirecte[1]. Si donc sa théorie politique pouvait ne pas être d'accord avec les institutions existantes, son caractère comme citoyen était irréprochable, et, d'après le droit athénien, il n'était coupable d'aucun crime envers l'État[2].

SOCRATE ET L'ANCIENNE MORALITÉ GRECQUE. — Mais ce ne sont pas seulement les opinions politiques qui pouvaient choquer dans la personne de Socrate. L'ensemble de ses principes était en profonde contradiction avec les idées sur lesquelles s'était fondée l'ancienne moralité grecque, comme HEGEL[3] l'a montré avec beaucoup de justesse. La vie morale du peuple grec avait ses racines, comme tout ensemble de mœurs nationales, dans l'autorité; elle s'appuyait d'une part sur la valeur absolue reconnue aux lois de l'État, de l'autre et principalement sur la puissance irrésistible de l'habitude et de l'éducation, qui faisait revêtir aux convictions communes le caractère d'une

---

1. Cf. p. 55 sq.
2. On pourrait plutôt être choqué de voir justement Socrate rester en dehors des luttes des partis politiques de son temps, et l'on pourrait alors se souvenir de l'ancienne loi de Solon (PLUTARQUE, Solon., 20; ARISTOTE dans GELL., N. Att., II, 12, 1) qui punissait d'ἀτιμία et du bannissement la neutralité dans une dissension intestine. Mais cette loi était depuis longtemps tombée en désuétude, à supposer qu'elle ait jamais été appliquée et qu'elle visât (comme l'indique avec plus de précision Aulu-Gelle) non pas toute dissension, mais seulement celles où l'on en venait aux mains; et d'ailleurs qui pourrait faire un grief à un philosophe de rester neutre quand sa conscience ne lui permettait de servir aucun des deux partis? Peut-être est-ce là une conduite politique sans grandeur, mais ce n'est pas un crime.
3. Gesch. der Philosophie, II, 81 sqq.

loi non écrite édictée par les dieux et dont on est incapable de dévoiler l'origine. Se mettre en opposition avec les mœurs traditionnelles passait donc pour un crime et une marque d'orgueil, pour un attentat contre les dieux et contre la société. Il ne venait à l'esprit de personne, il n'était permis à personne d'en suspecter la légitimité. Par cette raison même, on n'éprouvait pas le besoin d'en rechercher les fondements, d'en prouver la nécessité, de les confirmer par la réflexion subjective. Socrate, au contraire, demande que l'homme ne fasse rien, ne tienne rien pour vrai sans s'être d'abord convaincu par lui-même que son acte est utile, que son opinion est vraie. Il ne lui suffit pas qu'une maxime soit universellement acceptée et légalement consacrée : il veut que l'individu y applique sa réflexion personnelle pour en reconnaître les fondements, et c'est seulement lorsque cette conviction intérieure dicte l'action qu'une vraie vertu, qu'une conduite droite est possible à ses yeux. Il consacre donc toute sa vie à contrôler, suivant la méthode dialectique, les notions morales communes, à en découvrir la vérité, à en pénétrer les fondements. Cette recherche le conduit d'ailleurs, presque sur tous les points, à des maximes que les mœurs et l'opinion publiques établissaient également; et s'il purifie, s'il rend plus précises ces maximes, c'est une supériorité qu'il partage avec les meilleurs et les plus sages de ses compatriotes. Néanmoins la position qu'il prend, jugée au point de vue de l'ancienne moralité grecque, paraît bien dangereuse. D'abord ses principes enlevaient leur valeur à la coutume régnante et aux règles communes d'honnêteté fondées sur la tradition et l'autorité. Elles étaient reléguées si bas au-dessous de la science et de la vertu consciente du philosophe, que non seulement l'amour-propre des individus en était blessé au vif, mais que la valeur même des lois de l'État était mise en question. Si l'homme, en effet, ne doit suivre que sa convic-

tion individuelle, il ne sera tenu à se conformer à la volonté
du peuple que dans la mesure où elle sera d'accord avec
sa conviction. Si elles viennent à se trouver en conflit, il
n'y a pas le moindre doute à garder sur le sens de sa décision. Socrate a lui-même franchement exprimé cette idée
dans une déclaration célèbre de son apologie[1], en disant
qu'il aimait mieux obéir à la divinité qu'aux Athéniens.
Ainsi, à un point de vue purement formel, le principe
socratique et les idées anciennes présentent déjà une profonde et insoluble contradiction. Dès lors on ne pouvait naturellement pas garantir, il était même d'avance
invraisemblable, que les conséquences en fussent pleinement d'accord. Et en fait, ne voyons-nous pas Socrate se
mettre, dans ses théories politiques, en opposition avouée
avec le régime établi[2]? De plus on ne saurait méconnaître
que sa philosophie, dans son essence même, était incompatible avec cette prépondérance exclusive de l'intérêt politique, sans laquelle on ne comprendrait guère que l'État
grec, avec des ressources si restreintes, ait pu arriver
à de si grands résultats. Personnellement, nous l'avons
remarqué, il reconnaissait dans toute leur étendue les
devoirs de l'individu vis-à-vis de l'État; il exhortait même
ses amis, lorsqu'il leur croyait les aptitudes nécessaires, à
se consacrer aux affaires publiques[3]; et s'il s'efforçait de
détourner quelques jeunes gens d'entrer prématurément
dans la vie publique pour laquelle ils n'étaient pas encore
prêts[4], cette conduite pouvait, même au point de vue ancien, être considérée comme méritoire. Mais le principe
par lequel il prescrivait à l'homme de prendre avant tout
une claire conscience de lui-même, et de voir dans son
bien moral le premier objet de ses soins, avant de s'oc-

---

1. PLATON, *Apol.*, 29, C sq.
2. Voy. p. 140 sq., 186.
3. Voy. p. 140, 1.
4. *Mém.*, III, 6; IV, 2; PLATON, *Banq.*, 216, A.

cuper des autres ou de la société[1], cette conviction que la participation aux affaires publiques non seulement était incompatible avec sa vocation personnelle, mais que, sous le régime établi, elle était même entièrement impossible à un honnête homme[2]; la direction de sa pensée et de ses efforts, tout entiers tournés vers la vie intérieure; son insistance à réclamer la connaissance de soi, la science morale, le perfectionnement de soi-même; — tout cela devait contribuer à affaiblir chez lui et chez ses disciples le sens de la vie politique, à leur faire placer l'intérêt suprême dans l'amélioration de l'individu et à leur faire considérer au contraire l'activité sociale, où l'ancienne opinion voyait le devoir le plus élevé et le plus immédiat du citoyen, comme une fin secondaire et subordonnée. Enfin il était sans doute injuste de lui reprocher à lui-même, étant données ses convictions personnelles, d'avoir nié les dieux nationaux; mais son principe pouvait les mettre gravement en péril, comme le montra bientôt l'exemple d'Antisthène, dès que se serait développée dans ses conséquences logiques l'idée socratique de la nécessité d'une science véritable, dès qu'on aurait appliqué la réflexion aux conceptions religieuses elles-mêmes pour se rendre compte des opinions populaires. Il en est de même pour le signe démonique. Comme oracle, en effet, il reste sur le terrain de la croyance grecque; mais, comme oracle intérieur, il fait dépendre la décision du sujet lui-même, au lieu de la demander à des présages extérieurs. Quel n'était pas le danger d'un semblable exemple dans un pays où les oracles n'étaient pas seulement une institution religieuse, mais aussi une institution politique! Combien il était facile à d'autres d'imiter le philosophe, mais en prenant pour guide les lumières mêmes de leur raison au lieu d'un

---

1. PLATON, *Banq.*, 216, A.
2. PLATON, *Apol.*, 31, C sqq.

sentiment intérieur inexplicable, et comme on serait tenté de ravaler, en face de ces lumières, la croyance aux dieux et à leurs révélations!

Nous pouvons donc être convaincus pour notre part que, sur tous ces points, Socrate était au fond dans son droit; aussi bien est-il le précurseur et le fondateur de notre conception morale des choses. Mais quiconque admettait les principes des idées anciennes de la Grèce ne pouvait reconnaître ce nouveau droit; et un État fondé sur ces principes n'en pouvait souffrir la proclamation. Imaginons donc que Socrate ait poursuivi son œuvre, donné son enseignement non pas même dans la Sparte de Lycurgue, mais simplement à Athènes au temps de la génération de Marathon, nous trouverons tout naturel que l'État ait essayé d'entraver son action. Car *un semblable État* n'avait encore jamais connu la liberté de la conviction personnelle, que réclamait Socrate, et ne pouvait la tolérer[1]. Dans un tel État le châtiment même du novateur ne saurait nous surprendre; car, d'après les anciennes idées grecques, une doctrine dangereuse pour l'État devait être traitée comme un crime contre l'État. Si de plus le condamné se déclarait d'avance résolu, comme le fit Socrate, à refuser obéissance aux décisions du tribunal, la peine de mort ne pouvait guère manquer d'être infligée. Ainsi, en nous plaçant au point de vue de l'ancienne Grèce et de ses idées sur le droit et l'État, il nous est impossible de déclarer injuste la condamnation de Socrate[2].

---

1. Il n'est pas exact en effet de prétendre (Grote, dans sa *Traduction de l'Apologie* de Platon, p. 129) que Socrate ne se soit pas mis en opposition avec la constitution de Solon, et qu'il ait au contraire réclamé le retour aux coutumes anciennes; Socrate blâmait (voy. plus haut p. 140 sq.) non seulement l'institution du tirage au sort des emplois, institution qui est postérieure à Solon, mais aussi le procédé du choix populaire établi par Solon; et son principe de libre examen et d'autonomie individuelle s'écartait singulièrement de l'esprit de l'époque de Solon.

2. Comparez aux observations ci-dessus les bonnes remarques de Kock, *Ausgew. Komöd. des Aristoph.*, I, 7 sqq.

SOCRATE VIS-À-VIS DE SON TEMPS. — Mais toute différente est maintenant la question de savoir si Athènes, *à l'époque de Socrate*, avait encore le droit de prononcer ce jugement, et les défenseurs de ce dernier la tranchent en général avec beaucoup trop de légèreté[1]. Pour moi, je me vois obligé d'y répondre sans hésiter d'une manière négative. Si Socrate était apparu au temps de Miltiade et d'Aristide et avait été condamné, on ne pourrait guère voir dans ce fait que la résistance de l'ancienne simplicité des mœurs à l'innovation envahissante. Mais, dans la période qui suit la guerre du Péloponnèse, une semblable interprétation n'est plus admissible. Qu'était devenue alors cette solide moralité d'autrefois dont Anytus et Mélétus seraient ici les défenseurs? Toutes les relations sociales, toutes les idées, toutes les habitudes de la vie n'étaient-elles pas depuis longtemps pénétrées d'un subjectivisme bien différent de celui de Socrate et tout autrement dangereux? N'était-on pas depuis longtemps accoutumé à voir, à la place des grands hommes d'État d'autrefois, des démagogues et des oligarques, qui sans

---

1. Ici encore c'est HEGEL (*loc. cit.*, p. 100 sqq.) qui a exprimé l'opinion la plus juste, quoique, dans ce qui précède, il ait trop exclusivement traité les Athéniens comme les représentants de l'ancienne moralité grecque. Au contraire, FORCHHAMMER professe une opinion fort exagérée lorsque, dans la dissertation déjà souvent citée, il met sans restriction la légalité du côté des Athéniens et présente Socrate comme un pur révolutionnaire, lorsque enfin il attribue à ce dernier les plus extrêmes conséquences de ses principes comme des vues pleinement conscientes, malgré les plus formelles protestations de Socrate lui-même. NIETZSCHE (*Sokrates und die griech. Tragödie*, p. 29) néglige aussi la différence des époques quand il pense que Socrate, une fois mis en jugement, pouvait en toute justice être condamné à l'exil. Si l'on fait cette concession, on ne peut guère faire objection à sa condamnation à mort. Car, d'après la jurisprudence grecque, une fois l'accusé déclaré coupable, les juges n'avaient plus que le droit de choisir entre la peine proposée par l'accusateur et celle que proposait l'accusé; dans l'espèce ils n'auraient donc pu choisir qu'entre la mort et une amende dérisoire. Mais la question est justement de savoir si Socrate était passible d'une peine, et cette question, à notre point de vue comme à celui de l'époque de Socrate, il faut la résoudre négativement : à notre point de vue, puisque nous considérons comme un droit universel et inattaquable celui d'exprimer librement sa pensée; au point de vue de l'époque socratique, puisqu'à ce moment Athènes avait depuis longtemps abandonné les anciennes idées grecques au nom desquelles fut condamné le philosophe.

doute étaient en toutes choses ennemis irréconciliables, mais s'accordaient à prendre places et honneurs comme enjeu de leur ambition sans scrupule? Les hommes cultivés de ce temps n'avaient-ils pas tous passé par l'école d'une critique indépendante qui avait sapé les fondements des croyances et de la moralité traditionnelles? Ne s'était-on pas, depuis une génération, entretenu dans cette idée que les lois étaient des institutions arbitraires et que le droit naturel était tout différent du droit positif[1]? Qu'était devenue l'ancienne pureté de mœurs, quand un ARISTOPHANE, parmi ses sorties contre Socrate, pouvait dire à ses auditeurs, moitié en riant, moitié avec colère, que sans exception ils étaient tous des adultères[2]? Que restait-il de l'ancienne piété dans un temps où les vers sceptiques d'Euripide étaient sur toutes les lèvres, où l'on allait chaque année applaudir une fois de plus les joyeuses attaques d'Aristophane et des autres comiques contre les habitants de l'Olympe, où les hommes les plus exempts de préjugés se plaignaient que la crainte des dieux, la bonne foi et les croyances eussent disparu[3], où les mythes relatifs aux sanctions de la vie future étaient universellement tournés en dérision[4]? Cet état de choses, Socrate ne l'a pas *fait*, il l'a *trouvé* existant déjà. Ce qu'on lui reproche comme un crime, en réalité, c'est d'être entré dans l'esprit de son siècle, pour le réformer à l'aide de ses propres idées, au lieu de faire une inutile et absurde tentative pour ramener une civilisation irrévocablement disparue. C'est une méprise évidente de ses adversaires de l'avoir rendu responsable de la décadence des mœurs et des croyances, quand il avait cherché au contraire à en arrêter le progrès par le seul moyen qui fût raisonnable. Ils se

---

1. Cf. p. 23 et I⁹ Part., p. 1055 sqq. (Trad. fr., t. II, p. 520 sqq.).
2. *Nuées*, 1083 sqq.
3. THUCYDIDE, III, 82 sqq., II, 53.
4. PLATON, *République*, I, 330, D.

faisaient grossièrement illusion, s'ils se prenaient pour les hommes du bon vieux temps. La condamnation de Socrate est donc une grave injustice, non seulement selon notre idée plus pure du droit, mais même selon les idées de l'époque où elle eut lieu; elle était un choquant anachronisme politique, une de ces erreurs de jugement où se sont toujours trahies l'impéritie et la courte vue de la politique de restauration. Socrate a sans doute quitté le terrain sur lequel le génie grec s'était placé à l'origine; il avait poussé ce dernier hors des limites en deçà desquelles cette forme déterminée de la vie nationale était seule possible. Mais il ne l'a pas fait avant que le moment n'en fût venu et que l'impossibilité de se maintenir plus longtemps sur les anciennes assises ne fût devenue pleinement évidente. La révolution qui s'accomplit dans l'esprit grec n'est pas imputable à ce seul individu : c'était la destinée, ou, si l'on aime mieux, la faute commune de toute cette génération. En condamnant Socrate comme coupable de cette révolution, les Athéniens se condamnaient eux-mêmes en lui. Ils commettaient cette injustice de faire expier à un seul une faute que l'histoire rejette sur tous. Aussi cette condamnation ne fut-elle pas moins inutile qu'injuste; elle contribua plutôt à exciter qu'à proscrire l'esprit d'innovation.

Ainsi ce procès ne nous fait pas assister au simple conflit de deux puissances morales également légitimes, également bornées ; il est faux de prétendre que la légalité et la culpabilité fussent partagées également entre les deux parties. Au contraire, Socrate avait pour lui le droit absolu que lui conférait un principe historiquement nécessaire, intrinsèquement supérieur, tandis que ses adversaires représentent d'abord un principe plus étroit, mais de plus n'avaient pas même le droit qui pouvait y être attaché, puisqu'eux-mêmes n'y étaient plus fidèles. C'est même justement ce qu'il y a de particulièrement tragique dans la destinée du philosophe : c'est qu'ici le réformateur, qui est le véritable conservateur, est poursuivi au nom d'une restauration toute superficielle et toute factice ; c'est que le châtiment que les Athéniens lui infligent retombe sur eux-mêmes, et qu'en réalité ce n'est pas pour avoir ébranlé les mœurs et les croyances, c'est au contraire pour s'être efforcé de les réformer qu'il est puni par ce parti même dont toute la préoccupation était de les rétablir.

Conclusion. — Pour bien juger cet événement, nous ne devons pas non plus oublier que ce fut seulement à une très faible majorité que Socrate fut déclaré coupable, que, selon toute vraisemblance, il dépendait de lui d'obtenir son acquittement, et qu'enfin, au lieu de la peine de mort, il aurait encouru sans nul doute une peine beaucoup plus douce, s'il avait évité de froisser ses juges par la fierté provocante de son attitude. Ces circonstances doivent doublement nous faire hésiter à considérer la mort du philosophe comme l'inévitable conséquence de sa révolte contre l'esprit de sa nation. D'un côté, en effet, elles contribuent à atténuer beaucoup à nos yeux la faute des Athéniens et à en rejeter une part sur l'accusé lui-même ; de l'autre, elles nous permettent de reconnaître que des causes accidentelles, indépendantes des principes qui caractérisent la doctrine socratique eurent une importance décisive dans le résultat final. Assurément le philosophe s'était mis en opposition, sur des points essentiels, avec l'esprit et les conditions de l'ancienne moralité grecque. Mais, dans l'état où se trouvait alors l'opinion publique à Athènes, cette opposition ne rendait pas nécessaire une rupture entre lui et sa nation ; et si le contre-coup politique qui suivit l'expulsion des Trente provoqua l'attaque dont il fut l'objet, on n'était pas si universellement convaincu de sa culpabilité qu'il ne lui fût possible d'échapper à la peine de mort.

Pour sa gloire et pour sa cause ce fut un bonheur que les choses ne se soient pas ainsi passées. Socrate, après sa condamnation, exprimait la pieuse conviction que ce qu'il y avait de meilleur pour lui, c'était la mort. Cette parole a été pleinement confirmée par son œuvre. L'image de Socrate mourant dut produire sur ses disciples, d'une manière encore bien plus profonde, l'impression qu'elle nous produit même aujourd'hui, après des milliers d'années écoulées : elle devait leur donner un frappant témoignage de la grandeur de l'esprit humain, de la puissance de la philosophie, de l'invincible supériorité d'un esprit pieux, d'un cœur intègre, d'une conscience affermie dans une claire conviction. Elle devait leur apparaître comme l'astre toujours brillant qui guidait leur vie morale, dans tout l'éclat de cette gloire dont la plume magistrale de Platon nous la montre environnée. Elle devait pousser jusqu'à l'enthousiasme leur admiration pour leur maître, leur émulation à l'imiter, leur dévouement à sa philosophie. Sa mort mit à sa vie et à ses discours le sceau d'une vérité supérieure ; le calme sublime, l'heureuse sérénité avec lesquels il l'accueillit étaient la confirmation pratique de toutes ses convictions, le couronnement d'une longue vie consacrée à la science et à la vertu. Le fond de sa doctrine n'en est pas accru, mais l'influence en fut infiniment augmentée. Vivant, il avait semé des germes plus féconds qu'aucun philosophe ne fit jamais avant ou après lui ; sa mort a puissamment contribué à leur donner dans les écoles socratiques un vigoureux développement.

II

LES DEMI-SOCRATIQUES.

§ 1. L'ÉCOLE DE SOCRATE. PHILOSOPHIE SOCRATIQUE POPULAIRE. XÉNOPHON, ESCHINE, ETC.

Une pensée aussi puissante, aussi capable que l'était celle de Socrate de provoquer en tout sens la réflexion, devait faire une profonde et durable impression sur les esprits les plus divers. Mais si les systèmes les plus développés sont eux-mêmes compris différemment par chacun de ceux qui les adoptent, il fallait s'attendre à rencontrer ici une divergence et une variété d'interprétation bien plus grandes encore; car les héritiers du philosophe ne trouvaient pas devant eux un système achevé, mais seulement les germes et les fragments d'un système : une personnalité, un principe, une méthode, une foule de sentences détachées et de discussions. La plupart s'en tinrent naturellement à ce qui frappait tout d'abord les yeux, à ce qui était à la portée de l'intelligence commune : ils ne virent que l'originalité de la personne, la pureté du caractère, la pénétrante conception de la vie, la profonde piété, les belles maximes morales du philosophe. Un petit nombre seulement accorda une plus sérieuse attention aux idées philosophiques qui se cachaient souvent sous de si médiocres apparences. Mais, parmi ceux-là mêmes, aucun ne dépassa une interprétation étroite des résultats des recherches socratiques, et, en alliant les anciennes théories à la doctrine de leur maître, qui sans doute en elle-même demandait à être ainsi complétée, ils perdirent de nouveau en grande partie les fruits de sa philosophie. Un seul, en approfondissant l'esprit de cette philosophie réussit à créer un système scientifique qui réalisait, avec une ampleur et un éclat extraordinaire, l'œuvre que Socrate avait tentée d'une autre manière et sur un terrain plus étroit.

A la première catégorie appartient assurément la grande majorité des hommes qui nous sont connus pour avoir fait partie du cercle de Socrate[1]. Les écrits mêmes qui

---

1. Outre les Socratiques que nous mentionnons plus loin, il faut citer ici : *Criton* (XÉN., *Mém.*, II, 9 ; PLATON. *Criton, Phédon*, 59. B ; 60, A ; 63, D sqq., 115, A sqq. ; *Euthydème*. DIOGÈNE, II, 121, lequel lui attribue dix-sept écrits qui ne lui appartiennent sans doute pas plus que ses prétendus fils. Hermogène, etc. : *ibid.*, II, 20 [voy. plus haut, p. 49, 4] ; 31 ; 105) ; son fils *Critobule* (XÉN., *Mém.*, I, 3, 8, II. 6 ; *Économ.*, 1-6 ; *Banq.*. 4, 10 sqq. et *passim* ; PLATON, *Apol.*, 33, D ; 38, B ; *Phédon*, 59, B ; ESCHINE dans ATHÉN., V, 220, A) ; *Chéréphon* (voir *Mém.*, I, 2, 48 ; II, 3 ; PLATON, *Apol.*, 20, E sqq. ; *Charm.*, 153, B et le *Gorgias*. ARISTOPHANE, *Nuées, Oiseaux*, 1296) et son frère *Chérécrate* (*Mém.*, ll. cc.) : *Apollodore* (*Mém.*, III, 11, 17 ; PLATON, *Apol.*, 34, A ; 38, B ; *Phédon*, 59, B ; 117, D. *Banq.*, au commencement) ; *Aristodème* (*Mém.*, I, 4 ; PLAT., *Banq.*, 173. B, 174, A sqq. ; 223. B ; *Euthydème* (*Mém.*, IV, 2 ; 3 ; 5 ; 6 ; PLAT., *Banq.*, 222, B) ; *Théagès* (PLAT., *Apol.*, 33. E, le mentionne comme déjà mort ; *Rép.*, VI, 496, B ; *Théagès*) ; *Hermogène* (XÉN., *Mém.*, II, 10, 3 sqq. ; IV, 8, 4 ; *Banq.*, 4, 46 sqq. et *pass.* ; *Apol.*, 2 ; PLAT., *Phédon*, 59, B ; *Cratyle* ; dans les *Mémorables*, I, 2, 48, peut-être faut-il lire Ἑρμογένης à la place d'Ἑρμοκράτης. En tout cas, il faudrait distinguer cet Hermocrate de celui que nous rencontrons chez PLATON, *Timée*, 19, C ; 20, A sq. ; *Crit.*, 108, A sqq. : car ce dernier est un étranger qui ne réside à Athènes qu'en passant. Sur ce point, voy. STEINHART, *Plat. Werke*, VI, 39 sq., 235 sq.) ; *Phédonide* (*Mém.*, I, 2, 48 ; PLAT., *Phédon*, 59, C) ; *Théodote* (PLATON, *Apol.*, 33, E ; *Épigène* (*ibid.*, *Phédon*, 59, B ; *Mém.*, III, 12) ; *Ménexène* (*Phédon*, 59, B ; *Lysis*, 206, D sqq. ; *Ménexène*) ; *Ctésippe* (*Phédon*, loc. cit., *Euthyd.*, *Lysis*) ; *Théétète* (PLAT., *Théét.*, *Soph.*, *Polit.*, au début ; PROCLUS, in *Euclid.*, 19, au milieu, 20, en haut) ; Socrate le Jeune (PLATON, *Théét.*, 147, C ; *Soph.*, 218. B ; *Polit.*, 257, C ; ARIST., *Métaph.*, VII, 11, 1036 b, 25 ; cf. HERMANN, *Platonismus*, I. 661) ; *Terpsion* (PLATON, *Théét.*, au début ; *Phédon*, 59, C) ; *Charmide* (XÉN., *Mém.*, III, 7 ; 6, 14 ; *Banq.*, 4, 29 sqq. et *passim* ; *Hellén.*, II, 4, 19 ; PLATON, *Charmide* ; *Banquet*, 222 B ; *Prot.*, 315, A) Glaucon, le frère de Platon (*Mém.*, III, 6 ; DIOG., III, 4) ; c'est du même sans doute que DIOG., II, 124, mentionne neuf dialogues authentiques et trente-deux dialogues apocryphes, et il n'y a pas lieu non plus, ainsi que je le pense avec BOECKH, de le distinguer du Glaucon de la *République* et du *Parménide* ; voy. *Abhandl. der Berliner Akad.*, 1873, *Hist.-Phil. Klasse*, p. 86 sqq.) ; *Cléombrote* (*Phédon*, 59, C) peut-être le même qui, d'après CALLIMAQUE (*ap.* CIC., *Tusc.*, I, 34, 84, et SEXTUS, *Adv. Math.*, I, 48 ; DAVID, *Proleg. in Categ.*, 9, *Schol. in Arist.*, 13 b, 35 ; AMMON., in *Porph. Isag.*, 2 b, en bas), se serait tué à la lecture du *Phédon*, non qu'il fût amené à le faire par une fausse interprétation des exhortations à une mort philosophique, mais parce qu'il aurait eu honte de sa conduite, blâmée dans ce dialogue ; *Diodore* (*Mém.*, II, 10) ; *Critias* (que DENYS, *Jud. de Thucyd.*, c. 31, p. 941, met également au nombre des Socratiques) et *Alcibiade* dans leur jeunesse (*Mém.*, I, 2, 12 sqq. ; PLATON, *passim*) ; nous ne mentionnerons pas ici

nous sont mentionnés sous le nom de quelques-uns de ces Socratiques[1], et parmi lesquels il semble y en avoir eu beaucoup d'apocryphes, ne s'élèvent guère en moyenne au-dessus du niveau de maximes populaires de sagesse pratique.

XÉNOPHON. — L'exemple de *Xénophon*[2] peut nous donner une idée de la manière dont fut comprise et appliquée, à

---

certains personnages qui nous sont, il est vrai, désignés comme des connaissances personnelles de Socrate, mais ne se sont pas ralliés à ses idées; tels sont *Phèdre*, l'admirateur de l'éloquence sophistique (PLAT., *Phèdre*, *Banquet*), le fameux *Callias* (XÉN., *Banq.*; PLAT., *Prot.*, etc.); *Périclès le Jeune* (*Mém.*, III, 5), *Aristarque* (*Mém.*, II, 7), *Euthère* (*Mém.*, II, 8) et bien d'autres encore.

1. Criton et Glaucon, voy. la note précédente.
2. Xénophon, fils de l'Athénien Gryllus, serait mort, d'après un témoignage fourni par DIOGÈNE, II, 56, la 1ʳᵉ année de l'ol. 105 (360-359 av. J.-C.). Cependant on voit par les *Hellén.*, VI, 4, 35, qu'il a survécu au meurtre d'Alexandre de Phères (357 av. J.-C.), et s'il est exact de placer en 355 le traité sur les *Revenus de l'Attique*, il faudrait encore retarder sa mort jusqu'à ce moment. On croyait autrefois devoir placer sa naissance en 450, à cause du texte de Ps.-LUCIEN, *Macrob.*, 21, d'après lequel il atteignit l'âge de quatre-vingt-dix ans, ou même en 445, à cause de sa prétendue participation à la bataille de Délium (424 av. J.-C.), dont nous avons fait mention p. 56, 3. Mais le premier de ces renseignements, outre qu'on lui-même il est fort contestable, ne nous fournirait d'ailleurs aucune donnée précise, vu l'incertitude de la date à laquelle il faut fixer la mort de Xénophon; le second est rendu si suspect par le récit de PLATON, *Banq.*, 220, D sqq., que nous ne pouvons vraiment faire aucun fond sur ce témoignage. Enfin ni l'un ni l'autre ne s'accorde avec ce que dit Xénophon lui-même dans l'*Anabase*, III, 1, 4 sqq.; 25 (οὐδὲν προφασίζομαι τὴν ἡλικίαν); 2, 37 (passage où il dit être, avec Timasion, le plus jeune des généraux nouvellement désignés). Ces textes mettent hors de doute qu'à l'époque de l'expédition qu'il a racontée (401-400 av. J.-C.), il était encore loin d'avoir atteint quarante-cinq ans, et qu'il avait à peu près l'âge de son ami Proxène, âgé alors d'environ trente ans. Ainsi pensent GROTE, *Plato*, III, 563 sq.; COBET, *Nov. Lect.*, 535 sqq.; REDIG dans l'*Encyclopédie* d'Ersch et Gruber, I, 81, 392; CURTIUS, *Griechische Geschichte*, III, 772, 31. La biographie de Xénophon ne nous est qu'imparfaitement connue. Lui-même nous parle dans l'*Anabase* (III, 1, 4 sqq.), dans les *Mémorables* et au début de l'*Économique*, de ses relations avec Socrate (sur la manière dont elles naquirent, DIOGÈNE (II, 48) nous rapporte une anecdote douteuse). Dans le premier de ces ouvrages, il nous raconte ses actes et les détails de sa vie pendant la retraite des Dix-Mille. Après son retour, il entra dans l'armée spartiate en Asie Mineure et combattit avec elle à Coronée, sous Agésilas, contre ses propres compatriotes. Banni d'Athènes pour ce fait, il se retira à Scillonte d'Élide, colonie de Sparte. (XÉN., *Anab.*, V, 3, 6 sqq.; DIOG., II, 51 sq.; PAUSAN., V, 6, 4; PLUT., *Agésil.*, 18; *De exil.*, 10, p. 603). D'après un renseignement peu digne de foi, c'est là qu'il serait mort (PAUSAN., *loc. cit.*); des témoins plus autorisés rapportent qu'il aurait été banni de Scillonte par les Éliens (vraisemblablement en 370, lorsqu'ils passèrent aux Thébains après la bataille de Leuctres; DIODORE, XV, 62) et aurait passé le reste de sa vie à Corinthe (DIOG., 53 sqq.). La sentence d'exil paraît avoir été rapportée, comme le suppose le traité des *Revenus de l'Attique*,

ce point de vue, la doctrine socratique. Il nous est impossible, en lisant les ouvrages de cet écrivain de refuser notre estime à la pureté et à la dignité de ses sentiments, à son caractère chevaleresque, à la justesse de son esprit. Mais nous ne saurions apprécier très haut ses aptitudes philosophiques. Le portrait qu'il nous trace de Socrate respire la plus grande admiration pour la grandeur morale du philosophe, mais il n'a que bien imparfaitement compris son rôle philosophique et ses idées scientifiques. Il ne partage pas seulement l'étroitesse des vues de son maître quand, par exemple, il trouve dans son mépris pour la physique une preuve de sa piété et de son intelligence[1]; mais il méconnaît ce qu'il y a de vraiment philosophique dans les formules que lui-même nous transmet. La formation des concepts qui est le véritable centre de la philosophie socratique, il n'en fait qu'une mention accidentelle, afin de montrer combien ses amis lui devaient pour le zèle qu'il mettait à cultiver leur esprit dans la dialectique[2]. Le désir de la science pousse-t-il le philosophe à interroger tous ceux qu'il rencontre sur les objets et les modes de son activité, Xénophon ne sait tirer de là que cette simple conclusion : c'est qu'il cherchait à se rendre utile à toutes sortes de gens, et même aux arti-

lorsque Athènes s'allia avec Sparte contre Thèbes, que cet évènement ait d'ailleurs eu lieu avant ou après la bataille de Mantinée, où ses deux fils combattirent dans la cavalerie athénienne, et où l'aîné, Gryllus, trouva la mort (Diod., 54 sqq.; Plut., Consol. ad Apoll., 33, p. 118). — Les écrits de Xénophon se distinguent par la pureté de la langue, l'élégance de l'expression, la clarté et la simplicité de l'exposition. Ils semblent nous être tous parvenus. Toutefois, l'Apologie, l'écrit sur la République d'Athènes, et l'Agésilas sont certainement apocryphes; quelques autres petits écrits sont également suspects de n'être pas authentiques, ou tout au moins d'être gravement interpolés. (Steinhart, Plat. L., 95; 300 sq., met également en doute, mais à tort l'authenticité du Banquet). Sur la vie et les ouvrages de Xénophon, voyez encore : Krüger, De Xenoph. vita (Halle, 1832) dans le 2ᵉ vol. de ses Historisch-philolog. Studien. Ranke, De Xen. vita et scriptis (Berl. 1851); Grote, Plato. III. 562 sqq.; Berck, loc. cit. Hunn dans la Real Encyclopädie de Pauly, VI, b, 2791 sqq. On trouvera là une bibliographie plus complète ainsi que dans Ueberweg, Gesch. der Phil., I, 95.

1. Mém., I. 1. 11 sqq.; IV, 7.
2. Mém., IV. 6

sans[1]. S'agit-il de ces principes sur la vertu qui sont le fondement caractéristique de toute l'éthique de Socrate, il est si difficile d'en reconnaître la valeur dans ce qu'il nous en rapporte qu'on voit assez combien il la comprenait peu lui-même[2]. Ainsi nous trouvons bien, il est vrai, dans l'exposition de ses idées personnelles elle-même beaucoup d'échos et de souvenirs de l'enseignement socratique; mais il s'y montre trop préoccupé des questions d'ordre pratique pour pouvoir s'élever à des recherches vraiment scientifiques. Il décrit le procédé d'enseignement par interrogation[3], qu'il manie lui-même avec une certaine habileté. Mais ses dialogues ne visent pas, comme les vrais dialogues socratiques, à la détermination des concepts, et il en prend souvent beaucoup trop à son aise avec les démonstrations et les déductions. Il recommande la connaissance de soi[4], mais il ne l'entend guère que dans le sens d'une maxime populaire : n'entreprenez jamais rien qui dépasse vos forces. Il insiste sur la piété, sur la domination de soi-même, etc.[5]; mais le principe socratique que toutes ces vertus consistent en une science, il ne semble pas l'accepter[6]. Comme Socrate, il montre que rien n'est bon si l'on ne sait en faire un bon usage[7], que l'on obéit toujours volontiers à l'homme intelligent[8], que la justice est identique à la légalité[9], que le riche n'est pas plus heureux que le pauvre[10], que la vraie mesure de la richesse et de la pauvreté n'est pas dans les

---

1. *Mém.*, III, 10, 1; 1, 1; cf. 91, 2.
2. Cf. *Mém.*, III, 9, et sur ce point p. 117 sq.
3. *Économique*. 19, 14 sq.
4. *Cyrop.*, VII, 2, 20 sq.
5. Par ex. *Cyrop.*, VIII, 1, 23 sq.
6. Cf. l'entretien entre Cyrus et Tigrane (*Cyrop.*, III, 1, 16 sq.) et les *Mém.*, I, 2, 19 sq., où nous trouvons aussi plutôt l'expression des idées communes que des idées socratiques, bien qu'en paroles ces dernières soient agréées.
7. Voy. plus haut p. 118, 3.
8. *Cyrop.*, I, 6, 21; cf. p. 141, 1.
9. *Cyrop.*, I, 3, 17; cf. p. 124, 2.
10. *Cyrop.*, VIII, 3, 40; *Banq.*, 4, 29 sq.; cf. *Mém.*, I, 6, 4 sq.

choses mêmes que l'on possède, mais dans leur rapport avec les besoins du possesseur¹. Il répète ce qu'avait dit Socrate de la véracité et de la tromperie², mais non sans faire observer qu'il est aisé d'abuser de ces principes. Il se déclare aussi franchement hostile que son maître aux excès sensuels de l'amour grec³; il demande, d'accord également avec lui sur ce point, que l'homme concède à la femme la situation qui lui est due, que l'on consacre plus de soin à son éducation, que, dans son union avec l'homme, la communauté de la vie devienne plus complète, puisqu'elle est justement fondée sur la diversité de leurs aptitudes et de leurs travaux respectifs⁴. Il exhorte au travail, sans pourtant s'élever comme son maître au-dessus du préjugé grec contre le travail manuel⁵. Nombre de passages nous montrent comment il conçoit l'idéal d'une belle et heureuse vie⁶; mais cette conception, il ne fait aucun effort pour l'établir scientifiquement, et d'ailleurs, en l'acceptant, il ne dépasse pas le niveau de la morale hellénique traditionnelle. Il s'exprime en termes très vifs sur l'omniscience et la toute-puissance des dieux, sur leur sollicitude à l'égard des hommes, et la faveur céleste qui s'attache à la piété⁷. Mais en même temps il partage sans restriction la croyance de son pays au sujet des sacrifices et des prédictions, qu'il s'entend lui-même à interpréter⁸. Il prête à son Cyrus différentes considérations destinées à justifier l'espérance d'une vie supérieure après la mort, sans toutefois se prononcer nettement sur cette

---

1. *Économ.*, 2, 2 sq.
2. *Cyrop.*, I, 6, 31 sq.; cf. *Mém.*, IV, 2, 13 sq.
3. *Banq.*, 8, 7 sq. Voy. p. 138.
4. *Économ.*, 3, 13; c. 7; cf. p. 139, 2.
5. *Économ.*, 4, 2 sq.; 6, 5; 20, 15; cf. p. 142, 1.
6. *Mém.*, IV, 8, 11; *Cyrop.*, VIII, 7, 6 sq; *Économ.*, 11, 8, et *passim*.
7. *Banq.*, 4, 46 sq.; *Cyrop.*, I, 6, 2; *Écon.*, 7, 18 sq. et *pass.* Cf. p. 147.
8. Entre autres passages, voy. *Cyrop.*, I, 6, 2; 23; 44; *Écon.*, 5, 19 sq.; 7, 7; 11, 8; *Hipparch.*, 1, 1; 5, 14; 7, 1; 9, 8; *Anab.*, III, 1, 11; V, 9, 22 sq.; 6, 28 sq. (cf. p. 65, 5, 147). *Cyrop.*, I, 6, 23, passage identique à celui des *Mém.*, I, 1, 6 sq.

question. Il rappelle que l'âme est invisible; il parle de
la vengeance qu'exercent les victimes d'un meurtre injuste, du respect dû aux morts. Il ne peut croire que
l'âme, qui donne la vie au corps, soit mortelle elle-même,
que la raison ne doive pas se dégager plus pure en se séparant du corps, et il en voit un présage dans les divinations des rêves[1]. On ne saurait méconnaître dans ces différentes pensées la marque d'un esprit réfléchi et d'un fidèle
disciple de Socrate; toutefois il serait bien difficile d'y
trouver la moindre idée originale, et, même dans les passages où les principes de Socrate semblent avoir reçu
quelques développements, nous ne pouvons guère distinguer ce qui appartient à Xénophon et ce qui appartient
à son maître. Son écrit étendu sur la politique, la *Cyro-
pédie* est lui-même sans importance comme œuvre philosophique et politique. Xénophon veut y exposer l'idéal
socratique du souverain compétent[2], plein de sollicitude
pour son peuple comme un pasteur pour son troupeau[3].
Cependant le tableau qu'il nous trace n'est guère que le
portrait du général courageux et circonspect[4], de l'homme
intègre et du conquérant chevaleresque; il ne fait aucune
recherche digne de ce nom pour déterminer avec précision
le rôle de l'État, pour en donner une conception élevée,
pour en assurer l'accomplissement par des institutions
durables; et, si l'on peut reconnaître en lui le disciple de
Socrate quand il réclame pour l'éducation la plus grande
sollicitude[5], la science le préoccupe si peu dans cette
question[6], que l'éducation dont il nous parle mériterait

1. *Cyrop.*, VIII, 7, 17 sqq. Voy. p. 140.
2. I, 1, 3. Cf. p. 140 sq.
3. VIII, 2, 14; cf. *Mém.*, I, 2, 32.
4. Ses obligations sont ici (I, 6, 12 sqq.) l'objet d'une analyse analogue à celle
des *Mémorables*, III, 1; peut-être dans ce dernier passage Xénophon lui-même
est-il cet ami de Socrate dont il ne dit pas le nom.
5. I, 2, 2 sqq., VIII, 8, 13; VII, 5, 72 sqq.
6. On ne retrouve dans cet ouvrage qu'un faible écho du principe socratique, I, 4, 3.

plutôt le nom de spartiate que celui de socratique. D'ailleurs tout gravite ici autour de la personne du prince; l'État dont il s'agit est un royaume asiatique; la fin dernière en est la puissance et la richesse du souverain et de l'aristocratie militaire; toutes les institutions sont calculées en vue de cette fin[1]; mais à ce point de vue même les théories de l'auteur sont bien insuffisantes et beaucoup d'éléments importants de la vie politique sont complètement négligés[2]. On peut faire sur le *Hiéron* des observations analogues. Dans ce dialogue Xénophon montre avec assez de force combien est peu enviable, en réalité, la prétendue félicité d'un tyran. Mais dans ce qu'il ajoute sur les moyens qui lui permettraient de faire le bonheur de ses sujets en même temps que le sien, reconnût-on même une véritable efficacité à beaucoup de ceux qu'il propose, il ne s'élève pas au-dessus de l'idée d'un despotisme bienveillant. Plus satisfaisant est ce petit écrit sur l'économie domestique; c'est l'œuvre d'un esprit éclairé et animé de bons sentiments, qui se révèle surtout lorsqu'il s'agit de la situation de la femme[3] et du traitement des esclaves[4]; mais cet ouvrage ne peut avoir aucune prétention à un caractère philosophique bien qu'on y rencontre quelques idées socratiques[5]. L'histoire de la philosophie n'a donc que peu de choses à dire de Xénophon[6].

---

1. Voy. en particulier sur ce point, VIII, 1 sq. Dans le traité de Cyrus avec les Perses (VIII, 5, 24 sqq.) on vise aussi uniquement à s'assurer réciproquement les avantages de la souveraineté.
2. Voyez, à ce sujet, les observations très fines de Mohl., *Gesch. der Staatswissenschaft*, I, 204.
3. C. 3, 13; c. 7; voy. p. 201, II.
4. 12, 3 sqq.; 14, 9; c. 21; 7, 37; 11; 9, 11 sq.
5. Comme celle que nous mentionnons page 201, II.
6. Strümpell (*Gesch. der praktischen Phil. der Gr.*, 466-509) juge bien plus favorablement Xénophon, et s'étend beaucoup plus sur son compte. Il voit en lui le continuateur de la pensée socratique dans les questions de morale appliquée, et trouve chez lui le complément nécessaire de la philosophie de Platon qui en est le continuateur au point de vue théorique. Pourtant il avoue que, l'*Économique* mis à part, il ne saurait être question chez Xénophon d'un développement systématique de la doctrine (p. 481); que sa théorie de la vertu est de la plus grande simplicité et qu'elle est presque entièrement dépouillée de toute expression philo-

ESCHINE, SIMMIAS, CÉBÈS, etc. — *Eschine*[1] semble avoir traité d'une manière analogue la philosophie socratique. Les écrits de ce Socratique[2] sont comptés parmi les plus purs modèles de la prose attique[3], et préférés par quel- 205 ques-uns à ceux de Xénophon lui-même[4]. Ils avaient de plus la réputation de rendre avec une fidélité remarquable l'esprit des discours socratiques[5], et le peu qui nous en reste justifie l'une et l'autre opinion. Mais ces écrits,

sophique (p. 484); il convient qu'à proprement parler, il ne démontre presque jamais rien, qu'il ne connaît pas la déduction, ni même cette méthode socratique par excellence de la définition (p. 467). Mais où réside alors son rôle important pour la philosophie et son histoire ? La simple application d'une pensée étrangère, sans extension de son contenu, sans correction, sans souci même de la méthode philosophique, peut avoir ses mérites, mais ne saurait être considérée comme une œuvre philosophique.

1. Eschine, fils de Lysanias (PLATON, *Apol.*, 33, E, etc.; le texte contraire de DIOGÈNE, II, 60 n'entre pas en considération), est célèbre par son attachement à Socrate (DIOG., II, 34; SÉN., *De Benef.*, I, 8); Platon le nomme (*loc. cit.* et *Phédon*, 59, B) parmi ceux qui furent présents à sa condamnation et à sa mort; pourtant Idoménée (*ap.* DIOG., II, 60; 35; III, 36) lui attribue le rôle du Criton de Platon (voy. p. 167, 6) sans doute par pure malveillance à l'égard de Platon. Plus tard, nous le rencontrons auprès de Denys le Jeune, auquel il aurait été recommandé, suivant PLUTARQUE, par Platon, suivant DIOGÈNE, par Aristippe (DIOG., II, 61 ; 63 ; PLUT., *De adul. et amico*, c. 26, p. 67 ; PHILOSTRATE d'Apollonie, I, 35, p. 43. LUCIEN, *Paras.*, c. 32 ; cf. DIODORE, XV, 76); ce dernier paraît d'ailleurs avoir été son ami (DIOG., II, 82; PLUT., *De cohib. ira*, 14, p. 462). De famille pauvre (DIOG., II, 34; 62; SÉN., *loc. cit.*), il fut encore plus tard, après son retour à Athènes, dans le besoin, et n'aurait pas osé fonder une école, mais aurait prononcé des discours et fait des conférences moyennant payement. (DIOG., II, 62; ce que rapportent ATHÉNÉE (XI, 507, C) et DIOGÈNE (II, 20) ne mérite pas créance). Ecartons la question des histoires scandaleuses rapportées sur son compte par LYSIAS, *ap.* ATHÉN., XIII, 611, D sqq. D'après ATHÉNÉE, ses écrits révèlent un homme d'honneur. L'époque de sa mort n'est pas connue.

2. Suivant DIOG., II, 61, 64; PHRYNICHUS, *in* PHOT., *Biblioth.*, c. 158, p. 101, II, Bekk., il y en avait sept dont l'authenticité était reconnue. Les rares fragments que nous en possédons ont été réunis par HERMANN, *De Æschinis Socratici reliquiis*, Gött., 1850. Le même auteur, p. 8 sq. (cf. *Gesch. und Syst. des Plat.*, 585, 182), donne l'essentiel sur les écrits apocryphes.

3. Voy. note suiv. et LONGIN, π. ὕψ:ς. *Rhet. Gr.*, éd. Walz, IX, 559.

4. PHRYNICH., *ap.* PHOT., *Cod.*, 61, fin, 158, fin. HERMOGÈNE, *De form. orat.*, II, 3; *Rhet. Gr.*, éd. Walz, III, 394; M. PSELLUS, dans COX, *Catal. der Bodl. Mss.*, p. 743 sq. (cité par GROTE, *Plato*, III, 469); contre ce texte, celui de TIMON, *ap.* DIOG., II, 55, 62, ne prouve rien. Dans ses discours, il aurait imité Gorgias. DIOG., II, 63; PHILOSTR., *Epist.*, 72, p. 363, Kayser.

5. ARISTIDE, *Orat.*, XLV, p. 35, Cant.; DÉMÉTR., *De interpret.*, 297. De là l'opinion (ARISTIDE, *loc. cit.*; DIOG., II, 60; 62; ATHÉN., XIII, 611, D; PHOT., *Cod.*, 158, fin) que ses dialogues avaient été composés par Socrate lui-même et lui avaient été donnés par Xanthippe. DIOGÈNE (II, 47) le compte également parmi les plus distingués des Socratiques.

semble-t-il, étaient assez pauvres en pensées philosophiques originales et devaient leur valeur plutôt à la grâce et à l'habileté de l'exposition qu'à l'interprétation personnelle des doctrines socratiques.

Les Thébains *Simmias*[1] et *Cébès*[2] furent peut-être des esprits plus philosophiques. Ils étaient tous deux disciples de Philolaüs[3], et tous deux nous sont représentés par PLATON comme des hommes portés à la réflexion et avides de science[4]. Cependant nous ne savons absolument rien de leurs vues et de leurs travaux philosophiques. Les écrits qu'on mentionne sous leur nom[5] étaient déjà rejetés par Panætius, dans la mesure du moins où il les connaissait[6]; le seul que nous possédions encore, le *Tableau* de Cébès est certainement apocryphe[7]. On peut encore moins songer à admettre l'authenticité des écrits qui furent répandus à une époque postérieure sous le nom du cordonnier *Simon*[8].

---

1. XÉN., *Mém.*, I, 2, 48; III, 11, 17; PLATON, *Phédon*, 59, C; 63, A sqq., etc.
2. *Mém.*, II. cc.; *Phédon*, 59, C; 60, C sqq.
3. *Phédon*, 61, D.
4. D'après le *Phédon*, 242, B, nul n'aurait tenu et provoqué plus de discours philosophiques que Simmias; et dans le *Phédon*, 85, C, il pose lui-même en principe que toute question doit être examinée jusque dans ses extrêmes conséquences. De Cébès, le *Phédon* (63, A; 77, A) nous dit qu'il découvrait toujours les objections à faire, et que c'était le douteur le plus obstiné qu'on pût voir. Le rôle qu'ils jouent dans ce dialogue s'accorde en effet avec ce portrait.
5. DIOG., II, 124 nomme vingt-trois dialogues de Simmias, trois de Cébès, parmi lesquels se trouve le *Tableau* que nous possédons encore. Au sujet de ce dernier, voir les autres témoignages dans SCHWEIGHÄUSER, *Epicteti Enchiridion et Cebetis Tabula*, p. 261.
6. DIOG., II, 64 : πάντων μέντοι τῶν Σωκρατικῶν διαλόγων Παναίτιος ἀληθεῖς εἶναι δοκεῖ τοὺς Πλάτωνος, Ξενοφῶντος, Ἀντισθένους, Αἰσχίνου· διστάζει δὲ περὶ τῶν Φαίδωνος καὶ Εὐκλείδου, τοὺς δὲ ἄλλους ἀναιρεῖ πάντας.
7. L'authenticité de cet ouvrage a pourtant, même encore récemment, trouvé des défenseurs comme BÜHR (PAULY'S *Real-Encyclopädie*, t. II, art. *Cébès*) et SCHWEIGHÄUSER, chap. XIII, 33. Mais d'abord il suffit pour la rejeter de considérer deux passages, dont l'un mentionne les Péripatéticiens, et dont l'autre contient une citation des *Lois* de Platon. De plus, malgré ce que l'ensemble a d'incolore, il est impossible de méconnaître, dans le reste de cet écrit, les idées d'une époque postérieure, que trahissent le caractère stoïcien de la morale et la polémique contre la fausse culture.
8. Sur ce personnage et ses écrits, voy. DIOGÈNE, II, 122 sq.; SUIDAS, Σωκράτης; *Epist. Socratis*, 12; 13; PLUTARQUE, *Cum principibus philos.*, c. 1, p. 776; AMMONIUS, *De interpret.*, 164 a; BÖCKH, *in Plat. Minoem*, 42 sqq.; id., *Simonis Socratici Dialogi IV*; HERMANN, *Plat.*, I, 419, 586.

Il est probable que ce personnage est tout imaginaire[1].

Outre Platon, nous connaissons quatre Socratiques ayant fondé des écoles : Euclide, Phédon, Antisthène, Aristippe. Les deux premiers sont très voisins l'un de l'autre ; les deux autres, au contraire, suivent des voies différentes. Trois écoles socratiques sont donc issues de ces philosophes : l'école d'Élis et de Mégare, l'école cynique et l'école cyrénaïque. Toutes trois se rattachent à Socrate ; mais ayant des visées trop étroites et restant sous la dépendance de théories antérieures, elles ne saisissent que bien incomplètement l'esprit de la doctrine socratique ; c'est par là qu'elles se séparent les unes des autres, en même temps que de Socrate, pour prendre des directions opposées. Socrate avait trouvé dans la science du bien l'objet le plus élevé des efforts humains ; mais il n'avait pas su définir avec assez d'exactitude ce qu'était le bien, et s'était contenté de le déterminer pratiquement, ou s'était borné à une morale eudémonistique toute relative. Les différentes faces des recherches socratiques viennent maintenant à se séparer ; chaque tendance en est élevée à la hauteur d'un principe distinct. Les uns s'en tiennent au contenu général de la doctrine socratique, à l'idée abstraite du bien. Les autres prennent pour point de départ l'interprétation eudémonistique de cette idée et font du bien lui-même quelque chose de tout relatif. De plus, les pre-

---

[1]. Ce que Diogène nous apprend à son sujet est bien insuffisant, et l'anecdote qui nous le montre refusant l'offre de Périclès qui lui aurait proposé de le prendre auprès de lui, outre qu'elle est suspecte au point de vue chronologique, a par elle-même un caractère peu historique. Parmi les dialogues qui lui sont attribués, nous en trouvons aussi une partie sous d'autres noms (voy. HERMANN, loc. cit.). Ce qui contribue aussi à accroître notre défiance, c'est qu'aucun témoin antérieur, qu'en particulier ni Platon ni Xénophon ne nous dit mot de ce prétendu disciple si ancien et si remarquable de Socrate. — Outre ceux que nous venons de signaler, SUIDAS (Σωκράτης, p. 843 sq. Bernh.) nomme encore *Bryson* d'Héraclée comme disciple de Socrate. Cependant, ainsi que le remarque Suidas, d'autres le considéraient comme disciple d'Euclide, et le comique Ephippus (*ap.* ATHÉN., XI, 509, C) le range dans l'Académie. L'assertion de Théopompe (*ibid.*, 508, D), suivant laquelle Platon aurait copié des ouvrages de ce Bryson, fût-elle conciliable avec toutes ces hypothèses, n'en reste pas moins dénuée de fondement.

miers, en cherchant à comprendre et à déterminer l'idée du bien, se divisent en deux catégories : les uns sont surtout préoccupés du côté théorique, les autres du côté pratique du problème. C'est ainsi que l'école socratique se scinde en trois écoles que nous avons nommées. Mais en même temps, comme elles mettent en relief, aux dépens des autres, des éléments détachés de la doctrine socratique, elles reviennent, dans la même mesure, à des doctrines plus anciennes, déjà disparues, dans leur ensemble, du développement historique de la philosophie. Les Mégariques et les Cyniques reprennent le monisme éléatique; les Cyrénaïques, le scepticisme de Protagoras et les idées héraclitiques qui en sont le fondement.

§ 2. ÉCOLE DE MÉGARE, D'ÉLIS ET D'ÉRÉTRIE.

HISTOIRE EXTÉRIEURE. — Le fondateur de l'école de Mégare[1] est *Euclide*[2]. Ami fidèle et admirateur de So-

---

1. Voy. DEYCKS, *De Megaricorum doctrina* (Bonn, 1827), dont le travail consciencieux n'a pas été sensiblement dépassé par MALLET, *Histoire de l'École de Mégare, et des Écoles d'Élis et d'Érétrie* (Paris, 1845). Plus personnel, mais aussi parfois trop diffus, est l'ouvrage de HENNE, *École de Mégare* (Paris, 1843). RITTER, *Ueber die Philosophie der Megar. Schule*. Rhein. Mus., II (1828), p. 295 sqq. HARTENSTEIN, *Ueber die Bedeutung der Meg. Schule für die Geschichte der metaph. Probleme*. Verhandlungen der sächs. Gesellschaft der Wissensch., 1848, p. 190 sqq. (*Hist.-philos. Abhandl.*, 127 sqq.). PRANTL, *Gesch. der Logik*, I, 33, qui analyse de la façon la plus pénétrante les doctrines logiques de l'école.
2. La résidence d'Euclide était Mégare (PLATON, *Théét.*, au début; *Phédon*, 59, C, et *passim*). Selon CICÉRON, *Acad.*, II, 42, 129 ; STRABON. IX, 1, 8, p. 393 ; DIOGÈNE, II, 106, c'était aussi sa ville natale. La tradition qui le fait naître à Géla (τινές, *ap.* DIOG., *loc. cit.* d'après ALEX. POLYHISTOR) ne repose sans doute que sur une méprise, peut-être sur une simple variante (DEYCKS, p. 4, indique la possibilité d'une confusion avec Euclide le bouffon, γελοῖος, qu'ATHÉNÉE, VI, 242, B; 260, E, ne mentionne pas, il est vrai, avec ce surnom; HENNE, p. 32 sqq. conjecture, mais sans preuves suffisantes, qu'il aurait été élevé à Géla). GROTE (*Plato*, III, 471) conclut à tort de DENYS, *Judic. de Isœo*, c. 14; HARPOCRATION, ὅτι τὰ ἐπικάρποτε.; POLL., VIII, 48, qu'il possédait aussi des biens en Attique ; car Denys mentionne seulement une plaidoirie d'Isée, πρὸς Εὐκλείδην, au sujet d'une terre; cet Euclide était-il le Socratique? C'est une conjecture tout arbitraire. Nous ne pouvons établir avec précision l'époque de sa naissance et l'anecdote que nous trouvons dans GELL., VI, 10 (voy. note suiv.), ne peut ici nous suffire. Mais il est vraisemblable qu'il était plus âgé que Platon. Un fait

crate¹, mais en même temps familier avec la doctrine éléatique², il se servit de cette dernière pour développer la philosophie socratique dans le sens où il l'avait comprise. C'est ainsi qu'il fonda une école distincte qui fut une branche de l'école socratique³, et se maintint jusque dans la première moitié du troisième siècle⁴. On nomme *Ichthyas*⁵ comme son disciple et son successeur immédiat; mais

qui tend du moins à le prouver (voy. note suiv.). c'est que, après la mort du maître, il réunit autour de lui une partie des Socratiques. L'époque de sa mort nous est également inconnue. Si Stilpon et Pasiclès ont encore été ses disciples personnels, il faudrait qu'il eût vécu au moins jusqu'en 360 av. J.-C. Mais ce fait est très incertain (voy. plus bas). D'une manière générale, nous savons peu de choses de lui. Une réponse devenue célèbre, qu'il fit à son frère et qui témoigne d'un caractère plein d'aménité, nous est rapportée par PLUTARQUE, *De ira*, 14, p. 462; *De frat. am.*, 18, p. 489; STOBÉE, *Floril.*, 84, 15. DIOGÈNE (II, 108) mentionne de lui six dialogues. Voyez pourtant p. 206, 1. Sur Euclide, voyez aussi STEINHART, dans l'*Encyclopédie* d'Ersch et Gruber, sect. I. t. XXXIX, p. 53 sqq.
1. On connaît l'anecdote d'AULU-GELLE, *N. Att.*, VI. 10, sur ses visites nocturnes à Athènes; il ne faudrait pourtant pas faire trop de fond sur ce récit, quoiqu'il ne soit pas absolument invraisemblable. Mais on voit par le *Théétète*, 142, C, qu'Euclide venait assidûment de Mégare pour voir Socrate, et par le *Phédon*, 59, C, qu'il était présent à sa mort. Il y a encore une autre preuve de sa liaison avec Socrate; c'est ce fait (DIOG., II, 106, III, 6. Voy. plus bas, p. 349, 3, 3ᵉ éd.) que Platon et d'autres Socratiques, après la mort de leur maître, se groupèrent encore longtemps autour de lui. Il est lui-même généralement désigné comme disciple de Socrate (CIC., *loc. cit.*, etc.), et rangé parmi les plus importants des Socratiques.
2. Sa doctrine le prouve plus sûrement encore que les témoignages de CICÉRON et de DIOGÈNE (*loc. cit.*). A quelle époque avait-il étudié la philosophie éléatique? C'est ce que nous ignorons; mais il est vraisemblable, en tout cas, qu'il en subit l'influence avant celle de Socrate, bien que l'anecdote rapportée par DIOGÈNE, II, 30, soit trop incertaine pour être bien probante
3. L'école d'Euclide (σχολὴ Εὐκλείδου que Diogène le Cynique, dans DIOG., VI. 24, nomme Εὐκλείδου χολή) porte les noms de Mégariques, d'Éristiques ou de Dialecticiens (DIOG., II, 106); sur ces désignations, voy. DEYCKS, p. 7 sqq. Le même auteur montre que les titres d'Éristiques et de Dialecticiens, naturellement, ne sont pas exclusivement propres aux membres de l'école mégarique; voyez aussi SEXTUS EMPIRICUS, qui sous le nom de Dialecticiens entend ordinairement les Stoïciens, p. ex. *Hypot. Pyrrh.*, II, 146, 166, 229, 235, etc.
4. On ne nous dit pas à quel moment Euclide devint le chef d'un groupe distinct de disciples, ni s'il se posa formellement, comme un Sophiste, en maître de philosophie, ou s'il se contenta de réunir peu à peu autour de lui, comme Socrate, des amis désireux de s'instruire. Peut-être le fait même que plusieurs Socratiques allèrent se fixer à Mégare fut-il l'occasion qui amena la fondation d'une école, c'est-à-dire la formation d'une société qui avait tout d'abord pour centre la maison et la personne d'Euclide et s'occupait d'entretiens philosophiques. Car rien ne nous autorise à penser que Platon et ses amis aient été attirés à Mégare par la renommée déjà établie de l'école d'Euclide, comme le pense HENNE, p. 27 sqq., 30.
5. SUIDAS, Εὐκλείδης. DIOGÈNE (II, 112) dit seulement d'une manière générale qu'il appartenait à l'école d'Euclide.

nous ne savons rien de plus sur son compte¹. *Eubulide*², le célèbre dialecticien³, fut assurément un personnage plus important; il écrivit contre Aristote⁴ et on le désigne comme le maître de Démosthène⁵. A la même époque vivaient *Thrasimaque* de Corinthe⁶ et *Dioclide*⁷, peut-être aussi *Clinomaque*⁸. Quant à *Pasiclès*⁹, il est vraisemblable qu'il était plus jeune. *Apollonius* de Cyrène, surnommé Cronus¹⁰, fut un des disciples d'Eubulide et le maître du subtil dialecticien *Diodore Cronus*¹¹; un autre disciple d'Eubulide,

---

1. Son nom se retrouve encore chez Diogène, II, 112, VI, 80 (texte rapportant que Diogène aurait dédié un dialogue à Ichthyas), et Athénée, VIII, 335, A.
2. Né à Milet, suivant Diogène, II, 108; nous ne savons s'il fut chef d'école ni s'il fut disciple immédiat d'Euclide; Diogène dit seulement τῆς δ' Εὐκλείδου διαδοχῆς καὶ Εὐβουλίδου.
3. Voy. Diogène, II, 108; Sextus, *Adv. Math.*, VII, 13; nous parlerons plus loin de ses sophismes.
4. Diogène, II, 109; Aristoclès, ap. Eusèbe, *Præp. Evang.*, XV, 2, 3; Athénée, VIII, 354, B; Thémist., *Or.*, XXIII, 285, C. Ces passages nous montrent que la polémique d'Euclide était très acerbe, et n'était pas exempte de personnalités, ni même de calomnies. Outre cet écrit, nous connaissons de lui, par Athénée, X, 437, D, une comédie; mais il est difficile de croire que ce soit le même dont Diogène (VI, 20, 30) cite un écrit sur Diogène le Cynique.
5. Si singulière que soit l'omission de ce fait chez Plutarque, dans la vie de Démosthène, il semble assez bien établi, puisque non seulement Diogène, II, 108; Pseudo-Plutarque, *Vitæ dec. orat.*, VIII, 21, p. 845; Apulée, *De mag.*, c. 15, p. 478, Hild.; Suidas, Δημοσθένης, et Phot., *Cod.*, 265, p. 493, II, témoignent de ce fait, mais que le comique cité par Diogène, *loc. cit.*, y fait également allusion; il peut, il est vrai, avoir transformé une simple relation d'amitié en une relation de maître à disciple.
6. Ami d'Ichthyas et maître de Stilpon, suivant Diogène, II, 121.
7. D'après Suidas, Στίλπων, il était disciple d'Euclide, et maître de Pasiclès.
8. Suivant Diogène (II, 112), il était de Thurium; d'après Suidas, Πύρρων, il fut le maître de Bryson (voy., sur ce dernier, p. 213, 3). Diogène dit qu'il fut le premier qui écrivit sur les prédicats, les propositions et d'autres sujets analogues.
9. D'après Suidas, Στίλπων, il était frère de Cratès le Cynique, et eut pour maître, outre ce dernier, Dioclide, le disciple d'Euclide, pour disciple, Stilpon. Quand Diogène (VI, 89) le donne également pour frère de Cratès, mais pour disciple d'Euclide lui-même (ce que la chronologie ne permet guère), il confond assurément Dioclide avec Euclide, à moins que ce ne soit simplement un copiste qui ait commis cette faute et qu'on ne doive précisément écrire Διοκλείδου au lieu d'Εὐκλείδου.
10. Diogène, II, 111; Strabon, XIV, 2, 21, p. 658; XVII, 3, 22, p. 838.
11. Diodore, de Iasos en Carie, compte parmi les plus célèbres dialecticiens de l'école mégarique. Cicéron (*De fato*, 6, 12) l'appelle *valens dialecticus*, Sextus (*Adv. Math.*, I, 309 sq.), διαλεκτικώτατος. On trouve chez ce dernier et chez Diogène, II, 111, deux épigrammes de Callimaque sur Diodore. Nous étudierons plus loin ses sophismes, ses recherches sur le mouvement, le possible et les propositions conditionnelles. Le dépit qu'il ressentit d'un échec dialectique que Stilpon lui infligea à la table de Ptolémée Soter le conduisit, dit-on, à la mort (307 av. J.-C. Voy. p. 211, 1. Diog., *loc. cit.*; Pline, *Hist. nat.*, VII, 53, 180). Ses cinq

Euphantus, ne nous est connu que comme poète et historien [1]. Mais tous furent éclipsés par le disciple de Thrasymaque, *Stilpon* [2]. Ses leçons pleines d'esprit lui valurent 211 l'admiration de ses contemporains, et les auditeurs qui affluaient de toutes parts pour l'entendre donnèrent à l'école mégarique un éclat qu'elle n'avait pas connu jusqu'alors [3]. Mais en même temps le développement de la doctrine prit, sous son influence, une direction nouvelle.

---

filles héritèrent de sa dialectique (CLÉM., *Strom.*, IV, 523, A ; HIÉRON., *Adv. Jovin.*, I, t. IV, 186, Mart.). Strabon et Diogène donnent différentes explications de son surnom de Cronus ; parmi les modernes, PANZERBIETER a abordé la même question sans aboutir, suivant moi, à l'éclaircir pleinement. Voyez en outre, sur Diodore, STEINHART dans l'*Encyclopédie* d'Ersch et Gruber, sect. I. t. XXV, p. 286 sqq.

1. Nous ne le connaissons que par DIOGÈNE, II, 110, qui l'appelle le maître du roi Antigone (Ier), auquel il aurait dédié son traité περὶ βασιλείας. ATHÉNÉE, VI, 251, fait un emprunt au IVe livre de son histoire ; mais, à moins que cet auteur n'ait commis lui-même une erreur grossière, il faut lire dans son texte πρώτου au lieu de τρίτου ; voy. MALLET. p. 96. Callicrate, que mentionne Athénée, nous est aussi connu par Diodore (XX, 21) comme favori de Ptolémée Soter.

2. Stilpon de Mégare (DIOG., II, 113) doit avoir vécu jusque vers la fin du quatrième siècle ; du moins il vivait encore à l'époque où Ptolémée, fils de Lagus, s'empara de Mégare (DIOG., II, 115), et au moment de la conquête de cette ville par Démétrius Poliorcète ; le premier de ces deux événements se place en 307 av. J.-C. (*Olymp.*, 118, 1 : DIODORE, XX, 37) ; le second en 306 (*Olymp.*, 118, 2 ; *ibid.*, chap. 45). C'est dans la première de ces circonstances que se place sans doute la scène avec Diodore Cronus, dont nous avons parlé plus haut ; car Stilpon n'alla jamais en Égypte (DIOG., 115). Comme il mourut âgé (DIOG., II, 120), nous pourrions, d'après ces dates, placer approximativement sa naissance vers 380, sa mort vers 300 av. J.-C. Nous devrions toutefois, selon toute vraisemblance, reculer un peu l'une et l'autre date ; car les renseignements que nous donnent sur ses disciples DIOGÈNE, II, 113 sqq., 120, et SÉNÈQUE, *Epist.*, 10, 1, nous permettent de penser que son enseignement fut à peu près contemporain de celui de Théophraste, et par conséquent commença peu de temps avant la mort d'Aristote. (SUIDAS, Εὐκλείδης le qualifie de successeur d'Ichthyas). Aussi lorsqu'on lui donne pour maîtres (DIOG., II, 113) non seulement quelques disciples d'Euclide, en particulier Thrasymaque et aussi, suivant SUIDAS, Εὐκλ., Στίλπων, Pasiclès), mais encore Euclide lui-même, il y a sur ce point bien de l'invraisemblance. Nous rapportons plus loin quelques traits de son caractère, dont on vantait le calme, la droiture, la douceur, la constance, la franchise, la noblesse et le désintéressement (DIOG., II, 117 sq. ; PLUT., *De vitioso pudore*, 18, p. 536. *Adv. Colot.*, 22, 1, p. 1119). Il fut d'abord porté à la débauche (mais serait devenu complètement maître de cette tendance à force de volonté, CIC., *De fato*, 5, 10). Il s'occupa aussi des affaires publiques (DIOG., 114), et d'après PLUTARQUE (*De profect. in virt.*, c. 12, p. 83) il fut même prêtre de Posidon. DIOGÈNE (II, 120) nomme de lui neuf dialogues. SUIDAS (Εὐκλ.) dit vingt, mais il se trompe certainement.

3. DIOGÈNE, II, 113, dit avec exagération : τοσοῦτον δ' εὑρησιλογίᾳ καὶ σοφιστείᾳ προῆγε τοὺς ἄλλους, ὥστε μικροῦ δεῆσαι πᾶσαν τὴν Ἑλλάδα ἀφορῶσαν εἰς

212 Il unit en effet à cette doctrine les principes de la philosophie cynique, à laquelle Diogène l'avait initié[1], dans une si large mesure, qu'on peut se demander s'il faut le considérer comme un Cynique ou comme un Mégarique[2]. Il fut par là le précurseur immédiat du stoïcisme, dans lequel son disciple Zénon[3] réunit ces deux branches de la philosophie socratique. En revanche, d'autres Mégariques restèrent fidèles au caractère dialectique de leur école dans ce qu'il avait de plus étroit. *Alexinus*, d'Élis, contemporain de Stilpon, mais plus jeune[4], est fameux par son esprit éristique ; de *Philon*[5], également, nous ne con-

αὐτὸν μεγαρίσαι. Il parle aussi (119, 115) des disciples qui quittèrent d'autres maîtres pour venir à lui, et du tribut d'admiration que lui payèrent Athènes et plusieurs princes. On est d'autant plus étonné de voir Diogène (120) qualifier ses dialogues de ψυχροί.

1. Diogène, VI, 76.
2. Voyez plus loin pour les détails.
3. Zénon, en effet, aurait eu Stilpon pour maître selon Diogène, II, 120 ; VII, 2 ; 24, d'après Héraclide (Lembus), etc. C'est du même Zénon qu'il s'agit aussi certainement chez Diogène, II, 114, lorsqu'il parle de « Zénon le Phénicien » ; le fondateur du Portique est en effet très souvent appelé le Phénicien ; voy. Diogène, VII, 15 ; 25 ; 30. En tout cas, on ne peut songer ici, comme le veut Mallet, p. 62, à Zénon de Sidon, disciple d'Apollodore, le disciple d'Épicure, puisque, d'après Diogène lui-même (X, 25 ; VII, 35) ce philosophe resta fidèle à l'épicuréisme.
4. Diogène, II, 109, le désigne comme un disciple indirect d'Eubulide (μεταξὺ δὲ ἄλλων ὄντων τῆς Εὐβουλίδου διαδοχῆς Ἀλεξῖνος ἐγένετο Ἠλεῖος). L'époque de sa vie peut être déterminée avec assez de certitude par ses polémiques avec Stilpon (Plut., *De vit. pud.*, chap. 18, p. 536), Ménédème (*ibid.*, Diog., II, 135 sq.) et Zénon, dont il fut, paraît-il, le plus ardent adversaire (Diog., II, 109 ; cf. Sext., *Adv. Math.*, IX, 108 ; Plut., *De common. not.*, 10, 3, p. 1063). Il devait être plus jeune que Stilpon, et fleurir dans la première partie du troisième siècle. Son esprit éristique et ses procédés malicieux lui valurent le sobriquet d'Ἐλεγξῖνος (Diog., *loc. cit.* Cf. Plut., *de vit. pud.*, 18 ; Aristoclès, *ap.* Eus., *Præp. Evang.*, XV, 2, 4). Nous savons encore de lui par Hermippus (*ap.* Diog., *loc. cit.*) que, vers la fin de sa vie, il se retira à Olympie, pour y fonder une école nouvelle ; mais cette résidence ne convenant pas à ses disciples, il y resta seul, et mourut peu de temps après d'une blessure. Sur ses écrits, voy. Diogène, II, 110 ; VII, 163 ; Athénée, XV, 696 ; Aristoclès, *ap.* Eusèbe, *loc. cit.*
5. Diogène, VII, 16. Il m'est impossible de trouver ce passage aussi ambigu que Ritter, *Rhein. Mus.*, II, 30 ; *Gesch. der Phil.*, II, 145, surtout si l'on tient compte du reste des renseignements qui nous sont fournis. Diogène remarque aussi que Zénon de Cittium s'entretenait, paraît-il, volontiers avec lui. Son *Ménexène* a fourni à Clément d'Alexandrie, *Strom.*, IV, 523, A ; Hieron., *Adv. Jovin.*, I, t. IV, 186, Mart., le fait mentionné plus haut, relatif aux filles de Diodore, dont il devait par conséquent avoir parlé dans cet ouvrage en termes élogieux. Quand Hieron., *loc. cit.*, le désigne comme le maître de Carnéade il commet une évidente méprise ; mais on conçoit encore moins que Mallet, p. 105 sqq. ait confondu Philon le dialecticien avec Philon de Larisse, fondateur

naissons que des recherches dialectiques[1]. Il y a encore quelques autres Mégariques contemporains ou postérieurs dont nous ne connaissons guère que les noms[2]. A la dialectique mégarique se rattache, par Pyrrhon, dont Bryson aurait été le maître[3], et par Timon, qui avait encore entendu Stilpon lui-même[4], le scepticisme pyrrhonien, de

---

de la quatrième Académie et qui est de 150 ou 200 ans postérieur. On ne doit pas non plus le ranger parmi les Stoïciens, comme l'a fait FABRICIUS (*Sext. Empir., Hyp. Pyrrh.*, II, 110) et comme le fait encore PRANTL, *Gesch. der Logik*, I. 404.

1. DIOGÈNE (VII, 191, 194) cite des écrits de Philon περὶ σημασιῶν et περὶ τρόπων, contre lesquels Chrysippe écrivit, et il n'est pas douteux qu'il s'agisse ici de Philon le dialecticien; c'est à lui également qu'il faut rapporter ce que nous transmettent CICÉRON, *Acad.*, II, 47, 143, et avec plus de détails SEXTUS, *Adv. Math.*, VIII. 113 sqq.; *Hyp. Pyrrh.*, II, 110 sq., au sujet des différences de sa doctrine sur les propositions conditionnelles avec celle de Diodore, et ALEXANDRE d'Aphrodisias (*In Anal. pr.*, p. 59, B en bas) au sujet de la divergence de leurs idées sur le possible (voy. plus bas). DIOGÈNE, VII, 16, et CLÉMENT, *loc. cit.*, lui donnent le surnom de διαλεκτικός.

2. Un dialecticien nommé *Panthoïdès* (le même sans doute dont SEXTUS, *Adv. Math.*, VII, 13, parle également, et dont ÉPICTÈTE, *Diss.*, II, 19, 5, signale le désaccord avec Diodore au sujet du possible (voy., plus bas, p. 231, 3); est mentionné par DIOGÈNE, V, 68, comme le maître de Lycon le Péripatéticien; il devait donc fleurir entre 280 et 270. DIOGÈNE (II, 113) fait aussi mention d'un dialecticien du nom d'*Aristide* parmi les contemporains de Stilpon. PLUTARQUE (*Aratus*, 3) d'un *Aristote*, qui enseignait à Sicyone vers 255; *Dinias*, également nommé dans ce passage, paraît avoir été un Mégarique. *Artémidore*, qui suivant DIOGÈNE, IX, 53 écrivit contre Chrysippe devait être un peu plus jeune.

3. DIOGÈNE, IX, 61 : (Πύρρων) ἤκουσε Βρύσωνος τοῦ Στίλπωνος, ὡς Ἀλέξανδρος ἐν Διαδοχαῖς. SUIDAS, Πύρρων: διήκουσε Βρύσωνος τοῦ Κλεινομάχου μαθητοῦ. (A la place de Βρύσων on lisait auparavant chez Diogène Δρύσων: mais SEXTUS, *Adv. Math.*, VII, 13, le nomme aussi Bryson.) Toutefois ces renseignements ne sont pas sans présenter quelques difficultés. Nous pourrions encore admettre que ce fut Clinomaque et non Stilpon lui-même qui enseigna la philosophie au fils de Stilpon, ou que celui-ci reçut l'enseignement de l'un et de l'autre, si la chronologie ne soulevait une objection insurmontable. Comment en effet Pyrrhon aurait-il pu, avant même l'expédition d'Alexandre en Asie (Diogène le fait expressément remarquer) avoir pour maître le fils d'un homme qui lui-même ne commença à enseigner qu'à une époque postérieure (voy. p. 211, 1) et que Timon entendit encore? On se demande donc si la relation ainsi établie entre Pyrrhon et Bryson ne repose pas sur une simple combinaison inventée à plaisir pour rattacher l'école pyrrhonienne à l'école mégarique. (Cf. III° partie, a. 438, 2, 2° éd.). Mais il serait possible également que Bryson, le maître de Pyrrhon (s'il le fut réellement), soit désigné à tort comme le fils de Stilpon le Mégarique. SUIDAS, Σωκράτης (voy. plus haut p. 206, 4) fait de Bryson, maître de Pyrrhon, un disciple de Socrate, ou, selon d'autres, un disciple d'Euclide. RÖPER (*Philol.*, XXX, 462) conjecture, dans le texte de Diogène, à la place de Βρύσωνος τοῦ Στίλπωνος, Βρύσωνος ἢ Στίλπωνος. Sur les différents personnages de ce nom, voy. WINCKELMANN, *Antisth. fragm.*, p. 31.

4. DIOGÈNE, IX, 109.

la même manière qu'à la dialectique des Éléates se rattache le scepticisme de Gorgias.

SOURCES. LE TEXTE DU *SOPHISTE*. — La philosophie des Mégariques ne nous est connue que d'une manière bien incomplète par des renseignements épars chez les auteurs anciens ; encore nous est-il souvent impossible, lorsqu'ils nous fournissent quelques indications sur ces philosophes, de discerner si elles se rapportent au fondateur et aux plus anciens représentants de l'école, ou seulement à ses derniers membres. Aussi devons-nous être heureux de trouver chez PLATON[1] quelques détails sur une théorie dans laquelle SCHLEIERMACHER[2] a le premier reconnu la doctrine mégarique et que je me crois également autorisé, avec beaucoup d'autres[3], à rapporter à cette philo-

1. *Sophiste*. 242, B sqq. Platon vient de définir la sophistique l'art de tromper. Mais une difficulté s'élève immédiatement. C'est que la tromperie ne semble possible que si le Non-Être, objet de toute tromperie, comporte, malgré tout, un certain mode d'existence. On se demande donc en quel sens le Non-Être peut exister. Pour répondre à cette question, Platon commence par examiner en détail les différentes opinions relatives à l'Être. Il étudie d'abord les deux doctrines opposées, qui veulent l'une que l'Être soit une pluralité, l'autre qu'il soit une unité. Après avoir montré qu'on ne peut admettre ni une pluralité de substances primitives sans aucune unité fondamentale ni, avec les Éléates, une unité absolument exempte de pluralité, il ajoute (245. E) : τοὺς μὲν τοίνυν διακριβολογουμένους ὄντος τε πέρι καὶ μὴ, πάντας μὲν οὐ διεληλύθαμεν, ὅμως δὲ ἰκανῶς ἐχέτω· τοὺς δὲ ἄλλως λέγοντας αὖ θεατέον, etc. Parmi ces derniers, il faut distinguer encore deux catégories : les uns considèrent le corporel comme seul réel, les autres (p. 246. B) sont nommés οἱ τῶν εἰδῶν φίλοι. Voici maintenant ce qui est dit (246. B) de ces derniers : τοιγαροῦν οἱ πρὸς αὐτοὺς (contre les matérialistes) ἀμφισβητοῦντες μάλα εὐλαβῶς ἄνωθεν ἐξ ἀοράτου ποθὲν ἀμύνονται νοητὰ ἄττα καὶ ἀσώματα εἴδη βιαζόμενοι τὴν ἀληθινὴν οὐσίαν εἶναι· τὰ δὲ ἐκείνων σώματα καὶ τὴν λεγομένην ὑπ' αὐτῶν ἀλήθειαν κατὰ σμικρὰ διαθραύοντες ἐν τοῖς λόγοις γένεσιν ἀντ' οὐσίας φερομένην τινὰ προσαγορεύουσιν.
2. *Platon's Werke*. II. 2. 110 sq.
3. AST. *Platon's Leben und Schriften*. 201: DEYCKS. 37 sqq.; HEINDORF, *Zu Soph.*. 246, B; BRANDIS. II, a. 114 sqq.; HERMANN. *Platonismus*. 339 sq., *Gesammte Abhandl*., 246 sq.; STALLBAUM, *Plat. Parm.*. 60 sq.; *Soph.*, 9 sqq; *Polit*., 61 sq.; SUSEMIHL. *Genet. Entwick*. I. 298 ; STEINHART. *Allg. Encycl.*, I, 29, 53. *Plat. Werke*. III, 204; 423; 551. *Zeitschrift für Philos.*, LVIII, 92; HENSE, *École de Mégare*, 84-158 ; PRANTL. *Gesch. der Logik*. I. 37 sq. Contre Schleiermacher se prononcent : RITTER, *Rhein. Mus.* von Niebuhr und Brandis, II, 305 sqq.; PETERSEN, *Zeitschr. für Alterthumsw*., 1836, 892; MALLET, *Op. cit.*, p. 34 sqq., etc. HENNE. p. 49 sqq. prétend aussi que le passage du *Théétète*, 185, C sqq., où est décrite la formation des concepts s'applique aux Mégariques, sous prétexte qu'il ne s'accorde pas avec la méthode de Platon lui-même. Mais

sophie[1]. En mettant à profit ce témoignage de Platon et en étudiant l'enchaînement intime des différentes données

cela est tout à fait inexact ; nous n'avons absolument aucune raison de penser qu'il s'agisse ici de personne autre que de Socrate et de Platon. Je ne puis davantage, avec SCHLEIERMACHER, *Plat. Werke*, I, 2, 409, et DEYCKS, p. 42 rapporter aux Mégariques le passage du *Parménide*, 131, B. La question de la participation des choses aux Idées ne peut avoir encore été discutée par eux, et elle est très éloignée de la doctrine dont parle le *Sophiste*. Enfin, quand STALLBAUM, *Polit.*, loc. cit., considère également comme mégarique la méthode des divisions, non seulement cette opinion est dénuée de toute preuve, mais en elle-même elle est positivement invraisemblable, puisque la doctrine de la communication des concepts, dont l'exposition scientifique constitue la division méthodique, sert justement à Platon pour éviter la doctrine unitaire des Éléates et des Mégariques. Toutefois, les exagérations que se permet Platon dans l'exposition de cette méthode n'ont pas lieu d'être considérées comme une ironie à l'égard des Mégariques. Il paraît au contraire avoir voulu indiquer par là qu'il n'ignorait nullement qu'il était possible de faire de sa méthode une application pédantesque, et qu'elle donnait prise aux railleries des adversaires, mais qu'il n'en restait pas moins fermement convaincu de la nécessité de l'appliquer jusqu'au bout avec rigueur.

1. Voici les raisons que j'en ai. D'abord il est évident, et d'ailleurs généralement reconnu, que la description de Platon a un caractère d'individualité trop marqué pour que nous ne soyons pas obligés de l'appliquer à une école philosophique alors existante ; DEUSSEN lui-même (*De Plat. Sophista*, Marburg, 1869, p. 44 sqq.), qui commence par affirmer qu'elle doit être entendue dans un sens très général et sans aucune application historique déterminée, se voit ensuite forcé d'avouer que l'idée d'un système déterminé (le système éléatique, pense-t-il) devait cependant se présenter de préférence à l'esprit de Platon. D'une manière plus précise, c'est une école socratique que désigne Platon, lorsqu'il attribue aux philosophes dont il s'agit ici cette opinion que les concepts immatériels sont la seule vraie réalité. On doit reconnaître, en effet, qu'il n'y a pas de philosophie du concept avant Socrate, et d'ailleurs il n'est pas d'école antérieure à Socrate à laquelle puisse convenir les indications qui nous sont données : les « philosophes du concept » ne sont-ils pas expressément distingués des Éléates, et ne s'en distinguent-ils pas d'eux-mêmes assez nettement puisqu'aucun Éléate n'a parlé d'ἀσώματα εἴδη? Encore moins pourrait-on, avec MALLET, p. 53 sqq., supposer qu'il s'agisse des Pythagoriciens, qui ne connaissent ni la philosophie du concept, ni cette méthode de réfutation dialectique que Platon attribue aux philosophes en question. Nous ne devons pas non plus nous laisser ébranler par les termes dont se sert PLATON, 246, C, en parlant de la polémique entre les philosophes du concept et les matérialistes : ἐν μέσῳ δὲ περὶ ταῦτα ἄπλετος ἀμφοτέρων μάχη τις ἀεὶ ξυνέστηκεν ; car ces mots ne signifient pas que cette polémique ait eu lieu dès longtemps, mais qu'elle est aussi ancienne que les deux écoles mêmes dont il s'agit, ou mieux encore, que chaque fois que le problème était soulevé entre les deux partis, il suscitait une lutte violente. Ces paroles de Platon ne nous forcent donc nullement à rapporter la théorie ici esquissée à une école antérieure à la période de Socrate et de Platon. Or, parmi les écoles socratiques, nous n'en trouvons que deux à qui elle puisse être raisonnablement attribuée, l'école mégarique et l'école platonicienne. On a pensé, il est vrai, que le passage dont il s'agit ne concernait ni l'une ni l'autre, mais une troisième (RITTER) ; mais cette hypothèse est inadmissible. Une école socratique qui serait arrivée à une théorie aussi développée, et que Platon aurait trouvée assez importante pour la traiter de préférence à Euclide comme le représentant de la métaphysique idéaliste,

une injustice, une témérité qu'elles doivent expier par leur anéantissement. Anaximandre a, dit-on, appliqué le même principe à l'ensemble du monde, et admis en conséquence que le monde finira, mais qu'en vertu du mouvement perpétuel de la substance infinie un nouveau monde succédera à celui-ci, et ainsi de suite indéfiniment.

Ce point, toutefois, n'est pas parfaitement établi[1]. Sans doute, il est très-souvent parlé des mondes en nombre infini qu'admettait Anaximandre. Mais s'agit-il de mondes juxtaposés ou successifs? Et, en admettant qu'il s'agisse de mondes juxtaposés, Anaximandre a-t-il pensé à des systèmes complets séparés les uns des autres, ou simplement à des parties différentes d'un seul et même univers? Autant de questions à résoudre[2].

Cicéron dit qu'Anaximandre a considéré les mondes innombrables comme des dieux. Ce langage fait songer à des systèmes entiers, comme les mondes de Démocrite. Il semble qu'on doive interpréter dans le même sens les « cieux » innombrables dont parle Stobée (ainsi que le Pseudo-Galien), d'autant plus que Cyrille écrit « mondes » au lieu de « cieux ». Mais les *Placita* donnent le mot « étoiles ». Or, cette version doit être la bonne. Car l'idée que les mondes innombrables existant hypothétiquement en dehors du nôtre sont des dieux, ne se rencontre nulle part ailleurs dans toute la philosophie ancienne; et, de plus, on ne voit pas comment Anaximandre aurait pu y arriver. Un dieu a toujours, et sans la moindre exception, été un être propre à inspirer aux hommes un sentiment d'adoration. Les dieux d'Épicure eux-mêmes, si insouciants qu'ils fussent à l'égard des hommes, avaient ce caractère[3]. Mais ces mondes, entièrement soustraits à notre vue, et admis uniquement sur la

---

1. Voy. SCHLEIERMACHER, *op. cit.*, 195 sq. KRISCHE, *Forsch.*, I, 44 sqq.
2. Voy. les textes, p. 209, 2, t. all.
3. Cf. III, a, 395, 2ᵉ éd. (texte all.).

foi d'une hypothèse toute spéculative, ne sont pas de nature à satisfaire l'instinct de piété. Au contraire l'adoration traditionnelle des étoiles, sentiment si profondément hellénique, se rencontre à chaque pas chez les philosophes. 212 Les dieux en nombre infini d'Anaximandre doivent donc être les étoiles.

Si ces dieux sont également appelés des « cieux », on peut se l'expliquer en songeant à la manière dont Anaximandre se représentait les étoiles. Ce qui nous apparaît sous la forme du soleil, de la lune ou des étoiles proprement dites, n'est, pour Anaximandre, qu'une ouverture brillante pratiquée dans un anneau d'air rempli de feu, lequel se meut autour de la terre à une distance plus ou moins considérable. Les anneaux concentriques qui nous entourent, nous envoyant leur lumière, et qui, avec la terre, forment l'univers, pouvaient ainsi être appelés des *cieux*, et même peut-être des *mondes*[1]. Mais il se peut aussi que des écrivains postérieurs, se réglant sur la langue de leur temps, aient expliqué ou remplacé le mot *cieux* par le mot *mondes*. Anaximandre a pu en outre parler, en ce sens, d'une *infinité* de cieux; car les étoiles fixes, dans son système, ne devaient pas appartenir à une sphère unique[2], mais être chacune l'ouverture d'un anneau spécial. Il est clair que, quand il s'agit d'un temps aussi reculé, nous ne devons pas trouver étonnant que ce que l'homme ne peut compter ait été appelé infiniment nombreux.

En revanche l'assertion qui attribue à notre philosophe la doctrine d'une infinité de mondes *successifs* apparaît comme parfaitement fondée. La naissance du monde a

---

1. SIMPLICIUS, par ex., dit d'Anaxagore (dans le passage cité, p. 189, 1, t. all.), à qui personne, à coup sûr, n'attribue l'idée de plusieurs mondes, que, selon lui, le νοῦς engendre τούς τε κόσμους καὶ τὴν τῶν ἄλλων φύσιν.
2. Une sphère unique aurait d'abord dû être percée de trous, comme un crible, puisque chaque étoile fixe représente une ouverture ; ensuite une telle sphère nous cacherait la lune et le soleil (d'après ce qu'on a vu, p. 208, 4, t. all.).

mée à la fois chez les deux philosophes, grâce à leur commerce philosophique, et que, par l'intermédiaire de Platon également, la conception héraclitique du monde sensible ait influé sur la pensée d'Euclide. Mais Socrate avait vu dans la connaissance des concepts le premier devoir de la pensée. C'étaient donc ces concepts qui devaient exprimer cet être immuable ; ce n'est pas aux choses corporelles, pense Euclide, mais aux genres immatériels qu'appartient une véritable réalité[1]. Stilpon se prononce également dans le même sens quand il refuse de laisser appliquer le concept général aux choses particulières, parce que ce concept désigne une chose différente de ces dernières, et qui n'existe pas seulement, comme elles, depuis un temps déterminé[2]. Ici encore les Mégariques s'accordent avec Platon[3] ; mais tandis que

---

1. Voy. le passage du *Sophiste*, 246, B, cité p. 214, 2. Mais dans ce passage, il ne faut naturellement pas entendre avec PRANTL (p. 39) par les mots τὰ δὲ ἐκείνων σώματα, etc., « qu'ils désignaient les *corps de ces concepts généraux* (des εἴδη ἀσώματα) comme une existence s'écoulant sans cesse, et que par suite la vérité idéale qu'ils admettaient eux-mêmes, ils la dissolvaient de nouveau en la décomposant peu à peu en parties infiniment petites. » On doit comprendre au contraire que dans les corps *des autres philosophes* (des Matérialistes), où ceux-ci cherchent le véritable être, ces philosophes ne veulent pas voir une réalité véritable, mais un simple devenir, et alors décomposent dialectiquement ces corps en petites parties.

2. DIOGÈNE (II, 119) nous donne à son sujet le renseignement suivant : ἔλεγε, τὸν λέγοντα ἄνθρωπον εἶναι μηδένα [?] Il faut sans doute ou rayer εἶναι, et à μηδένα ajouter λέγειν, ou à la place de εἶναι lire εἰπεῖν· οὔτε γὰρ τόνδε λέγειν οὔτε τόνδε. τί γὰρ μᾶλλον τόνδε ἢ τόνδε; οὔτε ἄρα τόνδε. καὶ πάλιν τὸ λάχανον οὐκ ἔστι τὸ δεικνύμενον. λάχανον μὲν γὰρ ἦν πρὸ μυρίων ἐτῶν· οὐκ ἄρα ἐστὶ τοῦτο λάχανον. Il est vrai que Diogène amène ces détails à l'aide de la remarque suivante : δεινὸς δὲ ἄγαν ὢν ἐν τοῖς ἐριστικοῖς, ἀνῄρει καὶ τὰ εἴδη, et en soi-même, il est bien possible que Stilpon, entre autres choses, ait emprunté à l'école cynique sa polémique contre les concepts généraux et en particulier contre les Idées platoniciennes. Toutefois, les exemples précédents ne sont pas dirigés contre la réalité des genres que désigne le concept général, mais contre celle des objets individuels : Stilpon nie que l'individu soit un homme, parce que l'expression « homme » désigne le général, qui, pense-t-il, diffère de tous les hommes individuels ; il nie que ce qu'on lui montre soit un légume, parce que le légume existait déjà il y a dix mille ans, en d'autres termes parce que nous exprimons par l'idée générale de légume, ce n'est pas quelque chose qui devient, mais quelque chose d'immuable. Je crois donc, avec HEGEL (*Gesch. der Phil.*, II, 123) et STALLBAUM (*Plat. Parmen.*, 65), que nous devons admettre ici une méprise de Diogène ou de son auteur.

3. Ce sont de telles ressemblances que vise sans doute la remarque de CICÉRON (*Acad.*, II, 42, 129) sur les Mégariques : « *Hi quoque multa a Platone*. »

celui-ci se représente en même temps les genres comme des forces spirituelles actives, Euclide croyait, avec Parménide, devoir exclure de l'être ce mouvement. Il restreignait donc au domaine du devenir l'agir et le pâtir, et affirmait au contraire qu'à l'être on ne devait attribuer ni action, ni passion, ni mouvement[1]. A cette polémique contre le devenir se rattache en outre cet autre principe, vraisemblablement déjà posé par Euclide, mais en tout cas par son école : que la puissance ne subsiste qu'autant qu'elle s'exerce, et que, par conséquent, d'une manière absolue, le réel seul est possible[2]. Ce qui est simplement possible, mais non réel, serait et ne serait pas en même temps. Il y aurait là, par conséquent, la même contradiction que déjà Parménide avait cru découvrir dans le devenir, et le passage du possible à la réalité serait un de ces changements qu'Euclide était incapable de concilier avec le concept de l'être[3]. C'est donc, en un mot, uniquement

---

1. PLATON, *Soph.*, 248, C : λέγουσιν, ὅτι γενέσει μὲν μέτεστι τοῦ πάσχειν καὶ ποιεῖν δυνάμεως, πρὸς δὲ οὐσίαν τούτων οὐδετέρου τὴν δύναμιν ἁρμόττειν φασίν. La suite reprend donc, comme exprimant leur opinion : [τὸ παντελῶς ὄν] ἀκίνητον ἑστὸς εἶναι... ἀκίνητον τὸ παράπαν ἑστάναι et contre cette opinion, Platon de son côté réclame : καὶ τὸ κινούμενον δὴ καὶ κίνησιν συγχωρητέον ὡς ὄντα... μήτε τῶν ἓν ἢ καὶ τὰ πολλὰ εἴδη λεγόντων τὸ πᾶν ἑστηκὸς ἀποδέχεσθαι. ARISTOCLÈS, *ap.* EUSÈBE, *Præp. Ev.*, XIV, 17. 1 (voy. plus bas, p. 222, 3). Nous mentionnerons encore plus loin les arguments des Mégariques contre le mouvement. En revanche, il ne me parait pas vraisemblable que les difficultés soulevées contre la doctrine des Idées dans la première partie du *Parménide* de Platon soient d'origine mégarique comme le conjecture STALLBAUM, *Plat. Parm.*, 57 sqq., 65 sqq.

2. ARIST., *Mét.*, IX, 3, écrit : εἰσὶ δέ τινες οἵ φασιν, οἷον οἱ Μεγαρικοί, ὅταν ἐνεργῇ μόνον δύνασθαι, ὅταν δὲ μὴ ἐνεργῇ οὐ δύνασθαι· οἷον τὸν μὴ οἰκοδομοῦντα οὐ δύνασθαι οἰκοδομεῖν, ἀλλὰ τὸν οἰκοδομοῦντα ὅταν οἰκοδομῇ· ὁμοίως δὲ καὶ ἐπὶ τῶν ἄλλων. Pour réfuter cette affirmation, Aristote remarque qu'elle rendrait impossible tout changement eût out devenir; mais c'est justement ce que voulaient les Mégariques. Sur ce point nous nous étendrons plus longuement en parlant de Diodore. Le passage du *Sophiste*, 248, C, que HENNE, p. 133, sq., rapproche de celui d'Aristote, dit autre chose.

3 HARTENSTEIN (*op. cit.*, p. 205) croit que l'assertion précédente est dirigée spécialement contre Aristote. En ce cas, elle devrait sans doute être attribuée à Eubulide. Mais les expressions techniques aristotéliciennes δύνασθαι, ἐνεργεῖν ne prouvent pourtant pas grand'chose ; il arrive, en effet, très souvent à Aristote d'exprimer des principes étrangers dans sa propre terminologie. D'un autre côté, on ne doit pas attribuer à la doctrine mégarique citée, alors même qu'elle viendrait d'Euclide, une trop grande importance pour le système aristotélicien. Car elle n'est qu'une manière originale de présenter la polémique éléatique contre le

221 l'immatériel, et par suite l'immuable, qui est reconnu comme la véritable réalité, et dont la science doit s'occuper.

LE BIEN. — Socrate avait, d'un autre côté, désigné le bien comme l'objet suprême de la science[1]. Sur ce point encore Euclide le suit[2]. Mais comme, à son point de vue, l'objet suprême de la science doit être en même temps l'être le plus réel, il se croit autorisé à transporter au Bien toutes les déterminations que Parménide donnait à l'Être. Ainsi il n'y a qu'un Bien, immuable, semblable à lui-même ; nos idées les plus hautes n'en sont que les noms différents et quand nous parlons de la Divinité, de l'intelligence, de la raison, nous pensons toujours une seule et même chose, le Bien[3]. Par suite, la fin morale, comme

devenir et le mouvement. Encore moins pourrais-je, avec GROTE (*Plato*, III, 491, sqq.), donner ici raison aux Mégariques contre Aristote : en effet, prétend-il, quand l'architecte n'a ni matériaux, ni instruments, ni même l'intention de bâtir, il ne le peut pas ; tandis que, quand ces conditions et d'autres se rencontreront, il bâtira. Ce n'est pas là du tout la question sur laquelle porte le différend entre Aristote et les Mégariques. Aristote dit justement, continuant la recherche à laquelle est emprunté le passage cité plus haut (*Métaph.*, IX, 5, C, 7, 1049, A, 5), que si à une puissance sont données au complet toutes les conditions nécessaires de son activité (parmi lesquelles il faut à côté des δυνάμεις λογικαί compter aussi l'intention d'agir), l'effet se produit toujours. Or ce serait précisément là, d'après Grote, le sens du principe mégarique qu'Aristote combat. Le véritable sens de ce principe, c'est qu'une puissance tant qu'elle ne se traduit pas extérieurement par l'activité correspondante, non seulement est entravée par l'absence des moyens et des conditions nécessaires à l'exercice de cette activité, mais n'existe plus du tout. Cela ressort d'abord des termes mêmes de la citation donnée plus haut, mais aussi des objections qu'Aristote élève contre ce principe. ch. 3, et de celles que nous signalerons plus bas (p. 230, sqq.). Grote, pour pouvoir défendre les Mégariques contre la critique d'Aristote, leur prête des réflexions que nous n'avons aucun droit de leur attribuer.

1. Voy., plus haut, p. 112, sq., 124.
2. Peut-être, en effet, pourrions-nous admettre que ses principes sur le Bien n'ont rien de commun avec la science socratique (HERMANN, *Ges. Abhandl.*, 242), si cette science n'était la science du bien, et si Euclide n'était un disciple de Socrate. Je ne puis croire davantage « qu'un pur Éléate lui-même, à la seule condition de donner à sa pensée une direction morale, n'eût pas traité autrement qu'Euclide cette partie de la philosophie », car tant qu'il serait resté un pur Éléate, un pareil philosophe n'aurait justement pas pu prendre cette direction morale, et placer l'idée du Bien au faîte de son système.
3. CIC., *Acad.*, II, 42, 129 : (*Megarici*) *qui id bonum solum esse dicebant, quod esset unum, et simile, et idem semper* (οἷον, ὁμοῖον ταὐτόν.) Voy. t. I, 513. sqq. (trad. fr., t. II, 46 sqq.). DIOGÈNE, II, 106, sur Euclide : οὗτος ἓν τὸ ἀγαθὸν ἀπεφαίνετο πολλοῖς ὀνόμασι καλούμενον· ὁτὲ μὲν γὰρ φρόνησιν, ὁτὲ δὲ θεόν, καὶ ἄλλοτε νοῦν, καὶ τὰ λοιπά.

Socrate l'avait déjà montré, est également une : c'est la science du bien, et quand on parle de plusieurs vertus, on ne fait encore qu'employer des noms divers pour désigner une seule et même chose[1].

Quel est maintenant le rapport de toutes les autres choses avec ce Bien un? Déjà Euclide niait, nous rapporte-t-on, que ce qui n'est pas bon soit d'une manière quelconque[2], d'où il suivait immédiatement qu'en dehors du Bien il n'y avait rien de réel. L'affirmation de ce principe est, d'une manière plus précise, attribuée aux représentants ultérieurs de l'école mégarique[3]. Dès lors les concepts multiples, dont la réalité était encore supposée au début, furent également abandonnés à ce titre. On les réduisit, dans la mesure où on leur conservait encore quelque réalité, à de simples noms du Bien[4]. Nous pouvons vraisemblablement voir encore ici les traces du développement graduel de la doctrine mégarique. Il

---

1. Diog., VII, 161, sur le stoïcien Ariston : ἀρετάς τ' οὔτε πολλὰς εἰσῆγεν ὡς ὁ Ζήνων, οὔτε μίαν πολλοῖς ὀνόμασι καλουμένην, ὡς οἱ Μεγαρικοί. Cette vertu unique est la science du bien, comme cela résulte non seulement de la logique du système et de l'exemple même de Socrate (v. plus haut, p. 117, sqq.), mais aussi du texte de Cicéron, loc. cit., qui continue : « Menedemo autem... Eretriaci appellati; quorum omne bonum in mente positum et mentis acie, qua verum cerneretur- Illi (les Mégariques) similia, sed, opinor, explicata uberius et ornatius. Cf. Platon, Rép., VI, 505, B ; dans ce passage, l'auteur pense peut-être à Euclide en même temps qu'à Antisthène. Peut-être aussi l'intelligence est-elle un des deux Génies dont Euclide disait, d'après Censorinus, de Die nat., 3, 3 : Duplicem omnibus omnino nobis genium adpositum. L'autre, le mauvais démon, serait alors la folie.
2. Diog., loc. cit. : τὰ δ' ἀντικείμενα τῷ ἀγαθῷ ἀνῄρει μὴ εἶναι φάσκων.
3. Aristoclès, ap. Eus., Præp. Ev., XIV, 17, 1 : ὅθεν ἠξίουν αὐτοί γε [οἱ περὶ Στίλπωνα καὶ τοὺς Μεγαρικοὺς] τὸ ὂν ἓν εἶναι καὶ τὸ μὴ ὂν ἕτερον εἶναι, μηδὲ γεννᾶσθαί τι, μηδὲ φθείρεσθαι, μηδὲ κινεῖσθαι τοπαράπαν. Le texte d'Aristote (Métaph., XIV, 4, 1091, b, 13) ne peut guère s'appliquer aux Mégariques, mais à Platon. Cf. Zeller, Platon. Studien, 276, sqq., et Schwegler ad h. loc. Il n'y a pas à mentionner d'autres textes, qu'on a sans raison appliqués aux Mégariques.
4. Toutefois l'opinion de Prantl (p. 35, sqq.), suivant lequel les concepts des Mégariques auraient eu dès l'origine une signification nominaliste, ne saurait s'accorder avec les assertions de Platon. Quand les Mégariques déclaraient que les concepts, et les concepts seuls, étaient l'ἀληθινὴ οὐσία, ils n'étaient pas nominalistes, mais réalistes. Stilpon lui-même, d'après ce que nous avons dit plus haut, ne saurait être regardé comme nominaliste. D'ailleurs il a trop emprunté à la doctrine cynique pour que nous puissions sans restriction conclure de ses opinions aux opinions primitives de l'école mégarique.

223 semble qu'Euclide n'ait tout d'abord parlé d'une multiplicité de concepts essentiels que par opposition aux choses sensibles, et que cette forme de sa doctrine ait appartenu de préférence à l'époque où son système commençait à se constituer sur cette opposition même[1]. Dans la suite, au contraire, les Mégariques auraient continué sans doute à se servir de ces concepts pour combattre l'opinion commune[2], mais ils les auraient autrement laissés de côté, et s'en seraient tenus strictement à l'affirmation de l'unité essentielle du Bien et de l'Être. Sans doute, ils n'étaient pas ici conséquents avec eux-mêmes, mais nous pouvons nous expliquer comment ils aboutirent à cette contradiction, si nous admettons qu'ils passèrent seulement par degrés de la philosophie socratique des concepts à la doctrine d'unité tout abstraite des Éléates[3].

La Dialectique et l'Éristique. — Toutefois, plus leur doctrine choquait ici les idées vulgaires, et plus aussi s'imposait à eux la nécessité de justifier contre elles leur propre manière de voir. Sur ce point encore, ils n'eurent qu'à suivre l'exemple des Éléates. Il ne devait pas leur être très facile, il est vrai, de prouver directement la vérité de leurs vues. Mais, en revanche, on pouvait espérer un succès d'autant plus complet en prenant l'offensive et en attaquant les thèses des adversaires à l'aide de la

---

1. Platon, du moins dans le passage dont il a été question, ne parle pas encore du Bien-Un. Au contraire, il distingue expressément des Éléates les partisans de la philosophie des concepts, en tant que ceux-ci admettaient des concepts multiples.
2. Voy., plus haut, p. 219, 1.
3. Henne (p. 11, sqq.) cherche à lever la difficulté d'une autre manière. Les Mégariques, pense-t-il, attribuaient une réalité à chaque idée particulière, en tant qu'elle est une unité, et les concepts multiples exprimaient, selon eux, les différentes sortes de bien. Mais ils combattaient justement l'opinion selon laquelle il y aurait plusieurs espèces de bien. De la doctrine de l'unité de l'Être, ils ne peuvent pas avoir été amenés à admettre une multiplicité d'idées, car cette unité, conçue abstraitement, exclut justement ce développement et cette différenciation interne. Mais ils peuvent fort bien inversement avoir fondu peu à peu les concepts socratiques dans l'unité éléatique.

dialectique d'un Zénon ou d'un Gorgias. C'est même précisément ce côté dialectique de la doctrine des Éléates qui avait sans doute frappé le fondateur de l'École, lorsqu'il se l'était appropriée ; car ce sont Zénon et les Sophistes qui paraissent avoir le plus puissamment contribué à attirer l'attention sur cette méthode dans la Grèce centrale. Telle était donc la voie dans laquelle les philosophes mégariques s'engagèrent avec une prédilection si marquée, que l'école entière tira de là son nom[1].

EUCLIDE. — Déjà Euclide avait coutume, d'après DIOGÈNE[2], d'attaquer non les prémisses, mais les conclusions de ses adversaires, c'est-à-dire qu'il se servait pour réfuter de la *réduction à l'absurde*. Le même auteur nous apprend[3] qu'il avait rejeté la méthode si chère à Socrate, consistant à expliquer à l'aide de comparaisons, parce que, disait-il, la ressemblance, dans l'exemple invoqué, n'éclaircissait rien et que la différence était étrangère à la question. D'ailleurs la description la plus caractéristique de sa dialectique est celle que nous donne PLATON dans le *Sophiste*. Il dit, en parlant des « philosophes du concept », que, dans leurs discours, ils dissolvaient la matière jusque dans ses dernières parties pour montrer qu'elle ne possède pas d'être véritable et n'est qu'un perpétuel écoulement et un pur devenir[4]. C'est là exactement la méthode que Zénon avait introduite pour la réfutation de la perception des sens[5], et que nous retrou-

---

1. Voy., plus haut, p. 209, 1.
2. II, 107 : ταῖς τε ἀποδείξεσιν ἐνίστατο οὐ κατὰ λήμματα, ἀλλὰ κατ' ἐπιφοράν. Comme dans la terminologie stoïcienne (que le texte cité n'autorise naturellement pas à prêter à Euclide), λῆμμα désigne la majeure, mais la plupart du temps aussi les deux prémisses, ἐπιφορά la conclusion (DEYCKS, 34, sq., PRANTL, 470, sq.), le sens le plus vraisemblable de ces mots est celui que nous avons adopté.
3. *Loc. cit.* : καὶ τὸν διὰ παραβολῆς λόγον ἀνῄρει, λέγων ἤτοι ἐξ ὁμοίων αὐτὸν ἢ ἐξ ἀνομοίων συνίστασθαι· καὶ εἰ μὲν ἐξ ὁμοίων, περὶ αὐτὰ δεῖν μᾶλλον ἢ οἷς ὅμοιά ἐστιν ἀναστρέφεσθαι· εἰ δ' ἐξ ἀνομοίων, παρέλκειν τὴν παράθεσιν.
4. Voy., plus haut, p. 215, 2 ; 218, 2.
5. Voy. Iʳᵉ partie, p. 539, sqq. (tr. fr., II, p. 71, sqq.).

verons encore dans les sorites des Mégariques postérieurs. On résout dans ses parties la masse de matière qui apparaît comme substantielle; on s'aperçoit alors que cette division n'a pas de limite et que nulle part on ne trouve un terme fixe auquel la pensée puisse s'arrêter, et l'on en conclut que la chose corporelle n'a pas de véritable existence, mais qu'elle est un simple phénomène fugitif. On devra donc avec raison considérer Euclide comme le premier fondateur de la dialectique mégarique. Pourtant cette dialectique n'avait pas encore chez lui le caractère d'une éristique purement formelle, quoiqu'on puisse lui faire un reproche de ses polémiques[1]. Il semble au contraire avoir été surtout préoccupé, ainsi que Zénon avant lui, de l'établissement de sa doctrine positive et n'avoir employé sa dialectique que comme un moyen pour atteindre ce but. Du moins ne savons-nous rien de lui qui dût l'amener à une manière de voir différente et nous devons remarquer en particulier qu'on ne lui attribue encore aucun de ces sophismes éristiques par lesquels se signala dans la suite l'école mégarique.

EUBULIDE, ALEXINUS. — Déjà, en effet, chez les premiers successeurs d'Euclide, l'éristique acquit sur les doctrines positives une prépondérance croissante. Ces dernières étaient trop pauvres pour retenir longtemps l'attention, et trop abstraites pour recevoir de plus amples développements. Au contraire la polémique contre les idées communes et contre les autres philosophes ouvrait à la subtilité, à l'amour de la chicane et à la vanité philosophique une mine inépuisable que les Mégariques ne se lassèrent

---

1. Selon Diog., II, 30, Socrate aurait déjà dit de lui qu'avec son amour pour la discussion, il pouvait bien vivre en compagnie de sophistes, mais non avec des hommes. Mais je ne puis accorder grande valeur à ce témoignage, pour cette raison surtout que cet emploi même du terme de sophiste révèle une manière de parler postérieure à l'époque de Socrate. Plus digne de foi est le passage de Diogène, II, 107, d'après lequel Timon qualifiait Euclide de querelleur, disant qu'il avait inculqué aux Mégariques la manie de la dispute.

pas d'exploiter[1]. Les opinions métaphysiques de l'école ne servirent dès lors bien souvent qu'à fournir l'occasion d'un assaut éristique. Parmi les arguments captieux attribués à Eubulide[2], mais dont un certain nombre s'étaient déjà produits antérieurement[3], l'argument dit *du Monceau* a seul un rapport saisissable avec cette métaphysique. Cette sorte de raisonnement aboutit à démontrer que les

---

1. La forme usuelle de ces argumentations critiques (v. plus bas) est la forme interrogative ; de là l'expression constante de λόγον ἐρωτᾶν, chez Diog., II, 108, 116. Sext., adv. Math., X, 87. et passim., et celle de Μεγαρικὰ ἐρωτήματα dans le fragment de Chrysippe ap. Plut., de Stoic. repugn., 10, 9, p. 1036. Cf. Arist., Phys., VIII, 8, 263, a, 4, 7 ; Anal. pr., II, 19 ; 66, a, 26 ; 36 ; I, 32 ; 47, a, 21). Mais dans ces interrogations, à l'exemple des Sophistes, on proscrivait toute réponse autre que *oui* et *non*. Cf. Diog., II, 135, et notre Iʳᵉ partie, p. 995, 2 (trad. fr. t. II, 510. 5).

2. Diogène (II, 108) en énumère sept : le ψευδόμενος, le διαλανθάνων, l'Électre, l'ἐγκεκαλυμμένος, le σωρίτης, le κερατίνης, le φαλακρός. Le premier de ces raisonnements, d'après Aristote, Soph. elenchi, 25, 180, a, 34 ; b, 2 ; Alex., ad h. loc.; Cic., Acad., II, 29, 95, etc. (v. Prantl, p. 51), s'exprime ainsi : lorsque quelqu'un dit qu'en ce moment même il ment, ment-il ou dit-il la vérité ? L'*homme caché*, l'*homme voilé* et l'*Électre* ne sont que des formes diverses du même sophisme : « Connais-tu l'homme caché, l'homme voilé ? Électre connaissait-elle son frère avant qu'il ne se nommât à elle ? » La solution de ces trois arguments est que l'homme voilé, etc., est bien connu des personnes en question, mais n'est pas immédiatement reconnu d'elles. (Voy. à ce sujet Arist., Soph. el., c. 24, 179, a, 33 ; Alex., ad. h. loc. et fol. 49, b ; Lucien, Vit. auct., 22 ; Prantl, loc. cit., et t. I, 997, 4 ; trad. fr. t. II, p. 512, 8. Le *Cornu* s'énonce ainsi : « As-tu perdu tes cornes ? » Si la réponse est affirmative, on conclut : « Tu en avais donc. » Si elle est négative, elle autorise à conclure : « Alors tu en as toujours » (Diog., VII, 187, VI, 38 ; Sénèque, Ep., 45, 8 ; Gell., XVI, 2, 9 ; Prantl, p. 63). Le *Sorite* consiste à demander : « Combien faut-il de grains pour former un tas ? » ou, d'une manière générale : « A quel nombre commence la pluralité ? » Il est naturellement impossible de déterminer un semblable nombre. Sur ce sophisme, cf. Cic., Acad., II, 28, 92, sqq.; 16, 49 ; Diog., VII, 82 ; Perse, Sat., VI, 78, et d'autres passages cités chez Prantl, p. 54, sq. Le *Chauve* n'est qu'une application de ce raisonnement au nombre de cheveux : « Combien de cheveux faut-il enlever à un homme pour qu'il devienne chauve ? » (Cf. Horace, Ep., II, 1, 45 ; Prantl, loc. cit. Pour les détails au sujet de ces arguments, voy. Deycks, 51, sq.).

3. Nous trouvons, par exemple, le sorite déjà indiqué chez Zénon et chez Euclide (cf. Iʳᵉ partie, p. 544, sq. [trad. franç., t. II, 76 sq.], et plus haut 224). Du reste, il est bien difficile de découvrir le premier auteur de ces inventions dialectiques qui ne sont, la plupart du temps, que de mauvaises plaisanteries, quoique à cette époque elles aient été prises tout à fait au sérieux. Sénèque (Ep., 45, 10) dit que beaucoup d'ouvrages avaient été écrits sur le ψευδόμενος. Nous connaissons par Diogène, V, 49, VII, 196, sq., ceux de Théophraste et de Chrysippe. Ce dernier, d'après Diogène, VII, 198, 192, avait écrit aussi sur l'*homme caché*, l'*homme voilé* et le *sorite* ; suivant Athénée, IX, 401, E, Philétas de Cos s'était tué à écrire un livre sur le ψευδόμενος. Le *Cornu* et le *Voilé* sont aussi attribués à Diodore (Diog., II, 111), le premier (Diog., VII, 187), ainsi que le *sorite* (Diog., VII, 82 ; Perse, loc. cit.), à Chrysippe également ; mais cette seconde attribution est assurément inexacte.

choses sensibles ne possèdent pas d'existence fixe, que toutes s'évanouissent dans leur contraire et ne présentent qu'un pur devenir, au lieu d'un être immuable et réel[1]. Les autres arguments, au contraire, n'apparaissent que comme de simples sophismes, qui n'ont pas d'autre but que d'embarrasser les autres[2]. C'étaient des œuvres d'art dialectiques qui pouvaient assurément rendre sensible le besoin d'une recherche plus exacte des lois de la pensée, d'une logique ; mais, lorsqu'on y travaillait, la préoccupation d'aboutir à une méthode scientifique plus exacte, en faisant ressortir certaines difficultés et en réfutant des opinions insoutenables, était mise entièrement de côté.

L'éristique d'Alexinus paraît avoir été tout à fait analogue ; il ne nous est même connu que comme Éristique[3]. Quant au reste, aucun autre détail ne nous a été transmis à son sujet, si ce n'est une polémique avec Ménédème, qu'il essaye en vain d'embarrasser dans un argument du type du *Cornu*[4] et une réfutation des preuves données par Zénon de l'intelligibilité du monde[5], réfutation reproduite plus tard par les Académiciens[6].

DIODORE. LE MOUVEMENT. — Plus intimement liées aux dogmes mégariques sont les discussions de Diodore sur le mouvement et la destruction, sur le possible et les pro-

---

1 Cf. la remarque faite p. 224, et ce que nous disons plus bas des arguments de Diodore contre le mouvement.

2. Car le motif que PRANTL (p. 52) assigne à l'argument du *Voilé*, je ne puis l'y reconnaître, et les assertions de BRANDIS (p. 122, sq.) me paraissent également mal établies.

3. Voy., plus haut, p. 212, 4.

4. *Ap.* DIOG., II, 135.

5. SEXT., *Adv. Math.*, IX, 107, sq. : De ce que le monde est ce qu'il y a de meilleur, et que le rationnel est meilleur que l'irrationnel, Zénon concluait que le monde devait être rationnel (cf. CIC., *De nat. D.*, II, 8, 21, III, 9, 22). Alexinus réplique : τὸ ποιητικὸν τοῦ μὴ ποιητικοῦ καὶ τὸ γραμματικὸν τοῦ μὴ γραμματικοῦ κρεῖττόν ἐστι· καὶ τὸ κατὰ τὰς ἄλλας τέχνας θεωρούμενον κρεῖττόν ἐστι τοῦ μὴ τοιούτου· οὐδὲν δὲ ἐν κόσμου κρεῖττόν ἐστι· ποιητικὸν ἄρα καὶ γραμματικόν ἐστιν ὁ κόσμος.

6. CIC., *De nat. Deor.*, III, 8, 21, sqq., 10, 26; 11, 27. Cf. IIIe partie, A, 462, 2e éd.

positions conditionnelles. Parmi les preuves que ce philosophe apportait à l'appui de la doctrine fondamentale de l'école sur l'impossibilité du mouvement, quatre nous ont été transmises : 1° La première[1], qui avait déjà été employée par Zénon[2] dans ce qu'elle a d'essentiel, peut s'exprimer ainsi : Si une chose était en mouvement, elle devrait se mouvoir soit dans l'espace où elle est, soit dans celui où elle n'est pas. Mais dans le premier, elle n'a pas de place pour se mouvoir; dans le second, elle ne peut ni agir ni pâtir en quoi que ce soit : le mouvement est donc inconcevable[3]. 2° La seconde preuve n'est qu'une forme moins précise de la première[4] : Ce qui se meut est dans l'espace; mais ce qui est dans l'espace est en repos; ce qui se meut est donc en repos. 3° Une troisième preuve[5] résulte de la supposition de particules infiniment petites de la matière et de l'espace. Cette supposition est d'ailleurs également attribuée à Diodore[6], qui du reste ne devait s'en servir, comme Zénon[7], que d'une manière tout hypothétique pour réfuter les idées communes[8] : « Tant que

---

1. *Ap.* Sext., *Hyp. Pyrrh.*, II, 242. Cf. 245, III, 71. *Adv. Math.*, X, 85, sqq., I, 311.
2. Voy. t. I, 547 (trad. franç., t. II, p. 79 sq.).
3. Sextus, rapporte (*Hyp. Pyrrh.*, III, 243) en la rapprochant immédiatement de la preuve énoncée ci-dessus, une argumentation tout à fait analogue contre le devenir en général : « L'être ne peut devenir, car il est déjà; ni le non-être non plus, car il ne peut rien lui arriver. Ainsi, d'une manière générale, rien ne devient. » (Cf. ce que nous avons rapporté de Mélissus et de Gorgias, 1ʳᵉ partie, p. 553, 984 [trad. fr., t. II, p. 85, 499]). Il est possible que cet argument appartienne aussi à Diodore. Mais c'est à tort que Steinhart (*Allg. Encycl.*, sect. I, t. XXV, p. 283) lui attribue la distinction entre un sens large et un sens étroit du terme d'espace, distinction qui se trouve chez Sextus, *Hyp. Pyrrh.*, III, 75, cf. 119; *Adv. Math.*, X, 95. Car il ressort de ces passages mêmes que cette distinction était faite pour éviter les objections de Diodore.
4. Sext., *Adv. Math.*, X, 112.
5. *Ap.* Sext., *Adv. Math.*, X, 143, cf. 119, sq. Alexandre, *De sensu*, 125, B, mentionne également ce λόγος περὶ τῶν ἀμερῶν de Diodore.
6. Sext., *Adv. Math.*, IX, 362; *Hyp. Pyrrh.*, III, 32; Dionys., ap. Eus., *Præp. Evang.*, XIV, 23, 4; Stob., *Eclog.*, I, 310; Pseudo-Clément, *Recogn.*, VIII, 15 (tous ces passages révèlent une source commune); Simpl., *Phys.*, 216, b, mil., *Schol. in Ar.*, 405, a, 21. Diodore appelait ces atomes ἀμερῆ.
7. Voy. t. I, 540, 544, sqq. (trad. franç., t. II, p. 72, 77 sqq.).
8. Sa première preuve également, d'une manière plus exacte, était présentée, d'après Sextus (*Adv. Math.*, X, 85), de façon à montrer que chaque atome remplit entièrement sa place. Cependant ce tour de l'argument n'est pas ici essentiel.

la particule de matière A est dans la portion d'espace correspondante A, elle ne se meut pas, car elle l'emplit entièrement ; mais elle ne se meut pas davantage quand elle est dans la portion d'espace immédiatement voisine B ; car lorsqu'elle y est arrivée, son mouvement a déjà cessé : elle ne se meut donc absolument pas. » Dans ce raisonnement, on reconnaît encore le caractère des arguments de Zénon et de la dialectique déjà décrite par Platon[1]. 4° La quatrième preuve[2] ajoute à l'hypothèse de parties infinitésimales de matière la distinction entre le mouvement partiel et le mouvement complet[3]. Le corps qui se meut doit commencer par avoir la majorité de ses parties en mouvement avant de les avoir toutes. Mais il est inconcevable qu'il ait la majorité de ses parties en mouvement. Supposons en effet un corps composé de trois atomes dont deux sont en mouvement et le troisième en repos ; un tel corps doit se mouvoir, puisque la majorité de ses parties se meuvent. Mais cela est également vrai si l'on ajoute un quatrième atome en repos ; en effet, quand le corps est un mouvement κατ' ἐπικράτειαν, les trois atomes qui le composent se meuvent aussi, et par conséquent le quatrième atome, qui est en repos, s'ajoute à trois atomes en mouvement. Pourquoi dès lors n'en serait-il pas de même lorsque viendrait s'ajouter un cinquième, un sixième, un dix-millième atome ? Ainsi un corps doit se mouvoir, alors même que sur les dix mille parties qui le composent deux seulement sont en mouvement. Mais si cela est absurde, le mouvement du plus grand nombre des parties et par suite aussi le mouvement du tout est impossible. Le mouvement est donc, d'une manière générale, inconcevable. Ce raisonnement, à vrai dire, manque de solidité, SEXTUS l'a déjà remarqué[4]. Cependant Diodore

---

1. Voy., plus haut, p. 224.
2. SEXTUS, *Adv. Math.*, X, 113, sqq.
3. κίνησις κατ' ἐπικράτειαν, et κίνησις κατ' εἰλικρίνειαν.
4. *Op. cit.*, 112, 118. Il est un autre argument, le premier de Zénon, que SEX-

semble l'avoir considéré comme irréfutable, et de toutes ses discussions il tire cette conclusion, qu'on ne peut jamais dire d'une chose : Elle se meut, mais qu'on doit toujours se contenter de dire : *Elle s'est mue*[1]. En d'autres termes, il voulait bien accorder ce que les sens paraissaient lui prouver[2], à savoir qu'un corps occupait tantôt une place, tantôt une autre; il déclarait impossible le passage de l'une à l'autre. Mais il y avait là une contradiction qu'on lui a reprochée dès l'antiquité, et dont il n'est pas arrivé à se dégager d'une manière absolument satisfaisante[3]; il s'écartait en même temps de la doctrine primitive de l'école : Euclide niait le mouvement d'une manière absolue, et il n'aurait pu accorder davantage un mouvement accompli qu'un mouvement actuel.

LA DESTRUCTION. — L'idée essentielle du troisième des arguments précédents se retrouve dans la difficulté élevée par Diodore contre la destruction. Un mur, disait-il, n'est pas anéanti tant que les pierres restent ensemble, car alors il subsiste encore; il ne peut l'être davantage quand elles sont séparées, car alors il n'y a plus de mur[4]. Mais Diodore semblait admettre, comme tout à l'heure, que le mur pouvait *avoir été* détruit.

LE POSSIBLE. — Aux recherches sur le mouvement sont intimement liées les discussions sur le possible. Des deux

---

TUS (*Adv. Math.*, X, 47) n'attribue pas à Diodore; il dit seulement que, quant au résultat, Diodore s'accordait avec les Éléates.

1. SEXTUS *Adv. Math.*, X, 48, 85, sq., 91, sq., 97-102. Cf. 143.
2. SEXTUS (*Adv. Math.*, X, 86) lui attribue expressément ce motif.
3. Voy., à ce sujet, SEXTUS, *op. cit.*, 91, sq., 97, sq. Diodore, dans ce passage, prouve cette thèse qu'une proposition énoncée sur le passé peut être vraie, tandis qu'énoncée sur le présent, elle serait fausse, à l'aide d'exemples bien mal choisis, comme le suivant : On peut dire d'Hélène qu'elle a eu trois maris (l'un après l'autre), tandis qu'on ne pourrait jamais dire d'elle : elle a trois maris (à savoir simultanément). D'ailleurs, cet exemple suffit à montrer combien est inexacte l'opinion de GROTE (*Plato*, III, 501), suivant laquelle Diodore, en posant la thèse énoncée ci-dessus, aurait seulement voulu dire que le mouvement actuel est simplement la transition entre le passé et l'avenir.
4. SEXTUS, *Adv. Math.*, X, 347.

côtés il s'agit de l'intelligibilité du changement ; seulement la question est posée ici sous une forme plus abstraite, là sous une forme plus concrète. Par suite la doctrine de Diodore sur ce second point est avec la doctrine primitive de son école dans le même rapport que celle qu'il professait sur le premier. Les anciens Mégariques avaient tenu le réel pour seul possible : et par réel, ils entendraient ici ce qui est actuellement présent[1]. Diodore met aussi sous ce terme le futur, en disant que cela seul est possible qui *est* ou qui *sera* réel[2]. Il prouve cette assertion à l'aide d'un raisonnement qui, sous le nom de κυριεύων, fut admiré pendant des siècles comme un chef-d'œuvre de dialectique[3]. Ce raisonnement se formulait ainsi en substance : « De quelque chose de possible, quelque chose d'impossible ne peut résulter (*hervorgehen*)[4] ; or il est impossible que ce qui est passé soit autre qu'il n'est. Mais si cette autre chose même, à un moment antérieur, eût été possible, quelque chose d'impossible serait résulté de quelque chose de possible : cela n'était donc possible à aucun moment. Il est par conséquent impossible que quelque chose arrive, qui n'arrive pas réellement[5] ». *Philon*, disciple de Diodore professait

---

1. Voy., plus haut, p. 220.
2. Cic., *De fato*, 6, 12 ; 7, 13 ; 9, 17. *Ad famil.*, IX, 4. Plut., *De Stoic. rep.*, 46, p. 1055. Alex. Aphrod., *in Anal. pr.*, 59, b, inf., *Schol. in Arist.*, 163, b, 29. Cf. Simpl., *ibid.*, 65, b, 7. Philop., *ibid.*, 163, b, 19. Boeth., *De interpret.*, II, Opp. ed. Basil., 364, sqq. Prantl, *Gesch. der Logik*, I, 39. La proposition ci-dessus est également exprimée ici en ces termes : est possible ὅπερ ἢ ἔστιν ἀληθὲς ἢ ἔσται.
3. Cf. Épictète, *Diss.*, II, 18, 18. Ce sont les actions morales dont on doit être fier, οὐκ ἐπὶ τῷ τὸν κυριεύοντα ἐρωτῆσαι, et plus haut : κομψὸν σοφισμάτιον θύσας, πολὺ κομψότερον τοῦ κυριεύοντος. Épictète cite, II, 19, 9, des traités de Cléanthe, Chrysippe (sur celui-ci, voy. Cic., *de Fato*, 6, sq.), Antipater, Archédème sur le κυριεύων. Chrysippe y échappait en prétendant qu'il était concevable que l'impossible résultât du possible (d'après Alex., *in Anal. pr.*, 57, b, inf. *Schol. in Arist.*, 163, a, 8). Prantl (p. 40, 36) cite encore d'autres passages mentionnant le κυριεύων. Voy. Comptes rendus de l'Acad. des sc. de Berlin, 1882: *Ueber den κυριεύων des Megarikers Diodorus*, par E. Zeller.
4. C'est ainsi que je traduis ἀκολουθεῖν pour maintenir le double sens de l'expression grecque qui désigne également la séquence dans le temps et la séquence logique et causale.
5. Epict., *Diss.*, II, 19, 1 : ὁ κυριεύων λόγος ἀπὸ τοιούτων τινῶν ἀφορμῶν ἠρω-

une doctrine bien moins étroite lorsqu'il déclarait possible tout ce dont une chose possède la puissance, à supposer même que la contrainte des circonstances extérieures empêche cette puissance de jamais parvenir à se réaliser[1]. C'était l'abandon incontestable de la doctrine mégarique.

LES PROPOSITIONS CONDITIONNELLES. — Sur la vérité des propositions conditionnelles, Philon posait également d'autres principes que son maître[2]. Diodore disait que les propositions conditionnelles étaient vraies lorsque l'apodose ne peut être fausse et ne pourrait jamais être fausse si la protase est vraie. Philon dit, moins exactement, que les propositions conditionnelles sont vraies pourvu qu'elles ne renferment pas une protase vraie avec une apodose fausse. Cependant il semble qu'il s'agissait simplement ici de la justesse toute formelle dans l'expression de la règle logique[3].

LE SENS DES MOTS. — Aux vues de Diodore sur le possible semble aussi se rattacher cette assertion : qu'il n'y a pas de mot qui soit dépourvu de sens ou qui en ait deux. En effet un mot doit toujours désigner quelque chose de déterminé, et être entendu conformément à cette signifi-

τήσθαι φαίνεται· κοινῆς γὰρ οὔσης μάχης τοῖς τρισὶ τούτοις πρὸς ἄλληλα, τῷ « πᾶν παρεληλυθὸς ἀληθὲς ἀναγκαῖον εἶναι », καὶ τῷ « δυνατῷ ἀδύνατον μὴ ἀκολουθεῖν », καὶ τῷ « δυνατὸν εἶναι ὃ οὔτ' ἔστιν ἀληθὲς οὔτ' ἔσται », συνιδὼν τὴν μάχην ταύτην ὁ Διόδωρος τῇ τῶν πρώτων δυοῖν πιθανότητι συνεχρήσατο πρὸς παράστασιν τοῦ μηδὲν εἶναι δυνατὸν ὃ οὔτ' ἔστιν ἀληθὲς οὔτ' ἔσται. Cf. Cic., De fato, 6, sq.

1. ALEX., loc. c., SIMPL., in Categ., i fol. 8 (ed. Basil. 49, ε). Schol. in Arist., 65, a, 39, b, 5 sqq. BOETH., Op. cit., p. 373, fin. D'après ÉPICTÈTE, Diss., II, 19, 5, Panthœdès (voy. p. 213, 2) prenait un autre biais pour éviter les conclusions de Diodore, en combattant avec Cléanthe celle des trois propositions énoncées ci-dessus, qui veut que toute chose passée soit nécessairement vraie.

2. A ce sujet, v. SEXT., Hyp. Pyrrh., II, 110. Adv. Math., VIII, 113, sqq., I, 309. CIC., Acad., II, 47, 143.

3. En effet, les conséquences que SEXTUS (Adv. Math., VIII, 115, sqq.) invoque pour réfuter Philon n'atteignent assurément pas la vraie pensée de ce philosophe, quelque rigoureusement qu'elles soient dérivées des termes mêmes de la définition mentionnée ; à ce même point de vue, on ne peut guère trouver que PRANTL, p. 454, sq., ait saisi la pensée de Philon avec une parfaite exactitude.

cation[1]. Diodore reconnaît comme seule possible pour les mots la signification que celui qui parle a eue effectivement dans l'esprit. Mais nous avons sur ce philosophe, comme sur toute son école, des renseignements trop incomplets, pour pouvoir constituer avec ces aperçus fragmentaires de leur doctrine un ensemble lié d'une manière absolument satisfaisante[2]. Quoi qu'il en soit, nous en savons pourtant assez pour reconnaître dans toutes ces opinions partielles un seul et même principe fondamental. Nous sommes donc naturellement portés à croire que ces philosophes ne se bornaient pas aux argumentations dialectiques que nous connaissons d'eux ; mais les témoignages dont nous disposons sont trop incomplets pour que nous puissions leur en attribuer d'autres avec quelque certitude[3].

233 STILPON. RAPPORTS DE SA DOCTRINE AVEC CELLE DES CYNIQUES. — Stilpon occupe une place à part entre les philosophes mégariques. Il veut lui aussi défendre la doctrine de l'école à la tête de laquelle il se trouve. Nous connaissons

---

1. GELL., XI, 12; AMMONIUS, *De interpr.*, 32, a (*Schol. in Arist.*, 103, b, 15); SIMPL., *Categ.*, fol. 6, ζ, ed. Basil. Pour montrer que tout mot a une signification, mais une signification complètement arbitraire, Diodore, d'après Ammonius, avait donné pour nom à un de ses esclaves la particule ἀλλαμήν.
2. Les conjectures de RITTER à ce sujet (*Rhein. Mus.*, II, 310, sqq., *Gesch. der Phil.*, II, 140, sqq.) me semblent, sous bien des rapports, s'éloigner de la vraisemblance historique et de l'esprit de la doctrine mégarique. Mais la démonstration rigoureuse de cette assertion nous entraînerait trop loin.
3. PRANTL (p. 43, sqq.) croit pouvoir attribuer aux Mégariques la plupart des sophismes rapportés par Aristote comme exemples d'arguments fallacieux. Ils me semblent, en général, venir des Sophistes (voy. t. I, p. 992, sqq. [trad. fr., t. II, p. 508 sqq.]); et une preuve précise en faveur de cette manière de voir me paraît résulter de l'*Euthydème* de Platon, où il ne nous est guère possible de croire que les Mégariques soient déjà visés: car Platon ne s'exprimerait pas sur ce ton contre Euclide, comme nous pouvons le voir par le *Sophiste*, 246, C, et par l'introduction du *Théétète*. Nous ne pouvons d'ailleurs attribuer une semblable sophistique à ce philosophe, et Eubulide, d'un autre côté, ne s'était assurément pas encore fait connaître lorsque Platon écrivit l'*Euthydème*. Nous ne devons pas nier pour cela que les Mégariques aient dans la suite mis à profit nombre de subtilités empruntées aux Sophistes, mais nous ne pouvons rien savoir de plus précis au sujet d'emprunts de ce genre.

déjà ses opinions sur les idées générales, sur l'impossibilité du devenir, sur l'unité de l'être[1], sur la connaissance sensible et la connaissance rationnelle[2]. Mais à ces doctrines mégariques il mêle des vues et des tendances dont l'origine est dans l'école cynique. Il rejetait notamment en premier lieu, comme Antisthène, toute union d'un sujet avec le prédicat, par cette raison que le concept de l'un est différent du concept de l'autre; or deux choses dont les concepts diffèrent ne peuvent être déclarées une seule et même chose[3]. A cette doctrine pourrait même être rattachée celle de l'unité de l'être[4], dans le cas où Stilpon aurait été le premier à la professer; en effet, si l'on ne peut jamais affirmer une chose d'une autre, on ne saurait non plus affirmer l'être de quoi que ce soit, sauf de l'être même.

D'un autre côté les principes moraux de Stilpon sont tout cyniques. Les autres Mégariques, exclusivement livrés à la pure spéculation, se consacraient à une dialectique subtile, et paraissent au contraire avoir complète-

---

1. Voy., plus haut, p. 219, 3, 222, 3.
2. Cf. le passage d'Aristoclès cité p. 218, 1, dans lequel, à côté des Éléates, sont expressément nommés οἱ περὶ Στίλπωνα καὶ τοὺς Μεγαρικούς.
3. Plut., *Adv. Colot.*, 22, 1, p. 1119. L'Épicurien fait à Stilpon l'objection suivante : τὸν βίον ἀναιρεῖσθαι ὑπ' αὐτοῦ, λέγοντος ἕτερον ἑτέρου μὴ κατηγορεῖσθαι. πῶς γὰρ βιωσόμεθα, μὴ λέγοντες ἄνθρωπον ἀγαθὸν..., ἀλλ' ἄνθρωπον ἄνθρωπον, καὶ χωρὶς ἀγαθὸν ἀγαθόν, etc. *Ibid.*, ch. 23: οὐ μὴν ἀλλὰ τὸ ἐπὶ Στίλπωνος τοιοῦτόν ἐστιν· εἰ περὶ ἵππου τὸ τρέχειν κατηγοροῦμεν, οὔ φησι ταὐτὸν εἶναι τῷ περὶ οὗ κατηγορεῖται τὸ κατηγορούμενον, ἀλλ' ἕτερον μὲν ἀνθρώπῳ τοῦ τί ἦν εἶναι τὸν λόγον, ἕτερον δὲ τῷ ἀγαθῷ· καὶ πάλιν τὸ ἵππον εἶναι τοῦ τρέχοντα εἶναι διαφέρειν· ἑκατέρου γὰρ ἀπαιτούμενοι τὸν λόγον οὐ τὸν αὐτὸν ἀποδίδομεν ὑπὲρ ἀμφοῖν· ὅθεν ἁμαρτάνειν τοὺς ἕτερον ἑτέρου κατηγοροῦντας· Nous trouverons exactement la même pensée chez Antisthène ; aussi Plutarque (*loc. cit.*) a-t-il tort de considérer l'assertion de Stilpon comme une simple plaisanterie. Simplicius (*Phys.*, 26, a, mil.) donne également à cette doctrine le même fondement : διὰ δὲ τὴν περὶ ταῦτα (la distinction des diverses catégories, et les significations multiples des mots) ἄγνοιαν καὶ οἱ Μεγαρικοὶ κληθέντες φιλόσοφοι (plus exactement Stilpon) λαβόντες ὡς ἐναργῆ πρότασιν, ὅτι ὧν οἱ λόγοι ἕτεροι ταῦτα ἕτερά ἐστι, καὶ ὅτι τὰ ἕτερα κεχώρισται ἀλλήλων, ἐδόκουν δεικνύναι αὐτὸν αὑτοῦ κεχωρισμένον ἕκαστον (ceci n'est plus l'assertion des Mégariques, mais la conséquence par laquelle l'aristotélicien la réfute); ainsi comme le concept de Σωκράτης μουσικός est autre que celui de Σωκράτης λευκός, le premier, d'après les principes des Mégariques, devrait être une autre personne que le second.
4. Voy., plus haut, p. 222.

ment négligé l'éthique[1]. Stilpon, sans doute, était également un éminent dialecticien[2], et peut-être est-ce un pur hasard si aucune assertion et aucune invention éristique ne nous est restée de lui. Mais en même temps tous nos auteurs, outre qu'ils parlent en général de son caractère avec le plus grand respect[3], citent en particulier plus d'un trait qui, d'une manière plus précise, révèle chez lui les principes de la morale cynique. Il déclarait que le souverain bien était cette apathie qui ne permet pas même de sentir le mal. Il voulait que le sage se suffît à lui-même et n'eût pas même besoin d'amis pour être heureux[4]. Comme, après le sac de Mégare, Démétrius Poliorcète lui demandait ce qu'il avait perdu, il répondit qu'il n'avait vu personne emporter la science[5]. On lui représentait la mauvaise conduite de sa fille : il répliqua que, s'il ne pouvait faire honneur à sa fille, elle ne pouvait non plus le déshonorer[6]. Il ne permettait pas que l'on considérât comme un mal d'être exilé de sa patrie[7]. L'indépendance

---

1. Toujours est-il qu'en dehors de la doctrine euclidienne de l'unité de la vertu, nous ne connaissons aucune théorie éthique chez ces philosophes.
2. Cf. p. 211, 2; 210, 6, et CHRYSIPPE, *ap.* PLUT., *De Stoïc. rep.*, 10, 11, p. 1036.
3. Voy. les passages cités p. 211, 1.
4. SÉNÈQUE, *Ep.*, 9, 1 : *An merito reprehendat in quadam epistola Epicurus eos, qui dicunt sapientem se ipso esse contentum, et propter hoc amico non indigere, desideras scire. Hoc objicitur Stilponi ab Epicuro et iis, quibus summum bonum visum est animus impatiens.* C'est du même philosophe qu'il est dit dans ce qui suit : *Hoc inter nos et illos interest : noster sapiens vincit quidem incommodum omne, sed sentit; illorum ne sentit quidem.* Il faut rapprocher de cela ce que remarque Stilpon, chez TÉLÈS (*ap.* STOBÉE, *Floril.*, 103, 83 [IV, 52, Mein.]) pour nous préserver d'un chagrin exagéré à la mort de nos proches. A Stilpon convient bien aussi ce que dit ALEXANDRE d'Aphrodisias (*De an.*, 103, a, inf.), que les Mégariques considèrent comme le πρῶτον οἰκεῖον l'ἀοχλησία.
5. PLUTARQUE (dont le récit est le plus simple et le plus vraisemblable), *Demetr.*, c. 9; *De tranq. an.*, c. 17, p. 475; *De puer. ed.*, c. 8, p. 6; SÉNÈQUE, *De const.*, 5, 6; *Ep.*, 9, 18; DIOGÈNE, II, 115; *Floril.* JOHANNIS DAMASCENI, II, 13, 153 (STOBÉE, *Floril.*, éd. Mein., IV, 227). Sénèque rapporte que Stilpon avait perdu dans cette circonstance sa femme et sa fille ; mais ce n'est probablement là qu'un ornement de déclamation. Le mot connu, *omnia mea mecum porto*, que Sénèque place en cette occasion dans la bouche de Stilpon est attribué par CICÉRON, *Parad.*, 1, 8 à Bias de Priène.
6. PLUTARQUE, *De an. tranq.*, c. 6, p. 468; DIOGÈNE, II, 114.
7. Dans le fragment donné par STOBÉE, *Floril.*, 40, 8; seulement la portée en est discutable.

vis-à-vis de toutes les choses extérieures, l'absence de besoins chez le sage, ce principe suprême du cynisme, était son idéal. Il partage enfin avec les Cyniques cette liberté à l'égard de la religion qui se révèle dans une foule de ses assertions[1].

Aucun témoignage ne nous apprend si entre ces opinions cyniques et les théories fondamentales de l'école mégarique il essayait d'établir un lien scientifique, et de quelle manière. En soi, cela n'était pas difficile. Il y a une grande affinité entre la doctrine qui nie la possibilité d'attribuer un prédicat à un sujet et la polémique d'Euclide contre l'argumentation par comparaison. Car celle-ci également repose sur ce principe général que deux choses différentes ne peuvent être identifiées. Cette doctrine est donc en pleine harmonie avec la dialectique négative de l'école mégarique, et quand Euclide avait exclu du bien toute multiplicité, un autre pouvait ajouter, avec Antisthène, que l'un ne pouvait être en même temps multiple. De l'unité du bien on pouvait en outre déduire l'apathie du sage, en considérant que tout, à l'exception du bien, est un néant et une chose indifférente[2]. Quant aux attaques dirigées contre la religion populaire, elles étaient liées à la doctrine de l'Un dès son apparition chez Xénophane. Ainsi entre la doctrine mégarique et les éléments cyniques adoptés par Stilpon, il ne manquait pas de points de rapprochement. Toutefois l'aveu formel de ces idées cyniques doit être considéré comme une déviation de la doctrine mégarique primitive.

---

1. D'après Diogène, II, 116 sq., il prouvait que l'Athéné de Phidias n'était pas un dieu ; il employa devant l'aréopage un subterfuge qui ne le sauva d'ailleurs pas du bannissement, en répondant que ce n'était pas un θεός, mais une θεά, et comme Cratès l'interrogeait sur les sacrifices et les prières, il déclara qu'on ne pouvait parler de ces questions dans la rue. L'histoire racontée par Plutarque, De prof. in virt., 12, p. 83, d'un songe où il s'entretient avec Posidon, a bien l'air d'être une simple invention qu'il aurait imaginée lui-même pour se justifier d'avoir négligé le sacrifice.
2. Cf. le texte de Diogène, II, 106, cité p. 222, 2.

236 ÉCOLE D'ÉLIS ET D'ÉRÉTRIE. — A l'école de Mégare se rattache étroitement l'école d'Élis et d'Érétrie sur laquelle d'ailleurs bien peu de renseignements nous sont parvenus. Le fondateur de cette école fut *Phédon* d'Élis[1], le favori bien connu de Socrate[2].

237 Après la mort de son maître, il rassembla autour de lui, dans sa ville natale, quelques disciples qui par suite furent désignés sous le nom de philosophes d'Élis[3]. On signale

---

1. Preller, *Phädon's Lebensschicksale und Schriften*, Rhein. Mus. für Philol., IV (1845), 391 sqq., revu dans l'*Encyclopédie* d'Ersch et Gruber, sect. III, t. XXI, p. 357 sqq. Réimprimé dans les *Kleine Schriften* de Preller. — Phédon, descendant d'une famille noble d'Élis, fut, jeune encore, et peu de temps avant la mort de Socrate (suivant Preller, *Op. cit.*, probablement en l'an 401 ou 400 av. J.-C.) fait prisonnier de guerre. Preller s'appuie sur le *Phédon*, 89, B, pour prétendre qu'à la mort de Socrate, il ne pouvait avoir encore atteint dix-huit ans; mais c'est une question de savoir si Phédon suivait dans son costume les usages d'Athènes. Il fut employé à Athènes comme esclave aux travaux les plus humiliants, jusqu'à ce que, grâce à l'intercession de Socrate, il ait été racheté par un des amis du philosophe; on nomme à ce sujet, outre Criton, Cébès et Alcibiade; mais ce dernier n'était plus alors à Athènes, et sans doute même ne vivait plus. (Voy. Diog., II, 31, 105, que transcrivent Suid. Φαίδων, et Hésychius, *De vir. ill.* Φαίδων; Gell., *N. A.*, II, 18 que copie Macrode, *Sat.*, I, 11; Lact., *Inst.*, III, 25, 15, sans doute d'après Sénèque; Orig., *C. Celse*, III, 67; cf. Cic., *De nat. D.*, I, 33, 93; Athén., XI, 507, c; Preller conjecture, non sans vraisemblance, que la source de l'histoire était dans Hermippus, π. τῶν διαπρεψάντων ἐν παιδείᾳ δούλων). Grote (*Plato*, III, 503) élève, il est vrai, contre ce récit une difficulté; c'est qu'une prise d'Élis ne se rencontrerait pas, suivant lui, à cette époque, tandis que Diogène dit pourtant de Phédon : συνεάλω τῇ πατρίδι. Il conjecture alors que chez Diogène, II, 105, il faudrait lire Μῆλος à la place de Ἤλειος. Mais Phédon est aussi désigné par Gellius (*loc. cit.*) et par Strabon (IX, 1, 8, p. 393) comme natif d'Élis, et son école porte également le nom d'école d'Élis; et s'il est vrai que la ville même d'Élis ne tomba pas à ce moment entre des mains ennemies, les faubourgs de cette ville furent occupés, pendant la seconde année de la guerre entre Élis et Sparte, vraisemblablement au printemps de l'an 400 av. J.-C. par l'armée spartiate, où se trouvaient aussi des troupes auxiliaires athéniennes. (Xénoph., *Hell.*, III, 2, 21 sqq.; Preller, *loc. cit.*; Curtius, *Gr. Gesch.*, III, 149 sq., 757.) C'est à ce moment que Phédon semble avoir été fait prisonnier. Après la mort de Socrate, il quitta Athènes. Toutefois, revint-il immédiatement dans sa patrie, ou se rendit-il, avec quelques autres, à Mégare auprès d'Euclide, c'est ce que nous ignorons. Diogène (II, 105) nomme de lui deux dialogues authentiques et quatre douteux. Son *Zopyrus* est également cité par Pollux, III, 18, et par l'*Antialticiste* dans les *Anecdota* de Bekker, I, 107, ainsi qu'un fragment d'un écrit sans désignation plus précise chez Sénèque, *Ep.*, 94, 41. Panætius semble avoir mis en doute l'authenticité de tous les écrits conservés sous son nom (Diog., II, 64). Gellius (*loc. cit.*) le désigne comme *philosophus illustris*, et qualifie ses écrits de *admodum elegantes*. Diogène (II, 47) le compte aussi au nombre des Socratiques les plus distingués.

2. Sur ses rapports avec Socrate, voyez, outre ce que nous citons dans la note précédente, le *Phédon* de Platon, en particulier p. 58, D sqq.; 89, A sq.

3. Ἠλειακοί dans Strabon, IX, 1, 8, p. 393, Diogène, II, 105, 126

Plistanus comme son successeur[1]. On nomme en outre *Anchipylus* et *Moschus* comme ses disciples[2]. Mais de tous ces personnages, nous ne connaissons que les noms.

Ménédème et *Asclépiade*[3] transportèrent l'école à Érétrie dont elle prit alors le nom[4]. Mais quelque florissante qu'elle ait été un instant dans cette ville[5], elle paraît s'être bientôt éteinte[6].

Parmi les philosophes de cette école, Phédon et Ménédème sont les seuls sur les opinions desquels nous possédions quelques renseignements, et encore sont-ils bien incomplets. Timon[7] rapproche Phédon d'Euclide en le qualifiant de « babillard », sans doute par allu-

---

1. Diog., II, 105.
2. *Ibid.*, 126 : peut-être n'étaient-ils que des disciples indirects de Phédon. Comme on ne nous dit pas que Ménédème ait aussi entendu Plistanus, il semble que ce dernier ne vivait plus à ce moment.
3. Voici, en substance, ce que rapporte Diogène, II, 125, dans sa biographie détaillée de Ménédème, qu'il a puisée chez Antigone de Caryste et chez Héraclide Lembus. Ménédème d'Érétrie fut d'abord artisan ; il fut envoyé comme soldat à Mégare. De là, il fit connaissance avec l'école platonicienne (suivant Diogène, avec Platon lui-même ; mais cela est chronologiquement impossible). Il se joignit à son ami Asclépiade, et tous deux, en même temps, gagnaient leur vie en travaillant la nuit (d'après Athénée, IV, 168, a). Bientôt pourtant ils passèrent auprès de Stilpon à Mégare, et de là ils se rendirent à Élis auprès de Moschus et d'Anchipylus, qui les initièrent à la doctrine de l'école d'Élis. De retour dans leur patrie, ils conservèrent une constante amitié (ils étaient de plus alliés par un mariage) jusqu'à la mort d'Asclépiade, même après que Ménédème fut arrivé à la tête du petit État, et qu'il eut acquis de la fortune et de l'influence auprès des princes macédoniens. On vante le caractère philanthropique, ferme et noble de Ménédème, la vivacité de son esprit (cf. Plut., *De prof. in virt.*, 10, p. 81. *De vit. pud.*, 18, p. 536), sa modération (cf. Diog., 139 sqq. ; Athén., X, 419, c, sqq., II, 55, d), la libéralité de ses sentiments et les services qu'il rendit à sa patrie. Bientôt après la bataille de Lysimachie, en 278 av. J.-C., il mourut en Macédoine, peut-être volontairement, par suite d'un chagrin dont les causes sont diversement exposées ; il était âgé de soixante-quatorze ans. D'après Antigone (*ap.* Diog., II, 136), il ne laissa pas d'écrits. Diogène, II, 140, et Athénée, *loc. cit.*, citent des fragments d'une pièce satirique intitulée Μενέδημος où Lycophron raillait le philosophe suivant Athénée, en parlait avec beaucoup d'estime suivant Diogène, auquel ces fragments semblent donner raison.
4. Strabon, IX, 1, 8, p. 393 ; Diog., II, 105, 126 ; Cic., *Acad.*, II, 42, 129, etc.
5. Plut., *De tranq. an.*, 13, p. 472.
6. Athénée (IV, 162, c) nomme comme disciple de Ménédème un certain Ctésibius, dont nous ne savons rien au point de vue philosophique. Du reste, la dernière trace de l'existence de l'école d'Érétrie est un écrit du stoïcien Sphærus contre cette école (vers l'an 260 av. J.-C.) Diogène, VII, 178.
7. *Ap.* Diogène, II, 107.

sion à son amour pour la dialectique[1]; peut-être pourtant s'est-il plus qu'Euclide occupé de morale[2]. Ménédème tout au moins semble s'être précisément distingué des Éristiques contemporains en ce qu'il s'adonnait davantage aux questions de pratique et de morale. Il est vrai qu'il est, lui aussi, désigné comme un habile et vaillant dialecticien[3]. Il est peut-être difficile de croire qu'il allât avec Antisthène jusqu'à déclarer inadmissible toute union d'un sujet et d'un prédicat[4], mais on rapporte de lui une opinion dont le caractère éristique est suffisamment marqué : il professait que les jugements catégoriques affirmatifs étaient seuls valables et rejetait les jugements négatifs, hypothétiques et copulatifs[5]. CHRYSIPPE[6] le blâme également, comme Stilpon, de ses sophismes surannés[7]. On peut donc croire aussi qu'il combattit dans le sens du nominalisme cynique l'opinion qui donne aux qualités

---

1. D'un autre côté, le *Phédon* de Platon n'autorise nullement la conjecture de STEINHART, *Plat. Werke*, IV, 391, qui suppose que Phédon penchait vers la suspension de jugement des sceptiques.

2. Voyez, chez SÉNÈQUE, *Ep.*, 94, 41, le court mais élégant fragment moral mentionné plus haut.

3. DIOGÈNE, II, 134 : ἦν δὲ δυσκαταγώνητος ὁ Μ. καὶ ἐν τῷ συνθέσθαι δυσανταγώνιστος, ἐστρέφετό τε πρὸς πάντα καὶ εὑρεσιλόγει· ἐριστικώτατός τε, καθά φησιν Ἀντισθένης ἐν διαδοχαῖς, ἦν. (Cf. 129 sq.; 136.) On ne peut du reste appliquer au Ménédème dont nous parlons les vers d'ÉPICRATÈS, *ap.* ATHÉNÉE, II, 59, d, puisqu'ils sont dirigés en même temps contre Platon encore vivant. Cf. p. 239, 5.

4. On l'affirme d'ailleurs. D'après SIMPLICIUS, *Phys.*, 20 a, m.; b, m. (*Schol. in Ar.*, 330, a, 3), les philosophes d'Érétrie auraient enseigné : μηδὲν κατὰ μηδενὸς κατηγορεῖσθαι, et d'après PHILOPON, *Phys.*, B, 3, in. (*Schol.*, 330, b, 1), Ménédème ne consentait pas à dire : ἄνθρωπος βαδίζων ἐστί, mais disait seulement : ἄνθρωπος βαδίζει, afin de ne pas attribuer à ἄνθρωπος le prédicat βαδίζων. Mais ceci n'est pas compatible avec les données, évidemment plus exactes et plus dignes de foi, recueillies dans les notes suivantes. Ménédème semble avoir été rangé à tort ici à côté des Cyniques et de Stilpon.

5. DIOGÈNE, II, 135.

6. *Ap.* PLUTARQUE, *De Stoic. rep.*, 10, 11, p. 1036.

7. HERMANN (*Ges. Abhandl.*, 253) rapporte aussi à Ménédème les vers de JEAN DE SALISBURY, *Enthet.*, éd. Peters, p. 41, où il est dit d'un certain *Endymion* qu'il aurait considéré la foi comme une *opinio vera*, l'erreur comme une *opinio fallax*, et nié qu'on pût savoir le faux et qu'aucune science pût tromper. Cette référence me paraît invraisemblable. La suite du passage convient encore moins à Ménédème : il y est dit que le soleil correspond à la vérité, la lune à l'erreur, que sous la lune règnent l'erreur et le changement, dans le domaine du soleil, la vérité et l'immutabilité.

une existence propre en dehors des objets individuels[1]. D'un autre côté pourtant, on prétend[2] que dans ses doctrines positives, il était platonicien et ne s'occupait de dialectique qu'en manière de jeu. Sans doute cette dernière assertion est difficile à admettre après ce que nous venons de rapporter; elle ne peut être justifiée par la polémique de Ménédème avec Alexinus[3], et enfin sa tendance vers le platonisme est de toute façon invraisemblable[4]; mais il n'en paraît pas moins exact qu'il attachait, comme Stilpon, une plus haute valeur aux doctrines morales qu'à la dialectique. Car non seulement il nous est rapporté qu'il admirait plus qu'aucun autre philosophe Stilpon son maître[5], et que lui-même fut traité avec mépris, comme Cynique[6], mais nous savons aussi qu'il s'occupa de la question du souverain bien, entendue au sens pratique. Il affirmait, en effet, qu'il n'y avait qu'un seul bien, à savoir l'intelligence[7], laquelle se confondait, pour lui, avec la direction rationnelle de la volonté[8]; les différentes

---

1. SIMPLICIUS, *Categ.*, *Schol. in Arist.*, 68, a, 24 : οἱ ἀπὸ τῆς Ἐρετρίας ἀνήρουν τὰς ποιότητας ὡς οὐδαμῶς ἐχούσας τι κοινὸν οὐσιῶδες, ἐν δὲ τοῖς καθέκαστα καὶ συνθέτοις ὑπαρχούσας.

2. HÉRACLIDE, *ap.* DIOGÈNE, II, 135. Je ne puis adopter la conjecture de RITTER (*Gesch. d. Phil.*, II, 155) qui suppose que ce Ménédème est ici confondu avec Ménédème de Pyrrha, que nous connaissons par PLUTARQUE (*Adv. Col.*, 32, 8, p. 1126) et ATHÉNÉE (cf. p. 238, 6) comme platonicien. Car Héraclide Lembus, comme nous le voyons par Diogène, avait étudié à fond les philosophes d'Érétrie, de sorte qu'on ne peut guère admettre une semblable confusion de sa part. Ce qui suit condamne également cette conjecture. Mais pourquoi Ménédème ne pourrait-il pas être désigné comme platonicien aussi bien que les Mégariques chez CICÉRON? (Voy. plus haut, 219, 2.)

3. DIOGÈNE, 135 (voy. plus haut, p. 227, 2) : Diogène ajoute (136) qu'il poursuivit sans cesse Alexinus de railleries acerbes, mais lui rendit pourtant des services.

4. DIOGÈNE, 134 : τῶν δὲ διδασκάλων τῶν περὶ Πλάτωνα καὶ Ξενοκράτην ...κατεφρόνει.

5. DIOGÈNE, 134.

6. *Ibid.*, 140 : τὰ μὲν οὖν πρῶτα κατεφρονεῖτο κύων καὶ λῆρος ὑπὸ τῶν Ἐρετριέων ἀκούων.

7. CICÉRON, *Acad.*, II, 42; voy. plus haut, 221, 3. DIOGÈNE, 123 : πρὸς δὲ τὸν εἰπόντα πολλὰ τὰ ἀγαθά, ἐπύθετο πόσα τὸν ἀριθμὸν καὶ εἰ νομίζοι πλείω τῶν ἑκατόν; voy. *ibid.*, 134, quelques questions à l'aide desquelles il prouve que le bien n'est pas l'utile.

8. DIOGÈNE, 136 : καί ποτέ τινος ἀκούσας ὡς μέγιστον ἀγαθὸν εἴη τὸ πάντων ἐπιτυγχάνειν ὧν τις ἐπιθυμεῖ, εἶπε· πολὺ δὲ μεῖζον· τὸ ἐπιθυμεῖν ὧν δεῖ.

vertus qu'on distingue ordinairement n'étaient à ses yeux que des noms différents de cette unique vertu[1]. Ce qui prouve d'ailleurs que la morale n'était nullement pour lui une science abstraite et morte, c'est son activité politique[2]. Par la liberté de ses opinions religieuses[3], il rappelle également Stilpon et l'école cynique. Toutefois, comme à la même époque Zénon reprenait, en les faisant entrer dans un système plus vaste, les doctrines essentielles les plus solides des philosophies mégarique et cynique, de simples continuateurs, comme les philosophes d'Érétrie, ne pouvaient exercer une bien grande influence[4].

§ 3. LES CYNIQUES.

HISTOIRE EXTÉRIEURE DE L'ÉCOLE CYNIQUE. — L'école cynique naquit, comme l'école mégarique, de l'union de la philosophie socratique avec les doctrines éléatiques et sophistiques. Les deux écoles d'ailleurs, nous l'avons déjà fait remarquer, se réunirent dans la suite chez Stilpon, et se fondirent toutes deux avec Zénon dans le stoïcisme.

---

1. PLUTARQUE, *De virt. mor.*, 2, p. 440 : Μενέδημος μὲν ὁ ἐξ Ἐρετρίας ἀνῄρει τῶν ἀρετῶν καὶ τὸ πλῆθος καὶ τὰς διαφοράς, ὡς μιᾶς οὔσης καὶ χρωμένης πολλοῖς ὀνόμασι· τὸ γὰρ αὐτὸ σωφροσύνην καὶ ἀνδρείαν καὶ δικαιοσύνην λέγεσθαι, καθάπερ βροτὸν καὶ ἄνθρωπον.
2. Il exerça aussi sur ses amis, par sa doctrine et sa personne, une influence morale considérable, comme le montrent PLUTARQUE, *De adul. et amico*, c. 11, p. 55 ; DIOGÈNE, II, 127-129.
3. DIOGÈNE, 135 : Βίωνός τε ἐπιμελῶς κατατρέχοντος τῶν μάντεων, νεκροὺς αὐτὸν ἐπισπάττειν ἔλεγε. Contre ce témoignage, un fait de timidité personnelle, comme celui que rapporte DIOGÈNE, 132, ne prouve rien. Ce que JOSÈPHE (*Antiq. Jud.*, XII, 2, 12) et, d'après lui, TERTULLIEN (*Apol.*, 18) disent de Ménédème et de sa croyance à la Providence, vient du livre d'Aristée (JOSÈPHE, éd. Haverc., II ; Append., p. 121) et n'a évidemment pas plus de valeur historique que toute la légende d'Aristée (cf. à ce sujet, t. III, b, 227 sq., 2ᵉ éd.).
4. On ne contribue donc pas à éclaircir le rapport historique de ces écoles en intercalant les Cyrénaïques entre les Cyniques et les Mégariques, comme l'ont fait TENNEMANN, HEGEL, MARBACH, BRANISS, BRANDIS et STRÜMPELL. D'ailleurs, il est assez indifférent que des Mégariques on passe à Antisthène et de là à Aristippe, ou inversement ; car ces trois écoles ne dérivent pas l'une de l'autre, mais, issues d'une source commune, se développent parallèlement ; toutefois, l'ordre que je suis me paraît le plus naturel, puisque les Mégariques s'attachent surtout aux principes généraux de la philosophie socratique, Antisthène à ses doctrines pra-

Le fondateur du cynisme, *Antisthène* d'Athènes [1], paraît s'être lié, dans son âge mûr [2], avec Socrate, auquel il resta dès lors dévoué, professant pour lui l'admiration la plus enthousiaste [3]. Il imita son procédé de dialogues critiques, non sans une certaine humeur disputeuse et un certain amour de la chicane [4]. Antérieurement, il avait reçu l'enseignement de Gorgias [5], et avait été lié avec d'autres Sophistes [6]. Lui-même, à ce qu'on rapporte [7], avant ses relations avec Socrate, s'était déjà fait connaître comme sophiste par ses discours et par son enseignement. Il ne faisait donc

tiques, et Aristippe aux conséquences eudémonistiques, qui ne dérivaient pas du principe même de cette philosophie, mais résultaient de ce qu'il n'avait pas été élaboré d'une manière suffisamment scientifique.

1. Antisthène était le fils d'un Athénien et d'une esclave thrace. (Diog., VI, 1, II, 31; Sén., *De const.*, 18, 5. Plutarque [*De exil.*, 17, p. 607] désigne sa mère, et Clément [*Strom.*, I, 302, C] le désigne lui-même comme originaire de la Phrygie; mais la source de cette confusion est peut-être l'histoire que racontent Diogène (VI, 1), Sénèque et Plutarque (*ll. cc.*). En outre, cf. Winckelmann, *Antisth. frag.*, p. 7; Müller, *De Antisth. vita et scr.*, Marb., 1860, p. 3.] Antisthène lui-même vécut, suivant Xénophon (*Mém.*, II, 5; *Banq.*, 3, 8; 4, 34 sqq.) dans la plus extrême pauvreté. L'époque de sa naissance et celle de sa mort ne nous sont pas connues avec précision. Diodore (XV, 76) le nomme parmi les hommes qui vivaient vers 366 av. J.-C. (Ol. 103, 3); Plutarque (*Lyc.*, 30, fin) cite un mot de lui sur la bataille de Leuctres (Ol., 102, 2). D'après Eudocia (*Villoison's Anecd.*, I, 56), il atteignit soixante-dix ans. Sa naissance devrait donc être placée au plus tôt en 436 av. J.-C. Cependant, la chose est assez incertaine. Cf. note suivante.

2. Nous avons, en effet, toute raison de penser que les mots de Platon, *Soph.*, 251, B, γερόντων τοῖς ὀψιμαθέσι s'appliquent à lui. On pourrait objecter, il est vrai, que d'après Diogène, VI, 1, Antisthène fut loué par Socrate du courage qu'il avait montré à Tanagre. L'objection vaudrait encore, même si l'hypothèse même où il s'agirait non pas de la victoire bien connue des Athéniens en 456 av. J.-C., à laquelle il est impossible qu'Antisthène ait participé, mais de la rencontre mentionnée par Thucydide, III, 91, en l'an 426, ou de la bataille qui se livra à la fin de l'automne de l'année 423 av. J.C., entre Délium et Tanagre (Thuc., IV, 91 sqq.), et qui porte d'ailleurs toujours le nom de bataille de Délium. Quoi qu'il en soit, le renseignement fourni par Diogène, indépendamment même des indications chronologiques recueillies dans la note précédente, a bien peu de valeur, puisque Diogène, II, 31, cite la même parole de Socrate dans un cas différent.

3. Xén., *Mém.*, III, 11, 17. *Banq.*, 4, 44; 8, 4-6; Platon, *Phédon*, 59, D; Diog., VI, 2; *ibid.*, 9 sq. Voy. cependant p. 167 sq.

4. C'est du moins sous ces traits que nous le représente Xénophon, *Banq.*, 2, 10; 3, 4; 6; 4, 2 sqq., 6; 6, 5; 8.

5. D'après Diogène, VI, 1, qui parle en particulier de l'école de rhétorique de Gorgias. Mais Antisthène ne désavouait pas non plus la philosophie de ce dernier. Plus tard, il écrivit contre Gorgias. (Athénée, V, 220, d.)

6. D'après Xénophon, *Banq.*, 4, 62 sq.; ce fut lui qui introduisit Prodicus et Hippias auprès de Callias, et recommanda à Socrate un sophiste d'Héraclée dont le nom n'est pas indiqué.

7. Hermippus. ap. Diog., VI, 2; Hiéron., *Adv. Jovin.*, II, 14.

que revenir à sa profession première, en ouvrant une école après la mort de Socrate [1]. En même temps il consignait ses vues dans de nombreux écrits [2] dont on loue hautement le style et la composition [3].

Parmi ses disciples [4], nous ne connaissons que Diogène de Sinope [5], personnage singulier et génie remarquable dont

---

1. Dans le gymnase du Cynosarge (Diog., VI, 13. Sur la topographie, voyez les détails dans Göttling, *Ges. Abhandl.*, I, 253). Ce gymnase était destiné aux demi-Athéniens comme lui (Plut., *Themist.*, c. 1). D'après Diogène, VI, 4 (cf. § 1, et Göttling, *op. cit.*, p. 256), sa dureté et sa sévérité vis-à-vis de ses disciples l'empêcha d'en avoir un grand nombre. On ne dit pas qu'il ait demandé payement, mais il semble avoir accepté des dons bénévoles (Diog., VI, 9).

2. Diogène (VI, 15 sqq.) donne la liste de ces écrits que, d'après Diogène, II, 64, Panætius reconnaissait encore comme authentiques en général (cf. Müller, *op. cit.*, p. 25 sqq.). Ils sont divisés en dix parties. Outre quelques fragments, il nous est encore parvenu deux petites déclamations d'assez peu de valeur, *Ajax* et *Odysseus*, dont l'authenticité est fort incertaine. Winckelmann (*Antisthenis fragm.*, Zürich, 1842) a réuni tous ces morceaux. Timon nommait Antisthène παντοφυῆ φλέδνα, à cause de la multitude de ses écrits. (Diog., VI, 18).

3. Voy. Théopompe, *ap.* Diog., VI, 14. Cf. *ibid.*, 15; VII, 19; Denys, *Jud. de Thuc.*, c. 31, p. 941; Épict., *Diss.*, II, 17, 35; Phrynichus, *ap.* Phot., *Cod.*, 158, p. 101, b; Fronton, *De orat.*, I, p. 218, Maj.; Longin, *De inv., Rhet. gr.*, IX, 559; Cicéron, *Ad Att.*, XII, 38 fin, et Lucien, *Adv. indoct.*, c. 27; Théopompe, *loc. cit.*, porte le même jugement sur sa parole.

4. Ils sont nommés par Aristote, *Métaph.*, VIII, 3, 1043, B, 24, Ἀντισθένειοι, plus tard, mais vraisemblablement dès l'époque d'Antisthène, ils prirent d'une manière plus générale le nom de κυνικοί, qu'ils doivent en partie au lieu de leurs réunions, en partie à leur manière de vivre. Cf. Diog., VI, 13 : Lact., *Instit.*, III, 15, s. f. Schol. in Arist., 23, A, 42 sqq., 35, A, 6 sqq. Antisthène lui-même était déjà appelé ἁπλοκύων (Diog., *loc. cit.*), terme que Brutus applique encore à un cynique (Plut., *Brut.*, 34). Diogène se fait gloire de ce nom (Diog., 33, 40, 45, 55-60; Stob., *Eclog.*, II, 348, etc.), et les Corinthiens placèrent un chien de marbre sur son tombeau (Diog., 78).

5. Steinhart, *Diogenes, Allg. Encyclop.*, sect. I, t. XXX, 301 sqq. Göttling, *Diogenes der Cyniker, oder die Philosophie des griechischen Proletariats. Ges. Abhandl.*, I, 251. Bayle, *Dict.*, art. Diogène, mérite encore d'être lu. Diogène était le fils d'un changeur de Sinope, Hicésias. Dans sa jeunesse, il avait participé au faux-monnayage dont son père s'était rendu coupable. Il dut, par suite, s'exiler de Sinope. (Diogène [VI, 20 sq.] fournit plus de détails sur ce point, avec des témoignages à l'appui. Göttling ne me semble pas l'interpréter d'une manière parfaitement exacte. Cf. *ibid.*; 49, 56. Plut., *De inimic. util.*, c. 2, p. 87. *De exil.*, c. 7, p. 602; Musonius, *ap.* Stob., *Floril.*, 40, 9; Lucien, *Bis accus.*, 24; Dion. Chrys., *Or.*, VIII, init., etc.) Ce fait, nous n'avons aucun droit de le révoquer en doute (avec Steinhart, p. 302), quoique les témoins ne s'accordent pas entièrement sur quelques détails. A Athènes, il connut Antisthène, qui, rapporte-t-on, irrité pour une raison quelconque, le chassa à coups de bâton, mais que sa persévérance finit pourtant par vaincre (Diog., 21; Élien, *V. H.*, X, 16; Hieron., *Adv. Jov.*, II, 206, fin, — d'après Porphyre). Nous ignorons la date de cet événement; toutefois, la conjecture de Bayle, suivant lequel l'exécution de Socrate aurait été la cause de la misanthropie d'Antisthène, est chronologiquement inadmissible. Diogène embrassa donc ardemment la phi-

son inébranlable originalité, sa rudesse d'humeur, son énergie de caractère, admirable jusque dans ses exagérations, sa forte et saine nature enfin, ont fait une des figures les plus populaires de l'ancienne Grèce[1]. Parmi les dis-

losophie telle que l'entendaient les Cyniques, et bientôt il surpassa son maître en austérité et en tempérance (voy. plus bas). Lui-même mentionne Antisthène comme son maître dans les vers rapportés par Plutarque, Quæst. conviv., II, 1, 7, 1. Il semble avoir vécu longtemps à Athènes ; si du moins le récit de son entrevue avec Philippe avant (ou après) la bataille de Chéronée est exact (Diog., 43 ; Plut., De adul., c. 30, p. 70. De exil., c. 16, p. 606 ; Épictète, Diss., III, 22, 24), il aurait encore demeuré à Athènes à cette époque. (Toutefois, il ne nous est pas rapporté dans ces passages que Diogène ait combattu à Chéronée, comme l'admet Göttling, p. 265, et cela ne convient guère d'ailleurs à un cynique ; Diogène nous est bien plutôt présenté comme un émissaire.) Mais il peut en même temps avoir visité d'autres pays, prêchant la morale de ville en ville ; et cela s'accorde on ne peut mieux avec son cosmopolitisme systématique. Il doit en particulier s'être beaucoup arrêté à Corinthe (Diog., 44, 63 ; Plut., De prof. in virt., 6, p. 78 ; Dion. Chrys., Or., VI, init., VIII-X) ; chez Val. Maxime (IV, 3, e. f., 4. Cf. Diog., II, 66 ; ibid., VI, 50) se trouve même le récit d'une rencontre de Diogène avec Aristippe à Syracuse, ce qui toutefois est fort invraisemblable. Dans un de ces voyages, il tomba entre les mains de pirates, qui le vendirent au Corinthien Xéniade ; sur cet événement, dont il parlait dans ses propres écrits, voy. Diogène, VI, 29 sq., 74 sq. ; Plutarque, De tranq. an., 4, p. 466 ; An vitios. ad infelic. suff., c. 3, p. 499 ; Stobée, Floril., 3, 63 ; 40, 9 ; Épict., Diss., III, 24, 66 ; Philon, Qu. omn. prob. lib., 883, C sqq. Julien, Or., VII, 212, d. Xéniade en fit le précepteur de ses enfants, et s'acquitta, paraît-il, d'une manière exemplaire de cette tâche (Diog., loc. cit.). Estimé de ses élèves et de leurs parents, il resta auprès d'eux jusqu'à sa mort (ibid.). A la même époque se place aussi l'entrevue qu'il eut, suivant Plutarque, Timol., 15, avec Denys le Jeune et le fameux entretien avec Alexandre, orné de mille manières par les auteurs qui nous le rapportent. (Diog., 32, 38, 60, 68 ; Sén., De Benef., V, 4, 3 ; Juvénal, XIV, 311 ; Théon, Progymn., c. 5 ; Julien, Or., VII, 212, c. Le récit le plus simple est dans Plutarque, Alex., c. 14. De Alex. virt., c. 10, p. 331. Ad princ. inerud., c. 5, p. 782.) C'est à Corinthe que mourut le philosophe, le même jour, prétend-on, qu'Alexandre. (Plut., Quæst. conv., VIII, 1, 4, p. 717 ; Démétr., ap. Diog., 79 ; passage qui toutefois ne s'accorde pas avec les anecdotes rapportées par Diogène, 44, 57.) Il serait donc mort en 323 av. J.-C., et dans un âge avancé. (Diogène, 76, dit qu'il avait environ 90 ans ; suivant Censorinus, De die nat., 15, 2, il en avait 81.) Il existe des versions différentes sur la manière dont il mourut (Diog., 76 sqq., 31 sq. ; Plut., Cons. ad Apoll., c. 12, p. 107 ; Élien, V. H., VIII, 14 ; Cens., loc. cit. ; Tatien, Adv. Gr., c. 2 ; Hiéron., Adv. Jovin., II, 207, m., Mart. ; Lucien, Dial. Mort., 21, 2. Cf. Cic., Tusc., I, 34, 104 ; Stob., Floril., 123, 11) ; vraisemblablement, il succomba à la vieillesse. Les Corinthiens l'honorèrent par un enterrement solennel et l'érection d'un tombeau, Sinope lui éleva un monument (Diog., 78 ; Pausan., II, 2, 4 ; Anthol. gr., III, 558). Diogène (80 et 31) cite beaucoup d'écrits qui portaient son nom. Un certain nombre d'entre eux étaient déjà contestés par Sotion. D'autres niaient (mais à tort assurément) qu'il eût laissé aucun ouvrage. L'écrit de Théophraste : τῶν Διογένους συναγωγή (ap. Diog., V, 43), que Grote (Plato, III, 508) présente comme concernant Diogène le Cynique, concerne sans aucun doute Diogène d'Apollonie.

1. Au témoignage de Diogène, 76, sa personne et sa parole exerçaient sur beaucoup de gens un charme irrésistible, et des exemples comme ceux de Xéniade, d'Onésicrite et de ses fils confirment cette assertion.

245 ciples de Diogène[1] le plus important de beaucoup est *Cratès*[2], qui gagna au cynisme sa femme *Hipparchie*[3] et le frère de celle-ci, *Métroclès*[4]. Plusieurs disciples, directs ou indirects, de Métroclès nous sont mentionnés[5], et nous

---

[1]. De ces disciples, outre Cratès et Stilpon, nous connaissons encore les suivants : *Onésicrite*, compagnon d'Alexandre, et auteur d'une histoire romanesque de ce roi ; avec ses deux fils *Androsthène* et *Philiscus* (Diog., VI, 5, 73, 80, 84 ; Plut., *Alex.*, 65 ; pour plus de détails sur Onésicrite, voy. Müller, *Script. rer. Alex. Magni*, p. 47) ; *Monime* de Syracuse, esclave d'un changeur de Corinthe que son maître chassa, parce que, dans un accès de fanatisme cynique, ou, suivant Diogène, de folie simulée, il s'était mis à jeter l'argent par la fenêtre. Il avait écrit plusieurs ouvrages, entre autres : Παίγνια σπουδῇ λεληθυῖα μεμιγμένα (Diog., VI, 82 sq.); *Ménandre* et *Hégésias* (Diog., VI, 84), peut-être aussi *Bryson* l'Achéen (*ibid.*, 85). Phocion aurait également entendu Diogène, suivant Diog., 76). Cependant Plutarque (*Phoc.*, c. 4) n'en dit rien, et comme Phocion s'attacha à l'Académie, l'histoire est peu vraisemblable, à moins qu'il ne s'agisse que d'une attention passagère accordée par Phocion au philosophe.

2. Cratès de Thèbes, ordinairement désigné comme disciple de Diogène, et disciple, suivant Hippobotus (*ap.* Diog., VI, 86), de Bryson l'Achéen, florissait, d'après Diogène, 87, vers la 113e olymp. (328-324 av. J.-C.), mais, comme on nous parle en même temps de ses railleries à l'adresse de Stilpon (Diogène, II, 117 sqq., *ibid.*, 114, nomme également un Cratès comme disciple de Stilpon ; mais le philosophe désigné dans ce passage doit être le péripatéticien mentionné IV, 23, et non le cynique) et même de ses querelles avec Ménédème, dans les dernières années de celui-ci (Diog., II, 131, VI, 91), sa vie doit s'être prolongée jusqu'au troisième siècle. Dans son enthousiasme pour la philosophie cynique, il abandonna sa fortune, qui était considérable. (Voy. les témoignages divergents et en partie empreints d'une évidente exagération chez Diog., VI, 87 sq.; Plut., *De vit. ære al.*, 8, 7, p. 831; Apul., *De mag.*, 22; *Floril.*, II, 14; Simpl., *in Epict. enchir.*, p. 64, W.; Philostr. d'Apoll., I, 13, 2, suivant lequel il aurait jeté son argent à l'eau ; Hiéron., *Adv. Jov.*, II, 203, Mart., qui rapporte à Cratès une anecdote relative à Aristippe.) Il mourut très âgé (Diog., 92, 98). Diogène (98) mentionne de lui des lettres dont le style par passages approchait de celui de Platon, et des tragédies. Diogène (85 sq.) et Démétrius (*De eloc.*, 170, 259) mentionnent aussi des satires morales écrites avec enjouement. Plutarque, d'après Julien, *Or.*, VI, 200, b, aurait également écrit sa vie. Diogène (91) et Apulée (*Floril.*, 14) nous apprennent qu'il était laid et difforme.

3. C'était la fille d'une bonne maison de Maronée en Thrace, qui par amour pour Cratès renonça aux espérances les plus belles et à la situation la plus brillante pour le suivre dans sa vie mendiante ; Diogène, 96 sqq.; Apulée, *Floril.*, II, 14. Pour plus de détails sur ce mariage, voy. plus bas.

4. Il était auparavant disciple de Théophraste et de Xénocrate ; Cratès le gagna au cynisme (Télès, *ap.* Stob., *Floril.*, 97, 31, t. III, 214, Mein.), après l'avoir guéri de ses puériles idées de suicide d'une manière toute cynique. Plus tard pourtant, il se pendit pour échapper aux infirmités de la vieillesse (Diogène, 94 sq.). Sur son apathie, cf. Plutarque, *An vitios. ad infelic.*, c. 3, p. 499. Sur un entretien entre Stilpon et lui, *id.*, *De tranq. an.*, 6, p. 468.

5. Diogène, 95 : ses disciples furent *Théombrote* et *Cléomène*, qui eurent pour disciples, le premier *Démétrius*, et le second *Timarque*, tous deux *Échécles*. *Colotès* vivait à la même époque qu'Échécles (Diog., 102). *Diodore* d'Aspendus, mentionné t. I, 311 (trad. franç. t. I, p. 329), est contemporain de Métroclès. Plus

pouvons suivre ainsi l'histoire du cynisme jusqu'à la fin du troisième siècle. En même temps, dès le commencement de ce siècle, le Portique avait donné aux plus nobles principes de cette philosophie un développement durable, mais en les tempérant et en les complétant à l'aide de principes nouveaux. Le cynisme dès lors, comme branche détachée de l'école socratique, devenait inutile. Aussi, en voulant persister à se maintenir dans ses traits originaux, il semble avoir dégénéré de plus en plus en une pure grimace. Nous connaissons deux représentants du cynisme dans cette dernière période, *Ménédème* [1] et *Ménippe* [2]. Vers ce moment, l'école cynique

tôt, et encore sous Antigone le Grand, vivait le cynique *Thrasyle* (PLUT., *Reg. apophth. Antig.*, 15, p. 182. *De vit. pud.*, 7, p. 531); sous un des Ptolémées vivait *Sotadès*, dont NONNUS, *Exeg. histor. Greg. Naz.*, 26 (GREG., *in Julian. invect.*, éd. Eton., 1610, p. 136) mentionne l'austérité cynique.

1. Disciple d'Échéclès, et, paraît-il, antérieurement disciple de l'épicurien Colotés (DIOG., VI, 95, 102). La seule chose que nous sachions de lui, c'est qu'il se montra (une ou plusieurs fois) avec un masque de Furie, pour faire plus d'effet dans ses violentes prédications. On connaît un de ses disciples, *Ctésibius*, qu'ATHÉNÉE, I, 15, e; IV, 162, e, désigne comme un contemporain d'Antigone Gonatas.

2. Ce Ménippe, d'après DIOGÈNE (VI, 99 sq. Cf. GELLIUS, *N. A.*, II, 18, 6), était originairement un esclave phénicien. Il aurait acquis par l'usure une fortune considérable (d'après HERMIPPUS, *ap.* DIOG., *loc. cit.*) dont la perte lui fut si sensible, qu'il se pendit de douleur. Il devait fleurir dans la première moitié du troisième siècle. Ce qui le prouve, c'est d'abord DIOGÈNE, qui le place entre Métroclès et Ménédème, et qui a l'habitude de ranger les philosophes d'une même école dans l'ordre chronologique; puis cette indication qu'il composa un écrit sur la fête du jour de naissance d'Épicure (DIOG., VI, 101), et un autre sur Arcésilas (ATHÉNÉE, XIV, 664, e. L'académicien de ce nom mourut vers 240-241 av. J.-C., dans un âge avancé); de plus, cette circonstance qu'une partie de ses écrits fut attribuée à Zopyre (DIOG., VI, 100; il faut sans doute entendre ici l'ami de Timon le Sillographe, DIOG., IX, 114); le témoignage de PROBUS, qui déclare Ménippe beaucoup plus âgé que Varron (*ad Virg. Ecl.*, VI, 31); enfin celui de LUCIEN, qui (*Icaromen.*, 15) nous présente Ménippe comme témoin d'une foule d'événements qui tombent tous vers 280 av. J.-C. (Il s'agit bien de ce Ménippe, comme nous le prouvons t. III, A, 686, 3, 2ᵉ éd.) Contre ces indications décisives, on ne peut attribuer aucune portée au texte de DIOGÈNE, VI, 99, qui, parlant de Méléagre, qui vivait vers 100 av. J.-C., dit : τοῦ κατ' αὐτὸν γενομένου; au contraire, il y a lieu de supposer ici une faute de texte, et de penser qu'au lieu de κατ', il faudrait lire μετ', ou τοῦ καὶ αὐτοῦ γενομένου κυνικοῦ, comme le propose NIETZSCHE, p. 32 de l'ouvrage cité plus bas. Le Ménippe dont il s'agit ici n'est sans doute pas distinct du Ménippe de Sinope que DIOGÈNE (VI, 95) appelle un des hommes les plus distingués de l'école de Métroclès. Car, dans l'énumération des différents Ménippes, DIOGÈNE (VI, 101) ne nomme plus Ménippe de Sinope à côté de celui dont nous parlons, et désigne au contraire celui-ci, comme ATHÉNÉE, XIV, 629, e, 664, e, simplement sous le nom de Μένιππος ὁ κυνικὸς, de

247 paraît s'être éteinte complètement et ne se releva que plus tard comme un rejeton du stoïcisme [1].

La philosophie cynique. Son caractère pratique. — La philosophie cynique prétend ne faire que reproduire la pure doctrine socratique [2]. Mais cette largeur de vues qui avait amené Socrate à fondre ensemble si complètement l'activité scientifique et l'activité morale, et lui avait permis par suite de jeter les fondements d'une science à la fois 248 étendue et approfondie, un homme comme Antisthène n'y pouvait atteindre. Esprit lourd et borné [3], mais doué d'une force de volonté peu commune, il admira avant tout chez son maître [4] l'indépendance du caractère, la sévérité des principes, la domination de soi-même, la constante

sorte qu'il ne semble pas y avoir eu d'autre cynique du même nom ; en même temps, la désignation de Σινωπεύς appliquée à ce Ménippe s'explique par ce fait que son maître était un habitant du Pont nommé Baton (Achaicus, *ap.* Diog., VI, 99), auprès duquel il peut avoir vécu à Sinope. (Cf. Nietzsche, *Beitr. z. Quellenkunde u. Kritik des Laërt. Diogenes,* Bâle, 1870, p. 28 sq.) Suivant Diogène, treize écrits de Ménippe étaient en circulation ; il en cite sept, et Athénée, *loc. cit.,* donne les titres de deux autres ; l'accusation portée contre lui de ne pas être le véritable auteur de ces ouvrages ne doit être qu'une calomnie de quelque adversaire. Tous ces écrits semblent avoir été des satires. Il maniait ce genre de main de maître ; ce qui le prouve, c'est que ses satires furent imitées dès l'antiquité, non seulement par ce Méléagre que nous avons déjà nommé (Diog., VI, 99), mais aussi par Varron dans ses *Satiræ Menippeæ* (Cic., *Acad.,* I, 2, 8. Gell., *N. A.,* II, 18, 6, que copie Macrobe, *Saturn.,* I, 11 ; cf. Probus, *loc. cit.*), et que Lucien, dans ses dialogues, lui attribue encore un rôle important. Sur Ménippe, voy. Riese, *Varr. Sat. Rel.,* p. 7 sq.

1. Il faudrait encore ajouter à ces noms celui de *Méléagre* de Gadara, que nous avons déjà nommé plus haut, si ce philosophe pouvait être considéré avec certitude comme un membre de l'école cynique. Mais de ce que chez Athénée, IV, 157, b, dans une allocution aux cyniques, il est appelé ὁ πρόγονος ὑμῶν, et de ce que Diogène le désigne peut-être aussi comme cynique (cf. note préc.), on ne peut conclure que l'école cynique ait persisté ; car ces textes s'expliquent suffisamment par les rapports de Méléagre comme écrivain avec Ménippe.
2. Voy. plus haut, p. 242, 1, et Diogène, VI, 11.
3. Sa doctrine même en fait foi, mis à part les jugements de ses adversaires, comme Platon, *Théet.,* 155, E (si dans ce passage les termes de σκληροὶ καὶ ἀντίτυποι ἄνθρωποι, μάλ' εὖ ἄμουσοι s'appliquent à Antisthène et non aux Atomistes) ; *Soph.,* 251, B sq. (φερόντων τοῖς ὀψιμαθέσι... ὑπὸ πάντας τῆς περὶ φρόνησιν κτήσεως τὰ τοιαῦτα τεθαυμακόσι) ; Aristote, *Métaph.,* V, 29, 1024, b, 33. (Ἀντισθένης ᾤετο εὐήθως) ; *ibid.,* VIII, 3, 1043, b, 23 (οἱ Ἀντισθένειοι καὶ οἱ οὕτως ἀπαίδευτοι).
4. Ainsi que Cicéron, *De orat.,* III, 17, 62, et Diogène, VI, 2, le remarquent également.

sérénité dans toutes les circonstances de la vie. Mais ce qu'il ne sut pas voir, c'est que ces qualités morales dépendaient essentiellement, chez Socrate, de la libre recherche scientifique, qui les maintenait exemptes d'étroitesse; c'est que le principe de la connaissance fondée sur les concepts avait une portée qui dépassait infiniment les bornes de la science socratique. Tout savoir qui ne sert pas directement aux fins morales fut combattu par lui et par son école comme inutile ou même comme nuisible, et tenu pour une preuve de frivolité et d'égoïsme. La vertu, disaient ces philosophes, est affaire de pratique, elle n'a que faire de paroles et d'érudition ; elle ne demande rien d'autre que l'énergie d'un Socrate[1]. Dès lors non seulement ils refusaient toute valeur aux recherches logiques et physiques, mais ils portaient le même jugement sur tous les arts et toutes les sciences, dont le but immédiat n'est pas de contribuer à l'amélioration morale de l'homme [2]; car

---

1. Diogène, 11 : Antisthène enseigne : αὐτάρκη δὲ τὴν ἀρετὴν πρὸς εὐδαιμονίαν, μηδενὸς προσδεομένην ὅτι μὴ Σωκρατικῆς ἰσχύος. τήν τ' ἀρετὴν τῶν ἔργων εἶναι, μήτε λόγων πλείστων δεομένην μήτε μαθημάτων.

2. Diogène, 103 : ἀρέσκει οὖν αὐτοῖς τὸν λογικὸν καὶ τὸν φυσικὸν τόπον περιαιρεῖν, ἐμφερῶς Ἀρίστωνι τῷ Χίῳ (cf. III° partie, 2° éd., p. 49), μόνῳ δὲ προσέχειν τῷ ἠθικῷ. Suivant Dioclès, Diogène aurait dit ce que d'autres attribuent à Socrate ou à Aristippe (voy. plus haut, p. 150, et Plut., ap. Eus., Præp. Ev., I, 8, 9) qu'on doit apprendre seulement « ὅττι τοι ἐν μεγάροισι κακόν τ' ἀγαθόν τε τέτυκται ». παραιτοῦνται δὲ καὶ τὰ ἐγκύκλια... περιαιροῦσι δὲ καὶ γεωμετρίαν καὶ μουσικὴν καὶ πάντα τὰ τοιαῦτα. Comme on lui montrait une horloge, Diogène aurait répondu que ce n'était pas un mauvais instrument puisqu'il empêchait d'oublier l'heure du repas. Ibid., 27 : τούς τε γραμματικοὺς ἐθαύμαζε (Diogène) τὰ μὲν τοῦ Ὀδυσσέως κακὰ ἀναζητοῦντας, τὰ δ' ἴδια ἀγνοοῦντας. καὶ μὴν καὶ τοὺς μουσικοὺς τὰς μὲν ἐν τῇ λύρᾳ χορδὰς ἁρμόττεσθαι, ἀνάρμοστα δ' ἔχειν τῆς ψυχῆς τὰ ἤθη· τοὺς μαθηματικοὺς ἀποβλέπειν μὲν πρὸς τὸν ἥλιον καὶ τὴν σελήνην, τὰ δ' ἐν ποσὶ πράγματα παρορᾶν· τοὺς ῥήτορας λέγειν μὲν ἐσπουδακέναι τὰ δίκαια, πράττειν δὲ μηδαμῶς. Antisthène appuyait peut-être déjà ce qu'il disait des astronomes de l'exemple de Thalès tombant dans un puits en observant le ciel. La réponse se trouve dans le passage du Théétète de Platon (174, A sqq., 175, D) sur la servante thrace qui se serait moquée de Thalès à cette occasion : la mère d'Antisthène était une esclave thrace et les mots que prête Platon à la servante ont beaucoup d'analogie avec ceux qu'on nous trouvons chez Diogène Laërce; ce qui s'appliquerait également bien à Antisthène, c'est que l'homme ἀπαίδευτος est accusé de ne point se soucier de trouver le concept général de chaque chose. Diogène, 73, au sujet de Diogène : μουσικῆς τε καὶ γεωμετρικῆς καὶ ἀστρολογίας καὶ τῶν τοιούτων ἀμελεῖν ὡς ἀχρήστων καὶ οὐκ ἀναγκαίων. Cf. ibid., 24, 39. Julien, Or., VI, 190, a; Sén., Ep., 88, et en particulier, § 7; 32 sqq.; Stob., Floril., 33, 14

249 dès qu'on se préoccupe d'autre chose, dit Diogène [1], on se néglige soi-même. Antisthène aurait même déclaré qu'on peut se passer de savoir lire et écrire [2]. Cette dernière assertion, d'ailleurs, doit assurément être beaucoup restreinte [3], et nous ne saurions considérer l'école cynique comme aussi hostile à toute culture que le ferait supposer ce que nous venons de rapporter. Nous connaissons en effet des 250 déclarations formelles d'Antisthène [4], de Diogène [5], de Cratès [6], de Monime [7], sur le prix de l'instruction; on raconte également que Diogène s'appliquait à inculquer dans l'esprit de ses élèves des maximes empruntées aux poètes et aux prosateurs [8]; enfin, d'une manière générale, on ne saurait admettre que des hommes

---

(Diogène maudit un éristique); *ibid.*, 80, 6 : un astronome explique une carte du ciel : « οὗτοί εἰσιν οἱ πλανώμενοι τῶν ἀστέρων ». — « Μὴ ψεύδου, répond Diogène en désignant les assistants, οὐ γὰρ οὗτοί εἰσιν οἱ πλανώμενοι, ἀλλὰ οὗτοι. » C'est aussi contre la géométrie et la proposition que la ligne droite est le plus court chemin d'un point à un autre qu'est dirigé ce mot de Diogène : l'âne lui aussi sait trouver le chemin en ligne droite pour aller au râtelier ou à l'abreuvoir (ap. SIMPL., *De cælo*, 33, b. *Schol. in Arist.*, 476, b, 35).

1. *Excerpta e Floril. Johann. Damasc.*, II, 13, 61 (STOB., *Floril.*, éd. Mein., IV, 197).

2. DIOGÈNE, 103 : γράμματα γοῦν μὴ μανθάνειν ἔφασκεν ὁ Ἀντισθένης τοὺς σώφρονας γενομένους, ἵνα μὴ διαστρέφοιντο τοῖς ἀλλοτρίοις.

3. Du moins cette assertion est-elle difficile à concevoir de la part d'un écrivain aussi fécond. Si elle n'est pas entièrement imaginaire, il faut supposer qu'elle a trait à quelque boutade isolée comme celle-ci : il vaudrait mieux n'avoir jamais appris à lire que de lire ce méchant livre; peut-être encore n'a-t-elle d'autre fondement qu'une parole bien simple comme celle qu'on trouve chez DIOGÈNE, 5 : qu'il faut écrire la vérité, non dans des livres, mais dans son âme. Cf. *ibid.*, 48.

4. *Exc. e Floril. Joh. Damasc.*, II, 13, 68 : δεῖ τοὺς μέλλοντας ἀγαθοὺς ἄνδρας γενήσεσθαι τὸ μὲν σῶμα γυμνασίοις ἀσκεῖν, τὴν δὲ ψυχὴν παιδεύειν. *Ibid.*, 33 : comme on lui demandait : ποῖος στέφανος κάλλιστός ἐστιν, il aurait répondu : ὁ ἀπὸ παιδείας.

5. DIOGÈNE, 68 : τὴν παιδείαν εἶπε τοῖς μὲν νέοις σωφροσύνην, τοῖς δὲ πρεσβυτέροις παραμυθίαν, τοῖς δὲ πένησι πλοῦτον, τοῖς δὲ πλουσίοις κόσμον εἶναι. *Exc. e Floril. Joh. Dam.*, II, 13, 92 : ἡ παιδεία ὁμοία ἐστὶ χρυσῷ στεφάνῳ· καὶ γὰρ τιμὴν ἔχει καὶ πολυτέλειαν. (*Ibid.*, 74, 75.)

6. *Ap.* DIOG., 86 : ταῦτ' ἔχω ὅσσ' ἔμαθον καὶ ἐφρόντισα καὶ μετὰ Μουσῶν — σέμν' ἐδάην· τὰ δὲ πολλὰ καὶ ὄλβια τῦφος ἔμαρψε. L'épitaphe de Sardanapale dans CLÉMENT, *Strom.*, II, 411, D, est une parodie de ces vers.

7. *Floril. Joh. Dam.*, II, 13, 88 : Μόνιμος... ἔφη κρεῖττον εἶναι τυφλὸν ἢ ἀπαίδευτον· τὸν μὲν γὰρ εἰς τὸν βόθρον, τὸν δ' εἰς τὸ βάραθρον ἐμπίπτειν.

8. DIOGÈNE, 31, d'après EUBULE : κατεῖχον δὲ οἱ παῖδες πολλὰ ποιητῶν καὶ συγγραφέων καὶ τῶν αὐτοῦ Διογένους, πᾶσάν τ' ἔφοδον σύντομον πρὸς τὸ εὐμνημόνευτον ἐπήσκει.

qui avaient tant et si bien écrit aient déclaré la guerre à toute culture. Mais ce dont on ne saurait douter, c'est qu'ils en mesuraient uniquement et exclusivement la valeur à l'importance qu'elle peut avoir pour former la vertu cynique. Aussi faisaient-ils peu de cas de la logique et de la physique et ne s'en souciaient-ils que dans la mesure où ces sciences leur paraissaient nécessaires pour atteindre les fins morales qu'ils poursuivaient. Nous ne sommes pas autorisés à excepter de ce jugement le fondateur même de l'école [1]. Nous ne connaissons rien des principes logiques d'Antisthène en dehors de sa polémique contre la philosophie des Idées, polémique dont le but est précisément de démontrer l'impossibilité d'un savoir théorétique. De même il ne parlait de la nature qu'en vue de déterminer ce qui est pour l'homme conforme à la nature ; mais ni lui

---

1. Comme le fait KRISCHE, *Forschungen*, 237. Cf. RITTER, II, 120. S'il est vrai qu'il est difficile de faire remonter à l'époque d'Antisthène la division de la philosophie en Logique, Éthique et Physique, et si nous ne pouvons par suite lui attribuer les mots mêmes de DIOGÈNE, 103 (voy. plus haut, 248, 4), il n'en résulte pas que ce témoignage ne soit pas exact quant au fond des choses. Il est vrai d'ailleurs que, parmi les écrits d'Antisthène, un certain nombre nous sont indiqués, qui devraient, suivant la division postérieure de la philosophie, rentrer soit dans la Logique, soit dans la Physique. A la première catégorie appartiennent : περὶ λέξεως, ἀλήθεια, περὶ τοῦ διαλέγεσθαι, Σάθων ἢ π. τοῦ ἀντιλέγειν, π. διαλέκτου, ιτ. ὀνομάτων, π. ὀνομάτων χρήσεως, περὶ ἐρωτήσεως καὶ ἀποκρίσεως, περὶ δόξης καὶ ἐπιστήμης, δόξαι ἢ ἐριστικός, π. τοῦ μανθάνειν προβλήματα. A la seconde : π. ζώων φύσεως, περὶ φύσεως (peut-être le même écrit que mentionne CICÉRON, *De nat. D.*, I, 13, 32, sous le titre de *Physicus*), ἐρώτημα περὶ φύσεως. Quant au commentaire sur l'ouvrage d'Héraclite, mentionné par DIOGÈNE, IX, 15, il ne lui appartient pas, ainsi que nous l'avons déjà remarqué, Ire partie, p. 671, en bas (trad. franç., t. II, p. 103, en bas). Cf. KRISCHE, p. 238 sq. Nous connaissons cependant trop peu le contenu de ces ouvrages pour tirer de là aucun argument opposé aux conclusions exprimées ci-dessus. Les écrits logiques, d'après leur titre, ne semblent avoir renfermé que les discussions et la polémique sur les concepts, les jugements et les expressions verbales, qui devaient justement légitimer l'abandon des recherches dialectiques. Au sujet des écrits sur la physique, nous ignorons tout au moins s'ils traitaient d'autres questions physiques que celles dont Antisthène mettait immédiatement la solution à profit dans ses théories morales, en faisant ressortir la différence de la nature et de l'usage traditionnel, et en déterminant les conditions de la vie conforme à la nature. Même l'écrit intitulé π. ζώων φύσεως peut avoir été écrit dans cette vue. Peut-être PLATON lui-même, lorsqu'il compte Antisthène parmi τοὺς μάλα δεινοὺς λεγομένους τὰ περὶ φύσιν (*Philèbe*, 44, C) le fait-il uniquement parce qu'Antisthène, dans toutes les questions qu'il abordait, négligeait la coutume et l'opinion commune pour ne consulter que la nature.

ni ses disciples ne pensaient que cela exigeât des recherches approfondies [1] ; ils croyaient au contraire que toutes les connaissances dont l'homme peut avoir besoin lui sont fournies par le simple sens commun [2] et que tout le reste n'est qu'inutile subtilité.

LOGIQUE DES CYNIQUES. — THÉORIE NOMINALISTE DE LA CONNAISSANCE. — Pour justifier ces vues, Antisthène soutenait une théorie dont le point de départ était bien dans certains éléments de la philosophie socratique, mais dont les développements et les conclusions sceptiques trahissent visiblement le disciple de Gorgias. Socrate avait demandé qu'on commençât par rechercher l'essence et le concept de chaque objet, avant de rien en dire; de même Antisthène veut également qu'on détermine le concept des choses, qu'on définisse ce qu'elles sont ou ce qu'elles étaient [3]. Mais, comme il s'obstine à s'en tenir à la lettre de cette formule, il arrive à l'assertion sophistique [4] suivant laquelle chaque chose ne peut être appelée que du terme spécial qui lui est propre; il devient ainsi impossible d'unir à un sujet aucun prédicat étranger au concept de ce sujet. On ne pourrait pas dire par exemple: « l'homme est bon », mais seulement « l'homme est homme, le bien est bien [5] ». Dès lors, comme dans toute explication

---

1. CICÉRON, *Ad Att.*, XII, 38, fin, nomme aussi Antisthène *homo acutus magis quam eruditus.*

2. Rapprochez ce que nous disons plus loin de leur attitude en face de la théorie des idées, et ce que DIOGÈNE (VI, 39), SIMPLICIUS (236, b, mil., 278, b, inf.) rapportent de Diogène, le Scholiaste d'Aristote (*in Categ.*, p. 22, b, 40), d'Antisthène, SEXTUS (*Hyp. Pyrrh.*, III, 66), simplement d'un cynique, qu'il aurait réfuté les arguments contre le mouvement en se mettant à marcher de long en large. Suivant DIOGÈNE, 38, Diogène aurait réfuté d'une manière analogue l'argument du *Cornu.*

3. DIOGÈNE, VI, 3 : πρῶτός τε ὡρίσατο λόγον εἰπών· λόγος ἐστὶν ὁ τὸ τί ἦν ἢ ἔστι δηλῶν. ALEXANDRE, *in Top.*, 24, mil. *Schol. in Arist.*, 256, b, 12, sur le τί ἦν εἶναι d'Aristote, dit que le simple τί ἦν d'Antisthène n'est pas suffisant.

4. Voy. Ire partie, p. 987 (trad. franç., t. II, p. 503).

5. ARISTOTE, *Métaph.*, V, 29, 1024, b, 33 : Ἀντισθένης ᾤετο εὐήθως μηθὲν ἀξιῶν λέγεσθαι πλὴν τῷ οἰκείῳ λόγῳ ἓν ἐφ' ἑνός· ἐξ ὧν συνέβαινε, μὴ εἶναι ἀντιλέγειν, σχεδὸν δὲ μηδὲ ψεύδεσθαι. ALEX., *ad h. l.* PLATON, *Soph.*, 251, B : ὅθεν γε, οἶμαι

d'un concept on éclaircit ce concept par d'autres, il rejetait toutes les définitions, comme un verbiage qui n'atteint pas la chose elle-même; ou, s'il accordait que, pour les choses complexes, on pouvait énumérer leurs parties constitutives et par là les expliquer, il maintenait d'autant plus catégoriquement l'impossibilité de cette opération quand il s'agit des choses simples. On peut bien les comparer à d'autres, mais non les définir; elles comportent un nom, mais non une détermination de concept, une représentation exacte, non une science [1]. Et la désignation spéciale d'une chose, le

---

τοῖς τε νέοις καὶ τῶν γερόντων τοῖς ὀψιμαθέσι (Antisthène) ὀδύνην παρεστήκαμεν· εὐθὺς γὰρ ἀντιλαβέσθαι παντὶ πρόχειρον ὡς ἀδύνατον τά τε πολλὰ ἓν καὶ τὸ ἓν πολλὰ εἶναι, καὶ δή που χαίρουσιν οὐκ ἐῶντες ἀγαθὸν λέγειν ἄνθρωπον, ἀλλὰ τὸ μὲν ἀγαθὸν ἀγαθόν, τὸν δὲ ἄνθρωπον ἄνθρωπον. Cf. *Philèbe*, 14, C sqq., et ARISTOTE, *Soph. elenchi*, c. 17, 175, b, 15, sqq. *Phys.*, I, 2, 185, b, 25 sqq. SIMPLICIUS, *ad h. loc.*, fol. 20. ISOCRATE, *Hel.*, 1, 1; mais plus particulièrement encore ce que nous avons cité p. 233, 3, sur Stilpon. HERMANN (*Sokr. Syst.*, p. 30) a voulu voir dans ces propositions d'Antisthène « un grand progrès » de la philosophie, qu'il aurait accompli en reconnaissant que « tous les jugements analytiques *a priori* sont vrais à ce titre. » Mais lui-même dans la suite (*Plat.*, I, 267. *Gesammte Abhandl.*, 239), sur la remarque de RITTER (*Gesch. d. Phil.*, II, 133), a accordé qu'il n'aurait dû parler que de jugements *identiques*. Il n'en maintient pas moins que, grâce à la doctrine d'Antisthène, « la philosophie a été amenée à reconnaître aux jugements identiques une valeur indépendante. » Mais en quoi consiste cette valeur, c'est ce qu'on ne saisit pas. Car on ne gagne rien à admettre les jugements identiques, et l'on ne voit pas que la philosophie (comme l'affirme HERMANN, *Ges. Abh.*, *loc. cit.*, sans toutefois donner aucun exemple à l'appui), ni en tout cas que la philosophie socratique ait jamais pensé à les contester. Encore moins peut-on trouver dans le rejet de tous les jugements autres que les jugements identiques un progrès philosophique quelconque. N'y doit-on pas voir, au contraire, la conséquence, ruineuse pour toute science, d'une grande étroitesse de vues ?

1. ARISTOTE, *Métaph.*, VIII, 3, 1043, b, 23 : ὥστε ἡ ἀπορία, ἣν οἱ Ἀντισθένειοι καὶ οἱ οὕτως ἀπαίδευτοι ἠπόρουν, ἔχει τινὰ καιρόν, ὅτι οὐκ ἔστι τὸ τί ἐστιν ὁρίσασθαι (τὸν γὰρ ὅρον λόγον εἶναι μακρόν) — c.-à-d. est une *battologie*. Cf., sur cette expression, *Métaph.*, XIV, 3, 1091, a, 7, et SCHWEGLER, *ad h. l.*) ἀλλὰ ποῖον μέν τί ἐστιν ἐνδέχεται καὶ διδάξαι, ὥσπερ ἄργυρον τί μέν ἐστιν, οὔ, ὅτι δ' οἷον καττίτερος. ὥστ' οὐσίας ἔστι μὲν ἧς ἐνδέχεται εἶναι ὅρον καὶ λόγον, οἷον τῆς συνθέτου, ἐάν τε αἰσθητὴ ἐάν τε νοητὴ ᾖ· ἐξ ὧν δ' αὕτη πρώτων οὐκ ἔστιν. Il ressort aussi de PLATON, *Théét.*, 201, E sqq., que ce passage s'applique bien à la doctrine d'Antisthène; BRANDIS, II, b, 503, note, 548, le conteste à tort; les expressions, sans doute, sont aristotéliciennes. ALEX., *ad h. l.* donne des explications plus détaillées, mais qui ne contiennent rien de nouveau et ne reposent vraisemblablement que sur le passage d'Aristote. Les disciples d'Antisthène n'étaient pas les premiers à professer cette manière de voir; c'est ce qui ressort de PLATON, *Théét.*, 201, E sqq. : ἐγὼ γὰρ αὖ ἐδόκουν ἀκούειν τινῶν ὅτι τὰ μὲν πρῶτα ὡσπερεὶ στοιχεῖα, ἐξ ὧν ἡμεῖς τε συγκείμεθα καὶ τἆλλα, λόγον οὐκ ἔχοι· αὐτὸ γὰρ καθ' αὑτὸ ἕκαστον ὀνομάσαι μόνον

254 nom, qui ne comporte pas de définition, le concept-sujet, qui n'est dérivé d'aucun autre et par suite ne peut jamais devenir prédicat, n'est qu'un nom propre. Si rien ne peut être expliqué à l'aide d'autre chose, c'est que toute réalité est absolument individuelle, et que les idées générales n'expriment pas l'essence des choses, mais seulement la pensée de l'homme sur les choses. Tandis que Platon déduisait du postulat

εἴη, προσειπεῖν δὲ οὐδὲν ἄλλο δυνατόν, οὔθ' ὡς ἔστιν οὔθ' ὡς οὐκ ἔστιν (on ne peut rien lui attribuer ni lui refuser)... ἐπεὶ οὐδὲ τὸ αὐτὸ οὐδὲ τὸ ἐκεῖνο, οὐδὲ τὸ ἕκαστον οὐδὲ τὸ μόνον προσοιστέον, οὐδ' ἄλλα πολλὰ τοιαῦτα· ταῦτα μὲν γὰρ περιτρέχοντα πᾶσι προσφέρεσθαι, ἕτερα ὄντα ἐκείνων οἷς προστίθεται· δεῖν δὲ, εἴπερ ἦν δυνατὸν αὐτὸ λέγεσθαι καὶ εἶχεν οἰκεῖον αὑτοῦ λόγον, ἄνευ τῶν ἄλλων ἁπάντων λέγεσθαι. νῦν δὲ ἀδύνατον εἶναι ὁτιοῦν τῶν πρώτων ῥηθῆναι λόγῳ· οὐ γὰρ εἶναι αὐτῷ ἀλλ' ἢ ὀνομάζεσθαι μόνον· ὄνομα γὰρ μόνον ἔχειν· τὰ δὲ ἐκ τούτων ἤδη συγκείμενα, ὥσπερ αὐτὰ πέπλεκται, οὕτω καὶ τὰ ὀνόματα αὐτῶν συμπλακέντα λόγον γεγονέναι· ὀνομάτων γὰρ συμπλοκὴν εἶναι λόγου οὐσίαν. Par suite (201, C) : ἔφη δὲ τὴν μὲν μετὰ λόγου δόξαν ἀληθῆ ἐπιστήμην εἶναι, τὴν δὲ ἄλογον ἐκτὸς ἐπιστήμης· καὶ ὧν μὴ μή ἐστι λόγος, οὐκ ἐπιστητὰ εἶναι οὑτωσὶ καὶ ὀνομάζων, ἃ δ' ἔχει, ἐπιστητά. Toute cette exposition s'accorde trop complètement trait pour trait avec celle que nous venons d'emprunter, dans cette note et la précédente, à Aristote, pour que nous puissions l'appliquer à un autre qu'à Antisthène. Mais l'insistance avec laquelle Platon, à deux reprises (201, C, et 202, C), affirme l'exactitude de son exposition n'en est que plus remarquable. Parmi les modernes, c'est SCHLEIERMACHER (Pl. Werke, II, 1, 184) qui le premier a reconnu cette application du passage de Platon ; son opinion a été suivie par BRANDIS, Gr.-Röm. Phil., II, a, 202 sq., SUSEMIHL, Genet. Entw. d. Plat. Phil., I, 200, SCHWEGLER et BONITZ, ad Arist. loc. cit., entre autres. Au contraire, HERMANN (Platonismus, 499, 659) et STALLBAUM (De arg. Theät., 11 sq.) la rejettent, et STEINHART (Plat. Werke, III, 16, 20) reconnaît bien que la définition de la science exposée dans ce passage est conforme, il est vrai, à celle d'Antisthène, mais ne croit pas qu'elle lui soit empruntée. Quand Schleiermacher croit voir dans le Théétète, 201, D, une allusion aux Mégariques, il me semble d'autant moins justifié (comme le remarquent également BRANDIS, II, a, 203, inf., SUSEMIHL, p. 200, 341) que les indications fournies par ce passage concordent complètement avec ce qu'Aristote dit d'Antisthène, tandis que nous ne connaissons aucune proposition semblable chez les Mégariques. Je ne puis pas davantage adopter la conjecture de SCHLEIERMACHER (Pl. Werke, II, b, 19) lorsqu'il suppose que le Cratyle est en partie dirigé contre Antisthène; cette conjecture semble liée à l'opinion suivant laquelle Antisthène le cynique serait le commentateur d'Héraclite. (Voy. p. 251 et Ire partie, p. 571, inf. Trad. fr. II, 103 sq. Contre cette hypothèse, voy. aussi BRANDIS, II, a, 285 sq.). Je ne veux pas parler non plus d'une prétendue doctrine monadologique d'Antisthène et de la connexion de cette doctrine avec la théorie des Idées (SUSEMIHL, I, 202, se rattachant à HERMANN, Ges. Abhandl., 240). Car ce que nous savons de ce philosophe ne dépasse absolument pas le principe que les éléments simples des choses ne comportent pas de définition ; ce qu'il entendait par ces éléments, nous le voyons par l'exemple d'Aristote (Mét., VII, 3) tiré de la ressemblance de l'étain et de l'argent.

socratique d'une science fondée sur des concepts un système éminemment réaliste, Antisthène en déduit un nominalisme non moins tranché : les idées générales, prétend-il, ne sont que des abstractions réalisées ; je vois des hommes et des chevaux, disait-il, je ne vois pas l'homme en soi ni le cheval en soi [1]. Il engagea par suite contre son condisciple, avec lequel d'ailleurs d'autres motifs encore l'empêchaient de s'accorder [2], une polémique qui ne manqua pas d'âpreté ; mais il rencontrait un partenaire qui sut lui répondre [3]. Il était dès lors tout naturel

---

1. SIMPL., *in Cat. Schol. in Arist.*, 66 b, 45 : τῶν δὲ παλαιῶν οἱ μὲν ἀνῄρουν τὰς ποιότητας τελέως, τὸ ποιὸν συγχωροῦντες εἶναι (cette terminologie est naturellement stoïcienne), ὥσπερ Ἀντισθένης, ὅς ποτε Πλάτωνι διαμφισβητῶν, « Ὦ Πλάτων, ἔφη, ἵππον μὲν ὁρῶ, ἱππότητα δὲ οὐχ ὁρῶ. » A quoi Platon répond parfaitement : « Cela est naturel, puisque l'œil avec lequel on voit le cheval, tu le possèdes, et que celui avec lequel on voit le cheval en soi, l'idée du cheval (ἱππότης) te manque », Id., *ibid.*, 67 b, 18. DAVID l'Arménien. *ibid.*, 68 b, 26 : Ἀντισθένην καὶ τοὺς περὶ αὐτὸν λέγοντας· « ἄνθρωπον ὁρῶ, ἀνθρωπότητα δὲ οὐχ ὁρῶ ». *Ibid.*, 20, 2, a (DIOG., VI, 53, parlant de Diogène et de Platon, dit à peu près la même chose, sauf qu'au lieu d'ἱππότης et d'ἀνθρωπότης, il prend pour exemples τραπεζότης et κυαθότης). AMMONIUS, *in Porph. Isag.*, 22 b, inf. : (Ἀντισθ.) ἔλεγε τὰ γένη καὶ τὰ εἴδη ἐν ψιλαῖς ἐπινοίαις εἶναι, et il donne comme exemple l'ἱππότης et l'ἀνθρωπότης. Même témoignage, presque textuellement identique, dans TZETZ., *Chil.*, VII, 605 sq. C'est sans doute à cette assertion d'Antisthène que fait allusion PLATON (*Parm.*, 132, B) lorsqu'il soulève contre la doctrine des idées l'objection suivante : μὴ τῶν εἰδῶν ἕκαστον ᾖ τούτων νόημα καὶ οὐδαμοῦ αὐτῷ προσήκῃ ἐγγίγνεσθαι ἄλλοθι ἢ ἐν ψυχαῖς.

2. Le caractère et la condition de ces deux hommes étaient trop différents ; et Platon devait être choqué de la rudesse plébéienne du prolétaire philosophe, autant que celui-ci devait à la distinction raffinée de Platon.

3. Outre ce que nous avons cité p. 248, 4, et ce que nous citerons encore plus bas, voy., sur ce point, PLATON, *Soph.*, 251, C; les anecdotes rapportées par DIOGÈNE, III, 35, VI, 7, et les anecdotes analogues, dont une partie, il est vrai, est évidemment de pure invention, sur Platon et Diogène, *ibid.*, VI, 25 sq., 40 sq., 54, 58. ÉLIEN, *V. H.*, XIV, 33. THÉON, *Progymn.*, p. 205. STOB., *Floril.*, 13, 37 (sur l'histoire du coq déplumé, ap. DIOG., 40, cf. PLATON, *Polit.*, 266, B sqq. GÖTTLING, p. 264). Sur les attaques toutes cyniques dirigées par Antisthène contre Platon dans son Σάθων, voy. DIOG., III, 35, VI, 16. ATHÉN., V, 220 d, XI, 507 a. On rencontre encore sans doute une trace de la polémique d'Antisthène contre la théorie des idées dans l'*Euthydème*, 301, A; dans ce passage Platon prête au sophiste l'objection suivante contre l'opinion suivant laquelle le Beau est beau par la présence de la beauté : ἐὰν οὖν παραγένηταί σοι βοῦς, βοῦς εἶ, καὶ ὅτι νῦν ἐγώ σοι πάρειμι, Διονυσόδωρος εἶ; nous pourrions supposer qu'Antisthène avait réellement employé à sa façon l'exemple du bœuf, à quoi Platon répond alors en le prenant lui-même pour un exemple semblable dans la personne de Dionysodore. STEINHART (*Platon's Leben*, 14, 266) considère le Σάθων comme apocryphe, pensant qu'on ne peut attribuer à un homme comme Antisthène un semblable libelle ; cette dernière opinion toutefois me paraît contestable.

qu'avec de semblables principes, Antisthène attribuât aux recherches sur les noms la plus grande importance[1]. Mais en même temps, comme il s'en tenait aux noms et ne voulait pas qu'on affirmât rien sur les choses, il rendait en réalité impossible toute recherche scientifique. Lui-même n'est pas loin d'en convenir, quand de ses hypothèses il tire cette conclusion qu'il est impossible de se contredire[2]. Prise à la rigueur, cette assertion menait à

---

1. ANTISTHÈNE *ap.* EPICT., *Diss.*, I, 17, 12 : « ἀρχὴ παιδεύσεως ἡ τῶν ὀνομάτων ἐπίσκεψις. » Malheureusement, nous ne connaissons pas exactement le sens et le contexte de cette formule, qui sans doute se trouvait au début de l'ouvrage sur les Noms. Nous ne pouvons donc pas juger si ce que réclame ici Antisthène, c'est une étude des noms les plus importants, envisagés en détail, ou si c'est au contraire une recherche générale sur la nature et le sens des noms, recherche qui aurait justement donné le développement des principes exposés ci-dessus. Au sujet de la conjecture suivant laquelle Antisthène se serait attaché aux recherches étymologiques d'Héraclite, voy. p. 253, l. s. f., p. 254.

2. ARISTOTE, *Métaph.*, V, 29; voy. p. 252, 3. *Top.*, I, 11, 104 b, 20 : οὐκ ἔστιν ἀντιλέγειν, καθάπερ ἔφη Ἀντισθένης, ce qu'ALEXANDRE, *ad loc. Metaph.* (Schol. in Ar., 732 a, 30; de même *ad Top. loc.*, ibid., 259 b, 13) explique ainsi : ᾤετο δὲ ὁ Ἀντισθένης ἕκαστον τῶν ὄντων λέγεσθαι τῷ οἰκείῳ λόγῳ μόνῳ καὶ ἕνα ἑκάστου λόγον εἶναι... ἐξ ὧν καὶ συνάγειν ἐπειρᾶτο ὅτι μὴ ἔστιν ἀντιλέγειν· τοὺς μὲν γὰρ ἀντιλέγοντας περὶ τινὸς διάφορα λέγειν ὀφείλειν, μὴ δύνασθαι δὲ περὶ αὐτοῦ διαφόρους τοὺς λόγους φέρεσθαι τῷ ἕνα τὸν οἰκεῖον ἑκάστου εἶναι· ἓν γὰρ ἑνὸς εἶναι καὶ τὸν λέγοντα περὶ αὐτοῦ λέγειν μόνον· ὥστε εἰ μὲν περὶ τοῦ πράγματος τοῦ αὐτοῦ λέγοιεν, τὰ αὐτὰ ἂν λέγοιεν ἀλλήλοις (εἷς γὰρ ὁ περὶ ἑνὸς λόγος), λέγοντες δὲ ταὐτὰ οὐκ ἂν ἀντιλέγοιεν ἀλλήλοις. εἰ δὲ διαφέροντα λέγοιεν, οὐκέτι λέξειν αὐτοὺς περὶ [τοῦ] αὐτοῦ, etc. PRANTL (*Gesch. der Logik*, I, 33) cite des auteurs postérieurs qui ne font que répéter le témoignage d'Aristote. C'est d'une manière toute semblable que Dionysodore, chez PLATON (*Euthyd.*, 285, E) prouve son assertion suivant laquelle il est impossible de contredire : εἰσὶν ἑκάστου τῶν ὄντων λόγοι ; — Πάνυ γε. — Οὐκοῦν ὡς ἔστιν ἕκαστον, ἢ ὡς οὐκ ἔστιν ; — Ὡς ἔστιν. — Εἰ γὰρ μέμνησαι, ἔφη, ὦ Κτήσιππε, καὶ ἄρτι ἐπεδείξαμεν μηδένα λέγοντα ὡς οὐκ ἔστι· τὸ γὰρ μὴ ὂν οὐδεὶς ἐφάνη λέγων... πότερον οὖν... ἀντιλέγοιμεν ἂν τοῦ αὐτοῦ πράγματος λόγον ἀμφότεροι λέγοντες, ἢ οὕτω μὲν ἂν δήπου ταὐτὰ λέγοιμεν ; — Συνεχώρει. — Ἀλλ' ὅταν μηδέτερος, ἔφη, τὸν τοῦ πράγματος λόγον λέγῃ, τότε ἀντιλέγοιμεν ἄν ; ἢ οὕτω γε τὸ παράπαν οὐδ' ἂν μεμνημένοι εἴη τοῦ πράγματος οὐδέτερος ἡμῶν ; — Καὶ τοῦτο συνωμολόγει. — Ἀλλ' ἄρα ὅταν ἐγὼ μὲν τὸν τοῦ πράγματος λόγον λέγω, σὺ δὲ ἄλλου τινὸς ἄλλον, τότε ἀντιλέγοιμεν ; ἢ ἐγὼ λέγω μὲν τὸ πρᾶγμα, σὺ δὲ οὐδὲ λέγεις τὸ παράπαν ; ὁ δὲ μὴ λέγων τῷ λέγοντι πῶς ἂν ἀντιλέγοι ; Platon a sans doute ici en vue Antisthène, même à supposer qu'il n'ait pas été le premier à présenter cette argumentation. Cf. t. I, 989 (trad. fr., t. II, 505), et DIOGÈNE, IX, 53 : τὸν Ἀντισθένους λόγον τὸν πειρώμενον ἀποδεικνύειν ὡς οὐκ ἔστιν ἀντιλέγειν, οὗτος (Protagoras) πρῶτος διείλεκται, καθά φησι Πλάτων ἐν Εὐθυδήμῳ (286, C). C'est également ici le lieu de mentionner le mot d'Antisthène (*ap.* STOB., *Floril.*, 82, 8) : qu'il ne faut pas contredire celui qui vous contredit, mais l'instruire ; on ne calme pas un homme furieux en se mettant en fureur comme lui. La contradiction est une folie, car celui qui contredit fait une chose qui de sa nature est impossible. C'était sur cette question que roulait le Σάθων ἢ περὶ τοῦ ἀντιλέγειν. Cf. p. 250, 6.

conclure, avec Aristote[1], non seulement, qu'aucune proposition fausse n'est possible, mais même qu'aucune proposition, quelle qu'elle soit, n'est possible. La doctrine d'Antisthène arrivait logiquement à renverser toute science et à supprimer tout jugement.

MORALE. LES BIENS ET LES MAUX. — Les Cyniques, à vrai dire, n'entendaient pas pour cela renoncer à la science : Antisthène écrivit un ouvrage en quatre livres sur la différence de la science et de l'opinion[2]; et l'école entière se vantait hautement d'être seule en pleine possession de la vérité et de s'être élevée seule au-dessus de la trompeuse opinion[3]. Mais cette science doit exclusivement servir aux fins pratiques; elle a pour but de donner à l'homme la vertu, et, par la vertu, le bonheur[4]. La fin dernière de la vie humaine, suivant les Cyniques, d'accord sur ce point avec les autres philosophes moralistes, est le bonheur[5]. Mais tandis que d'ordinaire on sépare le bonheur de la vertu, ou que, tout au moins, on ne le borne pas à la vertu, ils affirment que les deux choses coïncident entièrement, qu'il n'y a pas d'autre bien que la vertu, d'autre mal que le vice, et que ce qui n'est ni vice ni vertu

---

1. Voy. p. 252, 3. Procl., in Crat., 37 : Ἀντισθένης ἔλεγεν μὴ δεῖν ἀντιλέγειν. πᾶς γὰρ, φησί, λόγος ἀληθεύει· ὁ γὰρ λέγων τὶ λέγει· ὁ δὲ τὶ λέγων τὸ ὄν λέγει· ὁ δὲ τὸ ὄν λέγων, ἀληθεύει. Cf. Platon, Crat., 429, D.

2. Π. δόξης καὶ ἐπιστήμης. Diogène, 17. Cet ouvrage contenait sans doute les discussions mentionnées p. 253, 1.

3. Diogène, 83, parlant de Monime : οὗτος μὲν ἐμβριθέστατος ἐγένετο, ὥστε δόξης μὲν καταφρονεῖν, πρὸς δ' ἀλήθειαν παρορμᾶν. Ménandre (ibid.) dit en parlant du même Cynique : τὸ γὰρ ὑποληφθὲν τῦφον εἶναι πᾶν ἔφη; et Sextus, Adv. Math., VIII, 5 : Μόνιμος ὁ κύων τῦφον εἰπὼν τὰ πάντα, ὅπερ οἴησίς ἐστι τῶν οὐκ ὄντων ὡς ὄντων. Cf. M. Aurel., πρ. ἑαυτ, II, 15 : ὅτι πᾶν ὑπόληψις· δῆλα μὲν γὰρ τὰ πρὸς τοῦ κυνικοῦ Μονίμου λεγόμενα, etc. Les sceptiques postérieurs voulurent par suite compter Monime parmi les leurs, mais à tort : son mot n'atteint que la vanité de l'opinion vulgaire et des biens qu'elle estime. Voir aussi ce que nous allons rapporter sur la doctrine du sage suivant les Cyniques. Chez Lucien (Vit. Auct., 8), Diogène s'intitule également un prophète de vérité et de liberté.

4. Voy. plus haut p. 248 sqq.

5. Diogène, 11 : Αὐτάρκη τὴν ἀρετὴν πρὸς εὐδαιμονίαν. Ainsi le bonheur est toujours le but, la vertu le moyen. Stobée, Ecl., 103, 20, 21.

est indifférent pour l'homme [1]. Un bien, en effet, pensaient-ils, ne peut être, pour chaque être, que ce qui lui appartient en propre [2]. Or la seule chose que l'homme possède réellement en propre, ce sont les biens de l'âme [3]. Tout le reste dépend de la fortune ; il n'est indépendant que dans son activité intellectuelle et morale. L'intelligence et la vertu sont les seuls remparts devant lesquels échouent tous les assauts du destin [4]. Celui-là seul est libre qui ne dépend ni des choses extérieures ni d'aucun désir de les posséder [5]. L'homme n'a donc besoin, pour

---

1. Diogène, VI, 105 : ἀρέσκει δ᾽ αὐτοῖς καὶ τέλος εἶναι τὸ κατ᾽ ἀρετὴν ζῆν, ὡς Ἀντισθένης φησὶν ἐν τῷ Ἡρακλεῖ, ὁμοίως τοῖς στωικοῖς. Ibid., 105 : τὰ δὲ μεταξὺ ἀρετῆς καὶ κακίας ἀδιάφορα λέγουσιν ὁμοίως Ἀρίστωνι τῷ Χίῳ. Dioclès, ap. Diog., 12, au sujet d'Antisthène : τἀγαθὰ καλά, τὰ κακὰ αἰσχρά. Épiphane, Exp. fid., 1089, C : ἔφησε (Diogène) τὸ ἀγαθὸν οἰστὸν [οἰκεῖον] παντὶ σοφῷ εἶναι, τὰ δ᾽ ἄλλα πάντα οὐδὲν ἢ φλυαρίας ὑπάρχειν. On ne peut trop savoir si l'épigramme d'Athénée, ap. Diog., VI, 14, a trait aux Cyniques ou aux Stoïciens ; mais d'après Diogène, il semble que la doctrine stoïcienne qui fait de la vertu le seul bien y soit attribuée aux Cyniques.

2. Cette proposition résulte d'un passage de Diogène, 12, qui formule ainsi la doctrine d'Antisthène : τὰ πονηρὰ νόμιζε πάντα ξενικά. Cf. Platon, Banq., 205, E : οὐ γὰρ τὸ ἑαυτῶν, οἶμαι, ἕκαστοι ἀσπάζονται, εἰ μή τις τὸ μὲν ἀγαθὸν οἰκεῖον καλοῖ καὶ ἑαυτοῦ, τὸ δὲ κακὸν ἀλλότριον. Charm., 163, C, passage où Critias dit que l'utile et le bien sont οἰκεῖον. Quoique Antisthène ne soit pas nommé ici, le passage de Diogène nous porte à croire pourtant que l'identification de l'ἀγαθόν et de l'οἰκεῖον lui appartient, bien qu'il n'ait peut-être pas été le premier à l'énoncer. Voyez d'autres détails à la note suivante.

3. Cf. p. 250, 3. Tel est le sens des paroles que Xénophon (Banq., 4, 34) prête à Antisthène : νομίζω, ὦ ἄνδρες, τοὺς ἀνθρώπους οὐκ ἐν τῷ οἴκῳ τὸν πλοῦτον καὶ τὴν πενίαν ἔχειν, ἀλλ᾽ ἐν ταῖς ψυχαῖς, et il développe cette idée. Épictète (Diss., III, 24, 68) fait parler ainsi Diogène sur Antisthène : ἐδίδαξέ με τὰ ἐμὰ καὶ τὰ οὐκ ἐμά. κτῆσις οὐκ ἐμή· συγγενεῖς, οἰκεῖοι, φίλοι, φήμη, συνήθεις τόποι, διατριβή, πάντα ταῦτα ὅτι ἀλλότρια· σὸν οὖν τί ; χρῆσις φαντασιῶν ; ταύτην ἔδειξέ μοι ὅτι ἀκώλυτον ἔχω, ἀναγκαστον. Nous n'avons d'ailleurs évidemment pas ici les propres paroles d'Antisthène ou de Diogène.

4. Diogène, 12 sq. : (Antisthène pensait) ἀναφαίρετον ὅπλον ἀρετή... τεῖχος ἀσφαλέστατον φρόνησιν· μήτε γὰρ καταρρεῖν μήτε προδίδοσθαι. (La même idée est présentée d'une façon un peu différente chez Épiphane, Exp. fid., 1089, C) ; ibid., 63, au sujet de Diogène : ἐρωτηθεὶς, τί αὐτῷ περιγέγονεν ἐκ φιλοσοφίας, ἔφη· εἰ καὶ μηδὲν ἄλλο, τὸ γοῦν πρὸς πᾶσαν τύχην παρεσκευάσθαι. Ibid., 105 : (ἀρέσκει αὐτοῖς) τύχῃ μηδὲν ἐπιτρέπειν. Stobée, Ecl., II, 348 : Διογένης ἔφη ὁρᾶν τὴν Τύχην ἐνορῶσαν αὐτῷ καὶ λέγουσαν· τοῦτον δ᾽ οὐ δύναμαι βαλέειν κύνα λυσσητῆρα (David, Schol. in Arist., 23 b, 11, applique le même vers à Antisthène). Cf. Stobée, Floril., 108, 71 et note suiv.

5. C'est ainsi que Diogène dit de lui-même ap. Épict., Diss., III, 24, 67 : ἐξ οὗ με Ἀντισθένης ἠλευθέρωσεν, οὐκέτι ἐδούλευσα (puis le texte cité dans la note 3). Il dit également (ap. Diogène, 71) qu'il mène la vie d'un Hercule μηδὲν ἐλευθερίας

être heureux, que de la vertu¹, et il doit apprendre à mépriser tout le reste pour savoir s'en contenter². Par exemple qu'est la richesse sans la vertu? Un moyen d'acheter des flatteurs et des prostituées, une tentation pour la cupidité, ce germe de tout mal, une source de crimes et de hontes sans nombre, une provision pour des fourmis et des scarabées, une chose enfin qui n'apporte ni gloire, ni jouissance³; et comment en serait-il autrement s'il est vrai que la richesse et la vertu ne peuvent demeurer ensemble⁴, et si la vie mendiante du Cynique est la seule voie qui mène droit à la sagesse⁵? Que sont l'honneur et le déshonneur? Un vain bavardage de fous, dont aucun homme raisonnable ne prendra souci; car en réalité ils sont juste le contraire de ce que l'on pense. L'estime des hommes est un mal; leur mépris au contraire est un bien, car il nous préserve de vains efforts : la gloire d'ailleurs, ne tombe en partage qu'à ceux qui la dédaignent⁶. Qu'est la mort? Assurément, elle n'est pas un

προκρίνων. Cratès *ap.* Clém., *Strom.*, II, 413, A (Théod., *Cur. Gr. aff.*, XII, 49, p. 172) dit à l'éloge des Cyniques :

ἡδονῇ ἀνδραποδώδει ἀδούλωτοι καὶ ἄκαμπτοι
ἀθάνατον βασιλείαν ἐλευθερίαν τ' ἀγαπῶσιν,

et il ajoute, exhortant son Hipparchie :

τῶνδε κράτει ψυχῆς ἤθει ἀγαλλομένῳ,
οὔθ᾽ ὑπὸ χρυσίου δουλουμένῳ οὔθ᾽ ὑπ᾽ ἐρώτων θηλυπόθων.

1. Voy., plus haut, p. 258, 3.
2. Voyez ce qui suit, et Diogène, 105 : ἀρέσκει δ᾽ αὐτοῖς καὶ λιτῶς βιοῦν, πλούτου καὶ δόξης καὶ εὐγενείας καταφρονοῦσι. *Ibid.*, 24. Épict., *Diss.*, I, 24, 6 sq.
3. Antisthène *ap.* Stobée, *Floril.*, 1, 30 ; 10, 42. Xénophon, *Banq.*, 4, 35 sq. Diogène, *ap.* Diogène, 47, 50, 60. Galien, *Exhort.*, c. 7 ; I, 10, K. Métroclès, *ap.* Diogène, 95. Cratès, *ap.* Stobée, 97, 27 ; 15, 10. Le même, *ap.* Julien, *Or.*, VI, 199, D.
4. Stobée, *Floril.*, 93, 35 : Διογένης ἔλεγε, μήτε ἐν πόλει πλουσίᾳ, μήτε ἐν οἰκίᾳ ἀρετὴν οἰκεῖν δύνασθαι. Cratès se défit donc de sa fortune, et ordonna, dit-on, qu'elle ne fût rendue à ses enfants que s'ils ne devenaient pas philosophes (Diog., 88, d'après Démétrius Magnès). Mais ce récit rencontre une difficulté : c'est qu'à cette époque Cratès n'avait encore ni femme ni enfants.
5. Diogène, 104. Diogène, *ap.* Stobée, *Floril.*, 95, 11 ; 19. Cf. Lucien, *Vit. Auct.*, 11. Cratès, *ap.* Épiph., *Exp. fid.*, 1089, C : ἐλευθερίας εἶναι τὴν ἀπτωχοσύνην.
6. Épict., *Diss.*, I, 24, 6 : (Diogène) λέγει ὅτι εὐδοξία (Winckelmann, p. 47, écrit ἀδοξία, qu'on attend en effet après ce qui précède) ψόφος ἐστὶ μαινο-

mal ; car il n'y a de mal que le mal moral [1] : au reste, nous ne la ressentons pas non plus comme un mal, puisque nous ne sentons plus rien du tout quand nous sommes morts [2]. Toutes ces choses ne sont qu'imaginations et vanités [3], et rien de plus ; la sagesse ne consiste qu'à affranchir son âme de ces soucis [4]. Mais la chose la plus vile et la plus pernicieuse est celle que l'on considère généralement comme la plus désirable, le plaisir. Les Cyniques ne nient pas seulement qu'il soit un bien [5], ils déclarent qu'il est au contraire le plus grand mal ; et Antisthène, à ce qu'on rapporte, avait coutume de dire qu'il aimerait mieux être en proie à la folie qu'au plaisir [6].

261 Lorsque la poursuite du plaisir devient une passion sans frein, comme dans l'amour, où l'homme s'abaisse jusqu'à

μένων ἀνθρώπων. DIOGÈNE, 11 parlant d'Antisthène : τήν τ' ἀδοξίαν ἀγαθὸν καὶ ἴσον τῷ πόνῳ. Ibid , 12 : εὐγενείας δὲ καὶ δόξας καὶ τὰ τοιαῦτα πάντα διέπαιζε (Diogène), προκοσμήματα κακίας εἶναι λέγων. Ibid., 41, il nomme les couronnes d'honneur δόξης ἐξανθήματα. Ibid., 92 : ἔλεγε δὲ (Cratés) μέχρι τούτου δεῖν φιλοσοφεῖν, μέχρι ἂν δόξωσιν οἱ στρατηγοὶ εἶναι ὀνηλάται. Cf. ibid., 93. DOXOPATER, in Aphthon., c. 2 (Rhet. gr., I, 192) : à la question de savoir comment l'on acquiert la gloire, Diogène répond que c'est en ne s'en inquiétant pas.

1. ÉPICT., l. c., λέγει, ὅτι θάνατος οὐκ ἔστι κακὸν, οὐδὲ γὰρ αἰσχρόν. Cf. p. 275, 5.
2. Diogène, ap. DIOGÈNE, 68. Cf. CICÉRON, Tusc., I, 43, 104. Le Cynique ne pense évidemment pas ici à une immortalité ; et on ne saurait non plus le déduire de la remarque faite par Antisthène sur l'Iliade, XXIII, 65 (Schol. Venet., ad h. loc., ap. WINCKELMANN, p. 28), que les âmes ont la même forme que leurs corps.
3. Ou pour traduire l'expression technique des Cyniques, une vaine fumée, τῦφος. Voy. DIOGÈNE, 26, 83, 86, et plus haut p. 257, 2.
4. CLÉMENT, Strom., II, 417, B (THÉOD., Cur. Gr. aff., XI, 8, p. 152 : Ἀντισθένης μὲν τὴν ἀτυφίαν (τέλος ἀπέφηνε).
5. Comme le prouvait Cratés, — et c'est bien du Cynique qu'il s'agit, — selon TÉLÈS, ap. STOBÉE. Floril., 98, 72, en montrant que la vie humaine, depuis le commencement jusqu'à la fin, apporte beaucoup plus de douleur que de plaisir. Si donc on mesurait le bonheur aux πλεονάζουσαι ἡδοναὶ, on ne pourrait trouver un seul homme heureux.
6. DIOGÈNE, VI, 3 : δεγέ τε συνεχὲς μανείην μᾶλλον ἢ ἡσθείην. Ibid., IX, 101. (Cf. SEXT., Adv. Math., XI, 74) : [ἡ ἡδονὴ δοξάζεται] κακὸν ὑπ' Ἀντισθένους. Même témoignage chez AULU GELLE, IX, 5, 3 ; CLÉM., Strom., II, 412, D ; EUSÈBE, Præp. ev., XV, 13. 7 (THÉOD., Cur. Gr. aff., XII, 47, p. 172). Cf. DIOGÈNE, VI, 8, 14, et plus haut, p 258, 4. C'est sans doute à ce principe cynique que fait allusion PLATON, Phil., 44, C : λίαν μεμισηκότων τὴν τῆς ἡδονῆς δύναμιν καὶ νενομικότων οὐδὲν ὑγιὲς, ὥστε καὶ αὐτὸ τοῦτο αὐτῆς τὸ ἐπαγωγὸν γοήτευμα οὐχ ἡδονὴν εἶναι, et ARISTOTE, Eth. Nic, X, 1, 1172 a, 27 : οἱ μὲν γὰρ τἀγαθὸν ἡδονὴν λέγουσιν, οἱ δ' ἐξ ἐναντίας κομιδῇ φαῦλον. Ibid., VII, 12, 1152 b, 8 : τοῖς μὲν οὖν δοκεῖ οὐδεμία ἡδονὴ εἶναι ἀγαθόν, οὔτε καθ' αὑτὸ οὔτε κατὰ συμβεβηκός· οὐ γὰρ εἶναι ταὐτὸν ἀγαθὸν καὶ ἡδονήν. Sur ce dernier trait, voy. p. 252.

devenir l'esclave de ses désirs, il n'y a pas de moyen trop violent, pensent-ils, pour s'en délivrer[1]. Inversement, ce qui inspire de la répulsion à la plupart des hommes, l'effort, le travail, est un bien ; car c'est par là uniquement que l'homme devient apte à conquérir son indépendance[2]. Voilà pourquoi Hercule[3] était considéré par les Cyniques[4] comme leur patron et leur idéal ; c'est que personne n'avait montré plus de courage et de force à supporter les labeurs et les peines d'une vie entièrement employée à combattre pour le plus grand bien de l'humanité. A l'appui de cette thèse Antisthène semble avoir déclaré que le plaisir n'était que la cessation de la peine[5] ; s'il en est ainsi, en effet, il

---

1. CLÉMENT, loc. cit., 406, 6 : ἐγὼ δὲ ἀποδέχομαι τὸν Ἀντισθένην, τὴν Ἀφροδίτην, λέγοντα, κἂν κατατοξεύσαιμι, εἰ λάβοιμι ὅτι πολλὰς ἡμῶν καλὰς καὶ ἀγαθὰς γυναῖκας διέφθειρεν. τόν τε ἔρωτα κακίαν φησὶ φύσεως ἧς ἥττους ὄντες οἱ κακοδαίμονες θεῶν τὴν νόσον καλοῦσιν. Cratés, ap. Diog., VI, 86 (CLÉM., Strom., II, 412, D. THÉOD., op. cit., XII, 49. JULIEN, Or., VI, 198, D) :

ἔρωτα παύει λιμός, εἰ δὲ μή, χρόνος·
ἐὰν δὲ τούτοις μὴ δύνῃ χρήσθαι, βρόχος.

Sur le même sujet, voy. Diog., VI, 38, 51, 67. Stob., Floril., 64, 1 ; 6, 2 ; 18, 27. Diog., 66 : τοὺς μὲν οἰκέτας ἔφη, τοῖς δεσπόταις, τοὺς δὲ φαύλους ταῖς ἐπιθυμίαις δουλεύειν. Voy. p. 258, 4.

2. DIOGÈNE, VI, 12, parlant d'Antisthène : καὶ ὅτι ὁ πόνος ἀγαθὸν συνέστησε διὰ τοῦ μεγάλου Ἡρακλέους καὶ τοῦ Κύρου. Diogène (Exc. e Floril. Johan. Damasc., II, 12, 87. Stob., Floril., éd. Mein., IV, 200) disait qu'il fallait habituer les enfants, tant que l'éducation pouvait avoir prise sur eux, à supporter les privations, si l'on voulait en faire quelque chose. Voyez plus loin quelques détails sur cet ascétisme.

3. Hercule avait un temple près du Cynosarge.

4. Antisthène écrivit deux Hercule [DIOGÈNE, 2, 18, etc. ; voy. WINCKELMANN, 15 sq. Diogène dit de lui-même, ap. DIOGÈNE, 71 : τὸν αὐτὸν χαρακτῆρα τοῦ βίου διεξάγειν ὅνπερ καὶ Ἡρακλῆς, μηδὲν ἐλευθερίας προκρίνων. C'est pourquoi EUSÈBE (Præp. ev., XV, 13, 7) appelle Antisthène Ἡρακλειστικός τις ἀνὴρ τὸ φρόνημα. Dans LUCIEN, V. auct., 8, comme on demande à Diogène quel modèle il imitait, il répond également : τὸν Ἡρακλέα, et il montre en même temps son bâton de mendiant, en guise de massue, et son manteau de philosophe en guise de peau de lion, ajoutant cette phrase, qui vient peut-être d'un écrit cynique : στρατεύομαι δὲ ὥσπερ ἐκεῖνος ἐπὶ τὰς ἡδονάς... ἐκκαθᾶραι τὸν βίον προαιρούμενος... ἐλευθερωτὴς εἰμι τῶν ἀνθρώπων καὶ ἰατρὸς τῶν παθῶν. Cf. id., Cyn., 13 ; JULIEN, Or., VI, 187, c.

5. PLATON, Philèbe, 44, B (Cf. 51, A. Rép., IX, 583, B) parle de philosophes qu'il qualifie de μάλα δεινούς λεγομένους τὰ περὶ τὴν φύσιν, οἳ τὸ παράπαν ἡδονὰς οὔ φασιν εἶναι, ils affirment en effet : λυπῶν ταύτας εἶναι πάσας ἀποφυγάς, ἃς νῦν οἱ περὶ Φίληβον (les Hédoniques) ἡδονὰς ὀνομάζουσιν. WENDT (P. il. Cyren., 17, 1) voit dans ce passage une allusion à des philosophes qui considèrent l'absence de peine comme le souverain bien. GROTE (Plato, II, 609 sq.) croit qu'il s'applique aux Pythagoriciens, auxquels Speusippe, suivant lui, aurait emprunté sa doc-

faudrait être absolument fou pour poursuivre un plaisir qu'on ne pourrait obtenir sans s'être procuré auparavant une quantité correspondante de douleur.

Toutefois cette trop rigide interprétation de leurs principes qu'avaient inspirée à un Antisthène à la fois son caractère personnel [1] et des préoccupations pédagogiques [2], les Cyniques savent s'en écarter assez pour consentir à regarder un certain plaisir comme légitime. Celui qui n'entraîne après lui aucun repentir [3], ou plus

---

trine sur le plaisir, dont nous parlerons plus tard (p. 861 sq., 3ᵉ éd.). Mais au temps de Platon, nous ne connaissons pas de philosophes qui aient fait de l'absence de douleur le souverain bien. Quant aux Pythagoriciens, nous connaissons bien l'ascétisme de cette école, mais on ne nous parle nullement d'une théorie morale qui rejetterait radicalement le plaisir. Au contraire, nous savons qu'Antisthène le faisait précisément. Il est donc absolument vraisemblable que Platon, dans le passage qui nous occupe, avait en vue Antisthène. L'expression δεινοὶ τὰ περὶ φύσιν n'est pas une objection à cette interprétation, comme nous l'avons déjà indiqué p. 250, 6, fin; ces mots, en effet, ne désignent pas une recherche physique, mais le problème moral consistant à déterminer ce qui est conforme à la nature : c'était en effet cette conformité à la nature qu'Antisthène posait en principe, sans vouloir toutefois y faire rentrer le plaisir. Objectera-t-on encore que les adversaires du plaisir dont il s'agit ici haïssent τὰς τῶν ἀσχημόνων ἡδονάς (d'après le *Philèbe*, 46, A), tandis que les Cyniques n'acceptent pas la distinction de ce qui est convenable et de ce qui ne l'est pas? Cette objection reposerait sur une méprise. En effet, les ἡδοναὶ τῶν ἀσχημόνων, comme le montre le contexte, ne sont pas condamnées par les adversaires du plaisir à cause de leur inconvenance; ce qu'ils leur reprochent c'est d'être toujours mêlées de peine. Nous ne saurions affirmer enfin que Platon n'aurait pas parlé d'Antisthène avec autant de considération qu'il le fait ici (44, C sq., voy. la note suiv.); s'il avait antérieurement répondu à ses attaques avec une juste vivacité (voy. p. 248, 4; 255, 2), on ne peut en conclure que bien des années après, et à propos d'une question où leurs idées n'étaient pas aussi divergentes, il n'ait pu parler de lui avec plus de réserve et de respect. D'ailleurs, ici même encore, il ne lui reconnaît pas les aptitudes scientifiques proprement dites, la τέχνη.

1. Platon, *loc. cit.*, continue ainsi : τούτοις οὖν ἡμᾶς πότερα πείθεσθαι ξυμβουλεύεις, ἢ πῶς, ὦ Σώκρατες; — Οὔκ, ἀλλ' ὥσπερ μάντεσι προσχρῆσθαί τισι, μαντευομένοις οὐ τέχνῃ ἀλλά τινι δυσχερείᾳ φύσεως οὐκ ἀγεννοῦς, λέγε, etc. (Voy. p. 260, 6.)

2. Aristote, *Eth. Nic.*, X, 1 : Quelques-uns tiennent le plaisir pour absolument condamnable. οἱ μὲν ἴσως πεπεισμένοι οὕτω καὶ ἔχειν, οἱ δὲ οἰόμενοι βέλτιον εἶναι πρὸς τὸν βίον ἡμῶν ἀποφαίνειν τὴν ἡδονὴν τῶν φαύλων. καὶ εἰ μή ἐστιν ῥέπειν γὰρ τοὺς πολλοὺς πρὸς αὐτὴν καὶ δουλεύειν ταῖς ἡδοναῖς, διὸ δεῖν εἰς τοὐναντίον ἄγειν· ἐλθεῖν γὰρ ἂν οὕτως· ἐπὶ τὸ μέσον. Diogène, VI, 35 : μιμεῖσθαι ἔλεγε (Διογένης) τοὺς χοροδιδασκάλους· καὶ γὰρ ἐκείνους ὑπὲρ τόνον ἐνδιδόναι ἕνεκα τοῦ τοὺς λοιποὺς ἅψασθαι τοῦ προσήκοντος τόνου.

3. Athénée, XII, 513, a : Ἀντισθένης δὲ τὴν ἡδονὴν ἀγαθὸν εἶναι φάσκων προσέθηκε τὴν ἀμεταμέλητον. Il nous faudrait toutefois savoir au milieu de quel développement d'idées cette assertion d'Antisthène se rencontrait.

exactement celui qui est dû à l'effort et à l'application[1]. Antisthène l'aurait considéré comme un bien. Chez Stobée[2], Diogène recommande la justice comme la chose la plus utile et la plus agréable, parce qu'elle procure le calme de l'âme, qu'elle délivre du chagrin et de la maladie, et assure même les jouissances corporelles. Le même philosophe déclare[3] que le bonheur consiste dans cette joie véritable qui se trouve uniquement dans la parfaite sérénité de l'âme ; et lorsqu'ils voulaient exposer les avantages de leur philosophie, les Cyniques ne manquaient pas de faire remarquer, à l'exemple de Socrate[4], que leur vie était bien plus indépendante et bien plus agréable que celle des autres hommes, que leurs privations donnaient seules à la jouissance son véritable assaisonnement, qu'enfin les joies de l'âme apportent une satisfaction beaucoup plus grande que les plaisirs du corps[5]. Cependant ces concessions prouvent uniquement que la théorie des Cyniques n'avait pas en-

---

1. Antisthène, *ap.* Stobée, *Floril.*, 29, 65 : ἡδονὰς τὰς μετὰ τοὺς πόνους διωκτέον, ἀλλ' οὐχὶ τὰς πρὸ τῶν πόνων.
2. *Floril.*, 9, 49 ; 24, 14, passage où il est assurément fait allusion à Diogène le Cynique. Mais c'est une question de savoir si les termes sont empruntés à un écrit authentique de ce philosophe.
3. *Ibid.*, 103, 20 ; 21, sans doute d'après la même source.
4. Voy. plus haut, p. 54 ; 135.
5. C'est ainsi qu'Antisthène (*ap.* Xén., *Banq.*, 4, 34 sqq.), dont l'exposition paraît bien être fidèle) montre que dans sa pauvreté il est le plus heureux des hommes ; le manger, le boire et le dormir lui semblent excellents ; il n'a pas besoin de meilleurs habits, il satisfait ses désirs avec la première venue, et en tout cela, il a plus de plaisirs qu'il n'en demande. Il a si peu de besoins qu'il n'est jamais embarrassé de son entretien ; il a toujours le loisir de fréquenter Socrate, et quand il veut passer une bonne journée, il n'a pas besoin pour cela de rien acheter au marché, il a dans son âme une provision de tout ce qui lui est nécessaire. Diogène, *ap.* Diogène, 71 (sans parler de Dion Chrys., *Or.*, VI, 12 sqq., 33) dit de même que celui qui a appris à mépriser le plaisir y trouve justement la plus vive jouissance, et dans Plutarque, *De exil.*, 12, fin, p. 605, il s'estime heureux parce qu'il n'a pas besoin d'attendre son déjeuner, comme Aristote, de Philippe (ou, d'après Diog., 45, comme Callisthène d'Alexandre). Pour l'homme vertueux, d'après Diogène, tous les jours sont des jours de fête (*ap.* Plut., *De tranq. an.*, 20, p. 477) ; Plutarque, *De tranq. an.*, 4, p. 466, dit de même de Cratès, que sa vie se passait dans la gaieté et le rire, comme une fête continuelle, et Métroclès se vante (*ibid.*, *An vitios. ad infel.*, 3, p. 499) comme Diogène (*ap.* Luc., *V. auct.*, 9) d'être plus heureux que le grand roi. Cf. Diogène, 44, 78.

core reçu son complet développement, et que leur terminologie manquait d'exactitude. Leur pensée précise est que le plaisir, en tant que plaisir, ne doit sous aucun rapport être considéré comme une fin[1], et qu'il doit être rejeté s'il est autre chose que la conséquence naturelle de l'activité et de la satisfaction de besoins inévitables.

De toutes ces considérations, les Cyniques tirent cette conclusion que tout est indifférent pour nous, sauf la vertu et le vice, et que par suite nous devons, nous aussi, être complètement indifférents à tout le reste. Celui-là seul qui s'est mis au-dessus de la pauvreté et de la richesse, de la honte et de l'honneur, des privations et des jouissances de la vie et de la mort, qui est également prêt à toute conduite et à toute condition, qui ne craint personne et ne s'inquiète de rien, celui-là seul n'offre aucune prise à la fortune, celui-là seul est libre et heureux[2].

265   LA VERTU. — Toutefois ce n'est encore là qu'une doctrine négative; quelle est la doctrine positive qui y cor-

---

1. On pourrait alors, comme RITTER (II. 121) le remarque, exprimer ainsi la différence de la doctrine d'Antisthène et de celle d'Aristippe : « Aristippe aurait considéré la fin du mouvement de l'âme comme le bien; Antisthène aurait vu le but dans le mouvement même, et trouvé la valeur de l'action dans l'action même. » Mais RITTER lui-même, et avec raison, doute qu'Antisthène soit arrivé à cette définition précise, qui nulle part ne lui est attribuée. Nous verrons d'ailleurs qu'Aristippe ne considérait pas le plaisir comme un état de repos, mais au contraire comme un mouvement de l'âme. Ce qu'HERMANN (*Ges. Abh.*, 237 sq.) invoque en faveur de la thèse opposée ne prouve rien non plus : il fait voir sans doute qu'Antisthène trouvait le bien dans l'activité vertueuse et Aristippe dans le plaisir, mais non qu'ils le démontraient par leurs principes sur le repos ou le mouvement de l'âme.

2. DIOGÈNE, ap. STOBÉE, *Floril.*, 86, 19 (89, 4) : les plus nobles parmi les hommes sont οἱ καταφρονοῦντες πλούτου, δόξης, ἡδονῆς, ζωῆς, τῶν δὲ ἐναντίων ὑπεράνω ὄντες, πενίας, ἀδοξίας, πόνου, θανάτου. DIOGÈNE, 29, sur le même : ἐπῄνει τοὺς μέλλοντας γαμεῖν καὶ μὴ γαμεῖν, καὶ τοὺς μέλλοντας καταπλεῖν καὶ μὴ καταπλεῖν, καὶ τοὺς μέλλοντας πολιτεύεσθαι καὶ μὴ πολιτεύεσθαι, καὶ τοὺς παιδοτροφεῖν καὶ μὴ παιδοτροφεῖν, καὶ τοὺς παρασκευαζομένους συμβιοῦν τοῖς δυνάσταις, καὶ μὴ προσιόντας. Cratès (*ibid.*, 86) dit que ce que lui a apporté la philosophie, c'est : θέρμων τε χοῖνιξ καὶ τὸ μηδενὸς μέλειν. Antisthène, ap. STOBÉE, *Floril.*, 8, 14 : ὅστις δὲ ἑτέρους δέδοικε δοῦλος ὢν λέληθεν ἑαυτόν. Diogène, ap. DIOGÈNE, 75 : δούλου τὸ φοβεῖσθαι. Cf. p. 257, 4, 258, 3, 4, 260, 4.

respond? En d'autres termes, nous venons de voir que la vertu seule peut rendre heureux et que les biens de l'âme sont seuls précieux : en quoi donc consiste la vertu? La vertu, répond Antisthène, après Socrate et Euclide, réside dans la sagesse ou l'intelligence[1] : la raison est la seule chose qui donne du prix à la vie[2]; de là il conclut avec son maître que la vertu présente une indivisible unité[3] et que toutes les classes d'hommes ont les mêmes devoirs moraux[4]; enfin que l'enseignement peut procurer la vertu[5]. Mais il affirme en outre que la vertu ne saurait se perdre; car ce que l'on a appris une fois, on ne peut l'oublier[6]. C'est là une exagération des principes socratiques[7] à laquelle il était poussé non seulement par la préoccupation morale dominante de rendre la vertu indépendante de toutes les choses extérieures[8], mais aussi

---

1. C'est ce qui ressort du texte de DIOGÈNE, 13 : τεῖχος ἀσφαλέστατον φρόνησιν... τεῖχη κατασκευαστέον ἐν τοῖς αὑτῶν ἀναλώτοις λογισμοῖς, si nous en rapprochons les propositions sur l'unité de la vertu et la possibilité de l'enseigner et sur la théorie du sage.

2. Comparez le mot que PLUTARQUE (*De Stoic. repugn.*, 14, 7, 1040) prête à Antisthène, et DIOGÈNE (24) à Diogène : εἰς τὸν βίον παρεσκευάσθαι δεῖν λόγον ἢ βρόχον. Cf. DIOG., 3.

3. *Schol. Lips.* ad *Il.*, O', 123 (Winckelmann, 28) : Ἀντισθένης φησίν, ὡς εἴ τι πράττει ὁ σοφὸς κατὰ πᾶσαν ἀρετὴν ἐνεργεῖ.

4. DIOGÈNE, 12, d'après DIOCLÈS : ἀνδρὸς καὶ γυναικὸς ἡ αὐτὴ ἀρετή.

5. DIOGÈNE, 10 : διδακτὴν ἀπεδείκνυε [Ἀντισθένης] τὴν ἀρετήν. 105 : ἀρέσκει δ' αὐτοῖς καὶ τὴν ἀρετὴν διδακτὴν εἶναι, καθά φησιν Ἀντισθένης ἐν τῷ Ἡρακλεῖ, καὶ ἀναπόβλητον ὑπάρχειν. C'est aussi, sans doute, à Antisthène que fait allusion ISOCRATE, *Hel.*, 1, 1, qui reproduit les indications qui précèdent en y joignant les principes d'Antisthène dont nous avons parlé plus haut, p. 256 : καταγεγηράκασιν οἱ μὲν οὐ φάσκοντες οἷόν τ' εἶναι ψευδῆ λέγειν οὐδ' ἀντιλέγειν... οἱ δὲ διεξιόντες ὡς ἀνδρία καὶ σοφία καὶ δικαιοσύνη ταὐτόν ἐστι καὶ φύσει μὲν οὐδὲν αὐτῶν ἔχομεν, μία δ' ἐπιστήμη καθ' ἁπάντων ἐστίν· ἄλλοι δὲ περὶ τὰς ἔριδας διατρίβουσι, etc. Le οἱ μὲν... οἱ δὲ ne saurait prouver naturellement que la première de ces assertions appartînt à une autre école que la seconde; cette expression équivaut à notre : d'une part, ... de l'autre; ce qui est d'autant plus évident que les philosophes désignés par οἱ μέν et οἱ δέ sont les uns et les autres distingués des Éristiques.

6. Voy. la note précéd., et DIOGÈNE, 12 : ἀναφαίρετον ὅπλον ἡ ἀρετή. XÉNOPHON. *Mém.*, I, 2, 19 : ἴσως οὖν εἴποιεν ἂν οἱ πολλοὶ τῶν φασκόντων φιλοσοφεῖν, ὅτι οὐκ ἄν ποτε ὁ δίκαιος ἄδικος γένοιτο, οὐδὲ ὁ σώφρων ὑβριστής οὐδὲ ἄλλο οὐδέν, ὧν μάθησίς ἐστιν, ὁ μαθὼν ἀνεπιστήμων ἄν ποτε γένοιτο.

7. Du principe de Socrate qui affirmait que la science est invincible. Voy., plus haut, p. 119, 3.

8. Elle n'est indépendante des choses extérieures, en effet, que lorsqu'elle ne

par certaines théories sophistiques¹. Quant à déterminer en quoi consiste la vraie sagesse, c'est ce que les Cyniques ne surent pas faire avec précision². La définir par la connaissance du bien, ce n'était guère, comme le remarque justement PLATON³, qu'une tautologie ; d'un autre côté dire que la vertu consiste à désapprendre le mal⁴, c'était donner de la même idée une formule négative qui ne nous avance pas davantage. La seule chose que nous apercevions clairement, c'est que la sagesse, pour Antisthène et son école, se confond entièrement avec la volonté droite, la force, l'empire sur soi et l'honnêteté⁵, doctrine qui nous ramène à la théorie socratique de l'unité de la vertu et du savoir. D'ailleurs, en disant que la vertu s'apprend, ils voulaient parler de l'exercice moral bien plus que de la recherche scientifique⁶. La distinction platonicienne et aristotélicienne de la vertu d'habitude et de la vertu philosophique, de la vertu morale

peut être perdue. Car, puisque le sage, le vertueux, tant qu'il conserve sa sagesse et sa vertu, ne saurait les renier, puisque enfin, d'après la doctrine socratique, personne n'est méchant volontairement, la sagesse ne peut être perdue que par une cause étrangère à la volonté elle-même.

1. En effet, cette proposition, que l'on ne peut oublier ce que l'on sait, n'est que la contre-partie de la proposition sophistique (voy. t. I, 996 ; trad. franç., t. II, 512) que l'on ne peut pas apprendre une chose que l'on ne sait pas.

2. PLATON, *Rép.*, VII, 505, B : ἀλλὰ μὴν τόδε γε οἶσθα, ὅτι τοῖς μὲν πολλοῖς ἡδονὴ δοκεῖ εἶναι τὸ ἀγαθόν, τοῖς δὲ κομψοτέροις φρόνησις ;... καὶ ὅτι γε, ὦ φίλε, οἱ τοῦτο ἡγούμενοι οὐκ ἔχουσι δεῖξαι ἥτις φρόνησις, ἀλλ' ἀναγκάζονται τελευτῶντες τὴν τοῦ ἀγαθοῦ φάναι. Si ce passage ne fait pas allusion exclusivement aux Cyniques, il s'applique en tous cas à eux.

3. *Loc. cit.*

4. DIOGÈNE, 8, d'après PHANIAS : [Ἀντισθένης] ἐρωτηθεὶς ὑπό του... τί ποιῶν καλὸς κἀγαθὸς ἔσοιτο, ἔφη, εἰ τὰ κακὰ ἃ ἔχεις, ὅτι φευκτά ἐστι, μάθοις παρὰ τῶν εἰδότων. *Ibid.*, 7 : ἐρωτηθεὶς τί τῶν μαθημάτων ἀναγκαιότατον, ἔφη, τὸ κακὰ ἀπομαθεῖν. (COBET écrit, il est vrai : τὸ περιαιρεῖν, ἔφη, τὸ ἀπομανθάνειν.) Même chose dans les *Exc.* e *Floril. Joh. Dam.*, II, 13. 34 (STOB., *Floril.*, éd., Mein., IV, 193).

5. Cf. p. 248, 3 ; 258, 3, 4.

6. Pour ne pas anticiper sur des développements ultérieurs, rappelons seulement ici, outre ce que nous avons cité p. 248, 3, ce que dit Diogène, *ap.* DIOGÈNE, 70 sqq. : διττὴν δ' ἔλεγεν εἶναι τὴν ἄσκησιν, τὴν μὲν ψυχικήν, τὴν δὲ σωματικήν· ταύτην (ici le texte semble présenter une lacune) καθ' ἣν ἐν γυμνασίᾳ συνεχεῖς [συνεχεῖς?] γινόμεναι [αἱ] φαντασίαι εὐλυσίαν πρὸς τὰ τῆς ἀρετῆς ἔργα παρέχονται· εἶναι δ' ἀτελῆ τὴν ἑτέραν χωρὶς τῆς ἑτέρας... παρετίθετο δὲ τεκμήρια τοῦ ῥᾳδίως ἀπὸ τῆς γυμνασίας ἐν τῇ ἀρετῇ καταγίνεσθαι (y être comme chez soi) ; car dans chaque art l'habitude seule fait les maîtres : οὐδέν γε μὴν ἔλεγε τὸ παράπαν ἐν τῷ βίῳ χωρὶς ἀσκήσεως κατορθοῦσθαι, δυνατὴν δὲ ταύτην πᾶν ἐκνικῆσαι, etc.

et de la vertu dianoétique leur était inconnue, et à la question du *Ménon*[1], de savoir si la vertu vient de l'exercice ou de l'enseignement, ils auraient répondu que le meilleur enseignement c'est justement l'exercice.

SAGES ET FOUS. — Celui qui est arrivé à la vertu grâce à la philosophie cynique est un sage; tous les autres sont des fous. Les Cyniques ne trouvent pas de traits assez vigoureux pour peindre la supériorité de l'un et la misère de l'autre. Le sage ne manque jamais de rien, car tout lui appartient. Il est partout chez lui et il sait s'accommoder à toutes les conditions; il est sans défauts, lui seul est vraiment aimable; la fortune ne peut rien sur lui[2]. Image de la divinité, il vit parmi les dieux, sa vie est une fête perpétuelle; et les dieux, dont il est l'ami, lui accordent tous les biens[3]. Tout opposée est la condition de la masse des hommes. La plupart ont l'intelligence obtuse, sont esclaves de l'imagination, et il s'en faut d'un rien qu'ils ne soient complètement fous. Pour trouver un homme on est obligé de le chercher en plein jour avec une lanterne; la misère et la sottise, voilà le sort commun des mortels[4]. L'humanité se divise donc en deux parties :

---

1. PLATON, *Ménon*, init.
2. DIOGÈNE, 11 : αὐτάρκη τ' εἶναι τὸν σοφόν πάντα γὰρ αὐτοῦ εἶναι τὰ τῶν ἄλλων. *Ibid.*, 12 (d'après DIOCLÈS) : τῷ σοφῷ ξένον οὐδὲν οὐδ' ἄπορον. ἀξιέραστος ὁ ἀγαθός. De même, *ibid.*, 105 : ἀξιέραστόν τε τὸν σοφὸν καὶ ἀναμάρτητον καὶ φίλον τῷ ὁμοίῳ, τύχῃ τε μηδὲν ἐπιτρέπειν. Cf. p. 258, 3. C'est également aux Cyniques que s'applique sans doute le passage d'ARISTOTE, *Eth. Nic.*, VII, 14, 1153 b, 19 : οἱ δὲ τὸν τροχιζόμενον καὶ τὸν δυστυχίαις μεγάλαις περιπίπτοντα εὐδαίμονα φάσκοντες εἶναι, ἐὰν ᾖ ἀγαθός, ἢ ἑκόντες ἢ ἄκοντες οὐδὲν λέγουσιν. Pourtant Diogène (*ap.* DIOGÈNE, 89) accorde que personne n'est absolument exempt de fautes.
3. Diogène, *ap.* DIOGÈNE, 51 : τοὺς ἀγαθοὺς ἄνδρας θεῶν εἰκόνας εἶναι. Id., *ibid.*, 37, 72 : τῶν θεῶν ἐστι πάντα· φίλοι δὲ οἱ σοφοὶ τοῖς θεοῖς· κοινὰ δὲ τὰ τῶν φίλων· πάντ' ἄρα ἐστὶ τῶν σοφῶν. Id., *ap.* PLUTARQUE, *De tranq. an.*, 20, p. 477 : ἀνὴρ ἀγαθὸς οὐ πᾶσαν ἡμέραν ἑορτὴν ἡγεῖται. *Exc. e Flor. Joh. Dam.*, II, 13, 76 : Ἀντισθένης ἐρωτηθεὶς ὑπό τινος τί διδάξει τὸν υἱόν, εἶπεν· εἰ μὲν θεοῖς μέλλει συμβιοῦν, φιλόσοφον, εἰ δὲ ἀνθρώποις, ῥήτορα.
4. DIOGÈNE, 33 : ἀναπήρους ἔλεγεν (Διογ.) οὐ τοὺς κωφοὺς καὶ τυφλούς, ἀλλὰ τοὺς μὴ ἔχοντας πήραν. *Ibid.*, 35 : τοὺς πλείστους ἔλεγε παρὰ δάκτυλον μαίνεσθαι (Cf. ce que nous avons rapporté au sujet de Socrate, p. 102, 2). *Ibid.*, 47 : τοὺς

à côté de quelques rares sages, il y a d'innombrables
fous ; une infime minorité trouve seule le bonheur par
l'intelligence et la vertu ; tout le reste vit dans l'infortune
et la folie, et encore en est-il bien peu parmi ceux-ci qui
aient conscience de leur triste condition.

Conséquences pratiques. Genre de vie des Cyniques.
— Conformément à ces principes, les Cyniques se
donnent pour mission, d'un côté de présenter eux-mêmes
le modèle de la sévérité de mœurs, de la modération dans
les désirs, de l'indépendance qui caractérisent le Sage ; de
l'autre d'exercer sur les autres une influence capable de
les améliorer et de les fortifier. Et ils se sont consacrés
à cette mission avec une abnégation si extraordinaire,
ils sont en même temps tombés dans de telles exagérations
et de telles extravagances, ils se sont laissés aller à une
rudesse si choquante, à une impudence si blessante, à un
orgueil si insupportable et à des fanfaronnades si vaines,
que nous nous demandons si nous devons admirer leur
force d'âme ou rire de leurs singularités, et s'ils méritent davantage l'estime, l'aversion ou la pitié. Nos analyses précédentes nous permettront toutefois de rapporter
ces différents traits à leur point de départ commun.

L'idée fondamentale du Cynisme, c'est que la vertu se
suffit à elle-même[1]. Mais l'interprétation que les Cyniques
donnent à ce principe est si raide et si étroite, qu'ils ne se
contentent pas de l'indépendance tout *interne* de la volonté

ῥήτορας καὶ πάντας τοὺς ἐνδοξολογοῦντας τρισανθρώπους ἀπεκάλει, ἀντὶ τοῦ τρισ
ἀθλίους. *Ibid.*, 71 : les hommes, au lieu de devenir heureux par la pratique de
la vertu, παρὰ τὴν ἄνοιαν κακοδαιμονοῦσι. *Ibid.*, 33 : πρὸς τὸν εἰπόντα· Πύθια νικῶ
ἄνδρας, Ἐγὼ μὲν οὖν, εἶπεν, ἄνδρας, σὺ δ' ἀνδράποδα. *Ibid.*, 27 : il n'a trouvé
d'hommes nulle part, à Lacédémone, il a trouvé des enfants. *Ibid.*, 41, l'histoire
de Diogène avec sa lanterne. *Ibid.*, 86, des vers de Cratès sur la folie des hommes ;
cf. ceux que rapporte de lui Stobée, *Floril.*, 4, 52. Diogène (*Exc. e Floril. Joh.
Dam.*, II, 13, 75) disait que la plus vile chose sur terre, c'était un homme sans
culture. Le même (ou plutôt peut-être Philiscus, cf. Diogène, VI, 80), *ap.*
Stobée, *Floril.*, 22, 41 : ὁ τύχη ὥσπερ ποιμὴν οὐ θέλει [τοὺς πολλοὺς] ἄγει. Cf.
p. 248, 4.

1. Voy., plus haut, p. 257 sqq.

vis-à-vis des jouissances et des besoins de la vie ; ils n'espèrent atteindre leur but que s'ils renoncent au plaisir même, s'ils bornent leurs besoins au strict nécessaire, s'ils endurcissent leur cœur jusqu'à l'insensibilité, pour ne se soucier de rien qui ne soit absolument en leur pouvoir. L'indépendance prêchée par Socrate à l'égard des besoins[1] devient chez eux une véritable renonciation au monde[2]. Pauvres dès l'origine[3], ou se dépouillant volontairement de leur fortune[4], ils vivaient en mendiants[5] ; sans domicile personnel, ils passaient le jour dans les rues et les autres lieux publics ; pour la nuit, ils cherchaient leur gîte sous un portique ou dans le premier endroit venu[6].

---

1. Selon Diogène, VI, 105 (cf. Luc., Cyn., 12). Diogène répétait le mot de Socrate que nous avons cité p. 54, 3. Dans ce même ordre d'idées on peut rappeler ce trait du même philosophe, qui, au début de sa vie cynique, refusa de poursuivre son esclave fugitif, parce qu'il aurait eu honte de ne pas savoir aussi bien se passer de son esclave que son esclave se passait de lui. (Diog., 55. Stob., Floril., 62, 47. Ibid., 97, 31, p. 215, Mein. d'après Télès.)
2. Voy., plus haut, p. 258 sqq., 264, 2.
3. Comme Antisthène, Diogène, Monime.
4. Comme Cratès et Hipparchie.
5. D'après Dioclès, ap. Diogène, VI, 13, Antisthène lui-même aurait déjà adopté le vêtement, le bâton et le sac des mendiants. Si Sosicrate désignait Diodore d'Aspendus comme le premier qui l'ait fait (ibid.), on ne saurait en tirer argument pour prouver le contraire ; ce renseignement est en effet inexact en tous cas, puisque non seulement Antisthène, mais Diogène lui-même était plus âgé que Diodore (voy. t. I, 311 ; trad. franç. t. I, 329). D'un autre côté, c'est avec plus de vraisemblance que Diogène, 22 sq. désigne Diogène comme le premier qui ait entièrement adopté la condition mendiante, et c'est lui aussi le premier dont on nous rapporte ce trait qu'il ne vivait que d'aumônes (Diog., 38, 46, 49 ; Télès, ap. Stob., Floril., 5, 67 ; Hieron., Adv. Jovin., II, 207, d'après Satyrus). Ses successeurs, comme Cratès (cf. les vers cités par Diog., 85, ibid., 90 sq., Stob.; loc. cit.) et Monime (Diog., 82 sq.) l'imitèrent.
6. C'est encore probablement Diogène qui donna le premier cet exemple. Antisthène (ap. Xén., Banq., 4, 38) parle encore de sa maison, dont toute l'installation se réduit d'ailleurs aux quatre murs. Au contraire, Diogène et les Cyniques postérieurs vivaient de la manière que nous venons de décrire. (Cf. Diog., 22, 38, 76, 105 ; Télès, loc. cit., et ap. Stob., Floril., 97, 31, p. 215, Mein. Hieron., loc. cit. ; Luc., V. auct., 9 ; enfin ce que nous rapporterons au sujet de Cratès et d'Hipparchie.) Diogène demanda quelque temps un abri à un tonneau qui se trouvait dans la cour d'entrée du Metrôon à Athènes, comme le faisaient déjà les gens sans domicile (Diog., 23, 44, 105 ; Sén., Ep., 90, 14 et al.). Le fait toutefois ne nous autorise pas à supposer, comme Juvénal (XIV, 308) et Lucien (De conscr. hist., 3) le feraient croire, qu'il n'ait pas eu d'autre demeure de sa vie, et que dans ses voyages mêmes il emportait avec lui son tonneau, comme un escargot sa coquille, bien qu'il puisse en effet avoir plaisanté sur sa maison mobile (Hieron., loc. cit.), dont il tournait l'entrée selon le vent. Il est

Ils pouvaient se passer de tout ustensile [1]. Un lit leur semblait superflu [2]; ils simplifièrent encore l'habillement grec déjà si simple en se contentant du tribon [3] de Socrate, vêtement des classes inférieures [4], et en supprimant le vêtement de dessous [5]; la pauvreté de leur nourriture les faisait remarquer même au milieu du peuple si peu exigeant des Grecs [6]. Diogène aurait essayé, dit-on, de voir si l'on ne pourrait pas se passer de feu en mangeant la

vrai qu'on ne peut invoquer contre cette opinion le texte de DIOGÈNE, 52 (voy., sur ce point, STEINHART, *Op. cit.*, p. 302; GÖTTLING, *Ges. Abh.*, 258, et l'exposition des discussions entre HEUMANN et HASÆUS dans BRUCKER, *Hist. phil.*, I, 872 sqq.). L'anecdote romanesque de SIMPLICIUS (in *Epict. Enchir.*, p. 270) suivant laquelle Cratès aurait vécu dans un tonneau avec Hipparchie, n'est pas plus historique. MUSONIUS (*ap.* STOB., *Floril.*, 67, 20, p. 4, Mein.) dit seulement qu'ils se tenaient jour et nuit dans des galeries publiques. D'ailleurs aujourd'hui encore, dans les pays du Midi, les gens du bas peuple passent souvent la nuit sous un portique ou sur un escalier.

1. L'histoire de Diogène jetant son écuelle après avoir vu un enfant boire dans le creux de sa main est bien connue (DIOG., 37; PLUT., *De prof. in virt.*, 8, p. 79; SÉNÈQUE, *Ep.*, 90, 14; HIERON., *loc. cit.*). On raconte encore que, marchant un jour sur les riches tapis de Platon, il aurait dit : Πατῶ τὸν Πλάτωνος τῦφον, à quoi Platon répondit avec à propos : Ἑτέρῳ γε τύφῳ, Διόγενες. DIOGÈNE, 26.

2. Déjà Antisthène se vante de dormir parfaitement sur le lit le plus simple (XÉN., *Banq.*, 4, 38). Rapprochez encore le fragment donné par DÉMÉTRIUS, *De eloc.*, 249 (WINCKELMANN, p. 52). Quant à Diogène (au sujet duquel le fait est expressément noté par ÉPICT., *Diss.*, I, 24, 7) et Cratès, il va de soi qu'ils dormaient simplement sur la terre, comme les pauvres le faisaient alors en Grèce, et le font encore.

3. Sur ce vêtement, voyez les passages cités p. 54, 4.

4. A Athènes du moins; à Sparte, le τρίβων était d'un usage général (voy. GÖTTLING, 256; HERMANN, *Antiquitäten*, III, § 21, 11); on voit par là, soit dit en passant, que ce mot ne désigne pas primitivement un vêtement usé, mais un vêtement rude, qui gratte la peau (ἱμάτιον τρίβον et non ἱμάτιον τετριμμένον), et que dans STOBÉE, *Floril.*, 5, 67, ἱμάτιον τρίβων γενόμενον signifie aussi un vêtement devenu rude.

5. C'est aussi ce que faisaient d'ailleurs les pauvres (voy. HERMANN, *loc. cit.*). Mais Antisthène, ou suivant d'autres Diogène, fit de cette manière de s'habiller la tenue de la secte cynique; on doubla alors le τρίβων pour mieux se garantir du froid (DIOG., 6, 13, 22, 76, 105. TÉLÈS, *ap.* STOB., *Floril.*, 97, 31, p. 215, Mein., etc.). Les femmes cyniques elles-mêmes s'habillaient de cette façon (DIOG., 93). Cet unique vêtement était même naturellement dans un état souvent fort misérable (voy. les anecdotes sur Cratès, DIOG., 90 sq., et les vers que le même auteur, 87, cite à son sujet); la satisfaction avec laquelle Antisthène montrait lui-même les trous de son manteau faisait dire à Socrate que sa vanité passait au travers (DIOGÈNE, 8).

6. Leur nourriture ordinaire était composée de pain, de figues, d'oignons et d'ail, etc., en particulier de lentilles et de ces θέρμοι (pois lupins) si souvent mentionnés; ils buvaient de l'eau froide. Voy. DIOG., 105, 25, 48, 85 sq., 90. TÉLÈS, *ap.* STOB., *Flor.*, 97, 31, s. f. Cf. Id., *ibid.*, p. 215, Mein.; ATHÉN., IV, 156, c sqq. LUC., *V. auct.* 9; DION. CHRYS., *Or.*, VI, 12 sq., 21 sq., et enfin GÖTTLING.

viande crue¹, et il aurait déclaré que tout, même la chair humaine, pouvait servir de nourriture². Dans l'âge le plus avancé, Diogène refusait encore d'adoucir son genre de vie³, et, afin que son cadavre ne fût pas pour ses amis l'objet d'un souci superflu, il leur défendit de l'enterrer⁴. La conformité de la vie à la nature⁵, la suppression de tous les besoins artificiels, la plus simple satisfaction de tous les besoins naturels, telle est la devise de l'école⁶ qui ne trouve pas de termes assez forts pour vanter le bonheur et l'indépendance que cette absence de besoins lui procure⁷. Pour s'y habituer, ces philosophes se faisaient une loi de s'imposer toutes sortes d'austérités corporelles et morales⁸; Diogène, à qui son maître ne paraissait pas

---

p. 255. D'ailleurs, pour prouver ici encore leur liberté, ils se donnaient de temps en temps quelque plaisir, à eux-mêmes et aux autres, avec une simplicité toute socratique; DIOGÈNE, 55; ARISTIDE, *Or.*, XXV, 560 (*ap.* WINCKELMANN, p. 28).

1. DIOGÈNE, 34, 76. PSEUDO-PLUTARQUE, *De esu carn.*, I, 6, p. 995. Cf. DION CHRYS., *Or.*, VI, 25.

2. *Ap.* DIOGÈNE, 73. Dans ce passage, Diogène justifie son opinion en faisant remarquer que, si tout est dans tout, dans le pain il y a de la viande, etc. Diogène emprunte cette assertion à une tragédie intitulée *Thyeste*, dont l'auteur n'était sans doute pas Diogène, mais Philiscus (voy. plus haut); toutefois le principe peut venir de Diogène. La même assertion se retrouve plus tard chez les Stoïciens. Voy. IIIᵉ part., a, 260, 2ᵉ éd.

3. Cf. le beau mot que rapporte DIOGÈNE, 34.

4. Voyez quelques témoignages, dont les détails seuls diffèrent, *ap.* DIOGÈNE, 79, 52; CICÉRON, *Tusc.*, I, 43, 104; ÉLIEN, *V. H.*, VIII, 14; STOBÉE, *Floril.*, 123 II. Chrysippe répète la même chose *ap.* SEXTUS, *Hyp. Pyrrh.*, III, 248; *Adv. Math.*, XI, 194.

5. Diogène, par exemple, l'exige quand il dit (*ap.* DIOG., 71) : δέον οὖν ἀντὶ τῶν ἀχρήστων πόνων τοὺς κατὰ φύσιν ἑλομένους ζῆν εὐδαιμόνως, παρὰ τὴν ἄνοιαν κακοδαιμονοῦσι.

6. Sur ce point, avec ce que nous avons déjà cité, voyez les paroles de Diogène, *ap.* DIOGÈNE, 44, 35, STOBÉE, *Floril.*, 5, 41; 67; l'hymne de Cratès sur l'Εὐτέλεια et sa prière aux Muses, *ap.* JULIEN, *Or.*, VI, 199, outre ce que PLUTARQUE (*De sanit.*, 7, p. 125), DIOGÈNE (85 sq., 93), et STOBÉE (*loc. cit.*) nous rapportent de lui. Voyez aussi LUCIEN, *V. auct.*, 9, et l'anecdote connue de la souris dont la vue aurait encouragé Diogène dans sa renonciation au monde (PLUTARQUE, *De prof. in virt.*, 6, p. 77. DIOGÈNE, 22, 40, invoquant l'autorité de Théophraste).

7. Cf. les paroles de Cratès et de Métroclès rapportées par TÉLÈS, *ap.* STOBÉE, *Floril.*, 97, 31, p. 213 sqq., Mein., et ce que nous avons cité p. 258, 3, 4.

8. Cf. p. 250, 1. DIOGÈNE, 30 sq. (sur l'éducation de Diogène, qui d'ailleurs était peut-être décrite par Eubule en manière de panégyrique, comme celle de Cyrus par Xénophon). *Exc. e Floril. Joh. Dam.*, II, 13, 68; 87. Ajoutons pourtant que Diogène exprime dans STOBÉE, *Floril.*, 7, 18, ce principe que la force de l'âme doit être le but unique de tout exercice, même de l'exercice du corps.

assez sévère pour lui-même[1], se serait soumis dans cette vue à de véritables macérations[2]. Le mépris même et les médisances que leur attirait nécessairement cette manière de vivre, les Cyniques les supportaient généralement avec la plus grande égalité d'âme[3], et même ils s'exerçaient à dessein à les endurer[4]; car, disaient-ils, les attaques de nos ennemis nous apprennent à nous connaître[5], et la meilleure vengeance que nous puissions en tirer, c'est de nous corriger[6]. Toutefois, si pour une raison quelconque la vie leur devenait insupportable, ils se réservaient le droit, comme plus tard les Stoïciens, de sauver leur liberté par le suicide[7].

RENONCIATION A LA VIE SOCIALE. LE MARIAGE ET LA FAMILLE. — Parmi les choses extérieures dont on doit se maintenir indépendant, les Cyniques comptaient beaucoup de ces attaches que tous les autres hommes tiennent

---

1. Dion Chrys., *Or.*, VIII, 2 (Stob., *Floril.*, 13, 19). Cf. Diogène, 18 sq.
2. Suivant Diogène (23, 34) il se roulait l'été dans le sable brûlant, et l'hiver il marchait pieds nus dans la neige, ou embrassait des colonnes glacées. D'un autre côté, ce que dit Philémon (*ap.* Diog., 87) de Cratès, qu'il allait l'été vêtu d'un gros manteau, et l'hiver en haillons n'est sans doute qu'une raillerie du comique sur ses habits de mendiant.
3. Antisthène (*ap.* Diogène, 7) veut κακῶς; ἀκούοντας καρτερεῖν μᾶλλον ἢ εἰ λίθοις τις βάλλοιτο. Le même philosophe (*ap.* Épict., *Diss.*, IV, 6, 20; cf. Diog., 3) dit : βασιλικόν, ὦ Κῦρε, πράττειν μὲν εὖ, κακῶς δ' ἀκούειν. Diogène (33) raconte de Diogène (mais aussi de Cratès, 89), qu'ayant subi de mauvais traitements, il se contenta d'inscrire le nom des coupables auprès des marques de leurs coups.
4. Diogène (90), parlant de Cratès : τὰς πόρνας ἐπίτηδες ἐλοιδόρει, συγγυμνάζων ἑαυτὸν πρὸς τὰς βλασφημίας.
5. Antisthène, *ap.* Diogène, 12 : προσέχειν τοῖς ἐχθροῖς· πρῶτοι γὰρ τῶν ἁμαρτημάτων αἰσθάνονται. Le même philosophe (*ap.* Plutarque, *De inim. util.*, 6, p. 89) déclare que τοῖς μέλλουσιν σώζεσθαι ἢ φίλων δεῖ γνησίων ἢ διαπύρων ἐχθρῶν. Toutefois, le même langage est attribué à Diogène par Plutarque, *De adul.*, 36, p. 74. *De prof. in virt.*, 11, p. 82.
6. Diogène, *ap.* Plutarque, *De inim. util.*, 4, p. 88; *De aud. poet.*, 4, p. 21.
7. Lorsque Antisthène, dans sa dernière maladie, commença à témoigner quelque impatience des souffrances qu'elle lui causait, Diogène lui présenta une épée (Diog., 18) avec laquelle il pourrait leur imposer un terme. Mais Antisthène n'en eut pas le courage. Diogène se serait tué, si l'on en croit plusieurs témoignages déjà cités au sujet de sa mort; mais il est impossible de le prouver. Dans Élien (*V. H.*, X, 11), il repousse les conseils ironiques de ceux qui l'exhortent à se délivrer de la souffrance par le suicide; le sage, dit-il, a le devoir de vivre. Au contraire, suivant Diogène (95), Métroclès se tua, sans parler de Ménédème (*ibid.*, 100). Cf. Cratès, *ap.* Diog., 86; Clém., *Strom.*, II, 412, D.

pour des biens et des devoirs moraux. Pour être libre sous tous les rapports, le sage ne doit accepter vis-à-vis d'autrui aucun lien ni aucune charge; il doit pouvoir trouver en lui-même de quoi satisfaire le besoin de société[1] : rien de ce qui est hors de son pouvoir ne doit avoir d'influence sur son bonheur. La vie de famille, par exemple, est une de ces servitudes. Antisthène ne voulait pas, il est vrai, rejeter absolument le mariage, parce qu'il est nécessaire à la propagation de l'espèce humaine[2]; mais déjà Diogène trouvait qu'on atteignait aussi bien ce but par la communauté des femmes[3]. Quant à l'instinct du sexe, ces philosophes étaient trop profondément grecs pour en réclamer la répression dans le même esprit que l'ascétisme postérieur; mais ils pensaient que le besoin naturel peut être satisfait d'une manière plus simple[4]. Comme d'ailleurs leur vie mendiante ne leur

---

1. *Ap.* Diog., 6, comme on demande à Antisthène quel fruit il a tiré de la philosophie, il répond : τὸ δύνασθαι ἑαυτῷ ὁμιλεῖν. De là, dans le cynisme postérieur, la charge que nous donne Lucien, *V. auct.*, 10. Un Diogène et un Cratès n'étaient rien moins que des misanthropes.

2. Diogène, 11 : γαμήσειν τε [τὸν σοφὸν] τεκνοποιίας χάριν, ταῖς εὐφυεστάταις συνόντα γυναιξί. La conjecture ἀγυιεστάταις (Winckelmann, p. 29, d'après Hermann) me paraît erronée. Pour la génération, Antisthène pouvait bien demander les femmes qui y fussent le plus propres (εὐφυέσταται πρὸς τεκνοποιίαν) tout en se contentant de la première venue pour la simple satisfaction de l'instinct sexuel.

3. Diogène, 72 : ἔλεγε δὲ καὶ κοινὰς εἶναι δεῖν τὰς γυναῖκας, γάμον μηδένα νομίζων, ἀλλὰ τὸν πείσαντα τῇ πεισθείσῃ συνεῖναι· κοινοὺς δὲ διὰ τοῦτο καὶ τοὺς υἱέας. Ce qui tend à confirmer ce témoignage, c'est que, d'après Diogène, VII, 33, 131, Zénon et Chrysippe avaient accepté cette même institution dans leur plan de république idéale.

4. Nous avons déjà rencontré chez Socrate des opinions analogues (p. 136, 3), mais les Cyniques traitent cette question des rapports des sexes d'une manière qui devient odieuse et grotesque à la fois à force d'insistance et d'exagérations. Antisthène se vante dans le *Banquet* de Xénophon (4, 38) du plaisir qu'il trouve alors qu'il ne voit que des femmes dont personne ne veut plus, et Diogène (3) lui prête une assertion du même genre dont il fait un principe. En revanche, l'allégation de Clément (*Homil.*, V, 18) suivant laquelle il aurait considéré l'adultère comme permis, n'est nullement prouvée. On raconte que Diogène se serait publiquement satisfait lui-même, regrettant seulement qu'on ne pût se débarrasser de la faim d'une manière aussi simple. Brucker (I, 880), Steinhart (p. 305) et Göttling (p. 275) mettent en doute l'exactitude de cette anecdote et de plusieurs autres analogues; sans m'en porter non plus garant, je remarque pourtant que non seulement elle est également rapportée par Diog., 46, 49; Dion Chrys., *Or.*, VI, 16 sqq., p. 203, R.; Luc., *V. auct.*, 10; Gal., *Loc. affect.*, VI, 5, t. VIII, 419, K.; Athén., IV, 158 sq.; Joh. Chrys., *Homil.* 34 *in Matth.*, p. 398, C;

275 permettait guère de se créer un foyer[1], on peut bien croire que, d'une manière générale, ils professaient de l'aversion pour le mariage et pour les femmes[2], ou tout au moins rangeaient la vie de famille parmi les choses qu'ils qualifiaient d'indifférentes (ἀδιάφορα)[3]. On dit aussi que Diogène n'aurait pas considéré le mariage entre les parents les plus rapprochés comme contraire à la nature[4].

LA VIE CIVILE ET POLITIQUE. — Si la famille est indifférente au sage, sa condition civile ne l'est pas moins; et l'opposition la plus profonde, celle de la liberté et de l'esclavage, ne le touche pas. L'homme vraiment libre ne

---

AUGUST., *De civ. Dei*, XIV, 20, mais que, selon PLUTARQUE (*De St. rep.*, 21, 1, p. 1044), Chrysippe avait défendu sur ce point le Cynique, et que déjà Zénon paraît en avoir fait autant d'après SEXTUS, *Hyp. Pyrrh.*, III, 206. C'est sans doute à Chrysippe que DION (*loc. cit.*) a emprunté ses repoussantes citations. D'ailleurs, le fait ne semble pas si éloigné des errements d'Antisthène que nous devions le déclarer impossible; ce qui nous paraît ici le plus inconcevable, la publicité indécente de l'acte est peut-être justement ce qui l'explique le mieux chez un Diogène; il voulait par là, si toutefois l'histoire est vraie, faire une démonstration contre la folie des hommes. C'est cette considération, en effet, beaucoup plutôt que celle de la moralité proprement dite, qui dicte aux Cyniques leurs attaques contre les adultères et les débauchés prodigues : il leur paraît absurde de s'exposer à tant de peines, de dépenses et de dangers pour la satisfaction d'un besoin naturel qu'on pourrait contenter si simplement. Voy. DIOG., 4, 51, 60 sq., 66 sq., 89; PLUT., *De ed. puer.*, 7, s. f., p. 5; STOB., *Floril.*, 6, 39; 52. D'ailleurs, Diogène est également accusé de s'être publiquement livré à la débauche avec des prostituées (DIOG., 69; THÉOD., *Cur. Gr. aff.*, XII, 48, p. 172). A Corinthe, Laïs la jeune, selon ATHÉNÉE (XIII, 588, b, c), ou Phryné, d'après TERTULLIEN (*Apologet.*, 46), aurait eu la fantaisie de lui accorder ses faveurs sans payement, et il ne les aurait pas dédaignées; d'autres (CLÉMENT, *Homil.*, V, 18) les lui font obtenir à une condition scandaleuse. Dans ses tragédies (sans doute celles de Philiscus; voy. DIOG., VI, 80) il y avait, suivant JULIEN (*Or.*, VII, 210, c), des choses telles, qu'on devait croire ὑπερβολὴν ἀρρητουργίας· οὐδὲ ταῖς ἑταίραις ἀπολελεῖφθαι. D'un autre côté, pourtant, on loue sa continence à l'égard des jeunes gens (DÉMÉTR., *De eloc.*, 261).

1. Le cas de Cratès est une exception; encore n'avait-il pas recherché, mais seulement accepté Hipparchie, quand elle eut refusé de renoncer à son attachement pour lui et se fut montrée prête à partager son genre de vie. Lui-même, d'après DIOGÈNE (88 sq., 93), maria d'ailleurs ses enfants d'une manière également singulière.

2. Voyez les apophthegmes rapportés par DIOGÈNE, 3 (comparez toutefois, IV, 48), 54, 52, et LUC., *V. auct.*, 9 : γάμου δὲ ἀμελήσεις καὶ παίδων καὶ πατρίδος;. Bien moins discutable est ce précepte d'Antisthène, *ap.* DIOG., 12 : τὸν δίκαιον περὶ πλείονος ποιεῖσθαι τοῦ συγγενοῦς.

3. Voy., plus haut, 264, 2. Cf. 231.

4. DION CHRYS., *Or.*, X, 29 sqq., dont le témoignage est confirmé par l'existence d'une doctrine semblable chez les Stoïciens (voy. III° part., a, 2° éd. p. 261).

peut jamais devenir esclave. Car celui-là seul est esclave qui tremble sans cesse ; pour la même raison, jamais un esclave ne peut devenir un homme libre. Le sage est le maître naturel de tous les autres, quand même il aurait le titre d'esclave ; n'est-ce pas au médecin de commander au malade ? Aussi raconte-t-on que Diogène, lorsqu'on le vendit, fit demander : Qui a besoin d'un maître ? et refusa l'offre que lui faisaient ses amis de le racheter[1]. D'ailleurs ce n'était pas là une justification de l'esclavage. Au contraire, les Cyniques semblent, les premiers parmi les Grecs, avoir déclaré que l'esclavage était une institution contre nature[2] ; et cette opinion était pleinement d'accord avec leur principe suivant lequel toute distinction entre les hommes, sauf celle qu'établissait la vertu ou le vice, était non avenue, et n'avait aucun fondement ni dans les lois de la nature ni dans celles de la raison. Quant à travailler à l'abolition de l'esclavage, même dans des limites très restreintes, comme le firent plus tard les Esséniens, ils ne pouvaient y songer, précisément parce que la condition extérieure de l'homme leur paraissait chose abso-

---

1. Diogène, 29 sq., 74 sq., etc. Cf. p. 243, 1, 285, 4. D'après Diogène (16), Antisthène écrivit aussi περὶ ἐλευθερίας καὶ δουλείας, et peut-être le mot cité par Stobée, Floril., 8, 14 (p. 264, 2), est-il emprunté à ce traité.

2. Nous n'avons d'ailleurs sur ce point aucun renseignement explicite. Mais, comme nous l'avons dit (p. 143, 3), il est probable qu'on peut appliquer aux Cyniques les mots d'Aristote, Polit., I, 3, 1253, b, 20 : τοῖς μὲν δοκεῖ ἐπιστήμη τέ τις εἶναι ἡ δεσποτεία..., τοῖς δὲ παρὰ φύσιν τὸ δεσπόζειν. νόμῳ γὰρ τὸν μὲν δοῦλον εἶναι, τὸν δ' ἐλεύθερον, φύσει δ' οὐθὲν διαφέρειν. διόπερ οὐδὲ δίκαιον, βίαιον γάρ. L'opposition de νόμῳ et de φύσει n'est aussi accusée et aussi nette à cette époque que chez les Sophistes ou les Cyniques ; et chez ces derniers, nous ne la rencontrerons pas seulement dans leur conception religieuse : toute leur politique, et même toute leur philosophie pratique est dominée par la préoccupation de ramener la société humaine de l'état artificiel qu'ont établi la tradition et les lois au pur état naturel. Or, d'un autre côté, ce n'est pas parmi les Sophistes que nous pouvons chercher ces adversaires de l'esclavage auxquels Aristote fait allusion ; car, à leurs yeux, la domination du fort sur le faible était justement considérée comme conforme à la nature. Dès lors ne devons-nous pas attribuer l'opinion dont il s'agit à une école que tous ses principes empêchaient d'accorder qu'une partie de l'humanité eût sur l'autre un droit de souveraineté indépendant de sa valeur morale ? Car la raison ne justifie que l'autorité du sage sur le fou, et tous les hommes, par nature, doivent être citoyens d'un même État ; or, entre concitoyens, les rapports de maître à esclave ne sauraient trouver place.

lument indifférente, et qu'à leurs yeux le sage reste libre jusque dans l'esclavage.

Leurs idées sur la vie politique sont tout à fait analogues. Le sage cynique n'en connaît pas les étroites limites; mais il n'éprouve par cela même aucun désir d'y prendre part. D'ailleurs quelle constitution politique pourrait répondre à ses exigences? La démocratie est vivement critiquée par Antisthène[1]; un tyran ne saurait être, aux yeux de nos philosophes épris de liberté, que le type de l'homme pervers et misérable[2]; les institutions aristocratiques sont de même très éloignées de leur idéal, car il n'en est pas une qui soit établie en vue de la souveraineté du sage. Quelle loi et quelle coutume pourraient lier celui qui règle sa vie sur les lois de la vertu[3]? Quel État enfin ne nous paraîtra trop étroit quand nous aurons reconnu que notre patrie est l'univers[4]? Les Cyniques ont sans doute pu reconnaître conditionnellement la nécessité de

1. ARISTOTE (*Polit.*, III, 13, 1284, a, 15) mentionne une fable de lui, dont l'application à la démocratie est manifeste, et dans laquelle les lièvres proposent au lion l'établissement de l'égalité universelle. C'est à la démocratie également que s'applique la condamnation portée contre les États qui ne savent pas distinguer les bons des méchants (Diog., 5, 6). C'est encore la démocratie que vise le mot cité par DIOGÈNE, 8 : les Athéniens choisissent pour généraux des hommes incompétents : autant vaudrait qu'ils nommassent chevaux leurs ânes. D'après ATHÉNÉE (V, 220, d), Antisthène aurait vivement attaqué tous les démagogues athéniens. Diogène (*ap.* Diog., 24, 41) les appelle aussi ὄχλου διακόνους, et il raille également Démosthène *ibid.*, 34. Cf. EPICT., *Diss.*, III, 2, 11). Cf. ce que nous avons rapporté au sujet de Socrate, p. 140 sq.
2. Voy. sur ce point XÉN., *Banq.*, 4, 36; DION CHRYS., *Or.*, VI, 47; STOB., *Floril.*, 49, 47; 97, 26; DIOG. 50 (cf. toutefois PLUT., *De adul. et amico*, c. 27, p. 68).
3. Antisthène *ap.* DIOG., 11 : τὸν σοφὸν οὐ κατὰ τοὺς κειμένους νόμους πολιτεύσεσθαι, ἀλλὰ κατὰ τὸν τῆς ἀρετῆς. Diogène, *ibid.*, 38 (cf. 64, 73) ἔφασκε δ' ἀντιτιθέναι τύχῃ μὲν θάρσος, νόμῳ δὲ φύσιν, πάθει δὲ λόγον. PLATON (*Philèbe*, 44, C) semble avoir également en vue l'opposition de νόμος et de φύσις. Voy. plus haut, p. 250, 6, s. f., 261, 5.
4. DIOGÈNE (63) parlant de Diogène : ἐρωτηθεὶς πόθεν εἴη, κοσμοπολίτης, ἔφη. Cf. p. 140, 6. *Ibid.*, 72 : μόνην τε ὀρθὴν πολιτείαν εἶναι τὴν ἐν κόσμῳ. Antisthène, *ibid.*, 12 : τῷ σοφῷ ξένον οὐδὲν οὐδ' ἄπορον. Cratès, *ibid.*, 98 :

οὐχ εἷς πάτρας μοι πύργος, οὐ μία στέγη,
πάσης δὲ χέρσου καὶ πόλισμα καὶ δόμος
ἕτοιμος ἡμῖν ἐνδιαιτᾶσθαι πάρα.

Le même philosophe (*ap.* PLUT., *De adul.*, 28, p. 69) montre que l'exil n'est pas un mal et, d'après DIOGÈNE, 93 (cf. ÉLIEN, *V. H.*, III, 6), comme Alexandre lui demandait s'il désirait voir rebâtir Thèbes, il aurait répondu que non, ajoutant :

l'État et des lois[1] ; mais quant à eux, hommes sans patrie[2], [278 ils ne veulent ni ne peuvent prendre aucune part à la vie publique[3]. Ils veulent être, non les citoyens d'un État particulier, mais les citoyens du monde; leur idéal même de république, s'ils en conçoivent un, n'est au fond que la suppression de toute constitution politique : tous les hommes vivraient en commun, comme un seul troupeau ; aucun peuple ne serait séparé d'un autre par des lois particulières ni par des frontières. Bornant leurs besoins aux plus strictes nécessités de la vie, se passant de l'or, source de tant de maux, ignorant le mariage et le foyer domestique, ils reviendraient à la simplicité de l'état de nature[4]. L'idée maîtresse de ce cosmopolitisme cynique est bien

ἔχειν δὲ πατρίδα ἀδοξίαν καὶ πενίαν ἀνάλωτα τῇ τύχῃ, καὶ Διογένους εἶναι πολίτας ἀνεπιβουλεύτου φθόνῳ. Comparez également Épict., Diss., III, 24, 66; Luc., V. auct., 8 ; enfin, la doctrine stoïcienne que nous exposons III⁰ part., 2⁰ éd., p. 277 sqq., et ce que nous citons à propos de Stilpon, p. 235, 2.

1. Comme le prouvent, outre ce que nous allons citer, les paroles assez embarrassées de Diogène que nous communique Diogène, 72.
2. Antisthène, il est vrai, n'était pas sans droit de cité (cf. Hermann, Antiquit., I, § 118), mais sa naissance et sa fortune en faisaient un prolétaire ; Diogène était banni de Sinope et vivait à Athènes comme un homme sans patrie ; Cratès avait spontanément choisi cette condition, et d'ailleurs sa ville natale fut détruite à cette époque ; Monime était un esclave chassé par son maître.
3. Stob., Floril., 45, 28 : Ἀντισθένης ἐρωτηθεὶς πῶς ἄν τις προσέλθοι πολιτείᾳ, εἶπε· καθάπερ πυρί, μήτε λίαν ἐγγὺς ἵνα μὴ καῇς, μήτε πόρρω ἵνα μὴ ῥιγώσῃς.
4. L'exposition qui précède n'est fondée, il est vrai, qu'en partie sur des témoignages positifs ; mais les rapprochements sur lesquels nous croyons pouvoir la faire reposer quant au reste ne manquera pas de paraître fort vraisemblable. Des témoignages précis nous apprennent en effet que Diogène, sans doute dans sa Πολιτεία (Diog., 80), réclamait la communauté des femmes et des enfants (voy. plus haut, 274, 2), et que, dans le même traité, il proposait à la place de la monnaie métallique une monnaie d'os et de cailloux (ἀστράγαλοι) (Athénée, IV. 159, c). Nous savons de plus que la Πολιτεία de Zénon aboutissait à cette conclusion, ἵνα μὴ κατὰ πόλεις μηδὲ κατὰ δήμους οἰκῶμεν, ἰδίοις ἕκαστοι διωρισμένοι δικαίοις, ἀλλὰ πάντας ἀνθρώπους ἡγώμεθα δημότας καὶ πολίτας, εἷς δὲ βίος ᾖ καὶ κόσμος ὥσπερ ἀγέλης συννόμου νόμῳ κοινῷ τρεφομένης (Plut., De Alex. virt., I, 6, p. 329) ; or, comme l'écrit de Zénon était encore tout empreint de philosophie cynique, nous avons toute raison de prêter les mêmes vues à cette dernière école. Il est d'ailleurs vraisemblable en soi que déjà Antisthène (sans doute dans l'écrit π. νόμου ἢ π. πολιτείας, qui est peut-être identique à celui qu'Athénée, V, 220, d, appelle πολιτικὸς διάλογος), avait exposé ces opinions, et d'un autre côté le Politique de Platon vient confirmer le fait. Si Platon réfute en effet si complètement dans ce dialogue (p. 267, C — 275, C) la comparaison entre l'homme d'État et un pasteur dont le troupeau serait un troupeau d'hommes, on admettra sans peine qu'il a dû y être provoqué par une théorie contemporaine ; or le témoignage de Plutarque au sujet de Zénon nous permet

moins la conception de la solidarité et de l'union de tous les hommes que la préoccupation d'affranchir l'individu des liens de la vie civile et des bornes de la nationalité, et nous retrouvons encore ici l'esprit tout négatif de cette morale cynique à laquelle toute puissance créatrice fait défaut

L'IMPUDENCE CYNIQUE. — Nous reconnaissons encore l'empreinte du même esprit, dans un trait qui est pour nous un des plus choquants que présente le cynisme, dans cette abolition voulue de la pudeur naturelle, dont ils donnaient le spectacle. Ils ne considéraient pas ce sentiment, il est vrai, comme absolument injustifiable[1]; mais ils pensaient qu'on ne devait avoir honte que de ce qui est mal, tandis que tout ce qui est bien en soi-même, on peut non seulement en parler sans détour[2], mais le faire hardiment aux yeux de tous. Aussi se permettaient-ils en tout lieu ce qu'ils tenaient pour conforme à la nature; et même, assure-t-on, ils faisaient en pleine rue des choses pour lesquelles les autres hommes recherchent le secret[3]. Plutôt que de perdre la moindre parcelle de son indé-

---

de croire que les Cyniques voulaient justement réduire l'idée de l'État à celle d'un troupeau humain; nous sommes donc amenés immédiatement à penser qu'il s'agit d'eux dans ce passage. Enfin, la description de l'état de nature que donne PLATON, *Rép.*, II, 372, A sqq., me semble également se rapporter à Antisthène. Sans doute Platon la présente tout d'abord en son propre nom, mais il indique suffisamment dans la suite qu'elle appartient à un autre, lorsqu'il appelle cet État naturel un État de pourceaux. Je ne connais personne à qui elle puisse être plus justement rapportée qu'au fondateur de la vie cynique.

1. C'est de Diogène même qu'on raconte (DIOG., 37, 54) qu'ayant rencontré une femme couchée d'une manière inconvenante dans un temple, il lui en fit des reproches, en déclarant que la rougeur était la couleur de la vertu.

2. Voy. note suiv. et CIC., *De Off.*, I, 35, 128 : *Nec vero audiendi sunt Cynici aut si qui fuerunt Stoici pæne Cynici, qui reprehendunt et irrident, quod ea quæ turpia non sint* (p. ex. la génération) *nominibus ac verbis flagitiosa dicamus* (qu'on regarde comme inconvenant d'en parler), *illa autem, quæ turpia sint* (le vol, la tromperie, etc.) *nominibus appellemus suis.*

3. C'est ce qui nous est rapporté en particulier de Diogène : παντὶ τόπῳ, dit DIOGÈNE (22) en parlant de lui, ἐχρῆτο εἰς πάντα, ἀριστῶν τε καὶ καθεύδων καὶ διαλεγόμενος, et d'après DIOGÈNE (69), il se justifiait en disant que, s'il est permis d'une manière absolue, de déjeuner, cela doit être aussi permis sur le marché. Conformément à ce principe, nous le voyons non seulement s'établir en pleine

pendance, le Cynique met de côté tout égard envers autrui, et quand il croit n'avoir pas à rougir d'une chose devant sa propre conscience, il n'en rougit pas non plus devant les autres. L'opinion des hommes lui est indifférente; il ne peut se sentir blessé de la voir pénétrer sa vie intime, et n'a pas à en craindre les atteintes.

LA RELIGION. — Ce sont les mêmes causes, en dernière analyse, qui expliquent également l'attitude des Cyniques à l'égard de la religion. Pour mettre en doute la vérité de la croyance populaire, il n'y avait assurément pas besoin d'avoir été à l'école d'Antisthène. Le doute s'était élevé de tous côtés à cette époque, et, depuis l'apparition des Sophistes en particulier, il avait pénétré toutes les classes éclairées. L'entourage de Socrate n'y avait pas échappé non plus[1]. Antisthène en particulier avait déjà dû se familiariser dans la société de Gorgias et des autres Sophistes avec des idées assez libres sur les dieux et leur culte, et en particulier avec les principes des Éléates, dont sa doc-

---

rue pour prendre ses repas (DIOG., *loc. cit.*, et 48, 58), et faire en public une foule de choses choquantes sinon répréhensibles (DIOG., 35, 36), mais DIOGÈNE (69) raconte encore de lui que εἰώθει πάντα ποιεῖν ἐν τῷ μέσῳ, καὶ τὰ Δήμητρος καὶ τὰ Ἀφροδίτης. THÉODORET (*Cur. Gr. aff.*, XII, 48, p. 172) dit la même chose avec un exemple à l'appui; rappelons encore les détails que nous avons déjà donnés p. 274, 3. Nous avons fait remarquer à cet endroit qu'il était difficile de penser que ce fussent là tout à fait des histoires en l'air. Mais encore plus incroyable est l'anecdote suivant laquelle Cratès et Hipparchie auraient consommé leur mariage devant de nombreux spectateurs. Pourtant beaucoup de témoins confirment aussi le fait : DIOG., 97; SEXT., *H. Pyrrh.*, I, 153, III, 200; CLÉM., *Strom.*, IV, 523, A; THÉOD., *Op. c.*, 49; APUL., *Florid.*, 14; LACT., *Inst.*, III, 15 s. f. (ce dernier généralise le fait et le présente comme une coutume ordinaire des Cyniques); AUGUSTIN (*Civ. D.*, XIV, 20) ne croit pas absolument à la chose, mais ne la rend pas plus acceptable par ses inconvenantes explications. Cependant, il faut reconnaître que ce sont là des écrivains bien récents, et il est possible que l'origine de l'anecdote soit tout simplement dans le fait que le couple aurait eu son lit dans la Stoa Poikilè, ou même dans l'affirmation purement théorique des philosophes cyniques, prétendant que la consommation du mariage en public n'était pas défendue. D'un autre côté, nous n'avons aucune raison de révoquer en doute ce qu'ajoute DIOGÈNE (97), lorsqu'il raconte qu'Hipparchie se serait montrée en public avec son mari, vêtue du costume viril des Cyniques.

1. Comme nous le voyons par les entretiens de Socrate avec Aristodème et Euthydème. XÉNOPHON, *Mém.*, I, 4; IV, 3, sans parler de Critias (voy. t. I, 1010; trad. franç., t. II, 325).

trine subissait l'influence sur d'autres points également. Ces idées d'ailleurs avaient évidemment pour lui une importance toute spéciale, et c'est là seulement ce qui peut expliquer entièrement la vivacité de ses attaques et son hostilité contre la religion populaire; car la conduite des Cyniques était ici bien différente de celle dont Socrate avait donné l'exemple : c'est que le sage, qui se rend indépendant de toutes les choses extérieures, ne peut accepter de s'asservir à une tradition religieuse ; il ne peut se croire obligé à suivre les opinions populaires ni à lier son bien à des usages et à des pratiques de dévotion qui n'ont rien à voir avec son état moral[1]. Les Cyniques se tiennent donc entièrement, en matière religieuse, du côté de la libre pensée. Ils ne veulent point combattre l'existence d'une divinité, et même leur sage ne saurait se passer d'elle; mais ils sont choqués de la pluralité des dieux et de l'anthropomorphisme. Les dieux populaires, disent-ils[2], ne doivent leur existence qu'à la tradition ; en réalité, il n'y a qu'un Dieu unique qui ne ressemble à aucune chose visible, et qu'on ne peut représenter par aucune image[3]. Sur le culte, ils ont une opinion analogue ; pour eux, il n'y a qu'un moyen de plaire

---

1. C'est aussi cette raison qui doit nous faire comprendre la liberté du langage d'Aristodème (*Mém.*, I, 4, 2, 9-11, 14), que d'ailleurs PLATON (*Banq.*, 173, B) nous représente comme ayant des affinités intellectuelles avec Antisthène.
2. CICÉRON, *De Nat. D.*, I, 13, 32 : *Antisthenes in eo libro, qui physicus inscribitur, populares* [=νόμῳ] *Deos multos, naturalem* [φύσει] *unum esse dicens*, passage que répètent MIN. FÉLIX, *Octav.*, 19, 8, et LACTANCE, *Instit.*, I, 5, epit. 4; CLÉM., *Protrept.*, 46, C, et dans les mêmes termes, *Strom.*, V, 601, A : Ἀντισθένης.... θεὸν οὐδενὶ ἐοικέναι φησίν· διόπερ αὐτὸν οὐδεὶς ἐκμαθεῖν ἐξ εἰκόνος δύναται. THÉOD., *Cur. Gr. aff.*, I, 75, p. 14 : Ἀντισθένης.... περὶ τοῦ θεοῦ τῶν ὅλων βοᾷ· ἀπὸ εἰκόνος οὐ γνωρίζεται, ὀφθαλμοῖς οὐχ ὁρᾶται, οὐδενὶ ἔοικε, διόπερ αὐτὸν οὐδεὶς ἐκμαθεῖν ἐξ εἰκόνος δύναται. TERTULL., *Ad nat.*, II, 2 : On demandait à Diogène : *Quid in cælis agatur?* il aurait répondu : *Nunquam ascendi*, et comme on lui demandait encore s'il y avait des dieux : *Nescio, nisi ut sint, expedire*. Il est vrai qu'il n'y a pas grand fond à faire sur les assertions de Tertullien. Id., *Apologet.*, 14, fin. *Ad nat.*, I, 10 : *Diogenes nescio quid in Herculem ludit;* mais nous n'avons pas d'autre détail sur ce point. On peut comparer, à ce propos, ce que nous avons dit p. 146 et sqq. sur Socrate, et Ire part. p. 488 sq. (trad. franç. t. II, p. 23 sqq.) sur Xénophane.
3. Les Cyniques sont donc des athées dans le sens antique du mot, c'est-à-dire

à la divinité, c'est la vertu ; tout le reste n'est que superstition. La sagesse et la justice font de nous des images et des amis des dieux¹ ; au contraire, ce que l'on fait d'ordinaire pour se concilier leur faveur est inutile et absurde. Le sage honore la divinité par la vertu, non par des sacrifices², dont elle n'a que faire³ ; pour lui un temple n'est pas un lieu plus saint qu'un autre⁴. Il ne demande pas dans ses prières les choses que les hommes sans raison considèrent comme des biens ; il demande la justice et non la richesse⁵. Mais par là même se trouve complètement abandonnée la conception ordinaire de la prière ; car chacun ne doit sa vertu qu'à lui-même. Aussi comprend-on bien que Diogène tourne en ridicule les prières et les vœux⁶. Il ne rejetait pas moins les présages, la divination et les devins⁷. Les cérémonies des mystères étaient également de la part de Diogène et même d'Antisthène l'objet de mordantes railleries⁸. Ces philosophes prenaient donc, quant à leurs convictions personnelles, une entière liberté d'attitude à l'égard de la religion populaire. Toutefois ils cherchaient à se rallier à la mythologie sur certains points

qu'ils niaient les dieux de l'État ; mais ils étaient assurément dans leur droit quand, à leur point de vue, ils repoussaient l'accusation d'athéisme. Il n'y a d'ailleurs rien à conclure des anecdotes rapportées par Diogène, 37, 42.

1. Voy., plus haut, 267, 5. Est-il besoin de faire remarquer que le pluriel θεοί ne prouve rien contre ce que nous venons d'avancer ?
2. Julien (Or., VI, 199, b) dit de Diogène, en l'excusant sur sa pauvreté, qu'il ne visitait pas les temples, et qu'il n'offrait pas de sacrifices. Cratès (ibid., 200, a) promet à Hermès et aux Muses de les honorer οὐ δαπάναις τρυφεραῖς, ἀλλ' ἀρεταῖς ὁσίαις.
3. Voy., plus haut, p. 269, 2.
4. Voy. la note 2, et Diogène, 73 : μηδέν τι ἄτοπον εἶναι ἐξ ἱεροῦ τι λαβεῖν.
5. Cf. la prière de Cratès ap. Julien, loc. cit., et Diogène, 42.
6. Cf. les anecdotes données par Diogène, 37 sq., 59.
7. Chez Diogène, 24, il dit que lorsqu'il voit des pilotes, des médecins et des philosophes, il considère l'homme comme la plus intelligente des créatures ; qu'au contraire, lorsqu'il voit des interprètes de songes, des devins ou les crédules auditeurs de telles gens, il le regarde comme la plus stupide. Il tient un langage analogue, ibid., 43, cf. 48. Voy. encore Théodoret, Cur. Gr. aff., VI, 20, p. 88, et les paroles que Dion, Or., X, 2, 17 sqq., prête à Diogène. Antisthène dans Xénophon, Banq., 8, 5, ne semble guère croire non plus au démon de Socrate ; mais on ne peut conclure grand'chose de ces plaisanteries.
8. Diogène, 4, 39, 42 ; Plutarque, De aud. poët., 5, p. 21 ; Clément, Protrept., 49, C.

où elle le leur permettait, pour l'utiliser à leur profit. Ils devaient se sentir d'autant plus engagés à le faire qu'ils aspiraient sérieusement à acquérir une influence sur la masse des hommes. Antisthène trouva sans doute ici un secours tout particulier dans cet enseignement sophistique qu'il avait antérieurement reçu et distribué [1]. Cette œuvre exigeait naturellement une complète transformation des traditions ; aussi voyons-nous Antisthène, lui aussi, s'appliquer à cette interprétation allégorique des mythes et des poètes, et surtout à cette explication des poèmes homériques, à laquelle le fécond écrivain avait consacré de nombreux écrits [2]. En recherchant, suivant la méthode alors usitée, le sens caché [3] des histoires légendaires, il sut trouver partout des leçons morales et rattacher à ces mythes des considérations morales [4]. De plus, en invoquant l'idée que le poète n'exprime pas toujours sa propre opinion [5], il arrivait facilement à trouver tout dans tout.

Chez Diogène également, nous trouvons des traces de cette exégèse allégorique [6]. Cependant les Cyniques sont loin, semble-t-il, de l'avoir poussée aussi loin que le firent

---

1. Sur la manière dont les Sophistes mettaient à profit les poètes, voy. t. I, 1016, 4 (trad. franç., t. II, p. 531, 2), et sur les interprétations allégoriques de cette époque, ibid., p. 835, 913 (trad. franç. t. II, p. 351, 427), III° part., a, 2° éd., p. 300. KRISCHE, Forsch., 234.

2. DIOGÈNE (17) mentionne de lui douze ou treize écrits sur Homère ou sur différentes parties des poèmes homériques, et un sur Amphiaraüs. Les écrits sur Hercule appartiennent aussi au même ordre d'idées. JULIEN (Or., VII, 209, a, 215, c, 217, a) témoigne aussi qu'il faisait un grand usage des mythes. Cf. sur ce point et sur ce qui suit, KRISCHE, 243 sqq.

3. L'ὑπόνοια ou la διάνοια (XÉN., Banq., 3, 6; PLATON, Rép., II, 378, D; Ion, 530, C).

4. Ainsi, il cherchait dans quel sens la πολυτροπία (Od., I, 1) pouvait être un éloge; sur l'Odyssée, V, 211, VII, 257, il remarque qu'on ne peut se fier aux promesses des amants; dans l'Iliade, XV, 123, il trouvait l'indication de sa doctrine de l'unité de la vertu. Voy. ces passages dans WINCKELMANN, p. 23-28.

5. DION CHRYS. (Or., LIII, 5), après avoir signalé la même opinion chez Zénon, écrit : ὁ δὲ λόγος οὗτος Ἀντισθένους ἐστὶ πρότερον, ὅτι τὰ μὲν δόξῃ, τὰ δὲ ἀληθείᾳ εἴρηται τῷ ποιητῇ· ἀλλ' ὁ μὲν οὐκ ἐξειργάσατο αὐτόν, ὁ δὲ [al. οὐδὲ] καθ' ἕκαστον τῶν ἐπὶ μέρους ἐδήλωσεν.

6. D'après STOBÉE (Floril., 29, 92), pour expliquer la légende de Médée, qui rend aux vieux la jeunesse en les faisant cuire, il disait qu'elle rajeunissait par les exercices corporels les hommes amollis.

plus tard les Stoïciens¹ ; et il est facile de s'en rendre compte, si l'on considère combien leur doctrine était peu développée², et combien ils avaient peu de goût pour les études savantes.

Tout ce qui précède nous permet de comprendre en quel sens les Cyniques entendaient leur principe que la vertu se suffit à elle-même. Le sage doit être indépendant d'une manière absolue et sous tous les rapports : indépendant de tout besoin, de tout désir, de tout préjugé, de tout scrupule. L'abnégation et la force de volonté avec lesquelles les Cyniques poursuivent ce but a incontestablement sa grandeur. Mais en refusant de tenir compte des limites de l'existence individuelle, en méconnaissant les conditions de notre vie naturelle et morale, ils faisaient tourner l'élévation morale à l'orgueil, la fermeté des principes à l'entêtement ; ils donnaient à la forme de la vie cynique une importance si exagérée, que l'on retombait dans la dépendance vis-à-vis des choses extérieures. Le sublime devenait ridicule, et tout caprice pouvait à la fin prétendre à se voir honoré comme une sagesse supérieure. Lorsque Platon ou quelque autre appelait Diogène un Socrate devenu fou³, il le caractérisait assez bien.

LA PROPAGANDE CYNIQUE. — Toutefois, la prétention des Cyniques à se suffire à eux-mêmes n'allait pas jusqu'à leur permettre de se passer de toute relation avec autrui. D'un côté, en effet, ils trouvaient naturel que tous les hommes vertueux fussent unis par les liens de l'amitié⁴. De l'autre, ils considéraient comme un devoir pour

---

1. DIOGÈNE (*loc. cit.*) le dit expressément, et d'ailleurs nous avons peu de renseignements sur ces interprétations des Cyniques.
2. Leur Éthique même est assez incomplète, et leur philosophie ne les amenait pas à étendre beaucoup ce système d'interprétations physiques, où les Stoïciens étaient si forts.
3. ÉLIEN, *V. H.*, XIV, 33 ; DIOGÈNE, VI, 54.
4. DIOGÈNE, 11 sq. : καὶ ἐρασθήσεσθαι δὲ μόνον γὰρ εἰδέναι τὸν σοφὸν, τίνων χρὴ ἐρᾶν.... ἀξιέραστος ὁ ἀγαθός. οἱ σπουδαῖοι φίλοι. Antisthène écrivit un Ἐρωτικός et un Ἐρώμενος (Diog., VI, 18). Il parlait aussi de l'amour dans son *Her-*

le sage, d'élever à son niveau les autres hommes ; ils ne voulaient pas jouir tout seuls du bonheur de la vertu, mais aspiraient à y faire participer tous les autres hommes ; ils prétendaient faire œuvre d'éducateurs de leur nation et ramener autant que possible à des mœurs sévères et simples un siècle amolli et relâché. La masse des hommes est composée de fous ; ils sont esclaves de leurs plaisirs ; ce sont des malades atteints d'illusion et de vanité[1]. Le Cynique est le médecin qui doit les guérir de cette maladie[2], le maître qui doit les conduire à leur plus grand bien[3]. C'est pourquoi les Cyniques se font un devoir de s'occuper de ceux qu'on repousse et de ceux qu'on méprise ; car le médecin appartient aux malades[4] ; et ils ne craignent pas de se faire tort à eux-mêmes en les fréquentant. Le soleil se souille-t-il lorsqu'il éclaire des lieux impurs[5] ? Pour rendre les hommes meilleurs ce n'est pas par la douceur qu'il faut procéder[6]. Celui qui veut être sauvé doit supporter la vérité, car rien n'est plus pernicieux que la flatterie[7]. Mais la vérité n'est jamais agréa-

---

cule (Proclus, in Alc., 98, 6; Winckelmann, p. 16) ; on cite aussi un Ἐρωτικὸς de Diogène (Diog., 80).

1. Voy., plus haut, p. 268.
2. Diogène, 4 : (Ἀντισθένης) ἐρωτηθεὶς διὰ τί πικρῶς τοῖς μαθηταῖς ἐπιπλήττει, καὶ οἱ ἰατροί, φησι, τοῖς κάμνουσι. Ibid., 6 : ὀνειδιζόμενός ποτ' ἐπὶ τῷ πονηροῖς συγγενέσθαι· καὶ οἱ ἰατροί, φησι, μετὰ τῶν νοσούντων εἰσίν, ἀλλ' οὐ πυρέττουσιν. De même, comme on demandait à Diogène pourquoi il restait à Athènes, tandis qu'il louait sans cesse les Spartiates : οὐδὲ γὰρ ἰατρὸς ὑγιείας ὢν ποιητικὸς ἐν τοῖς ὑγιαίνουσι τὴν διατριβὴν ποιεῖται. Stobée, Floril., 13, 25. Cf. les notes suivantes. Aussi Diogène (ap. Lucien, V. auct., 8) s'intitule-t-il ἐλευθερωτὴς τῶν ἀνθρώπων καὶ ἰατρὸς τῶν παθῶν et, dans Dion (Or., VIII, 7 sq.), il s'étonne que les hommes s'adressent moins à lui, le médecin des âmes, qu'à l'oculiste ou au dentiste.
3. Quand Diogène fut acheté par Xéniade, il lui déclara, dit-on, qu'il devrait lui obéir, bien qu'il fût son esclave, comme il obéirait en pareil cas, à un pilote ou à un médecin. Diogène, 30, 36 ; cf. 74 ; Plutarque, An vitios. ad infel. suff., 3, p. 499 ; Stobée, Floril., 3, 63 ; Philon, Qu. omn. prob. lib. 883, E.
4. Voy. n. précéd. D'après Épictète (III, 24, 66), Diogène aurait même fait de la morale aux pirates qui l'avaient fait prisonnier. Toutefois il paraît qu'il ne réussit guère, puisqu'ils le vendirent malgré cela ; cette histoire est en tout cas fort incertaine.
5. Voy., plus haut, p. 285, 3, et Diogène, 63.
6. Diogène, 4. Voy. p. 285, 3.
7. Diogène, 4, 51, 92 ; Stobée, Floril., 14, 16 sq., 19 sq. Antisthène, ap. Plutarque, De vit. pud., c. 18, s. f., p. 536.

ble[1] ; un ennemi acharné et un véritable ami sont seuls capables de nous la dire[2]. Tel est le service d'ami que les Cyniques veulent rendre à l'humanité[3], et s'ils blessent en le rendant, cela leur est complètement indifférent[4] ; car un homme de bien, disent-ils, est toujours difficile à supporter[5], et celui qui ne fait de peine à personne n'est bon à rien[6]. Ils ont même pour principe d'élever encore, dans leurs préceptes et dans leurs exemples, le niveau de la moralité qu'ils exigent un peu au-dessus de l'idée qu'ils en ont en réalité, convaincus que les hommes ne l'atteindront jamais qu'imparfaitement[7]. C'est ainsi qu'ils font subir à tous, connus ou inconnus, leurs exhortations, sans qu'aucune considération les arrête[8]. Diogène en particulier les présentait même souvent sous la forme la plus dure[9], quoique l'école ne soit pas sans fournir quelques traits marquant plus de douceur[10]. En même temps, ils mitigeaient la rudesse de leur commerce par cette humeur enjouée qui caractérise notamment Diogène et Cratès. Ils aimaient à revêtir les idées sérieuses qu'ils avaient à exprimer d'une forme plaisante ou poétique[11],

---

1. Diogène disait (*Exc. e Floril. Joh. Dam.*, II, 31, 22) : τὸ ἀληθὲς πικρόν ἐστι καὶ ἀηδὲς τοῖς ἀνοήτοις ; la vérité leur fait le même effet que la lumière à ceux qui ont les yeux faibles.
2. Cf. p. 273, 3.
3. Diogène, *ap.* Stobée, *Floril.*, 13, 26 : οἱ μὲν ἄλλοι κύνες τοὺς ἐχθροὺς δάκνουσιν, ἐγὼ δὲ τοὺς φίλους ἵνα σώσω.
4. Cf. p. 272 sq.
5. δυσβάστακτον εἶναι τὸν ἀστεῖον (Antisthène, *ap.* Phil., *Q. omn. prob. lib.*, 869, C).
6. Dans Plutarque, *De virt. mor.*, c. 12, s. f., p. 452, Diogène dit de Platon : τί δ' ἐκεῖνος ἔχει σεμνόν, ὃς τοσοῦτον χρόνον φιλοσοφῶν οὐδένα λελύπηκεν.
7. Voy., plus haut, p. 262, 2.
8. Cf. ce que Diogène, VI, 10, rapporte sur Antisthène, et VI. 26, 46, 65 sq. sur Diogène, ainsi que Lucien, *V. auct.* 10. Cette sorte d'importunité avait fait donner à Cratès le surnom de θυρεπανοίκτης, Diog., 86 ; Plut., *Quæst. conv.*, II, 1, 7, 4, p. 632 ; Apul., *Floril.*, IV, 22.
9. Voy., par exemple, Diogène, 24, 32, 46. *Exc. e Floril. Joh. Damasc.*, I, 7, 43.
10. Plutarque (*De adul.*, 28, p. 69) raconte que lorsque Démétrius de Phalère, après son bannissement, rencontra Cratès, il fut assez étonné d'être accueilli par lui, non pas avec les dures paroles auxquelles il s'attendait, mais en des termes pleins d'amitié et de consolations. On vante aussi l'attrait de la conversation d'Antisthène et de Diogène. Diogène, 14 sq. (Cf. Xén., *Banq.*, 4, 61, 75.)
11. Voy., entre autres passages, Diog., 27, 83, 85 sq. ; Démétr., *De eloc.*, 170.

ou à lancer quelque pointe rapide[1] contre la folie des hommes[2]. Diogène cherchait aussi parfois à augmenter l'impression de ses discours, et à attirer l'attention sur lui par des actes symboliques[3] à la façon des prophètes orientaux.

RÔLE DES CYNIQUES DANS LE MONDE GREC. — Les Cyniques occupent ainsi dans le monde grec une place à part. Provoquant la risée par leurs singularités[4] et l'admiration par leur désintéressement, le mépris par leur vie de mendiants et la crainte par leurs prédications ; pleins d'orgueil en face de la folie de leurs semblables, et de pitié pour leurs misères morales, ils s'attaquaient à la science comme à l'amollissement moral de leur siècle, avec l'énergie pleine de rudesse d'une volonté inflexible et endurcie jusqu'à l'insensibilité, avec la verve primesautière, mordante et prompte à la riposte du plébéien ; exempts de besoins, pleins de bonhomie, d'enjouement et d'humeur, populaires jusqu'à la grossièreté, ce sont les véritables capucins de l'antiquité[5],

---

259, 261 ; PLUT., *De tranq. an.*, 4, p. 466 ; JUL., *Or.*, VII, 209, a : [Antisthène] ἔτι διὰ τῶν μύθων ἀπήγγελλε. De même, *ibid.*, 215, c, 217, a.

1. Ces *chries* dont les rhéteurs postérieurs aiment à mettre le caractère en lumière par des citations empruntées à Diogène. Voy. HERMOG., *Progymn.*, c. 3 ; THÉON, *Progymn.*, c. 5 ; NICOL., *Progymn.*, c. 3, et en particulier DÉMÉTR., *ll. cc.*

2. On trouve de nombreux exemples de la manière des Cyniques dans les Apophthegmes dont DIOGÈNE a rempli son livre VI, dans STOBÉE, *Floril.* (Voy. les Index sous les noms de Diogène, d'Antisthène et de Cratès) ; WINCKELMANN, *Antisthenis Fragm.* ; PLUTARQUE, *De prof. in virt.*, c. 11, p. 82 ; *De virt. doc. p.*, c. 2, 439 ; *De cohib. ira*, c. 12, 460 ; *De curios.*, c. 12, 521 ; *De cup. div.*, c. 7, 526 ; *De exil.*, c. 7, 602 ; *An seni sit ger. respubl.*, 1, 5, p. 783 ; *Conj. præc.*, 28, 141 ; *De Alex. virt.*, c. 3, 336 ; ÉPICT., *Diss.*, III, 2, 11 ; GELL., XVIII, 13, 7 ; TERTULL., *Apolog.*, 39, sans parler d'autres textes que nous avons cités plus haut.

3. Cf. DIOGÈNE, 26, 31 sq., 39, 64, 41 (l'histoire de la lanterne). STOBÉE, *Floril.*, 4, 84. Cette manière, qui n'était capable de faire impression que grâce à une spontanéité originale, tourne, chez Ménédème, à une ridicule affectation. (DIOGÈNE, 102.)

4. Voy. DIOGÈNE, 83, 87, 93.

5. Il y a en effet réellement un lien historique facile à montrer entre les moines chrétiens et les Cyniques. La transition entre eux est formée par le cynisme du temps de l'empire et l'ascétisme des néopythagoriciens, qui a tant contribué, soit directement, soit surtout par l'intermédiaire des Esséniens, à l'organisation du monachisme postérieur.

et nous pouvons admettre que, malgré toutes leurs extravagances, leur action fut avantageuse en plus d'un sens. Mais la science n'avait pas tout d'abord beaucoup à attendre de cette philosophie de mendiants ; ce fut seulement dans le Stoïcisme que, complété par des éléments venus d'ailleurs, mieux pondéré et incorporé à un système plus large de philosophie générale, le Cynisme porta des fruits abondants. L'école cynique, par elle-même, semble avoir eu peu d'extension, ce qui ne saurait étonner si l'on considère l'extrême sévérité des lois qu'elle imposait. D'un autre côté elle n'était pas capable de progrès scientifiques, et même son action morale était presque exclusivement négative ; elle combattait les vices et les folies des hommes, elle exigeait l'indépendance et l'abnégation ; mais en même temps elle isolait l'homme de l'homme, elle renfermait l'individu en lui-même, et par là elle ouvrait à l'orgueil moral, à la vanité et aux excentricités les plus capricieuses une voie où l'on ne manqua pas de se jeter ; à l'universalité abstraite de la conscience morale se substituait en définitive le caprice de l'individu, et par là le Cynisme touchait l'Hédonisme, qui lui est diamétralement opposé.

§ 4. LES CYRÉNAÏQUES [1].

HISTOIRE EXTÉRIEURE. — Nous n'avons également sur cette branche de l'école socratique que des renseignements incomplets, plus incomplets encore que sur les Cyniques. Aristippe[2] de Cyrène[3] vint à Athènes sur l'appel de So-

---

[1]. WENDT, *De philosophia Cyrenaïca*, Gött., 1841; compte rendu de cet ouvrage par l'auteur, *Gött. Anz.*, n° 78-80.
[2]. On trouvera les détails les plus complets sur les rapports des anciens et les opinions des modernes au sujet de la vie d'Aristippe dans H. v. STEIN, *De philosophia Cyrenaïca, pars prior, de Vita Aristippi* (Gött., 1855), auquel on ne peut reprocher que de ne s'être pas encore montré plus sceptique dans la critique qu'il en fait. On trouve aussi dans cet ouvrage la littérature ancienne sur le sujet.
[3]. Selon tous les témoins sans exception. SUIDAS (Ἀρίστ.) nomme son père Aritadas.

crate¹, et la remarquable personnalité du philosophe exerça sur lui aussi une attraction extraordinaire², bien que son caractère fût trop faible pour lui permettre de se soutenir jusqu'à la dernière épreuve³. En même temps il apportait de sa patrie, ville de luxe et de plaisir, dont la richesse et la puissance étaient alors à leur apogée⁴, des habitudes bien éloignées de la simplicité et de la tempérance socratiques⁵. Peut-être avait-il déjà subi le contact des doctrines sophistiques que nous retrouverons plus tard chez lui⁶. En tout cas, nous devons admettre qu'il

---

1. ESCHINE (*ap.* DIOGÈNE, II. 65) dit qu'il vint à Athènes κατὰ κλέος Σωκράτους. PLUTARQUE (*De curios.*, 2, p. 516) donne plus de détails et rapporte qu'étant aux jeux Olympiques, il entendit parler de Socrate et de sa doctrine par Isomaque, et il se sentit aussitôt si vivement attiré vers lui, qu'il n'eut pas de repos qu'il n'eût fait sa connaissance. Cf. DIOGÈNE, II, 78, 80.

2. Aristippe n'est pas seulement désigné comme socratique (DIOG., II, 47, 74, 80; STRAB., XVII, 3. 22. p. 837; EUS., *Præp. Ev.*, XIV, 18, 31, etc. Voy. STEIN, p. 26), mais il se considérait lui-même comme tel, et professait pour son maître la plus sincère admiration. Chez DIOGÈNE, II, 76, il souhaite de mourir comme Socrate; *ibid.*, 71, il déclare que tout ce qu'on peut dire de bien de lui, il le doit à Socrate, et ARISTOTE (*Rhét.*, II, 23, 1398, b, 29) raconte le trait suivant : Ἀρίστιππος πρὸς Πλάτωνα ἐπαγγελτικώτερόν τι εἰπόντα, ὡς ᾤετο· ἀλλὰ μὴν ὁ ἑταῖρός γ' ἡμῶν, ἔφη, οὐδὲν τοιοῦτον, λέγων τὸν Σωκράτην (passage que STEINHART, *Plat. Leben*, 303, 17, applique, contrairement au sens littéral, aux espérances trop passionnées de Platon sur Denys le Jeune). Nous voyons aussi par XÉNOPHON (*Mém.*, I, 2, III, 8) qu'il était en relations intimes avec Socrate; et si PLATON (*Phédon*, 59, C) lui reproche d'avoir été absent de ce cercle d'amis qui entouraient le philosophe le jour de sa mort, cela nous prouve cependant qu'il appartenait à ce cercle. Cf. STEIN, p. 25 sqq.; le même (p. 50 sqq., 74) rassemble les documents que nous possédons sur les rapports d'Aristippe avec les disciples de Socrate.

3. PLATON, *loc. cit.* Toutefois, Platon dit seulement qu'Aristippe et Cléombrote étaient à Égine; si donc on admet (comme DÉMÉTRIUS, *De eloc.*, 288) qu'ils menaient joyeuse vie dans cette île renommée pour ses plaisirs pendant que leur maître mourait, c'est tout au plus là une simple possibilité. L'exactitude du renseignement fourni par Platon ne saurait, malgré les textes de DIOGÈNE (III, 36, II, 65) être mis en doute; mais on ne voit pas bien si ce fut un souci excessif de sa propre sécurité qui poussa Aristippe à quitter Athènes, ou si ce fut par faiblesse qu'il voulut éviter ce qu'avaient de pénible les jours pendant lesquels Socrate attendait la mort.

4. Cf. THRIGE, *Res Cyrenensium*, 191 sq.

5. Comme cela ressort non seulement de sa conduite ultérieure, mais du texte de XÉNOPHON, *Mém.*, II, 1, 1. Ce qui semble prouver d'ailleurs qu'Aristippe appartenait à une riche famille, c'est son genre de vie et le voyage même qui le conduisit à Athènes.

6. Nous ne pourrions douter, alors même que nous manquerions sur ce point de renseignements, qu'une ville aussi riche et aussi éclairée que Cyrène (voy. THRIGE, *op. cit.*, 340 sq., 354 sq.) ait été visitée par les Sophistes. Nous savons

était déjà arrivé à une certaine maturité lorsqu'il fit la connaissance de Socrate[1] ; aussi ne pouvons-nous pas nous étonner de voir cet homme, jeune encore et plein de talent[2], prendre en face de son maître une attitude assez indépendante[3], ou du moins ne pas s'abandonner à lui jusqu'à renoncer à sa personnalité. On prétend même qu'avant la mort de Socrate il tint déjà école[4]. Ce qui est certain, c'est qu'il le fit après cet événement et que même, suivant l'usage des Sophistes, et contrairement aux principes de son illustre ami, il demandait payement pour ses leçons[5]. Il suivit encore l'exemple des Sophistes

d'ailleurs par PLATON (*Théét.*, 161, B, 162, A) que le célèbre mathématicien Théodore de Cyrène fut intimement lié avec Protagoras dont nous retrouvons plus tard les principes chez Aristippe. L'empressement même qu'Aristippe montra à faire la connaissance de Socrate semble déjà prouver que les études philosophiques ne lui étaient dès lors pas étrangères.

1. La chronologie de sa vie est, il est vrai, très incertaine. Nous ne savons ni l'année de sa naissance, ni celle de sa mort; d'après DIODORE (XV, 76), il vivait encore la 3ᵉ année de la 103ᵉ olympiade (366 av. J.-C.), et, d'après PLUTARQUE (*Dio*, 19), il rencontra Platon pendant son troisième séjour en Sicile, qui se place en 361 (Ol. 104, 4). Mais, d'une part, ces témoignages ne sont pas absolument sûrs; car Diodore se fonde peut-être uniquement sur les anecdotes relatives à la rencontre d'Aristippe avec Platon chez Denys le Jeune, anecdotes dont nous ne devons pas oublier l'incertitude ; de l'autre, nous ne savons pas quel âge avait alors Aristippe. Cependant, d'après DIOGÈNE (II, 83), il était plus âgé qu'Eschine et même, semble-t-il, de quelques années au moins; de plus ce que nous rapportons p. 289, 1, fait supposer qu'il avait déjà son indépendance civile lorsqu'il vint auprès de Socrate, avec lequel il faut bien admettre qu'il resta lié quelques années.
2. C'est ainsi qu'il nous apparaît d'après tout ce que nous savons de lui. Cf. STEIN, p. 29 sq.
3. Cf. XÉNOPHON, *Mém.*, II, 1, III, 8.
4. D'après DIOGÈNE (II, 80), Socrate lui-même l'aurait blâmé de faire payer son enseignement; mais ce qui montre combien il y a peu de fond à faire sur cette donnée, c'est la réponse même d'Aristippe, qui suppose que Socrate en aurait fait autant, sauf qu'il demandait moins cher. Un autre passage (DIOG., II, 65) semble impliquer qu'Aristippe, au témoignage de PHANIAS, aurait offert à Socrate une partie de l'argent qu'il avait gagné par ses leçons. Mais peut-être Phanias disait-il seulement, comme le texte permet de le croire, qu'il demanda payement et que de son côté il offrit de même à son maître de le payer, sans que les deux faits doivent être considérés comme simultanés.
5. PHANIAS, *ap.* DIOGÈNE, II, 65, *ibid.*, 72, 74, 80; dans ce dernier passage, il nous est également rapporté qu'il justifiait cette manière d'agir. ALEXIS, *ap.* ATHÉN., XII, 544, e. PLUTARQUE, *De educ. puer.*, 7, p. 4. *Exc. e Flor.*, Joh. Damasc., II, 13, 145 (le § 146 prouve que c'est bien d'Aristippe qu'il s'agit ici; cf. DIOG., II, 68). XÉNOPHON, *Mém.*, I, 2, 60, semble également avoir en vue Aristippe. PLUTARQUE estime à 1000 drachmes, DIOGÈNE (72) à 500, le montant de ces honoraires. (Voy. t. I, 973, 2; trad. franç., t. II, p. 489, 2.)

en changeant souvent de résidence et en passant une grande partie de sa vie sans domicile fixe[1]. Cependant il semble dans la suite être revenu dans sa ville natale et en

[1]. Déjà chez XÉNOPHON, *Mém.*, II, 1, 13, il dit de lui-même : οὐδ' εἰς πολιτείαν ἐμαυτὸν κατακλείω, ἀλλὰ ξένος πανταχοῦ εἰμι. PLUTARQUE (*De virt. doc. puer.*, 2, p. 439) rapporte aussi que quelqu'un lui demanda : πανταχοῦ σὺ ἄρα εἶ; à quoi il répondit par une mauvaise plaisanterie. Sa présence en divers lieux est mentionnée également par différents témoins, dont quelques-uns, il est vrai, ont peu de valeur : à Mégare, où il rencontre Eschine (DIOG., II, 62 ; cf. *Ep. Socr.*, 29) ; en Asie Mineure, où il tomba prisonnier des Perses (DIOG., II, 79) ; à Corinthe, où il mène joyeuse vie avec Laïs (HERMÉSIANAX, — vers 310 — *ap.* ATHÉN., XIII, 599, b ; DIOG., II, 74 ; nous reviendrons plus loin sur ces relations) ; à Égine, où non seulement il resta après la condamnation de Socrate (voy. plus haut), mais où, d'après ATHÉNÉE (XIII, 588, c ; cf. XII, 544, d), il prit tous les ans avec Laïs sa résidence de campagne ; à Scillonte, où Xénophon lui lit les *Mémorables* (*Ep. Socr.*, 18). Nous avons en particulier une foule de récits sur son séjour à la cour de Syracuse, sa rencontre avec Platon et les sentiments d'inimitié qu'ils se témoignèrent, enfin sur toutes sortes d'aventures qu'il aurait eues dans cette ville. Mais il règne une grande confusion dans tous ces témoignages ; les uns parlent de Denys le Jeune, les autres de Denys l'Ancien, quelques-uns simplement d'un Denys. (Rapprocher de ce qui suit STEIN, p. 57 sq.). Ce serait sous Denys l'Ancien qu'il aurait été à Syracuse suivant le Scholiaste *ad* Luc., *Mén.*, 13, et cette donnée est confirmée par HÉGÉSANDRE (*ap.* ATHÉN., XII, 544, c) ; car cet Antiphon dont il s'agit ici fut, d'après PLUTARQUE (*De adul.*, 27, p. 68), mis à mort sur l'ordre de Denys l'Ancien. C'est à la même époque qu'il faudrait placer l'anecdote de son naufrage (GALIEN, *Exhort.*, c. 5, t. I, 8, K.) qui ne peut se rapporter qu'à son premier voyage en Sicile, si toutefois elle ne se passe pas à Rhodes, comme le veut VITRUVE, VI, *Præf. in.* (Pour plus de détails, voy. STEIN, 61 sq.) D'un autre côté, c'est auprès de Denys le *Jeune*, suivant PLUTARQUE (*Dion*, 19), qu'il rencontra Platon pendant le troisième voyage de ce dernier en Sicile (361 av. J.-C.). Enfin, les renseignements d'ATHÉNÉE (XI, 507), de DIOGÈNE (II, 66-69, 73, 75, 77-82), laissent ce point indécis, quoique les histoires rapportées par ces auteurs conviennent presque toutes beaucoup mieux à la cour de Denys le Jeune qu'à celle de son père. Il est difficile de rien établir avec plus de certitude sur les voyages d'Aristippe en Sicile. Nous devons bien croire, sur la foi de la tradition, qu'il la visita en effet ; sa rencontre avec Platon dans ce pays n'a rien d'invraisemblable, bien qu'il soit possible de croire les anecdotes qui en parlent inventées à plaisir pour mettre en relief le contraste des deux philosophes ; aussi bien les voyages de Platon en Sicile étaient-ils, en effet, un thème favori pour les faiseurs d'anecdotes de l'époque postérieure, et de plus, des intérêts d'école se trouvaient ici en jeu. Toutefois, nous ne devons accepter qu'avec la plus grande réserve les détails particuliers que nous fournissent ces témoignages, et il ne semble même pas bien établi qu'Aristippe ait vu les deux Denys. Lorsque Denys le Jeune arriva au pouvoir (368 av. J.-C.), Aristippe était âgé d'au moins soixante ans ; et pourtant, nous l'avons remarqué, dans presque toutes les anecdotes en question, il semble qu'il s'agisse de Denys le Jeune, tandis qu'en même temps le rôle prêté à Aristippe convienne bien mieux à la première période de sa vie, celle de ses voyages, qu'à la dernière. Le récit des circonstances où se seraient rencontrés Aristippe, Denys et Platon, se répandit sans doute généralement sous la forme d'anecdotes sans qu'on se soit beaucoup soucié de déterminer le milieu historique où elles se passaient, et quand des historiens postérieurs essayèrent de le faire, il fut impossible de démêler la réalité. On peut donc se demander ce que ces histoires contiennent de réel.

avoir fait désormais son séjour habituel¹. C'est du moins dans cette ville que nous trouvons sa famille et son école². L'héritière de ses principes fut sa fille *Arété*, qui fut assez instruite pour initier son fils *Aristippe le Jeune*³ à la philosophie de son aïeul⁴. On nomme encore avec elle *Éthiops* et *Antipater* comme disciples d'Aristippe⁵. Aristippe le Jeune aurait été le maître de *Théodore* l'Athée⁶, et de l'école

---

1. Ce séjour fut-il interrompu par des voyages de quelque importance, Aristippe mourut-il à Cyrène ou ailleurs, et combien de temps vécut-il, c'est ce que nous ignorons : car le voyage de Sicile en 361 est incertain, nous l'avons fait remarquer ; la 29ᵉ Lettre socratique, qu'il aurait écrite de Lipara à sa fille, au retour de son voyage et dans l'attente de la mort, est complètement dénuée d'autorité historique, et ne peut même pas rendre vraisemblable l'existence d'une tradition correspondante : d'un autre côté, l'opinion qu'on pourrait fonder sur les textes de Diogène, II, 62, cf. 63, suivant laquelle Aristippe aurait encore tenu école à Athènes avec éclat en l'an 356 av. J.-C., est avec raison repoussée par Stein (p. 82). Steinhart (*Plat. Leb.*, 305, 33) veut substituer Ἀριστοτέλης à Ἀρίστιππον dans Diogène, II, 62. Mais la chronologie lui donne tort. Σπεύσιππον conviendrait mieux.
2. On la nomme ordinairement Cyrénaïque, plus rarement (Athén., VII, 312 sq., XIII, 588, a) Hédonique.
3. Il porte, pour cette raison, le surnom de μητροδίδακτος.
4. Strabon, XVII, 3, 22, p. 837 ; Clém., *Strom.*, IV, 523, A ; Eus., *Præp. Ev.*, XIV, 18, 32 ; Théod., *Cur. Gr. Aff.*, XI, 1 ; Diog., II, 72, 84, 86 ; Suid., Ἀρίστ. ; Thémist., *Or.*, XXI, 224, b. Quand Élien (*H. anim.*, III, 40) nomme Arété la sœur d'Aristippe, ce doit être une méprise. Outre cette fille, il aurait eu un fils, mais ne l'aurait pas reconnu (Diog., 81 ; Stob., *Floril.*, 76, 14) ; ce ne pouvait guère être que le fils d'une hétaïre, quoique Stobée nomme sa mère la femme d'Aristippe.
5. Diogène, II, 86. Nous savons encore d'Antipater, par Cicéron, *Tusc.*, V, 38, 112, qu'il supporta avec résignation la perte de la vue. Cicéron rapporte à ce sujet une plaisanterie assez scabreuse.
6. Diogène, 86. Ce Théodore paraît avoir appartenu à cette aristocratie qui, dans les luttes de parti survenues aussitôt après la mort d'Alexandre, fut chassée de Cyrène et chercha un refuge auprès du gouvernement égyptien (Thrige, *Res Cyren.*, 206 sqq.). Nous le trouvons, en effet, dans les dernières années du quatrième siècle, exilé (Plut., *De exil.*, 16, p. 606 ; Diog., 103 ; Philon, *Q. omn. pr. lib.*, 884, C) en Grèce et en particulier à Athènes (Diog., II, 100 sq., 116, IV, 52, VI, 97), où un partisan de Ptolémée, Démétrius de Phalère (entre 316 et 306 av. J.-C.) s'intéresse à lui ; plus tard, semble-t-il, à la cour de Ptolémée, qui le chargea d'une ambassade auprès de Lysimaque (Diog., 102 ; Cic., *Tusc.*, I, 43, 102 ; Val. Max., VI, 2, 3 ; Philon, *loc. cit.* ; Plut., *loc. cit. An vitios.*, 3, p. 499 ; Stob., *Floril.*, 2, 33). Dans la suite, il revint dans sa patrie, où il acquit une grande influence sur le gouverneur égyptien Magus (Diog., 103). C'est surtout pour son athéisme qu'il est connu (sur ce point, voy. plus bas). Mis en accusation pour ce fait à Athènes, il fut sauvé par Démétrius, mais dut quitter la ville (Diog., 101 sq. ; Philon, *loc. cit.*) ; Amphicrate (*ap.* Diog., *loc. cit.* ; *ap.* Athén., XIII, 611, a) rapporte qu'il dut boire la ciguë ; mais tout ce que nous savons de lui contredit cette assertion. D'après Antisthène (*ap.* Diogène, 98), outre Aristippe le Jeune, il aurait également entendu Annicéris et Denys le dialecticien, mais on

294 d'Antipater[1] seraient sortis *Hégésias*[2], et *Annicéris*[3]. Ces trois philosophes fondèrent trois subdivisions particulières de l'école cyrénaïque, qui portèrent leurs noms[4]. Parmi les disciples de Théodore, il faut citer *Bion* de Borysthène[5] et peut-être aussi *Évhémère*, le célèbre libre penseur grec[6].

doit penser qu'il ne pouvait être plus jeune qu'Annicéris. Suidas, Θεόδ., lui donne aussi pour maîtres Zénon, Pyrrhon et Bryson (cf. p. 213, 3), renseignement erroné en ce qui concerne Zénon, probablement aussi en ce qui concerne les deux autres; le même auteur (s. v. Σωκράτης) le confondant avec le mathématicien de Cyrène qui portait le même nom (voy. plus haut, p. 290, 1), en fait un disciple de Socrate. Diogène (II, 102; IV, 52) le qualifie de sophiste, ce qui signifie qu'il faisait payer son enseignement.

1. Suivant Diogène, 86, par l'intermédiaire d'*Épitimide* de Cyrène et de son disciple *Paraebatès*. Celui-ci aurait également entendu Aristippe le Jeune (Suid., 'Αννίκερις).

2. Contemporain de Ptolémée, fils de Lagus, qui interdit, assure-t-on, ses ouvrages, parce qu'il y dépeignait si éloquemment les maux de la vie, qu'il amena beaucoup de gens à se tuer. Cicéron, *Tusc.*, I, 34, 83; Valère Max., VIII, 9, 3; Plut., *De am. prol.*, 5, p. 497. Son écrit intitulé 'Αποκαρτερῶν développait le même thème (Cicéron, *loc. cit.*). De là son surnom de Πεισιθάνατος (Diog., 86; Suid., 'Αρίστ.).

3. Vraisemblablement aussi sous Ptolémée Ier (voy. n. précéd.), quoique Suid., 'Αννίκερις, le place à l'époque d'Alexandre. (Cf. Antisthène, *ap.* Diog., II, 98).

4. Sur les Θεοδώρειοι et leur doctrine, voy. Diog., 97 sqq.; Callimaque, *ap.* Athén., VI, 252, c; sur les 'Ηγησιακοί, Diog., 93 sqq.; sur les 'Αννικέρειοι, *id.*, 96; Strab., XVII, 3, 22, p. 837; Clém., *Strom.*, II, 417, B; Suid., 'Αννίκ. Strabon appelle Annicéris ὁ δοκῶν ἐπανορθῶσαι τὴν Κυρηναϊκὴν αἵρεσιν καὶ παραγαγεῖν ἀντ' αὐτῆς τὴν 'Αννικερείαν. A cette dernière doctrine se rattachait *Posidonius*, le disciple, et sans doute aussi *Nicotélès*, le frère d'Annicéris (Suidas, *loc. cit.*).

5. Ce personnage vécut à Athènes et en différents lieux (Diog., IV, 46 sq., 49, 53 sq., II, 135). D'après Diogène, IV, 10, où il s'agit pourtant bien du Borysthénite, il aurait encore connu Xénocrate. Diogène (IV, 46 sq., 54, II, 35), Athénée (IV, 162, d), le présentent comme un contemporain de Ménédème (voy. p. 238) et du Stoïcien Persée (IIIe part., a, 34, 2e éd.); Strabon (I, 2, 2), comme un contemporain d'Ératosthène (IIIe part., a, 401, 2e éd.), mais plus âgé que lui. Il paraît donc avoir vécu jusqu'au milieu du troisième siècle. D'après Diogène, IV, 51 sq., il abandonna l'Académie, à laquelle il s'était d'abord attaché, et passa au Cynisme. (Le texte de Diogène semble dire qu'il quitta Cratès l'*Académicien* pour devenir Cynique; mais la chronologie ne permet guère d'admettre qu'il en soit ainsi (voy. p. 847, 1, 3e éd.); peut-être la donnée primitive était-elle, au contraire, que ce fut Cratès le *Cynique* qui l'entraîna à passer de l'Académie au Cynisme). Bion se tourna ensuite du côté de Théodore et finalement du côté de Théophraste (Diog., IV, 51 sq.). La libre pensée qu'il professe et la facilité de ses principes moraux, sur lesquels nous aurons à revenir (voy. Diog., IV, 49, 53 sq.), rappelle l'école de Théodore à laquelle Némésius (*ap.* Eus., *Præp. Ev.*, XIV, 6, 5) le rattache également. Du reste, c'est plutôt un homme d'esprit lettré qu'un philosophe. Voyez, pour les détails, Diogène, IV, 46-57; différents apophthegmes de lui sont cités par Plutarque (voy. l'index).

6. Évhémère, de Messine suivant la tradition la plus répandue et la plus vraisemblable, d'Agrigente, de Cos ou de Tégée suivant d'autres (cf. Sieroka, *De*

Aristote de Cyrène[1], est un contemporain de Théodore.

PHILOSOPHIE DES CYRÉNAÏQUES. SON CARACTÈRE GÉNÉRAL. — La doctrine cyrénaïque, dont les principes fondamentaux appartiennent certainement déjà au fondateur de l'école[2], se rattache, comme le Cynisme, au côté pratique de

---

Euhemero, Königsb., 1869, p. 27 sq.) est constamment nommé à côté de Théodore, de Diagoras et d'autres athées (cf. SIEBOKA, 19, 31). L'opinion qui fait de lui le disciple de Théodore ne repose que sur une pure conjecture; car nous n'avons aucun droit de remplacer, comme le fait NIETSCHE (*Rhein. Mus.*, neue Folge, XXV, 231), par Εὐήμερον le mot Ἐπίκουρον, dans le texte où DIOGÈNE (II, 97) rapporte qu'Épicure empruntait la plupart de ses idées sur les dieux au περὶ θεῶν de Théodore. Toutefois, il n'est pas invraisemblable qu'il se rattache à l'école cyrénaïque, puisque cette école seule semble s'être livrée à une polémique approfondie contre les croyances vulgaires, et que d'un autre côté cette interprétation superficielle des mythes à l'aide d'un événement naturel, interprétation par laquelle Évhémère s'est rendu célèbre, semble être tout à fait dans le goût de cette école. Remarquons que les Cyniques du moins, qui sont avec les Cyrénaïques, à cette époque, les principaux représentants de la libre pensée, n'employaient pas les explications naturelles, mais l'allégorie. Chronologiquement, Évhémère peut aussi être le disciple de Théodore; il vivait, en effet, sous Cassandre de Macédoine (311-298), qui l'envoya faire ce voyage où il prétendait avoir visité l'île fabuleuse de Panchæa, et y avoir découvert dans un temple cette histoire des dieux que racontait son ἱερὰ ἀναγραφή. (DIOD., *ap*. EUS., *Pr. ev.*, II, 2, 55; PLUT., *De Is.*, 23, p. 360.) On trouve des extraits étendus de cet ouvrage chez DIODORE, *loc. cit.* (à partir du § 29) et V, 41-46, des fragments de la traduction qu'en avait faite Ennius, ou d'un remaniement de cette traduction (voy. VAHLEN, *Ennian. poës. reliq.*, p. XCIII sq.) dans LACT., *Instit.*, I, 11, 13 sq., 17, 22; VAHLEN, *op. cit.*, 169 sqq.; de plus brèves indications sur le contenu de cet ouvrage dans CICÉRON, *De nat. D.*, I, 42, 119, que suit MINUC. FÉLIX, *Octav.*, 21, 2; STRABON, II, 3, 5; 4, 2, p. 102, 104; VII, 3, 6, p. 299; PLUT., *loc. cit.*; ATHÉN., XIV, 658, e; SEXT., *Adv. Math.*, IX, 17, cf. 34; AUG., *De Civ. D.*, VII, 26; *Epist.*, 18. *Serm.*, 273, 3; HYGIN, *Poët. Astron.*, II, 12, 43. Cf. SIEBOKA, *op. cit.* Outre ce dernier, voy. sur Évhémère, STEINHART, *Allgem. Encycl.* v. Ersch und Gruber, I, t. XXXIX, 50 sqq.; MÜLLER, *Fragm. Hist. Græc.*, II, 100.

1. Suivant DIOGÈNE (II, 113), il tint une école philosophique, très vraisemblablement à Athènes. Diogène le nomme ici κυρηναϊκός, désignant par là, semble-t-il, non son origine, mais ses attaches philosophiques; Élien, au contraire, qui nous a conservé un mot de lui (*V. H.*, X, 3), le nomme κυρηναῖος. Ce serait aussi Aristote de Cyrène qui, d'après DIOGÈNE, V, 35, aurait écrit le traité περὶ ποιητικῆς. Quelques mss. de STOBÉE, *Florit.*, 63, 31, lui attribuent une parole que le codex B prête à Aristippe.

2. Le fait n'est pas, toutefois, hors de contestation. EUSÈBE (*Pr. Ev.*, XIV, 18, 31 sq.) dit en parlant du premier Aristippe, sans doute d'après Aristoclès : ἀλλ' οὐδὲν μὲν οὗτος ἐν τῷ φανερῷ περὶ τέλους διελέξατο. δυνάμει δὲ τῆς εὐδαιμονίας· τὴν ὑπόστασιν ἔλεγεν ἐν ἡδοναῖς κεῖσθαι. ἀεὶ γὰρ λόγους περὶ ἡδονῆς ποιούμενος εἰς ὑπόψιαν ἦγε τοὺς προσιόντας αὐτῷ τοῦ λέγειν τέλος εἶναι τὸ ἡδέως ζῆν, et d'Aristippe le Jeune : ὃς καὶ σαφῶς ὡρίσατο τέλος εἶναι τὸ ἡδέως ζῆν, ἡδονὴν ἐντάττων τὴν κατὰ κίνησιν. Ce qui semble confirmer ce témoignage, c'est qu'ARISTOTE, dans sa réfutation de la doctrine du plaisir (*Eth. Nic.*, X, 2), nomme Eudoxe

la philosophie socratique. Aristippe et ses disciples, eux aussi, négligeaient, nous assure-t-on, les recherches physiques et logiques pour n'accorder de valeur qu'à la morale [1]. On ne saurait objecter qu'eux-mêmes ne pouvaient

et non Aristippe comme représentant de cette doctrine. A cela s'ajoute que, suivant Diogène (II, 84), Sosicrate et d'autres affirmaient qu'Aristippe n'avait pas laissé d'écrits, ce qui serait en tout cas l'indice du faible développement de sa doctrine. (Le texte de Diogène, II. 64, est moins probant : πάντων μέντοι τῶν Σωκρατικῶν διαλόγων Παναίτιος ἀληθεῖς εἶναι δοκεῖ τοὺς Πλάτωνος, Ξενοφῶντος, Ἀντισθένους. Αἰσχίνου; car, d'un côté, dans le § 84, d'après notre texte, Panætius est également cité comme témoin en faveur d'un grand nombre de dialogues d'Aristippe, et l'on se demande par suite si Brandis (II, a, 92) n'a pas raison de supposer que dans le § 64 l'oubli ou la disparition du nom d'Aristippe est peut-être le simple résultat d'une méprise; d'un autre côté, il est peu probable que les Διατριβαί fussent des dialogues; cf. Susemihl. Rhein. Mus., N. F., XXVI, 338 sq.). Ces raisons amènent entre autres Ritter (II, 93) à admettre que les vues d'Aristippe ne furent réunies que plus tard en un corps de doctrine. Toutefois, l'assertion de Sosicrate paraît en tous cas inexacte; Diogène (loc. cit.) cite deux listes d'écrits d'Aristippe, qui concordent sur les points principaux; l'une d'elles était reconnue par Sotion et Panætius (à moins qu'on ne veuille avec Nietzsche, Rhein. Mus. N. Folge. XXIV, 187, transposer le nom de ce dernier du § 85 au § 84). Mais déjà Théopompe, qui était un contemporain du philosophe, plus jeune que lui, connaissait des écrits de lui, puisque, d'après Athénée (XI, 508, c), il accusait Platon d'être plagiaire des Diatribes d'Aristippe. Si donc on peut croire que des écrits postérieurs s'introduisirent dans la collection des ouvrages d'Aristippe (Diog. loc. cit., cite une opinion suivant laquelle six livres seulement des Diatribes seraient authentiques), il n'est pas possible d'admettre que la collection entière était apocryphe. Mais peut-être ces écrits étaient-ils anciennement moins répandus, surtout dans la Grèce proprement dite, que ceux des autres Socratiques: et cela s'expliquerait bien dans le cas où la plupart de ces écrits n'auraient été composés qu'après le retour d'Aristippe dans sa patrie; et il est possible que ce soit la raison pour laquelle Aristote (loc. cit.) ne mentionne pas Aristippe. Peut-être être aussi omet-il de le nommer parce qu'il le comptait parmi les Sophistes (d'après la Métaph., III, 2, 996, a, 32). Enfin, en ce qui concerne le témoignage d'Eusèbe, il peut être fort exact, si on l'interprète en ce sens que le premier Aristippe ne se servait pas encore de l'expression τέλος, et qu'il n'avait pas encore exposé ses principes dans la forme méthodique généralement employée plus tard. Nous ne saurions douter, en effet, qu'il ait non seulement recommandé, mais identifié au bien le plaisir et, par conséquent, exprimé les principes cyrénaïques sous leur forme essentielle. Car non seulement nous ne comprendrions guère autrement l'unité de l'école, mais nous avons, comme nous le montrons plus loin, des témoignages précis sur ce point. Déjà en effet Platon fait allusion, selon toute vraisemblance, à Aristippe dans son Philèbe (voy. p. 303, 1), et Speusippe avait écrit un Aristippe (Diog., IV, 5).

1. Diogène. II. 92 : ἀφίσταντο δὲ καὶ τῶν φυσικῶν διὰ τὴν ἐμφαινομένην ἀκαταληψίαν, τῶν δὲ λογικῶν διὰ τὴν εὐχρηστίαν ἥπτοντο. Μελέαγρος δὲ... καὶ Κλειτόμαχος ...φασὶν ἀτόπους ἡγεῖσθαι τό τε φυσικὸν μέρος καὶ τὸ διαλεκτικόν. δύνασθαι γὰρ εὖ λέγειν καὶ δεισιδαιμονίας ἐκτὸς εἶναι καὶ τὸν περὶ θανάτου φόβον ἐκφεύγειν τὸν περὶ ἀγαθῶν καὶ κακῶν λόγον ἐκμεμαθηκότα. Sextus, Adv. Math., VII. 11 : δοκοῦσι δὲ κατά τινας καὶ οἱ ἀπὸ τῆς Κυρήνης μόνον ἀσπάζεσθαι τὸ ἠθικὸν μέρος, παραπέμπειν δὲ τὸ φυσικὸν καὶ τὸ λογικὸν ὡς μηδὲν πρὸς τὸ εὐδαιμόνως βιοῦν συνεργοῦντα. Plutarq.. ap. Eusèbe, Pr. Ev.. I, 8, 9 : Ἀρίστιππος ὁ Κυρη-

se passer entièrement de doctrines théoriques, car ces doctrines, pour eux, n'ont d'autre rôle que de justifier leur éthique et le caractère exclusivement moral de leurs recherches [1]. Le but unique de la philosophie est le bonheur de l'homme, et, sur ce point, Aristippe s'accorde avec Antisthène. Mais, tandis qu'aux yeux de ce dernier il n'est pas de bonheur qui ne coïncide immédiatement avec la vertu, et que dès lors la vertu devient pour lui le but unique de la vie, Aristippe déclare que la volupté seule est une fin en soi, que le plaisir seul est absolument un bien [2], et que tout le reste, par suite, n'est bon et désirable que comme moyen d'arriver au plaisir [3]. Les deux écoles

---

ναίος τέλος ἀγαθῶν τὴν ἡδονήν, κακὸν δὲ τὴν ἀλγηδόνα, τὴν δὲ ἄλλην φυσιολογίαν παρεγράφει, μόνον ὠφέλιμον εἶναι λέγων τὸ ζητεῖν « ὅττι τοι ἐν μεγάροισι κακόν τ' ἀγαθόν τε τέτυκται ». (On raconte la même chose de Socrate et de Diogène, voy. p. 150, 218, 4). ARISTOTE, *Métaph.*, III, 2, 996, a, 32 : ὥστε διὰ ταῦτα τῶν σοφιστῶν τινες, οἷον Ἀρίστιππος, προεπηλάκιζον αὐτὰς [τὰς μαθηματικὰς ἐπιστήμας]· ἐν μὲν γὰρ ταῖς ἄλλαις τέχναις, καὶ ταῖς βαναύσοις, οἷον τεκτονικῇ καὶ σκυτικῇ, διότι βέλτιον ἢ χεῖρον λέγεσθαι πάντα, τὰς δὲ μαθηματικὰς οὐθένα ποιεῖσθαι λόγον περὶ ἀγαθῶν καὶ κακῶν. (Même indication dans ALEX., *ad h. l. Schol. in Arist.*, 609 b, 1; Ps. ALEX., *ad Metaph.*, XIII, 3, 1078, a, 33, *ibid.*, 817, a, 11; SYRIANUS, *in Metaph. Arist.*, t. V. 844, b, 6; 889. b, 19, uniquement, semble-t-il d'après Aristote. Rapprochez l'opinion exprimée par Aristippe contre la *polymathie*, ap. DIOG., II, 71. 79. (Cette dernière parole est également prêtée à Bion : PLUT., *De ed. puer.*, 10, p. 7.) Voy. p. 248, 4.

1. On peut donc, suivant le sens où on l'entend, dire également qu'ils ont laissé de côté la logique et qu'ils s'en sont servis (voy. note préc., et 298, 3). Parmi les recherches qui plus tard furent classées dans la logique, ils s'approprient tout ce qui est indispensable à leur théorie de la connaissance, sans attribuer aucune valeur propre aux études logiques, et sans leur donner par suite plus d'étendue que ne l'exigeait ce but. Cf. SÉNÈQUE, *Ep.*, 89, 12 : *Cyrenaici naturalia cum rationalibus sustulerunt, et contenti fuerunt moralibus, sed hi quoque, quæ removent, aliter inducunt.*

2. Aristippe, *ap.* XÉNOPHON, *Mém.*, II, 1, 9 : ἐμαυτὸν τοίνυν τάττω εἰς τοὺς βουλομένους ᾗ ῥᾷστά τε καὶ ἥδιστα βιοτεύειν. CICÉRON, *Acad.*, II, 42, 131. *Alii voluptatem summum bonum esse voluerunt : quorum princeps Aristippus.* Id., *De fin.*, II, 6, 18 sq., 13, 39 sq.; DIOGÈNE, 87 : ἡδονήν... ἣν καὶ τέλος εἶναι. 88 : ἡ ἡδονή, δι' αὑτὴν αἱρετή, καὶ ἀγαθόν. ATHÉNÉE, XII, 544 a : ['Ἀρίστ.] ἀποδεξάμενος τὴν ἡδυπάθειαν ταύτην τέλος εἶναι ἔφη καὶ ἐν αὐτῇ τὴν εὐδαιμονίαν βεβλῆσθαι. EUSÈBE, voy. p. 296, 1. Mais PLATON mentionne et combat déjà la même manière de voir dans le *Gorgias*, 491, E sqq.; la *République*, VI, 505, B (cf. p. 266, 5), et dans le *Philèbe*, où elle est ainsi exposée (11, B) : Φίληβος μὲν τοίνυν ἀγαθὸν εἶναί φησι τὸ χαίρειν πᾶσι ζώοις καὶ τὴν ἡδονὴν καὶ τέρψιν καὶ ὅσα τοῦ γένους ἐστὶ τούτου σύμφωνα. *Ibid.*, 66, D : τἀγαθὸν ἐτίθετο ἡμῖν ἡδονὴν εἶναι πᾶσαν καὶ παντελῆ. Nous allons montrer qu'en ce qui concerne le *Philèbe*, Platon avait ici en vue Aristippe, et nous prouvons en même temps que le passage de la *République* fait allusion au *Philèbe*.

3. DIOGÈNE, 91 sq. : τὴν φρόνησιν ἀγαθὸν μὲν εἶναι λέγουσιν, οὐ δι' ἑαυτὴν δὲ

prennent donc, en commençant, deux directions opposées ; cela n'empêche pas, toutefois, qu'elles ne se rapprochent dans la suite plus qu'on ne pourrait s'y attendre au premier abord.

LA SENSATION ET LA SCIENCE. — Voyons maintenant comment Aristippe et ses disciples développaient ces vues générales[1]. Toutes nos perceptions, disaient-ils, ne sont que la sensation de notre état personnel ; mais elles ne nous fournissent pas la moindre donnée sur les choses extérieures à nous. Nous avons bien conscience d'avoir la sensation de doux, de blanc, etc., mais nous ne savons nullement si l'objet qui cause en nous cette sensation est doux ou blanc. Une seule et même chose produit souvent sur deux personnes différentes une impression très différente. Comment dès lors, dans un cas quelconque, pouvons-nous être certains que les choses ne nous apparaissent pas tout autrement qu'elles ne sont, par suite de la constitution

---

αἱρετήν, ἀλλὰ διὰ τὰ ἐξ αὐτῆς, παραγινόμενα... καὶ τὸν πλοῦτον δὲ ποιητικὸν ἡδονῆς εἶναι, οὐ δι' αὐτὸν αἱρετὸν ὄντα. CICÉRON, *De off.*, III, 33, 116 : *Cyrenaici atque Annicerei philosophi nominati omne bonum in voluptate posuerunt ; virtutemque censuerunt ob eam rem esse laudandam, quod efficiens esset voluptatis.* WENDT (*Phil. Cyr.*, 28) ainsi qu'AST applique également à cette doctrine d'Aristippe le passage du *Phédon*, 68, E sq., mais à tort ; il porte sur la vertu commune, non philosophique.

1. Les Cyrénaïques eux-mêmes divisaient leur Éthique en cinq parties ; SEXTUS, *Adv. Math.*, VII, 11 (à la suite de ce que nous avons cité plus haut) : καίτοι περιτρέπεσθαι τούτους ἔνιοι νενομίκασιν ἐξ ὧν τὸ ἠθικὸν διαιροῦσιν εἴς τε τὸν περὶ τῶν αἱρετῶν καὶ φευκτῶν τόπον καὶ εἰς τὸν περὶ τῶν παθῶν καὶ ἔτι εἰς τὸν περὶ τῶν πράξεων καὶ ἤδη, τὸν περὶ τῶν αἰτίων καὶ τελευταῖον εἰς τὸν περὶ τῶν πίστεων· ἐν τούτοις γὰρ ὁ περὶ αἰτίων τόπος, φασίν, ἐκ τοῦ φυσικοῦ μέρους ἐτύγχανεν, ὁ δὲ περὶ πίστεων ἐκ τοῦ λογικοῦ. SÉNÈQUE, *Ep.*, 89, 12 (à la suite de ce que nous avons cité p. 297, 2) : *In quinque enim partes moralia dividunt, ut una sit de fugiendis et expetendis, altera de adfectibus, tertia de actionibus, quarta de causis, quinta de argumentis : causæ rerum ex naturali parte sunt, argumenta ex rationali, actiones ex morali.* Cependant nous ne pouvons nous en tenir à cette division dans notre exposition ; car, d'un côté, nous ne savons pas avec précision comment était réparti entre ces diverses sections le corps de la doctrine, et de l'autre nous ignorons aussi quelle était la généralité et l'antiquité de cette division. Ce que nous savons des écrits d'Aristippe nous permet d'admettre qu'il ne l'avait pas encore établie. Dans la partie intitulée περὶ πίστεων, était sans doute exposée la théorie de la connaissance, dans la précédente celle du mouvement.

même des organes de nos sens et des circonstances dans lesquelles nous les percevons? C'est donc seulement de nos propres sensations que nous pouvons savoir quelque chose, et même, sur ce que nous sentons, nous ne nous trompons jamais. Au contraire, nous ne savons absolument rien des choses[1], et nous ne connaissons pas davantage les sensations des autres hommes. Il y a bien des noms communs,

---

1. Cicéron, *Acad.*, II, 46, 142 : *Aliud judicium Protagoræ est, qui putat id cuique verum esse, quod cuique videatur : aliud Cyrenaïcorum, qui præter permotiones intimas nihil putant esse judicii. Ibid.*, 7, 20 : *De tactu, et eo quidem, quem philosophi interiorem vocant, aut doloris aut voluptatis, in quo Cyrenaïci solo putant veri esse judicium.* Plutarque, *Adv. Col.*, 24, 2, p. 1120 : [οἱ Κυρηναϊκοὶ] τὰ πάθη καὶ τὰς φαντασίας ἐν αὐτοῖς τιθέντες οὐκ ᾤοντο τὴν ἀπὸ τούτων πίστιν εἶναι διαρκῆ πρὸς τὰς ὑπὲρ τῶν πραγμάτων καταβεβαιώσεις, ἀλλ' ὥσπερ ἐν πολιορκίᾳ τῶν ἐκτὸς ἀποστάντες εἰς τὰ πάθη κατέκλεισαν αὑτούς, τὸ φαίνεται τιθέμενοι, τὸ δ' ἐστὶ μὴ προσαποφαινόμενοι περὶ τῶν ἐκτός.... γλυκαίνεσθαι γὰρ λέγουσι καὶ πικραίνεσθαι καὶ φωτίζεσθαι καὶ σκοτοῦσθαι, τῶν παθῶν τούτων ἑκάστου τὴν ἐνέργειαν οἰκείαν ἐν αὑτῷ καὶ ἀπερίσπαστον ἔχοντος. εἰ δὲ γλυκὺ τὸ μέλι καὶ πικρὸς ὁ θαλλός, etc., ὑπὸ πολλῶν ἀντιμαρτυρεῖσθαι καὶ θηρίων καὶ πραγμάτων καὶ ἀνθρώπων, τῶν μὲν δυσχεραινόντων [add. τὸ μέλι], τῶν δὲ προσιεμένων τὴν θαλλίαν, καὶ ἀποκκομένων ὑπὸ τῆς χαλάζης, καὶ καταψυχομένων ὑπὸ οἴνου, καὶ πρὸς ἥλιον ἀμβλυωττόντων καὶ νύκτωρ βλεπόντων. ὅθεν ἐμμένουσα τοῖς πάθεσιν ἡ δόξα διατηρεῖ τὸ ἀναμάρτητον· ἐκβαίνουσα δὲ καὶ πολυπραγμονοῦσα τῷ κρίνειν καὶ ἀποφαίνεσθαι περὶ τῶν ἐκτός, αὑτήν τε πολλάκις ταράσσει καὶ μάχεται πρὸς ἑτέρους ἀπὸ τῶν αὐτῶν ἐναντία πάθη καὶ διαφόρους φαντασίας λαμβάνοντας. Sextus, *Adv. Math.*, VII, 191, donne l'exposition la plus complète, mais dont la terminologie lui appartient en partie : φασὶν οὖν οἱ Κυρηναϊκοὶ κριτήρια εἶναι τὰ πάθη καὶ μόνα καταλαμβάνεσθαι καὶ ἄψευστα τυγχάνειν, τῶν δὲ πεποιηκότων τὰ πάθη μηδὲν εἶναι καταληπτὸν μηδὲ ἀδιάψευστον· ὅτι μὲν γὰρ λευκαινόμεθα, φασί, καὶ γλυκαζόμεθα, δυνατὸν λέγειν ἀδιαψεύστως... ὅτι δὲ τὸ ἐμποιητικὸν τοῦ πάθους λευκόν ἐστιν ἢ γλυκύ ἐστιν, οὐχ οἷόν τ' ἀποφαίνεσθαι. εἰκὸς γάρ ἐστι καὶ ὑπὸ μὴ λευκοῦ τινα λευκαντικῶς διατεθῆναι καὶ ὑπὸ μὴ γλυκέος γλυκανθῆναι. C'est ainsi que celui qui a une maladie d'yeux ou qui est en démence voit les choses autrement qu'elles ne sont. οὕτω καὶ ἡμᾶς εὐλογώτατόν ἐστι πλέον τῶν οἰκείων παθῶν μηδὲν λαμβάνειν δύνασθαι. Si donc on entend par φαινόμενα les impressions subjectives (πάθη), on pourra dire : πάντα τὰ φαινόμενα ἀληθῆ καὶ καταληπτά. Si, au contraire, on désigne par ce mot les choses par lesquelles nos impressions sont provoquées, on devra dire au contraire que tous les phénomènes sont faux et inconnaissables. Mais, au sens rigoureux, μόνον τὸ πάθος ἡμῖν ἐστι φαινόμενον· τὸ δ' ἐκτὸς καὶ τοῦ πάθους ποιητικὸν τάχα μέν ἐστιν ὄν, οὐ φαινόμενον δὲ ἡμῖν. καὶ ταύτῃ περὶ μὲν τὰ πάθη τά γε οἰκεῖα πάντες ἐσμὲν ἀπλανεῖς, περὶ δὲ τὸ ἐκτὸς ὑποκείμενον πάντες πλανώμεθα· κἀκεῖνα μέν ἐστι καταληκτά, τοῦτο δὲ ἀκατάληπτον. τῆς ψυχῆς πάνυ ἀσθενοῦς καθεστώσης πρὸς διάγνωσιν αὐτοῦ παρὰ τοὺς τόπους. παρὰ τὰ διαστήματα, παρὰ τὰς κινήσεις, παρὰ τὰς μεταβολάς, παρὰ ἄλλας παμπληθεῖς αἰτίας. Cf. *Hyp. Pyrrh.*, I, 215. Diog., II, 92 : τά τε πάθη καταληπτὰ ἔλεγον οὖν αὐτά, οὐκ ἀφ' ὧν γίνεται. *Ibid.*, 93 : τὰς αἰσθήσεις μὴ πάντοτε ἀληθεύειν. *Ibid.*, 95 (il s'agit de l'école d'Hégésias, qui sur ce point ne diffère pas des autres) : ἀνῄρουν δὲ καὶ τὰς αἰσθήσεις οὐκ ἀκριβούσας τὴν ἐπίγνωσιν. Aristoclès, ap. Eus., *Pr. Ev.*, XIV, 19, 1 : ἑξῆς δ' ἂν εἶεν οἱ λέγοντες μόνα τὰ πάθη καταληπτά. τοῦτο δ' εἶπον ἔνιοι τῶν ἐκ τῆς Κυρήνης (ces mots ne sauraient, contre les témoignages

mais non une sensation commune, et lorsque deux hommes disent qu'ils ont senti la même chose, aucun des deux ne peut cependant être assuré que l'autre ait réellement eu la même sensation que lui ; car il ne sent jamais que son propre état, et non celui de l'autre[1]. Les Cyrénaïques tiennent donc, avec Protagoras[2], toutes nos représentations pour quelque chose de purement subjectif, et leur manière de voir ne diffère de la sienne qu'en un point : c'est qu'ils réduisent avec plus de précision ces représentations à la sensation de nos états et qu'ils laissent de côté la doctrine héraclitique du flux universel des choses comme un accessoire dont ils n'ont pas besoin pour atteindre leur but[3], et comme une question qui dépasse les limites de notre savoir[4]. Or si notre connaissance

---

précis de Cicéron, Plutarque et Sextus, prouver que cette opinion n'appartint pas à toute l'école, et ne peuvent guère d'ailleurs avoir cette portée ; cf. c. 18, 31) ...καιόμενοι γὰρ ἔλεγον καὶ τεμνόμενοι γνωρίζειν, ὅτι πάσχοιέν τι· πότερον δὲ τὸ καῖον εἴη πῦρ ἢ τὸ τέμνον σίδηρος οὐκ ἔχειν εἰπεῖν. Sextus, *Adv. Math.*, VI, 53, dit aussi : μόνα φασὶν ὑπάρχειν τὰ πάθη, ἄλλο δὲ οὐδέν. Ὅθεν καὶ τὴν φωνὴν, μὴ οὖσαν πάθος, ἀλλὰ πάθους ποιητικὴν, μὴ γίνεσθαι τῶν ὑπαρκτῶν. Toutefois ceci est inexact. Les Cyrénaïques, d'après ce qui précède ne peuvent avoir nié que les choses existent, mais seulement que nous sachions quoi que ce soit de leur existence. D'ailleurs il est vraisemblable que toute cette théorie, dans ses traits essentiels, appartenait déjà à Aristippe l'Ancien, d'après les passages de Platon cités plus loin, p. 303 sq. Contre la conjecture de Tennemann (*Gesch. d. Phil.*, II, 106), suivant laquelle cette doctrine n'apparaîtrait que chez Théodore, voy. Wendt, *Phil. Cyr.*, 45 sq.

1. Sextus. *Adv. Math.*, VII, 195 : ἔνθεν οὐδὲ κριτήριόν φασιν εἶναι κοινὸν ἀνθρώπων, ὀνόματα δὲ κοινὰ τίθεσθαι τοῖς χρίμασι. λευκόν μὲν γάρ τι καὶ γλυκὺ καλοῦσι κοινῶς πάντες, κοινὸν δέ τι λευκὸν ἢ γλυκὺ οὐκ ἔχουσιν· ἕκαστος γὰρ τοῦ ἰδίου πάθους ἀντιλαμβάνεται. τὸ δὲ εἰ τοῦτο τὸ πάθος ἀπὸ λευκοῦ ἐγγίνεται αὐτῷ καὶ τῷ πέλας, οὔτ' αὐτὸς δύναται λέγειν, μὴ ἀναδεχόμενος τὸ τοῦ πέλας πάθος, οὔτε ὁ πέλας, μὴ ἀναδεχόμενος τὸ ἐκείνου... τάχα γὰρ ἐγὼ μὲν οὕτω συγκέκριμαι ὡς λευκαίνεσθαι ὑπὸ τοῦ ἔξωθεν προσπίπτοντος, ἕτερος δὲ οὕτω κατεσκευασμένην ἔχει τὴν αἴσθησιν, ὥστε ἑτέρως διατεθῆναι, et il cite à l'appui l'exemple de l'homme atteint de jaunisse ou d'ophthalmie. Il en résulte : κοινὰ μὲν ἡμᾶς ὀνόματα τίθεναι τοῖς πράγμασι, πάθη δέ γε ἔχειν ἴδια.

2. Voy. t. I, 978 sqq. (trad. franç., t. II, p. 494 sqq.).

3. Ils devaient même considérer comme telle, s'ils étaient conséquents avec eux-mêmes, toute tentative d'expliquer physiquement nos perceptions. Nous ne devons donc pas nous laisser induire par Plutarque (*Num p. suav. vivi sec. Epic.*, 4, 5, p. 1069) à leur attribuer la doctrine de Démocrite sur les images et les émanations.

4. C'est ce que Schleiermacher (*Plato's Werke*, II, 1, 183 sq.) ne remarque pas assez quand il pense que l'exposition de la doctrine de Protagoras dans le *Théétète* s'applique de préférence à Aristippe, dont la théorie ne coïncide pas

se borne à nos sensations, il s'ensuit d'abord qu'il serait
absurde de chercher une science des choses qui nous est
dès lors absolument interdite ; c'est ainsi que les vues sceptiques des Cyrénaïques sur la science fondent leur croyance
à l'inutilité de toute recherche physique[1]. De plus, la
sensation seule, pour la même raison, peut nous fournir
la règle d'après laquelle nous déterminerons le but de
nos actions et nous en apprécierons la valeur. Car si les
choses ne nous sont données que dans notre sensation, la
production en nous de certaines sensations est la seule
fin que notre activité puisse atteindre, et le meilleur
pour nous sera ce qui plaît le plus à notre sensibilité[2].
C'est par là que les principes moraux, dont le fondement préoccupe avant tout les Cyrénaïques, se rattachent
à leur théorie de la connaissance.

d'une manière si immédiate avec celle de Protagoras. Cf. WENDT, *Phil. Cyr.*, 37 sqq. Inversement, c'est exagérer la différence qui existe entre elles que d'at-tribuer à Protagoras, comme l'Académicien dans CICÉRON (voy. plus haut, p. 299, 1), un principe tout à fait différent de celui des Cyrénaïques, et de présenter la doctrine de Protagoras dans les termes où le fait EUSÈBE, *Præp. Ev.*, XIV, 19, 5, après avoir parlé de celle des Cyrénaïques : ἕπεται τούτοις οὖν συνεξετάσαι καὶ τοὺς τὴν ἐναντίαν βαδίζοντας καὶ πάντα χρῆναι πιστεύειν ταῖς τοῦ σώματος αἰσθή-σεσιν ὁρισαμένους, car si Protagoras affirmait que toutes nos sensations étaient vraies, c'était seulement en tant qu'il prétendait qu'elles sont toutes vraies pour celui qui les éprouve, que les choses ne sont pour chacun que ce qu'elles lui paraissent ; mais c'est aussi dans ce sens, comme le montre très bien SEXTUS (*loc. cit.*), que les Cyrénaïques tenaient toutes les sensations pour vraies ; quant à leur vérité objective, Protagoras, comme les Cyrénaïques, l'abandonnait éga-lement. HERMANN (*Ges. Abh.*, 235) m'objecte que Protagoras pousse le subjecti-visme encore plus loin qu'Aristippe, puisque celui-ci suppose encore que les hommes s'accordent du moins dans la désignation de leurs impressions ; mais cette objection s'éloigne encore plus des témoignages de Cicéron et d'Eusèbe in-voqués par Hermann, que mon opinion ; car ces auteurs affirment non pas que la doctrine de Protagoras est plus subjective que celle d'Aristippe, mais au con-traire qu'elle l'est moins. D'un autre côté, elle n'est pas exacte ; naturellement Protagoras n'a pas nié que certains noms fussent universellement employés (il s'occupait même expressément de l'ὀρθότης ὀνομάτων. Voy. t. I, 1019, 1 ; trad. franç., t. II, 533, 6), mais que sert l'accord sur les mots quand manque l'accord sur les choses ? Les Cyrénaïques sont seulement plus précis que Protagoras quand ils remarquent expressément que les mêmes impressions qui portent un nom identique sont différentes chez différentes personnes ; mais il n'y a pas lieu d'é-tablir entre eux une opposition.

1. Comme le remarque aussi DIOGÈNE, II, 92 (voy. p. 297, 1).
2. SEXTUS, *Adv. Math.*, VII, 199 : ἀνάλογα δὲ εἶναι δοκεῖ τοῖς περὶ κριτηρίων λεγομένοις κατὰ τούτους τοὺς ἄνδρας καὶ τὰ περὶ τελῶν λεγόμενα· διήκει γὰρ τὰ πάθη καὶ ἐπὶ τὰ τέλη. *Ibid.*, 200.

LES BIENS ET LES MAUX. — Toute sensation, selon Aristippe comme selon Protagoras, consiste dans un mouvement de l'être sentant. Si ce mouvement est doux, il y a sentiment de plaisir, s'il est rude et violent, alors se produit la peine, et enfin si nous nous trouvons en état de repos, ou du moins si le mouvement est assez faible pour être imperceptible, nous n'avons plus aucune sensation ni de plaisir ni de peine[1]. Mais de ces trois états,

1. EUSÈBE (*Pr. Év.*, XIV, 18, 32), d'après ARISTOCLÈS, dit en parlant d'Aristippe le Jeune : τρεῖς γὰρ ἔφη καταστάσεις εἶναι περὶ τὴν ἡμετέραν σύγκρασιν· μίαν μὲν, καθ' ἣν ἀλγοῦμεν, ἐοικυῖαν τῷ κατὰ θάλασσαν χειμῶνι· ἑτέραν δὲ, καθ' ἣν ἡδόμεθα, τῷ λείῳ κύματι ἀφομοιουμένην· εἶναι γὰρ λείαν κίνησιν τὴν ἡδονήν, οὐρίῳ παραβαλλομένην ἀνέμῳ· τὴν δὲ τρίτην μέσην εἶναι κατάστασιν, καθ' ἣν οὔτε ἀλγοῦμεν, οὔτε ἡδόμεθα, γαλήνῃ παραπλησίαν οὖσαν. DIOGÈNE (II, 86) donne le même renseignement sur l'ancienne école cyrénaïque en général : δύο πάθη ὑφίσταντο, πόνον καὶ ἡδονήν, τὴν μὲν λείαν κίνησιν τὴν ἡδονήν, τὸν δὲ πόνον τραχεῖαν κίνησιν. Ibid., 89 (voy. p. 304, 3), 90 : μέσας τε καταστάσεις ὠνόμαζον ἀηδονίαν καὶ ἀπονίαν. SEXTUS, *Hyp. Pyrrh.*, I, 215 : (ἡ Κυρηναϊκὴ ἀγωγὴ) τὴν ἡδονὴν καὶ τὴν λείαν τῆς σαρκὸς κίνησιν τέλος εἶναι λέγει. *Adv. Math.*, VII, 199, τῶν γὰρ παθῶν τὰ μὲν ἐστιν ἡδέα, τὰ δὲ ἀλγεινά, τὰ δὲ μεταξύ. Il semble prouvé d'ailleurs par quelques passages du *Philèbe* que ces principes appartenaient déjà en substance à Aristippe l'Ancien. En effet Socrate, après avoir d'abord (p. 31, B sqq.) montré en son propre nom que la douleur consistait dans la rupture, le plaisir dans le rétablissement des rapports naturels qui unissent les parties d'un être vivant, pose (p. 42, D) la question de savoir ce qui arrive quand ni l'un ni l'autre de ces deux mouvements n'a lieu ; le représentant de la doctrine du plaisir répond (comme Platon le répète plus tard, *Rép.*, IX, 583, C, E.) qu'alors il n'y a ni plaisir, ni douleur ; Socrate poursuit : κάλλιστ' εἶπες, ἀλλὰ γάρ, οἶμαι, τόδε λέγεις, ὡς ἀεί τι τούτων ἀναγκαῖον ἡμῖν συμβαίνειν, ὡς οἱ σοφοί φασιν· ἀεὶ γὰρ ἅπαντα ἄνω τε καὶ κάτω ῥεῖ, et l'autre interlocuteur se voit forcé de donner plus de précision à sa réponse, en disant que les grands changements produisent le plaisir et la douleur, les petits, ni l'un ni l'autre. Il revient plus loin, p. 53, C, encore une fois sur la même considération en ces termes : ἆρα περὶ ἡδονῆς οὐκ ἀκηκόαμεν, ὡς ἀεὶ γένεσίς ἐστιν, οὐσία δὲ οὐκ ἔστι τὸ παράπαν ἡδονῆς ; κομψοὶ γὰρ δή τινες αὖ τοῦτον τὸν λόγον ἐπιχειροῦσι μηνύειν ἡμῖν, οἷς δεῖ χάριν ἔχειν. Ces derniers mots prouvent d'une manière décisive que, dès l'époque où Platon écrivait le *Philèbe*, l'opinion que le plaisir est un mouvement avait déjà été exprimée par un autre philosophe ; comme nous n'en connaissons pas, en dehors d'Aristippe, à qui nous puissions attribuer cette opinion (Protagoras n'avait pas encore tiré les conséquences morales de ses principes), comme d'un autre côté c'est à son école, d'une manière générale, que Platon prête cette assertion, comme enfin l'épithète de κομψοὶ lui convient parfaitement, il est très vraisemblable que ces théories sur les deux genres de mouvement et sur le repos, ainsi que celles qui en dépendent étaient dues à Aristippe lui-même. La même remarque peut être faite sur cette observation que de très petits changements ne sont pas sentis. DIOGÈNE (II, 85) dit aussi d'Aristippe : τέλος δ' ἀπέφαινε τὴν λείαν κίνησιν εἰς αἴσθησιν ἀναδιδομένην ; il semble donc que tout mouvement doux n'est pas senti et ne procure pas le plaisir ; peut-être le passage d'ARISTOTE, *Eth. Nic.*, VII, 13, 1153, a, 12, s'applique-t-il à la même opinion : διὸ καὶ οὐ καλῶς ἔχει τὸ αἰσθητὴν γένεσιν φάναι εἶναι τὴν ἡδονήν. Entre les paroles de Platon, p. 42, D,

un seul, la sensation du plaisir, est absolument désirable. 304
La nature même le témoigne : car tous les êtres désirent le
plaisir comme la fin suprême, et ne fuient rien tant que
la douleur[1], à moins que leur jugement ne soit perverti
par quelque illusion de l'imagination[2] ; et il serait inexact
de substituer au plaisir la simple absence de douleur, car
là où il n'y a pas de mouvement, il n'y a pas plus de
plaisir possible que de douleur; il n'y a qu'une simple
absence de sensation, comme dans le sommeil[3]. Le bien
est donc identique à l'agréable ou au plaisir, le mal au
désagréable ou à la peine et ce qui ne procure ni plaisir
ni douleur ne peut être appelé ni bon ni mauvais[4].

LE BONHEUR. — Il suit évidemment de ces principes 305
qu'aux yeux des Cyrénaïques les sensations agréables,
comme telles, doivent seules être l'objet de toute activité.
Le simple calme de l'âme, l'absence de douleur, dans laquelle Épicure chercha plus tard le souverain bien, ne
saurait constituer cet objet pour la raison que nous venons

---

et les témoignages qui attribuent à Aristippe la croyance à un état intermédiaire entre la douleur et le plaisir, je ne puis accorder à SUSEMIHL (Genet.
Entw. d. plat. Phil., II, 35, note 720) qu'il existe une contradiction ; je ne
puis donc davantage accepter la conjecture suivant laquelle Aristippe ne devrait
qu'à Platon la détermination précise de sa doctrine. Pourquoi Aristippe n'aurait-il
pas pu dire : « Nous nous trouvons toujours, il est vrai, dans un mouvement
doux ou violent, mais il n'y a plaisir ou peine que lorsque ce mouvement est
senti par nous » ? Et c'est justement là ce qu'il disait suivant Diogène, et c'est
aussi ce que finit par dire chez Platon le partisan de la doctrine du plaisir, mais
après avoir été poussé par son interlocuteur; seulement les témoins en général
ne tiennent pas compte de cette détermination plus précise de la doctrine.

1. DIOG., 88, 87. Cf. PLAT., Phil., 11, B (p. 298, 1).
2. DIOG., 89 : δύνασθαι δέ φασι καὶ τὴν ἡδονήν τινας μὴ αἱρεῖσθαι κατὰ διαστροφήν.
3. DIOG., 89 : ἡ δὲ τοῦ ἀλγοῦντος ὑπεξαίρεσις (ὡς εἴρηται παρ' Ἐπικούρῳ)
δοκεῖ αὐτοῖς μὴ εἶναι ἡδονή, οὐδὲ ἡ ἀηδονία ἀλγηδών. ἐν κινήσει γὰρ εἶναι ἀμφότερα
μὴ οὔσης τῆς ἀπονίας ἢ τῆς ἀηδονίας κινήσεως, ἐπεὶ ἡ ἀπονία οἷον καθεύδοντός
ἐστι κατάστασις. Toutefois, cette opinion ne fut exprimée d'une manière aussi
précise que plus tard, contre Épicure, suivant CLÉMENT, Strom., II, 417, B, en
particulier par l'école d'Annicéris.
4. SEXT., Adv. Math., VII, 199 : τὰ μὲν ἀλγεινὰ κακά φασιν εἶναι, ὧν τέλος
ἀλγηδών, τὰ δὲ ἡδέα ἀγαθά, ὧν τέλος ἐστὶν ἀδιάψευστον [ἀδιάψευστος;] ἡδονή, τὰ δὲ
μεταξὺ οὔτε ἀγαθὰ οὔτε κακά, ὧν τέλος τὸ οὔτε ἀγαθὸν οὔτε κακόν, ὅπερ πάθος ἐστὶ
μεταξὺ ἡδονῆς καὶ ἀλγηδόνος. Cf. p. 303, 1, et ce qui suit.

d'exposer[1]. Mais c'est une opinion qui leur paraît aussi contestable, que de voir dans le bonheur de la vie entière l'idée directrice de la morale, et de faire consister le devoir de l'homme à se procurer la plus grande somme de jouissances qu'il puisse atteindre pendant son existence. Car ce principe exige que nous embrassions dans nos efforts le passé et l'avenir aussi bien que le présent. Or le passé et l'avenir, d'un côté sont hors de notre pouvoir, et de l'autre ne nous procurent aucune jouissance : un sentiment agréable, s'il est à venir, est un mouvement qui n'a pas encore commencé; s'il est passé, c'est un mouvement qui n'existe plus[2]. La seule sagesse pratique consiste donc dans l'art de jouir de l'instant pré-

---

1. Voy. p. 255, 3, et Diogène, II, 87 : ἡδονὴν μέντοι τὴν τοῦ σώματος (sur ce point, voy. plus loin) ἣν καὶ τέλος εἶναι, καθά φησι καὶ Παναίτιος ἐν τῷ περὶ τῶν αἱρέσεων, οὐ τὴν καταστηματικὴν ἡδονὴν τὴν ἐπ' ἀναιρέσει ἀλγηδόνων καὶ οἷον ἀνοχλησίαν, ἣν ὁ Ἐπίκουρος ἀποδέχεται καὶ τέλος εἶναί φησι. C'est peut-être d'après la même source que Cicéron (*De Fin.*, II, 6, 18 sq.), après avoir déjà dit quelque chose d'analogue (I, 11, 39), écrit : *Aut enim eam voluptatem tueretur, quam Aristippus, i. e. qua sensus dulciter ac jucunde movetur... nec Aristippus, qui voluptatem summum bonum dicit, in voluptate ponit non dolere.* 13, 39 : *Aristippi Cyrenaicorumque omnium; quos non est veritum in ea voluptate quæ maxime dulcedine sensum moveret, summum bonum ponere, contemnentes istam vacuitatem doloris.*

2. Diog., 87 sq. : δοκεῖ δ' αὐτοῖς καὶ τέλος εὐδαιμονίας διαφέρειν· τέλος μὲν γὰρ εἶναι τὴν κατὰ μέρος ἡδονήν, εὐδαιμονίαν δὲ τὸ ἐκ τῶν μερικῶν ἡδονῶν σύστημα, αἷς συναριθμοῦνται καὶ αἱ παρῳχηκυῖαι καὶ αἱ μέλλουσαι. εἶναί τε τὴν μερικὴν ἡδονὴν δι' αὑτὴν αἱρετήν, τὴν δ' εὐδαιμονίαν οὐ δι' αὑτήν, ἀλλὰ διὰ τὰς κατὰ μέρος ἡδονάς. 89 sq. : ἀλλὰ μὴν οὐδὲ κατὰ μνήμην τῶν ἀγαθῶν ἢ προσδοκίαν ἡδονὴν φασιν ἀποτελεῖσθαι (ὅπερ ἤρεσκεν Ἐπικούρῳ). ἐκλύεσθαι γὰρ τῷ χρόνῳ τὸ τῆς ψυχῆς κίνημα. *Ibid.*, 91 : ἀρκεῖ [ἀρκεῖν] δὲ κἂν κατὰ μίαν [sc. ἡδονὴν] τις προσπίπτουσαν ἡδέως ἐπανάγῃ. Athén., XII, 544, a : [Ἀρίστιππος] ἀποδεξάμενος τὴν ἡδυπάθειαν ταύτην τέλος εἶναι ἔφη καὶ ἐν αὐτῇ τὴν εὐδαιμονίαν βεβλῆσθαι καὶ μονόχρονον αὐτὴν εἶναι· παραπλησίως τοῖς ἀσώτοις οὔτε τὴν μνήμην τῶν γεγονότων ἀπολαύσεως πρὸς αὐτὸν ἡγούμενος οὔτε τὴν ἐλπίδα τῶν ἐσομένων, ἀλλ' ἑνὶ μόνῳ τὸ ἀγαθὸν κρίνων τῷ παρόντι, τὸ δὲ ἀπολελαυκέναι καὶ ἀπολαύσειν οὐδὲν νομίζων πρὸς αὐτόν, τὸ μὲν οὐκ ἔτ' ὄν, τὸ δὲ οὔπω καὶ ἄδηλον. Élien, *V. H.*, XIV, 6 : πάνυ σφόδρα ἐρρωμένως ἐῴκει λέγειν ὁ Ἀρίστιππος, παρεγγυῶν, μήτε τοῖς παρελθοῦσιν ἐπικάμνειν, μήτε τῶν ἐπιόντων προκάμνειν· εὐθυμίας γὰρ δεῖγμα τὸ τοιοῦτο, καὶ ἵλεω διανοίας ἀπόδειξις· προσέταττε δὲ ἐφ' ἡμέρᾳ τὴν γνώμην ἔχειν καὶ αὖ πάλιν τῆς ἡμέρας, ἐπ' ἐκείνῳ τῷ μέρει καθ' ὃ ἕκαστος ἢ πράττει τι ἢ ἐννοεῖ· μόνον γὰρ ἔφασκεν ἡμέτερον εἶναι τὸ παρόν, μήτε δὲ τὸ φθάνον μήτε τὸ προσδοκώμενον· τὸ μὲν γὰρ ἀπολωλέναι, τὸ δὲ ἄδηλον εἶναι εἴπερ ἔσται. Nous ne saurions douter qu'Aristippe ait déjà professé ces principes, si nous considérons que sa vie entière les suppose et que le reste de ses doctrines y conduit immédiatement (voy. p. 303, 1). Toutefois, peut-être, leur formule exacte ne date-t-elle en partie que de l'époque d'Épicure.

sent; le présent seul est à nous ; cessons donc de nous tourmenter pour ce que nous n'avons plus et pour ce que nous n'aurons peut-être jamais[1].

Théorie des plaisirs. — La nature des objets qui provoquent en nous le plaisir est en elle-même indifférente. Tout plaisir, en tant que plaisir, est bon, et sous ce rapport il n'y a aucune différence entre un plaisir et un autre. Ils peuvent bien être produits par des causes différentes et même opposées, mais, pris en eux-mêmes, ils se ressemblent tous ; ils sont aussi bien l'un que l'autre un mouvement agréable de l'âme, et à ce titre un objet naturel de nos désirs[2]. Les Cyrénaïques ne peuvent donc accorder que certains plaisirs soient, non seulement condamnés par les mœurs et les lois, mais mauvais par leur nature même. A leurs yeux un plaisir, fût-il obtenu au moyen d'une action condamnable, n'en est pas moins en lui-même bon et désirable[3].

Cependant ce principe reçoit plusieurs déterminations plus précises, qui en atténuent beaucoup la rigueur, et en restreignent les applications. D'abord les Cyrénaïques ne pouvaient nier que, malgré la similitude essentielle de toutes les sensations de plaisir, il n'y eût lieu à tout le moins d'éta-

---

1. Voy. la note préc. et Diog., 66 : ἀπέλαυε μὲν γὰρ ['Ἀρίστ.] ἡδονῆς τῶν παρόντων, οὐκ ἐθήρα δὲ πόνῳ τὴν ἀπόλαυσιν τῶν οὐ παρόντων ὅθεν καὶ Διογένης βασιλικὸν κύνα ἔλεγεν αὐτόν. Voyez, plus loin, d'autres détails.

2. Diog., 87 : μὴ διαφέρειν τε ἡδονὴν ἡδονῆς, μηδὲ ἡδῖόν τι εἶναι. (Voy. ce qui suit.) Platon, *Philèbe*, 12, D : Le partisan de la doctrine du plaisir, s'entendant objecter par Socrate qu'il faut distinguer de bons et de mauvais plaisirs, lui répond : εἰσὶ μὲν γὰρ ἀπ' ἐναντίων... αὐταὶ πραγμάτων, οὐ μὴν αὐταί γε ἀλλήλαις ἐναντίαι. πῶς γὰρ ἡδονῇ γε ἡδονὴ μὴ οὐχ ὁμοιότατον ἂν εἴη, τοῦτο αὐτὸ ἑαυτῷ, πάντων χρημάτων ; *ibid.*, 13, A : λέγεις γὰρ ἀγαθὰ πάντα εἶναι τὰ ἡδέα, comment cela serait-il possible quand il s'agit des mauvais plaisirs ? Et Protarque réplique : πῶς λέγεις, ὦ Σώκρατες, οἴει γάρ τινα συγχωρήσεσθαι, θέμενος ἡδονὴν εἶναι τἀγαθόν, εἶτα ἀνέξεσθαί σου λέγοντος τὰς μὲν εἶναί τινας ἀγαθὰς ἡδονάς, τὰς δέ τινας ἑτέρας αὐτῶν κακάς ; De même Protarque (p. 36, C) ne veut pas accorder qu'il puisse y avoir des plaisirs et des peines purement imaginaires. Cf. p. 298, 1.

3. Voy. la note préc. et Diog., 88 : εἶναι δὲ τὴν ἡδονὴν ἀγαθὸν κἂν ἀπὸ τῶν ἀσχημοτάτων γένηται, καθά φησιν Ἱππόβοτος ἐν τῷ περὶ αἱρέσεων. εἰ γὰρ καὶ ἡ πρᾶξις ἄτοπος εἴη, ἀλλ' οὖν ἡ ἡδονὴ δι' αὐτὴν αἱρετὴ καὶ ἀγαθόν. C'est la même idée qu'exprime le passage que nous venons de citer, *Phil.*, 12, D. Cf. p. 308, 1.

PHILOSOPHIE DES GRECS.   III — 21

blir entre elles certaines différences de degré. Car, bien que tout plaisir, en tant que plaisir, soit bon, il ne s'ensuit nullement qu'il y ait autant de bien dans l'un que dans l'autre; au contraire, s'il est certain que tel plaisir procure plus de jouissance que tel autre, il doit aussi obtenir la préférence[1]. Les Cyrénaïques ne furent pas non plus sans s'apercevoir que beaucoup de jouissances ne peuvent être achetées que par une plus grande somme de peine : c'était même là, selon eux, la raison pour laquelle il est si difficile d'atteindre au bonheur parfait[2]. Ils exigeaient donc que l'on tînt compte des conséquences des actions; et c'est par là qu'ils cherchaient, comme le firent plus tard les Épicuriens, à rétablir indirectement la distinction du bien et du mal qui ne pouvait s'appliquer immédiatement aux actions elles-mêmes. Une action, en ce sens, est condamnable, quand il en résulte plus de peine que de plaisir, et c'est pourquoi l'homme intelligent s'abstiendra de toute action défendue par les lois civiles ou l'opinion publique[3].

1. Diogène, 87 (voy. l'avant-dernière note) dit il est vrai que les Cyrénaïques niaient même les différences de degré entre les plaisirs, mais c'est là sans doute une méprise. Diogène lui-même (II, 90) donne comme une doctrine des Cyrénaïques que les voluptés et les douleurs du corps sont plus fortes que celles de l'âme (cf. p. 308, 3), et de même Platon, *Philèbe*, 45, A, 65, E, parle au point de vue de cette école des μέγισται τῶν ἡδονῶν; enfin, dans le système même des Cyrénaïques on ne peut trouver aucun fondement à cette identification absolue de tous les plaisirs. Ils ne pouvaient accorder qu'il y eût entre eux une différence absolue de valeur, et que les uns fussent bons, les autres mauvais; mais ils n'avaient pas besoin de nier pour cela une différence relative entre des plaisirs moins bons et des plaisirs meilleurs, et même ils pouvaient accorder qu'il existe plusieurs espèces de plaisirs (p. ex. les plaisirs corporels et les plaisirs de l'âme). Ce que Ritter (II, 103) fait observer à l'appui du témoignage de Diogène ne me paraît pas probant, et je ne puis pas davantage adopter l'explication de Wendt (*Phil. Cyr.*, 34, *Gött. Anz.*, 1835, 789), suivant lequel les Cyrénaïques auraient seulement nié, d'après Diogène, qu'un objet en lui-même et indépendamment de notre sensation pût être plus agréable qu'un autre.

2. Diog., 90 : διὸ [?] καὶ καθ' αὑτὴν αἱρετῆς οὔσης τῆς ἡδονῆς τὰ ποιητικὰ ἐνίων ἡδονῶν ὀχληρὰ πολλάκις ἐναντιοῦσθαι· ὡς δυσκολώτατον αὐτοῖς φαίνεσθαι τὸν ἀθροισμὸν τῶν ἡδονῶν εὐδαιμονίαν ποιούντων. Cf., sur ce dernier point, p. 305, 2.

3. Diog., 93 : μηδέν τε εἶναι φύσει δίκαιον ἢ καλὸν ἢ αἰσχρόν (parce que justement la valeur d'une action dépend du plaisir ou de la douleur qui en résulte), ἀλλὰ νόμῳ καὶ ἔθει. ὁ μέντοι σπουδαῖος οὐδὲν ἄτοπον πράξει διὰ τὰς ἐπικειμένας ζημίας καὶ δόξας. Wendt (*Phil. Cyr.*, 25) met en doute sans aucun motif l'exactitude de cette indication, qui est pleinement d'accord avec les idées d'Aristippe

Enfin ils portaient aussi leur attention sur la distinction du corporel et du spirituel[1]; et s'ils considéraient les jouissances et les douleurs du corps comme plus sensibles que celles de l'âme[2], si même ils cherchaient, comme cela est possible, à prouver que la sensation corporelle est, en dernière analyse, la condition de tout plaisir et de toute douleur[3], ils remarquaient en même temps qu'il devait y avoir quelque chose par delà l'impression des sens : c'était là, pensaient-ils, la seule manière d'expliquer comment des perceptions semblables peuvent souvent produire un effet si différent sur nous, comment, par exemple, le spectacle des souffrances d'autrui dans la réalité nous cause de la peine, et sur la scène, du plaisir[4]. Ils allaient même

---

et se retrouve aussi chez Épicure (voy. III⁰ part., a, 407 sq., 2⁰ éd.). Inversement, il a raison quand il contredit (*ibid.*, 36, 42) la conjecture de SCHLEIERMACHER, *Plat. Werke*, II, 1, 183, II, 2, 18 sq., suivant laquelle Aristippe serait réfuté dans le *Gorgias* de Platon, en la personne de Calliclès, et dans le *Cratyle* (384, D) en celle d'Hermogène.

1. Ils ne pouvaient, il est vrai, le faire, à la rigueur, qu'en disant : une partie de nos impressions nous *semble* être produite par le corps, et une autre non ; car ils avaient renoncé à une connaissance réelle des choses. Toutefois, on ne peut guère penser qu'ils aient poussé si loin le souci d'être conséquents avec eux-mêmes.

2. Diog., II, 90 : πολὺ μέντοι τῶν ψυχικῶν τὰς σωματικὰς ἀμείνους εἶναι καὶ τὰς ὀχλήσεις χείρους τὰς σωματικάς· ὅθεν καὶ ταύταις κολάζεσθαι μᾶλλον τοὺς ἁμαρτάνοντας. (Même idée, *ibid.*, X, 137.) χαλεπώτερον γὰρ τὸ πονεῖν, οἰκειότερον δὲ τὸ ἥδεσθαι ὑπελάμβανον· ὅθεν καὶ πλείονα οἰκονομίαν περὶ θάτερον ἐποιοῦντο.

3. C'est ce que tend à prouver, dans le passage que nous venons de citer, l'expression οἰκειότερον; l'assertion (p. 309, 2) suivant laquelle toute jouissance et toute peine spirituelle ne se rapporte pas au corps peut d'ailleurs être conciliée avec celle-ci, s'ils voulaient dire seulement par là que toutes n'avaient pas dans le corps leur objet immédiat, sans nier pourtant un rapport plus éloigné entre les sensations corporelles et ces sentiments. Par exemple, la joie que nous éprouvons du bonheur de notre patrie pourrait être liée avec ces sensations par l'idée que notre bien-être personnel dépend de celui de la patrie. Inversement, il faut considérer comme une exagération d'adversaires ce qu'affirment PANÆTIUS et CICÉRON, suivant lesquels les Cyrénaïques auraient vu dans le plaisir corporel le seul but de la vie ; cf. p. 305, 1, et CICÉRON, *Acad.*, II, 45, 139 : *Aristippus, quasi animum nullum habeamus, corpus solum tuetur*. Le but suprême, ou le bien, suivant Aristippe, ce n'est pas seulement le plaisir corporel, mais le plaisir en général, et s'il est vrai qu'il considérait le plaisir corporel comme le plus fort, et par suite le meilleur, il ne s'ensuit pas qu'il ait exclu de la notion du bien le plaisir de l'âme. D'ailleurs, ses vues sur la valeur de l'intelligence suffisent à condamner cette opinion. Cf. WENDT, *Phil. Cyr.*, 22 sqq.

4. Diog., 90 : λέγουσι δὲ μηδὲ κατὰ ψιλὴν τὴν ὅρασιν ἢ τὴν ἀκοὴν γίνεσθαι ἡδονάς· τῶν γοῦν μιμουμένων θρήνους ἡδέως ἀκούομεν, τῶν δὲ κατ' ἀλήθειαν ἀηδῶς. Même remarque chez PLUTARQUE, *Quæst. conv.*, V, 1, 2, 7, p. 674. Rapprochez CICÉRON, *Tusc.*, III, 13, 28.

jusqu'à accorder qu'il y a des joies et des douleurs spirituelles qui ne correspondent pas immédiatement à un état du corps : on se réjouit du bien-être de sa patrie comme du sien propre[1]. Ainsi, bien qu'en général il y eût identité aux yeux des Cyrénaïques entre le bien et le plaisir, entre le mal et la douleur, ils sont fort loin de n'attendre le bonheur que de la simple satisfaction des sens; au contraire, pour jouir vraiment de la vie, pensent-ils, il faut non seulement calculer la valeur et les conséquences de chaque plaisir, mais aussi acquérir de bonnes dispositions d'esprit. En un mot le moyen essentiel pour arriver à la vie heureuse, c'est l'intelligence[2].

L'INTELLIGENCE. — Si, en effet, l'intelligence est aussi nécessaire, ce n'est pas uniquement parce qu'elle nous procure cette habileté pratique grâce à laquelle nous ne sommes jamais embarrassés pour nous tirer d'affaire[3]; c'est avant tout parce qu'elle nous apprend à user comme il faut de tous les biens de la vie[4], parce qu'elle nous délivre des préjugés et des illusions de l'imagination, qui sont autant d'obstacles à notre bonheur, comme l'envie, l'amour passionné, la superstition[5], parce qu'elle nous préserve de tout regret de ce qui a disparu, de tout désir de ce qui est à venir, et de toute dépendance vis-à-vis des jouissances actuelles, enfin parce qu'elle nous procure la

---

1. DIOG., 89 : οὐ πάσας μέντοι τὰς ψυχικὰς ἡδονὰς καὶ ἀλγηδόνας ἐπὶ σωματικαῖς ἡδοναῖς καὶ ἀλγηδόσι γίνεσθαι. καὶ γὰρ ἐπὶ ψιλῇ τῇ τῆς πατρίδος εὐημερίᾳ, ὥσπερ τῇ ἰδίᾳ χαρὰν ἐγγίνεσθαι.
2. Cf. p. 398, 2.
3. Voy., sur ce point, les anecdotes et les mots qui sont rapportés par DIOGÈNE (68, 73, 79, 82) et ce que GALIEN (*Exhort.*, c. 5, t. I, 8, K.) et VITRUVE (VI, *Præf.*, 1) racontent sur le naufrage d'Aristippe. Cf. *Exc. e Floril. Joh. Dam.*, II, 13, 138.
4. DÉMÉTRIUS (*De eloc.*, 296) présente comme εἶδος τοῦ λόγου Ἀριστίππειον : ὅτι οἱ ἄνθρωποι χρήματα μὲν ἀπολείπουσι τοῖς παισίν, ἐπιστήμην δὲ οὐ συναπολείπουσι τὴν χρησομένην αὐτοῖς. La pensée est socratique. Voy. p. 118, 3.
5. DIOG., 91 : τὸν σοφὸν μήτε φθονήσειν μήτε ἐρασθήσεσθαι (cf. les paroles d'Aristippe citées plus loin, sur ses rapports avec Laïs) ἢ δεισιδαιμονήσειν. Toutefois, il ne saurait être à l'abri de la crainte et du chagrin, en tant que ce sont là des affections naturelles.

liberté de notre for intérieur, dont nous avons besoin pour être à chaque moment satisfaits du présent[1]. Aussi les Cyrénaïques recommandent-ils de la manière la plus pressante la culture de l'esprit[2], et représentent-ils la philosophie en particulier comme la voie qui conduit à une vie vraiment humaine[3]. Ils vont même jusqu'à déclarer nettement qu'elle est la condition essentielle du bonheur. Car, bien que l'homme dépende trop des choses extérieures pour qu'en toute circonstance le sage soit dans la joie et le fou dans la peine, c'est cependant là ce qui arrive généralement[4]. Ainsi l'école n'abandonne pas ici son principe fondamental d'eudémonisme, mais elle parvient à en tirer tout autre chose que ce qu'on pouvait en attendre à première vue.

LA CONDUITE MORALE SELON LES CYRÉNAÏQUES. — D'ailleurs cette théorie se trouve en harmonie avec tout ce que nous savons encore des idées et de la conduite d'Aristippe. Sa pensée dominante réside dans ce principe que la vie réserve le plus de bonheur à celui qui, sans jamais se priver d'aucun plaisir, sait pourtant en chaque instant rester maître de lui et des circonstances. L'absence de besoins qui caractérise le Cynique n'est pas son fait; jouir avec intelligence, dit-il[5], est un art plus grand que de s'abstenir.

1. Voy., sur ce point, p. 306, 1.
2. On cite notamment d'Aristippe beaucoup de mots à ce sujet : DIOGÈNE, II, 69, 70, 72, 80; PLUTARQUE, *Fragm.* 9, 1, *e comment. in Hes.*
3. Voy. le mot d'Aristippe, *ap.* DIOG., II, 72; PLUT., *De ed. puer.*, 7, p. 4 sq. C'est à lui également que DIOGÈNE, II, 68 (cf. *Exc. e Floril. Joh. Dam.*, II, 13, 146), prête un mot que CICÉRON (*Rep.*, I, 2) et PLUTARQUE (*Adv. Colot.*, 30, 2, p. 1124) attribuent à Xénocrate : que rien ne serait changé dans la vie du philosophe, quand bien même toutes les lois seraient supprimées.
4. DIOG., 91 : ἀρέσκει δ'αὐτοῖς μήτε τὸν σοφὸν πάντα ἡδέως, ζῆν μήτε πάντα φαῦλον ἐπιπόνως, ἀλλὰ κατὰ τὸ πλεῖστον. De même, les Cyrénaïques ne voulaient pas nier que les ἄφρονες (c.-à-d. les fous) fussent capables de certaines vertus (DIOG., *loc. cit.*); ce ne sont, il est vrai, que les représentants postérieurs de l'école qui ont formulé expressément cette remarque contre les Cyniques et les Stoïciens.
5. *Ap.* STOB., *Floril.*, 17, 18 : κρατεῖ ἡδονῆς οὐχ ὁ ἀπεχόμενος, ἀλλ' ὁ χρώμε-

Lui-même vivait d'une façon non seulement confortable, mais luxueuse[1]. Il aimait les plaisirs de la table[2], il se parait de riches vêtements[3] et se parfumait d'onguents précieux[4]; il menait joyeuse vie avec les hétaïres[5]. Il ne méprisait pas davantage les moyens de se procurer ce genre de vie; loin de là, il pensait que plus on en possède, mieux cela vaut. La richesse n'est pas comme une chaussure dont on ne peut se servir quand elle est trop grande[6]. Aussi ne se contentait-il pas de faire payer son enseignement[7]; mais il ne se faisait même aucun scrupule, pour s'enrichir, d'employer des moyens et de se soumettre à des conditions que tout autre philosophe eût trouvés indignes de lui[8]. Quant à la crainte de la mort, dont sa

---

νος μὲν μὴ παρεκφερόμενος δέ. *Ap.* Diog., 75 : τὸ κρατεῖν καὶ μὴ ἡττᾶσθαι ἡδονῶν κράτιστον, οὐ τὸ μὴ χρῆσθαι.

1. Déjà Xénophon (*Mém.*, II, 1, 1) le qualifie de ἀκολαστοτέρως ἔχοντα πρὸς τὰ τοιαῦτα [πρὸς ἐπιθυμίαν βρωτοῦ καὶ ποτοῦ καὶ λαγνείας καὶ ὕπνου, etc.]. Lui-même dit dans ce passage (§ 9) que son but est ἢ ῥᾷστά τε καὶ ἥδιστα βιοτεύειν, et Socrate (*ibid.*, § 15) lui demande si, dans son renoncement volontaire à toute patrie, il ne comptait pas, par hasard, sur ce que personne ne voudrait de lui pour esclave. τίς γὰρ ἂν ἐθέλοι ἄνθρωπον ἐν οἰκίᾳ ἔχειν, πονεῖν μὲν μηδὲν ἐθέλοντα, τῇ δὲ πολυτελεστάτῃ διαίτῃ χαίροντα. Ce portrait est développé par les auteurs plus récents sous les plus vives couleurs, et sans doute avec quelque exagération. Voy. Athén., XII, 544, b, e (d'après Alexis); *ibid.*, VIII, 343, c (d'après Sotion); Timon, *ap.* Diog., II, 66; *ibid.*, II, 69, IV, 40; Luc., *V. auct.*, 12; Clém., *Pædag.*, II, 176, D; Eus., *Præp. Ev.*, XIV, 18, 31; Épiphane, *Expos. fid.*, 1089, A, etc. Cf. Stein, p. 41 sqq., 71.

2. Voy. la note précédente et les anecdotes, *ap.* Diog., II, 66, 68, 69, 75, 76 sq. Voy. plus bas.

3. Max. Tyr., *Diss.*, VII, 9; Luc., *loc. cit.*; id., *Bis acc.*, 23; Tatien, *Adv. Gr.*, c. 2; Tertull., *Apolog.*, 46. Cf. p. 312, 3.

4. Sénèque (*De Benef.*, VII, 25, 1), Clément (*Pæd.*, II, 176, D), Diogène (76), racontent qu'il se servait de parfums, et comment il se défendait à ce sujet. Tous semblent avoir puisé leur récit à la même source; c'est de là aussi que viennent probablement les autres renseignements mentionnés par Stein, p. 43, 1.

5. On connaît ses rapports avec Laïs. Voy. Hermésianax, *ap.* Athén., XIII, 599, b; *ibid.*, 588, c, e ; XII, 544, b, d; Cic., *ad Famil.*, IX, 26; Plut., *Erot.*, 4, 5, p. 750; Diog., 74 sq., 85; Clém., *Strom.*, II, 411, C (Théod., *Cur. Gr. Aff.*, XII, 50, p. 173); Lact., *Instit.*, III, 15. Diogène (67, 69, 81) donne plusieurs histoires du même genre. Cf. *ibid.*, IV, 40.

6. *Ap.* Stob., *Floril.*, 94, 32.

7. Voy. p. 291, 1.

8. C'est ici qu'il convient de rappeler un grand nombre d'anecdotes relatives au séjour d'Aristippe à la cour de Denys. D'après Diogène (77), il lui aurait déclaré dès son arrivée qu'il venait auprès de lui pour faire part de ce qu'il possédait, pour obtenir ce qu'il ne possédait pas, ou, d'après une version plus invraisemblable, il lui aurait dit que lorsqu'il avait eu besoin d'instruction, il s'était adressé à

doctrine se vantait de délivrer l'homme[1], il ne l'avait pas non plus, comme on peut facilement s'y attendre de la part d'un bon vivant comme lui, surmontée assez complètement pour pouvoir contempler le danger avec le même calme qu'un Socrate[2]. Ce serait néanmoins lui faire tort que de le regarder comme un vulgaire homme de plaisir, doué tout au plus de quelque supériorité intellectuelle. Assurément il veut jouir, mais en même temps il veut dominer la jouissance. Non seulement il possède assez

---

Socrate, et que maintenant qu'il avait besoin d'argent, il avait recours à lui (*ibid.*, 78). C'est aussi à Denys qu'Aristippe, suivant Diogène (69), adressa ce mot : Si les philosophes frappent aux portes des riches et non les riches à la porte des philosophes, c'est que ceux-ci savent ce dont ils ont besoin, et que ceux-là l'ignorent. (Même mot dans Stobée, *Floril.*, 3, 46 ; avec une application différente dans Diogène, 70 ; même idée encore dans Diogène, 81). (Schleiermacher, *Plat. Rep.*, VI, 489, D, n'aurait pas dû rapporter ce passage au mot d'Aristippe, à cause du texte d'Aristote, *Rhét.*, II, 16, 1391, a, 8. Mais il a raison, en revanche, de réfuter le Scholiaste qui prête à Socrate le mot d'Aristippe.) Au sujet des offres libérales faites à Platon par le tyran, Aristippe dit (*ap.* Plut., *Dio*, 19) ἀσφαλῶς μεγαλόψυχον εἶναι Διονύσιον· αὑτοῖς μὲν γὰρ μικρὰ διδόναι πλειόνων δεομένοις, Πλάτωνι δὲ πολλὰ μηδὲν λαμβάνοντι. Un jour que Denys lui refuse de l'argent, parce que le sage, affirmait Aristippe, n'est jamais dans l'embarras, il répond : « Donne-le-moi seulement, et je t'expliquerai la chose, » et après l'avoir reçu : « Eh bien, regarde, n'avais-je pas raison ? » (Diog., 82.) Diogène, 67, 73 ; Athénée, XII, 544, c, d, (d'après Hégésandre), racontent encore qu'un jour il avait été relégué par Denys au bout de la table, pour une réponse trop libre, et s'en consola en remarquant que c'était le tour de cette place d'être honorée par lui. Une autre fois, Denys lui cracha au visage, et il le supporta avec calme : un pêcheur, dit-il, consent à se laisser mouiller bien davantage, et pourtant il ne pêche pas d'aussi gros poissons. Suivant Diogène (79), il tomba une fois aux pieds de Denys, en demandant une faveur pour un ami, et comme on lui en faisait reproche, il répliqua : « Pourquoi donc aussi le tyran a-t-il les oreilles aux jambes ? » Il est encore une autre anecdote encore plus fréquemment répétée : un jour Denys aurait demandé à lui et à Platon de paraître vêtus de pourpre, ou même de danser, et tandis que Platon refusait de le faire, Aristippe le fit en riant (voy. Sext., *Hyp. Pyrrh.*, III, 204, I, 155 ; Diog., 78 ; Suid., Ἀρίστ. ; Stob., *Floril.*, 5, 46 ; Grég. Naz., *Carm.*, II, 10, 324 sqq. ; ce dernier commet la méprise de mettre la scène de l'événement à la cour d'Archélaüs ; Stein, 67, sqq). C'est aussi à Platon que fait allusion ce mot rapporté par Diogène (81) : qu'il se laissait reprocher par Denys ce que d'autres reprochaient à Denys lui-même : il veut dire sans doute que le prédicateur de morale ne cherche, lui aussi, que son intérêt. Aristippe est également représenté comme flatteur et parasite de Denys par Lucien, *V. auct.*, 12 ; *Parasit.*, 33 ; *Bis acc.*, 23 ; *Mén.*, 13. Cf. le scholie, ad h. l.

1. Voy. plus haut, p. 297, 1. Cf. Diog., 76 ; cependant les Cyrénaïques considèrent la crainte comme naturelle et irrémédiable ; cf. p. 310, 2.

2. Dans une tempête, comme on lui reprochait malgré sa philosophie de témoigner plus de crainte que les autres, il répond avec finesse : οὐ γὰρ περὶ ὁμοίας ψυχῆς ἀγωνιῶμεν ἀμφότεροι. Diog., 71 ; Gell., XIX, 1, 10 ; Élien, *V. H.*, IX, 20.

d'adresse pour savoir se conformer aux circonstances et mettre à profit les hommes et les choses[1], assez d'esprit pour n'avoir jamais de peine à trouver une repartie pleine d'à-propos[2]; mais il a en outre un caractère assez calme et assez indépendant pour se passer sans chagrin du plaisir, pour supporter une perte avec égalité d'âme, pour se contenter de ce qu'il a et se trouver heureux dans toute situation. Son principe est de jouir du présent, de ne point se soucier de l'avenir ni du passé et de conserver sa sérénité en face de tout événement[3]. Quoi qu'il arrive,

---

1. Diog., 66 : ἦν δὲ ἱκανὸς ἁρμόσασθαι καὶ τόπῳ καὶ χρόνῳ, καὶ προσώπῳ κα πᾶσαν περίστασιν ἁρμοδίως ὑποκρίνασθαι· διὸ καὶ παρὰ Διονυσίῳ τῶν ἄλλων εὐδοκίμει μᾶλλον, ἀεὶ τὸ προσπεσὸν εὖ διατιθέμενος. Nous avons déjà rencontré quelques exemples de cette souplesse de caractère, p. 312, 3. Il faut également citer ici ce que racontent Galien et Vitruve (voy., plus bas, p. 291, en bas) : Après un naufrage qui l'avait dépouillé de tout, il sut se créer immédiatement (à Rhodes ou à Syracuse) d'abondantes ressources. On peut ajouter le renseignement fourni par Plutarque (*Dio*, 19) d'après lequel il se serait aperçu, dès le début, de la mésintelligence entre Denys et Platon. Lui-même (*ap.* Diog., 68), comme on lui demandait quel profit il avait retiré de la philosophie, répond : τὸ δύνασθαι πᾶσι θαρροῦντως ὁμιλεῖν, et Diogène, 79, raconte encore qu'amené prisonnier devant Artapherne, comme on lui demandait si, dans cet état, il avait toujours bon courage, il aurait répondu qu'il était maintenant parfaitement rassuré. On connaît aussi sa prétendue réponse à Diogène, qu'on attribue d'ailleurs également à d'autres (Diog., VI, 58, II, 102) : εἴπερ ᾔδεις ἀνθρώποις ὁμιλεῖν, οὐκ ἂν λάχανα ἔπλυνες. Diog., 68; Horace, *Ep.*, I, 17, 13 ; Valer. Max., IV, 3, extern. 4.

2. Cf. p. 312, 1, 313, 2. Il sait également fort bien se défendre au sujet de son luxe. Quelqu'un lui reprochait d'avoir acheté cinquante drachmes une perdrix, Aristippe lui demande s'il aurait bien donné une obole pour l'avoir, et comme l'autre lui répondait que oui : « Eh! bien, reprit-il, cinquante drachmes ne me sont pas plus qu'à toi une obole. » (Diog., 66), ou, d'après une autre version (Athén., VIII, 343, e, où l'histoire se passe entre Platon et lui à propos d'un plat de poisson) : ὁρᾷς οὖν... ὅτι οὐκ ἐγὼ ὀψοφάγος, ἀλλὰ σὺ φιλάργυρος. Une autre fois, il exprime l'idée que si une bonne table était contraire à la morale, on ne célébrerait pas ainsi les fêtes des dieux (*ibid.*, 68). Une fois, il invite à dîner celui qui lui fait des représentations sur ses dépenses exagérées, et comme l'autre accepte, il en tire encore cette conclusion que l'avarice seule l'empêche de vivre aussi bien (*ibid.*, 76 sqq). Comme Denys lui présentait trois hétaïres à choisir, il les prend toutes les trois, ajoutant cette parole galante, que Pâris n'avait pas été convenable de donner la préférence à une seule des déesses; mais, arrivé à sa porte, il les renvoie toutes trois (Diog., 67). Attaqué au sujet de ses relations avec Laïs, il répondit le mot célèbre : ἔχω καὶ οὐκ ἔχομαι. Les mêmes relations ont servi encore de thème à plusieurs plaisanteries légères : « il lui était indifférent que la maison qu'il habitait eût déjà été habitée par d'autres ; » « il ne demandait pas, s'il aimait le poisson, que le poisson l'aimât. » (Voy. les passages rapportés 311, 6.) Les anecdotes racontées par Diogène, 81 (cf. p. 293, 2) trahissent le même cynisme, quoique d'ailleurs elles ne soient pas en contradiction avec la moralité grecque.

3. Voy., plus haut, p. 305 sqq, 310.

il sait toujours prendre les événements par le bon côté[1], et se montre capable de porter également bien l'habit du mendiant et les riches vêtements[2]. Il aime les satisfactions, mais il sait y renoncer aussi[3]; il veut rester maître de ses désirs[4], et ne consent pas à voir l'équilibre de ses facultés troublé par les exigences de la passion[5]. Il ne fait pas fi de la richesse, mais il ne lui attribue aucune valeur intrinsèque[6], et par conséquent sait aussi s'en passer. Il prodigue l'argent, parce qu'il ne dépend pas de l'argent[7]; il sait, quand cela est nécessaire, s'en séparer[8] et se consoler de sa perte[9]. Il ne connaît rien de plus précieux à posséder que l'art de savoir se contenter[10], aucune pire

---

1. HORACE, *Ep.*, I, 17, 23 : *Omnis Aristippum decuit color et status et res, Tentantem majora, fere præsentibus æquum*. PLUTARQUE, *Vita Hom.*, II, 150 : Ἀρίστιππος καὶ πενίᾳ καὶ πόνοις συνηνέχθη ἐρρωμένως, καὶ ἡδονῇ ἀφειδῶς ἐχρήσατο. DIOGÈNE, 66. (Voy. plus haut, p. 313, 3, 306, 1.)

2. D'après DIOGÈNE, 67, Platon lui aurait dit : σοὶ μόνῳ δέδοται καὶ χλανίδα φέρειν καὶ ῥάκος. C'est à ce mot (et non à l'histoire mentionnée, p. 312, inf., du vêtement de pourpre) que fait allusion PLUTARQUE, *De virt. Alex.*, 8, p. 330 : Ἀρίστιππον θαυμάζουσι τὸν Σωκρατικὸν ὅτι καὶ τρίβωνι λιτῷ καὶ Μιλησίᾳ χλαμύδι χρώμενος δι' ἀμφοτέρων ἐτήρει τὸ εὔσχημον, ainsi qu'HORACE, *Ep.*, I, 17, 27 sqq. Le scholiaste rappelle, au sujet de ce passage, qu'Aristippe, étant aux bains, revêtit le froc de Diogène et lui laissa à la place son manteau de pourpre, que celui-ci ne voulut porter à aucun prix.

3. DIOG., 67, voy., plus haut, 313, 4.

4. ἔχω, οὐκ ἔχομαι (voy. p. 313, 4). De même, allant chez une hétaïre, il dit que ce n'est pas d'y entrer qu'on doit rougir, mais de n'en plus savoir sortir (DIOG., 69).

5. Cf. p. 310, 2, 3, et PLUT., *Num p. suav. vivi sec. Epic.*, 4, 5, p. 1089 : οἱ Κυρηναϊκοὶ ....οὐδὲ ὁμιλεῖν ἀφροδισίοις οἴονται δεῖν μετὰ φωτός, ἀλλὰ σκότος προθεμένους, ὅπως μὴ τὰ εἴδωλα τῆς πράξεως ἀναλαμβάνουσα διὰ τῆς ὄψεως ἐναργῶς ἐν αὐτῇ ἡ διάνοια πολλάκις ἀνακαίῃ τὴν ὄρεξιν. Du reste, la même manière de voir résulte déjà de cette théorie, suivant laquelle le plaisir est un mouvement doux (voy. plus haut) : les tempêtes de la passion changeraient ce mouvement doux en un mouvement violent, le plaisir en douleur.

6. Voy., plus haut, p. 298, 1.

7. Voy. p. 313, 4, et l'histoire d'Aristippe ordonnant à son esclave, qui portait une charge d'or trop pesante, de jeter ce qu'il a de trop (HORACE, *Sat.*, II, 3, 99, et le Scholiaste *ad h. l.* DIOG., 77, d'après BION).

8. Se trouvant sur un vaisseau de pirates, il jette son or à la mer, en disant : ἄμεινον ταῦτα δι' Ἀρίστιππον ἢ διὰ ταῦτα Ἀρίστιππον ἀπολέσθαι. DIOG., 77 ; CIC., *De Invent.*, II, 58, 176; AUSONE, *Idyl.*, III, 13; STOB., *Floril.*, 57, 13 (surtout si, avec MÉNAGE et STEIN, p. 39, on lit τὸ ἀργύριον au lieu de ἀγρός). SUID., Ἀρίστ.

9. PLUTARQUE, *De tranq. an.*, 8, p. 469 : Aristippe avait perdu une de ses propriétés; une personne de connaissance vient lui en exprimer ses plus vives condoléances. — Mais voyons, réplique-t-il, j'en possède encore trois et tu n'en as qu'une, pourquoi ne le ferais-je pas plutôt mes condoléances?

10. HORACE, voy. p. 314, 2; DIOGÈNE, II, 72 : τὰ ἄριστα ὑπετίθετο τῇ θυγατρὶ

maladie que la cupidité¹. Il mène une vie pleine de mollesse, mais les privations ne l'effraient pas, et il admet les exercices corporels². Il fait le flatteur, mais il sait, à l'occasion, s'exprimer aussi avec la liberté la plus inattendue³ ; en définitive, il estime sa liberté au-dessus de toute chose⁴, et il ne veut, par suite, ni dominer ni être dominé, ni même appartenir à un État, parce que, à aucun prix, il ne consentirait à aliéner cette liberté⁵. Il se laissait

---

Ἀρέτῃ συνασκῶν αὐτὴν ὑπεροπτικὴν τοῦ πλείονος εἶναι. C'est de là qu'est tiré le témoignage analogue qu'on trouve dans les *Epist. Socr.*, 29. Car la lettre authentique, ou du moins plus ancienne, à Arété, mentionnée par Diogène, 84, n'a certainement pas été utilisée par l'auteur de cet écrit misérable et de fabrication plus récente.

1. Voy. le développement dans Plutarque, *De cupid. divit.*, 3, p. 524.

2. Voy., plus haut, p. 314, 2 ; Diogène, 91 : τὴν σωματικὴν ἄσκησιν συμβάλλεσθαι πρὸς ἀρετῆς ἀνάληψιν.

3. Nous trouvons différentes répliques assez libres à l'égard de Denys, chez Diog., 73, 77 ; Stob., *Floril.*, 49, 22 ; cf. Grég. Naz., *Carm.*, II, 10, 419, t. II, 430. Caill., sans parler de l'anecdote rapportée par Diogène, 75, et qui est aussi racontée par le même auteur, VI, 32 (Gal., *Exhort. ad art.*, c. 8, I, 18, K.) au sujet de Diogène.

4. D'après le principe mentionné par Horace, *Ep.*, I, 1, 18 (que le contexte m'empêche de rapporter uniquement à la conduite d'Aristippe dans la possession des choses extérieures) : *Nunc in Aristippi furtim praecepta relabor, Et mihi res, non me rebus, subjungere conor*. On peut citer également à ce propos le mot cité par Plutarque, *In Hes.*, 9 (t. XIV, 296, Hut.) : συμβούλου δεῖσθαι χεῖρον εἶναι τοῦ προσαιτεῖν. Cf. p. 313, 3.

5. Xénophon, *Mém.*, II, 1, 8 sqq. Socrate ayant demandé à Aristippe s'il se comptait parmi ceux qui sont aptes à commander ou parmi ceux qui sont faits pour obéir, Aristippe lui répond : ἔγωγ' οὐδ' ὅλως γε τάττω ἐμαυτὸν εἰς τὴν τῶν ἄρχειν βουλομένων τάξιν. Car, dit-il (*ibid., loc. cit.*, et § 17), il n'y a pas d'homme plus tourmenté que l'homme d'État ; ἐμαυτὸν τοίνυν τάττω εἰς τοὺς βουλομένους ᾗ ῥᾷστά τε καὶ ἥδιστα βιοτεύειν. Comme Socrate lui objecte que ceux qui commandent y arrivent encore plus facilement que ceux qui sont commandés, il réplique : ἀλλ' ἐγώ τοι οὐδὲ εἰς τὴν δουλείαν αὖ ἐμαυτὸν τάττω· ἀλλ' εἶναί τίς μοι δοκεῖ μέση τούτων ὁδός, ἣν πειρῶμαι βαδίζειν, οὔτε δι' ἀρχῆς οὔτε διὰ δουλείας, ἀλλὰ δι' ἐλευθερίας· ἥπερ μάλιστα πρὸς εὐδαιμονίαν ἄγει : et il ajoute, après plusieurs autres objections : ἀλλ' ἐγώ τοι, ἵνα μὴ πάσχω ταῦτα, οὐδ' εἰς πολιτείαν ἐμαυτὸν κατακλείω, ἀλλὰ ξένος πανταχοῦ εἰμι. C'est aussi ce rejet de toute patrie qui faisait dire à Aristippe (d'après Télès, ap. Stob., *Floril.*, 40, 8, t. II, 69, Mein.) qu'il lui était indifférent de mourir dans sa patrie, et que de tout endroit le chemin qui mène à l'Hadès a la même longueur. Il y a aussi accord entre le portrait de Xénophon et le mot que Stobée (*Floril.*, 49, 22) lui fait adresser à Denys : « Si tu avais appris quelque chose de moi, tu te débarrasserais de la tyrannie comme d'une maladie. » Cependant, comme il lui faut bien vivre dans un État, il préfère à ce titre le meilleur au pire, et par suite la distinction que nous lui voyons faire dans Stobée (*Floril.*, 49, 18) entre la monarchie et la tyrannie n'a rien d'invraisemblable. Cependant Aristippe peut être simplement revenu plus tard, dans une certaine mesure, sur sa condamnation de la vie politique, de

moins encore assurément enchaîner par des traditions et des scrupules religieux. Nous avons du moins toute raison de penser que tel était son sentiment et celui de son école[1], quoique Théodore se soit le premier fait un nom par ses attaques hardies contre les croyances populaires[2]; et qu'il n'y ait pas une connexion absolument certaine entre la philosophie cyrénaïque et la critique insipide d'Évhémère[3]. Enfin nous ne devons pas oublier que ce n'était pas seulement à lui-même, mais aussi à autrui qu'Aristippe cherchait à rendre la vie aussi agréable que possible. C'était, à ce qu'on nous raconte, un homme d'un caractère aimable et sympathique[4], ennemi de toute vanité et de toute fanfaronnade[5]; il savait partager la peine d'un ami et le consoler[6], supporter les offenses avec patience[7], calmer les querelles[8], apaiser la colère[9], ramener un ami avec lequel il a eu un dissentiment[10]. Le plus

---

même qu'on le voit se lier alors à une famille dont il n'aurait sans doute pas voulu davantage auparavant; le texte de Diogène, 81, il est vrai, ne prouve rien; voy. plus haut, p. 293, 2.

1. Leur scepticisme suffisait déjà pour les amener à imiter leur précurseur Protagoras dans son attitude vis-à-vis de la religion; et d'un autre côté, leurs tendances pratiques n'exigeaient pas moins formellement cet affranchissement de tout préjugé religieux, qu'ils réclament d'ailleurs expressément du sage (Diog., 91; voy. plus haut, 310, 2). Clément (Strom., VII, 722, D) dit également des Cyrénaïques d'une manière générale qu'ils repoussaient la prière.
2. Voy., plus loin, les détails.
3. Voy. p. 295, 1.
4. Grég. Naz., loc. cit., 307, le nomme ἥδιστος, et, ibid., 323, il apprécie en lui τὸ εὐχάριστον τοῦ τρόπου καὶ στωμύλον. Cf. p. 313, 3.
5. Cf. Aristote, Rhét., II, 23 (voy. p. 289, 2); Diogène, 71, 73.
6. Élien (V. H., VII, 3) mentionne une pénétrante Consolation de lui adressée à des amis frappés d'un grand malheur; il en cite ces mots, empruntés à l'introduction : ἀλλ' ἔγωγε ἥκω πρὸς ὑμᾶς οὐχ ὡς συλλυπούμενος ὑμῖν, ἀλλ' ἵνα παύσω ὑμᾶς λυπουμένους. Sans doute Aristippe, comme plus tard Épicure, ne pouvait, selon sa théorie, fonder le prix de l'amitié que sur son utilité; Diogène, 91 : τὸν φίλον τῆς χρείας ἕνεκα· καὶ γὰρ μέρος σώματος, μέχρις ἂν παρῇ, ἀσπάζεσθαι. Mais nous trouvons la même manière de voir chez Socrate lui-même (voy. p. 126, 8; 185, 4) et il se sert pour la justifier de la même preuve (Xén., Mém., I, 2, 54).
7. Cf. Plutarque, De prof. in virt., 9, p. 80.
8. Diogène, 70; Stobée, Floril., 19, 6.
9. Stobée, Floril., 20, 63.
10. Voy. le récit de son aventure avec Eschine dans Plutarque, De cohib. ira, 14, p. 462; Diogène, 82, événement que Stobée, Floril., 84, 19, sans doute par pure méprise (peut-être à cause de l'histoire racontée § 15 au sujet d'Euclide, voy. p. 207, 2 s. f.), rapporte au frère d'Aristippe.

beau spectacle, aurait-il déclaré, est celui de l'homme vertueux qui suit droit son chemin au milieu des méchants, et son respect pour Socrate prouve que tel était bien son sentiment. On peut donc croire aussi qu'il se félicitait, comme on nous le rapporte[1], d'être devenu, grâce à Socrate, un homme qu'on pût louer en toute conscience. Aristippe, en un mot, malgré tout son amour du plaisir, nous apparaît comme un homme d'un esprit supérieur et de sentiments délicats, capable de conserver la liberté et le calme intérieurs dans le changement des choses humaines, de maîtriser ses désirs et ses inclinations et de prendre par le bon côté tous les événements. La force de volonté qui défie la destinée, le sérieux d'une pensée élevée poursuivant de grandes fins, la rigueur des principes, voilà ce qui lui manque; mais il est passé maître en l'art peu commun d'être content de ce qu'il a et de rester dans la juste mesure; et si nous éprouvons quelque aversion pour lui en considérant le peu de profondeur et la mollesse de sa morale, il nous gagne pourtant, malgré tout, par la beauté de ses dons naturels et l'heureuse sérénité de son caractère[2]. Et ces traits ne sont pas seulement des qualités personnelles, mais ils sont conformes à l'esprit même du système, car ce système aussi exige que l'intelligence ré-

---

1. Stobée, Floril., 37, 25 : Ἀρίστιππος ἐρωτηθεὶς τί ἀξιοθαύμαστόν ἐστιν ἐν τῷ βίῳ · ἄνθρωπος ἐπιεικής, εἶπε, καὶ μέτριος ὅτι [ὃς ou ὅστις?] ἐν πολλοῖς ὑπάρχων μοχθηροῖς οὐ διέστραπται.

2. Diog., 71. Un petit nombre, il est vrai, des anecdotes qui nous sont rapportées sur Aristippe, présentent de sérieuses garanties d'authenticité. Mais comme elles s'accordent toutes de manière à fournir des traits d'un même caractère, nous nous en sommes servi comme de données historiques dans tout ce qui précède; si telle ou telle d'entre elles peut se trouver fausse, leur réunion nous donne pourtant, sans aucun doute, une idée exacte du personnage.

3. Cicéron lui-même, qui d'ailleurs ne lui est pas favorable, dit (De off., I, 41, 148) que si Socrate et Aristippe se sont mis en contradiction avec la tradition, il ne faut pas les imiter sur ce point; *magnis illi et divinis bonis hanc licentiam assequebantur*, et le même auteur emprunte au stoïcien Ariston le mot suivant (De nat. D., III, 31, 77) : *Nocere audientibus philosophos iis, qui bene dicta male interpretarentur; posse enim asotos ex Aristippi, acerbos e Zenonis schola exire.* Athénée (XIII, 566, d), d'après Antigone de Caryste, prête le même mot à Zénon : que si on le comprend mal on peut devenir grossier et commun, καθάπερ οἱ τῆς Ἀριστίππου παρενεχθέντες αἱρέσεως ἄσωτοι καὶ θρασεῖς.

gisse la vie humaine : la théorie et la pratique coïncident aussi bien chez Aristippe que chez Diogène, et, chez l'un comme chez l'autre, la pratique peut éclairer la théorie.

Rapports de la doctrine cyrénaïque avec la philosophie de Socrate. — L'un et l'autre pourtant sont bien éloignés du modèle socratique. Ici, nous rencontrons le principe de la science fondée sur les concepts ; là, le sensualisme le plus étroit ; d'un côté, un besoin insatiable de savoir, un incessant travail de dialectique ; de l'autre, un entier renoncement à la science, et une indifférence complète à toute recherche théorique ; chez Socrate nous trouvons la conscience la plus scrupuleuse, la soumission absolue aux exigences de la morale, l'effort incessant de l'homme sur lui-même et sur les autres ; chez Aristippe, au contraire, une sagesse pratique commode, qui ne voit rien au-dessus de la jouissance et se montre assez facile sur les moyens de se la procurer ; l'un donne l'exemple de l'austérité, de la tempérance, de la sévérité des mœurs, du patriotisme, de la piété, l'autre, celui d'un luxe plein de mollesse, de l'habileté versatile, d'un cosmopolitisme capable de se passer de patrie, et d'un rationalisme capable de se passer des dieux. Pourtant nous ne pouvons accorder qu'Aristippe ne soit qu'un disciple dégénéré de Socrate et que sa doctrine n'ait été empreinte que superficiellement de socratisme. Nous pourrions en effet rappeler d'abord que tous les anciens sont unanimes à le compter parmi les Socratiques, si ce témoignage ne portait pas simplement sur les rapports extérieurs de ce philosophe avec le penseur athénien. Nous pourrions rappeler aussi que lui-même se donnait comme disciple de Socrate, et qu'il lui avait voué une inaltérable admiration [1], et cette circonstance a déjà plus de poids, puisqu'elle prouve en tout cas

---

1. Voy. sur ces deux points, p. 289. 2.

qu'Aristippo était sensible à la grandeur morale de son ami et savait l'apprécier. Mais sa philosophie elle-même est encore plus capable de mettre hors de doute l'influence durable qu'eut sur lui l'esprit de son maître. Il n'a pas, il est vrai, partagé les convictions et les efforts scientifiques de Socrate[1] ; tandis que Socrate consacre toutes ses forces à la conquête d'une véritable science, Aristippo nie la possibilité de toute science ; tandis que le premier re-

---

1. Je ne puis en effet, non plus que RITTER (*Gesch. d. Phil.*, II, 106), accepter les remarques d'HERMANN (*Ueber Ritter's Darstellung des Sokr. Syst.*, 26 sqq. *Gesch. d. Plat. Phil.*, 263 sqq.), destinées à établir un lien plus étroit entre les idées scientifiques d'Aristippe et celles de Socrate, même en tenant compte des arguments nouveaux présentés par Hermann dans ses *Gesammte Abhandl.*, 233 sqq. Il croit que c'est seulement la pensée morale et religieuse de Socrate qui aurait manqué à Aristippe, tandis qu'il aurait maintenu au contraire ses principes logiques : Socrate, en effet, déclarait relatifs tous les jugements, et accordait, au contraire, une valeur universelle aux concepts; de même, les Cyrénaïques ne nient que la valeur universelle des jugements, et non celle des concepts, puisqu'ils accordent que tous les hommes, sous les mêmes impressions, sentent bien les mêmes choses, qu'ils s'entendent sur les noms : ces noms seraient tout simplement les concepts socratiques, « seulement, faute de contenu réel, ils sont réduits à un pur nom, ici comme chez Antisthène et chez les Mégariques. » Il y aurait même un véritable progrès « consistant d'abord à séparer radicalement les concepts du phénomène, et ensuite à définir nettement le bien suprême comme étant le premier jugement universel. » Mais, en premier lieu, répondrons-nous, il n'est pas entré dans la pensée de Socrate de nier en principe l'universalité des jugements ; au contraire, s'il est certain qu'il accordait l'existence de concepts universels, il ne l'est pas moins qu'il accordait celle des jugements universels (p. ex. quand il disait : Toute vertu est une science; tout homme veut le bien, etc.) et quand il déclarait relatifs certains jugements (p. ex. le jugement, Ceci est bon), il déclare également relatifs les concepts correspondants (p. ex. celui du bien). En second lieu, il est également inexact que les Cyrénaïques aient nié l'universalité des jugements seuls, et non celle des concepts ; au contraire, ils déclaraient formellement que toutes nos représentations expriment uniquement notre sensation personnelle. Ils n'ont jamais accordé que tous les hommes, sous les mêmes impressions, sentent les mêmes choses, car il faudrait, sous ce terme d' « impressions », entendre justement les sensations, et alors cette assertion devient aussi incontestable que vide de sens; ils affirment, au contraire, que nous ne pouvons savoir si d'autres sentent la même chose que nous (voy. p. 301, 1) ; s'ils accordaient pourtant la communauté des noms, qu'ils ne pouvaient d'ailleurs nier, ce fait n'a aucune importance : ils écartent complétement la question de savoir si ces noms correspondent à des sensations ou à des représentations identiques. On voit ce qu'il faut penser des *progrès* qu'Hermann voulait trouver dans la philosophie d'Aristippe : il n'est personne à qui l'on puisse, moins qu'aux Cyrénaïques, attribuer une séparation radicale des concepts et des phénomènes, puisqu'ils déclarent ne connaître que des phénomènes ; et quant à dire que la proposition : « Le plaisir est le souverain bien » est le *premier* jugement qui prétende à l'universalité, les remarques précédentes suffisent à montrer également l'inexactitude de cette assertion.

nouvelle la théorie et la méthode de la connaissance, le second ne veut entendre parler d'aucune science qui ne serve immédiatement à un but pratique[1]. Mais pourtant ces aptitudes dialectiques que nous pouvons lui accorder[2], et ce bon sens exempt de préjugés dont toute sa conduite témoigne, il les doit en grande partie à son maître.

On peut faire des observations analogues sur sa doctrine morale et sa vie. On voit assez clairement combien sur ce point en particulier il s'éloigne du modèle que fournissait Socrate ; et pourtant il en est en réalité plus voisin qu'on ne le croit peut-être. Car, d'un côté, nous l'avons vu, Socrate ne sait généralement pas donner aux devoirs moraux d'autre fondement que des considérations eudémoniques. Aristippe ne pouvait-il pas dès lors être convaincu qu'il ne s'éloignait pas de Socrate sur la question de la fin suprême, bien que ses vues sur les moyens d'arriver à la vie agréable ne fussent pas entièrement conformes à celles de son maître ? D'un autre côté, on ne peut non plus méconnaître chez Aristippe un trait bien socratique : c'est cette indifférence grâce à laquelle il se met au-dessus des événements, cette liberté d'esprit qui lui permet de se dominer lui-même et de dominer les circonstances, cette inébranlable sérénité qui produit la bienveillance, cette assurance pleine de calme qui vient de la confiance dans la puissance de la pensée. Lui aussi, il croit que rien n'est fort comme la science. Lui aussi, il veut rendre l'homme, grâce à l'intelligence et à la culture, aussi indépendant des choses extérieures que sa nature le comporte ; et il va si loin en

---

1. Je ne puis donc accepter non plus la remarque faite par BRANDIS (*Gr.-Röm. Phil.*, II, a, 94) : « Aristippe semble avoir maintenu que les principes déterminants de nos actions doivent être cherchés dans le domaine de la science ; mais dans l'examen de la question de définir ce qui est objet de science, il paraît se mettre en opposition avec Socrate. »

2. Cf. XÉNOPHON, *Mém.*, II, 1, III, 8, et ce que DIOGÈNE, II, 83 sqq. (cf. ATHÉN., XI, 508, c), rapporte sur la forme dialoguée de ses écrits et en particulier sur ses *Diatribes*.

ce sens, qu'il lui arrive souvent de se rencontrer de la manière la plus frappante avec les Cyniques[1].

En réalité les deux écoles sont en effet intimement apparentées l'une à l'autre. Toutes deux attribuent la même tâche à la philosophie en général : celle de former l'homme à la pratique[2], et non celle d'atteindre le savoir théorique. L'une et l'autre, par suite, se soucient peu des recherches logiques et physiques, et justifient également cette attitude à l'aide de théories qui, fondées, il est vrai, sur des principes différents, aboutissent pourtant, d'un côté comme de l'autre, à des conséquences sceptiques. L'une et l'autre poursuivent le même but dans leur morale : rendre l'homme indépendant par l'intelligence, l'élever au-dessus des choses extérieures et du destin. Elles ne se combattent qu'en ce qu'elles emploient des moyens opposés pour atteindre ce but commun. L'une veut y arriver par le renoncement, l'autre par le plaisir, l'une en se passant des choses extérieures, l'autre en apprenant à s'en servir[3]. Mais comme, en dernière analyse, elles veulent toutes deux la même chose, leurs principes finissent par se rejoindre : les Cyniques trouvent dans leur renonciation même le plaisir suprême, et Aristippe demande que l'on sache se passer des richesses et du plaisir pour en jouir véritablement[4]. Pour les mêmes raisons, les deux écoles prennent une attitude analogue en face de la société civile et de la tradition religieuse : l'individu se renferme dans la conscience de sa supériorité intellec-

---

1. La tradition elle-même révèle cette parenté en attribuant fréquemment les mêmes mots tantôt à Aristippe, tantôt à Diogène ou à Antisthène.
2. La constante expression par laquelle l'une et l'autre école désignent cette culture est παιδεία, et elles se servent à peu près du même langage pour la recommander. Cf. ce que nous avons cité p. 250 et p. 310, 4, 5.
3. Pour mettre en relief cette différence, WENDT (*Phil. Cyr.*, 29) rappelle avec à propos le langage opposé d'Antisthène et d'Aristippe (DIOG., VI, 6, II, 68). Le premier dit que ce qu'il doit à la philosophie c'est τὸ δύνασθαι ἑαυτῷ ὁμιλεῖν; celui-ci dit que c'est τὸ δύνασθαι πᾶσι θαρροῦντως ὁμιλεῖν.
4. Voy., plus haut, p. 263 et 314 sqq. Cf. HEGEL, *Gesch. d. Phil.*, II, 127.

tuelle, il n'a pas besoin de l'État, et il ne se sent pas lié par les croyances de sa nation ; il se soucie d'ailleurs trop peu des autres pour chercher à exercer une influence efficace en politique ou en religion. C'est ainsi que ces deux écoles présentent, en même temps que l'opposition la plus accentuée, un certain air de famille qui trahit leur origine commune dans la philosophie socratique alliée à la sophistique.

Nous devons pourtant, à vrai dire, accorder qu'Aristippe s'éloigne encore plus qu'Antisthène de l'esprit qui animait cette philosophie à l'origine. La conception eudémonistique de la vie n'était pour Socrate qu'une notion auxiliaire à laquelle il recourait pour soumettre l'activité morale à la réflexion et la justifier devant elle ; elle est élevée ici à la hauteur d'un principe, et la science socratique est réduite à se mettre au service de ce principe. La philosophie n'est plus, comme chez les Sophistes, qu'un moyen pour les fins particulières de l'individu ; au lieu de la connaissance scientifique, on ne recherche plus que la culture individuelle, que l'on fait spécialement consister dans l'habileté pratique et dans l'art de jouir. C'est aussi pour servir d'appui aux doctrines morales que sont formulées ces théories défectueuses et presque entièrement empruntées à Protagoras sur l'origine et la vérité de nos représentations, théories dont le résultat final est un renversement complet de la science, tout à fait contraire à l'esprit socratique. Ainsi les éléments fondamentaux de la philosophie socratique n'ont pas, il est vrai, complètement disparu dans cette nouvelle philosophie ; mais ils sont subordonnés à ceux qui, chez Socrate, étaient un simple accessoire, peu d'accord avec le principe véritable du système ; si par conséquent nous ne pouvons pas absolument nommer Aristippe un pseudo-socratique[1], nous devons pourtant reconnaître en lui un

---

1. Comme le fait SCHLEIERMACHER, *Gesch. d. Phil.*, 87.

Socratique à vues exclusives et étroites, et même, en termes plus précis encore, celui de tous les Socratiques de ce genre qui a le moins pénétré au cœur de la philosophie socratique. Toutefois, nous l'avons vu, il y a dans la doctrine d'Aristippe des éléments socratiques qu'on ne saurait méconnaître à côté de ceux qui ne le sont pas. Il y a, en particulier, deux théories dont la liaison constitue justement le caractère propre de la doctrine. La première est la théorie hédonique proprement dite, la seconde est la détermination que lui donne Aristippe en exigeant, comme Socrate, la réflexion scientifique, en posant le principe que l'intelligence est le seul moyen d'arriver au plaisir véritable. La première, soutenue pour elle-même, aurait amené à considérer le plaisir sensuel comme le seul but de la vie ; la seconde aurait conduit à la pure morale de Socrate. En les unissant, Aristippe arrivait à une conviction empreinte dans toutes ses formules, et dont son caractère personnel est d'ailleurs le commentaire pratique : c'est que la voie la plus sûre pour trouver le bonheur est l'art de s'abandonner à la jouissance du présent avec une pleine liberté d'esprit. Mais cela est-il vraiment possible et les deux théories fondamentales de sa doctrine peuvent-elles s'unir sans contradiction ? C'est là une question qu'Aristippe ne semble pas s'être posée. Nous ne pouvons y répondre que d'une manière négative. Cette liberté du for intérieur, cette indépendance philosophique que poursuit Aristippe n'est justement possible que si l'on s'élève au-dessus des passions sensuelles et des circonstances particulières de la vie ; car c'est par là que nous évitons de mettre notre bonheur dans la dépendance de ces circonstances et de ces sentiments. Celui qui fait, au contraire, de la jouissance actuelle son but suprême, ne pourra se sentir heureux que dans la mesure où les conditions où il se trouve lui fournissent des sensations agréables ; toutes les impressions désagréables, inversement, troubleront son bonheur.

Il est impossible en effet à la sensibilité de s'absorber dans la jouissance du présent, sans être en même temps affectée d'une manière désagréable par ce qu'il peut avoir de pénible ; or l'abstraction qui seule nous permettrait d'atteindre à ce résultat nous est expressément interdite par Aristippe, lorsqu'il nous conseille de ne songer ni au passé ni à l'avenir, mais uniquement au moment présent. Ainsi cette théorie, sans en considérer les autres défauts, pèche déjà par la contradiction de ses principes fondamentaux, contradiction dont les conséquences ruineuses pour le système entier ne pouvaient tarder à se révéler. En effet les systèmes de Théodore, d'Hégésias et d'Annicéris les mirent en évidence, et c'est justement ce qui fait l'intérêt de l'histoire de ces Cyrénaïques postérieurs.

CYRÉNAIQUES POSTÉRIEURS. THÉODORE. — En effet, en même temps qu'Épicure donnait à l'Hédonisme une forme nouvelle, nous voyons les philosophes que nous venons de nommer développer, dans l'école cyrénaïque elle-même, deux sortes de tendances : les unes coïncident avec la direction suivie par Épicure, et les autres nous font sortir absolument de la doctrine du plaisir. *Théodore*, assurément, était d'une manière générale attaché aux principes d'Aristippe, et même, exempt comme il l'était de tout scrupule [1], il ne craignait pas d'en tirer les plus extrêmes conséquences. Comme la valeur d'une action ne dépend que des résultats qu'elle peut avoir pour l'agent, il concluait qu'il n'y avait rien qui, dans une circonstance donnée, ne devînt permis. Il est vrai que certaines choses passent pour honteuses ; mais c'est une opinion qui n'a d'autre raison d'être que de tenir en bride la foule inintelligente ; le sage, au contraire, qui n'est pas enchaîné par ce préjugé, n'a pas à reculer, le cas échéant, devant l'adultère, le vol ou le

---

[1]. θρασύτατος, dit DIOGÈNE, II, 116, et cette épithète est suffisamment justifiée, toute autre preuve mise à part, par ce passage même et VI, 97.

325 sacrilège. Si les choses existent pour être employées, les belles femmes et les beaux enfants sont également faits pour qu'on s'en serve[1]. Il croyait que l'on pouvait se passer d'amitié ; car le sage se suffit à lui-même et par conséquent n'a pas besoin d'amis ; le fou ne sait pas s'en servir habilement[2]. Il déclarait ridicule de se sacrifier pour sa patrie ; le sage a le monde pour patrie, et n'ira pas faire le sacrifice de sa personne et de sa sagesse au profit des fous[3]. Il exprimait aussi les vues de son école sur la religion et les dieux avec la plus grande hardiesse[4], et fut suivi

---

1. DIOGÈNE, II, 99 sq. Les témoignages précis et détaillés de Diogène ne permettent guère de douter que Théodore ait exprimé ces opinions et d'autres analogues ; il est vrai qu'il se plaint lui-même (*ap*. PLUT., *De tranq. an.*, 5, p. 567) que ses disciples le comprennent mal, ce qui ne doit probablement s'entendre, si toutefois ce renseignement est fondé, que de l'application pratique de ses principes. Il est possible en tout cas qu'il ait mené une vie plus morale que Bion (d'après DIOGÈNE, IV, 53 sqq.; cf. CLÉM., *Pædag.*, 15, A), et c'est pourquoi il pouvait se permettre, malgré tout, d'exprimer les conséquences de la doctrine cyrénaïque. En revanche, l'exagération est évidente dans les renseignements peu fondés que fournit ÉPIPHANE (*Expos. fid.*, 1089, A), lorsqu'il prétend que Théodore encourageait le vol, le parjure et la fraude.

2. DIOGÈNE, 98, et avec plus de force encore ÉPIPHANE, *loc. cit.* : ἀγαθὸν μόνον ἔλεγε τὸν εὐδαιμονοῦντα, φεύγειν (l. φαῦλον) δὲ τὸν δυστυχοῦντα, κἂν ἦ σοφός. καὶ αἱρετὸν εἶναι τὸν ἄφρονα πλούσιον ὄντα καὶ ἀπευθῆ, (ἀπαθῆ?). Mais cette donnée ne semble également dériver que d'une déduction forcée : car justement Théodore faisait dépendre le bonheur de l'intelligence et non des circonstances extérieures.

3. DIOGÈNE, 98 ; ÉPIPHANE, *loc. cit.*

4. Il est souvent fait mention de l'athéisme de Théodore, qui lui attira non seulement une accusation à Athènes (voy. p. 293, 4), mais le constant surnom d'ἄθεος ; (d'après DIOG., 86, 100, il était aussi appelé θεός, peut-être à cause d'une plaisanterie de Stilpon, peut-être aussi par simple antiphrase pour ἄθεος). DIOGÈNE (97) dit : ἦν... παντάπασιν ἀναιρῶν τὰς περὶ θεῶν δόξας· καὶ αὐτοῦ περιετύχομεν βιβλίῳ ἐπιγεγραμμένῳ περὶ θεῶν οὐκ εὐκαταφρονήτῳ· ἐξ οὗ φασιν Ἐπίκουρον λαβόντα τὰ πλεῖστα εἰπεῖν. Cette dernière indication ne peut s'entendre que de la critique de la croyance aux dieux ; car Théodore n'a certainement pas partagé l'opinion d'Épicure sur les dieux dans les intermondes. SEXTUS (*Hyp. Pyrrh.*, III, 218. *Adv. Math.*, IX, 51, 55) le nomme parmi ceux qui nient l'existence de la divinité (ou des dieux) en ajoutant : διὰ τοῦ περὶ θεῶν συντάγματος· τὰ παρὰ τοῖς Ἕλλησι θεολογούμενα ποικίλως ἀνασκευάσας. CICÉRON, *De nat. D.*, I, 1, 2, dit : *Nullos [deos] esse omnino Diagoras Melius et Theodorus Cyrenaicus putaverunt*. *Id.*, c. 23, 63 : *Nonne aperte deorum naturam sustulerunt?* 42, 117 : *Omnino deos esse negabant*, ce que MINUC. FÉLIX (*Octavius*, 8, 2) et LACTANCE (*De ira Dei*, 9) répètent, probablement d'après Cicéron. De même, PLUTARQUE (*De comm. not.*, 31, 4, p. 1075) dit : Théodore lui-même et ses adhérents n'ont pas déclaré que la divinité n'est pas impérissable, ἀλλ' οὐκ ἐπίστευσαν ὡς ἔστι τι ἄφθαρτον. ÉPIPHANE (*Exp. fid.*, 1089, A) affirme aussi qu'il avait nié absolument la divinité. Contre tous ces témoignages unanimes l'assertion de CLÉMENT (*Pædag.*, 15, A), suivant lequel c'est à tort qu'on nomme Théodore athée

CYRÉNAÏQUES POSTÉRIEURS. THÉODORE. 341

dans cette voie par *Bion*[1] et *Évhémère*[2]. Cependant la doctrine d'Aristippe ne le satisfaisait pas complètement. Il s'aperçut bien en effet que le plaisir et la peine ne dépendent pas seulement de nous-mêmes et de notre état intérieur, mais encore, et la plupart du temps, des circonstances extérieures, et il chercha par suite une définition du souverain bien telle, que le bonheur fût assuré au sage, et n'eût pour condition que l'intelligence[3]. Ce résultat, il crut pouvoir l'atteindre en cherchant le bonheur, non dans les jouissances particulières, mais seulement dans les dispositions joyeuses de notre âme, et le mal, non dans les douleurs particulières, mais dans les dispositions tristes de l'âme ; car nos sensations sont produites par des impressions extérieures, mais nous pouvons devenir maîtres de nos dispositions intérieures[4]. Le plaisir et la douleur, di-

---

ainsi que d'autres, parce qu'ils combattaient seulement les faux dieux et que d'ailleurs ils vivaient honnêtement, cette assertion, disons-nous, n'a aucun poids. Sans doute, Théodore ne faisait porter immédiatement ses négations que sur les dieux populaires, mais il n'y ajoutait pas la préoccupation de distinguer ces faux dieux du vrai Dieu. Les anecdotes rapportées par Diogène, II, 101 sq., 116, font aussi l'impression d'avoir été écrites à la légère.

1. Diogène, IV, 54 sqq. : πολλὰ δὲ καὶ ἀθεώτερον προεφέρετο τοῖς ὁμιλοῦσι (cf. 50). τοῦτο Θεοδώρειον ἀπολαύσας, mais dans sa dernière maladie, il se serait laissé gagner par le repentir et aurait eu recours à des amulettes. Il ne faut voir qu'un morceau de rhétorique et de dialectique dans l'argumentation rapportée par Sénèque, *De benef.*, VII, 7, 1, tendant à prouver que tout le monde commet le crime de sacrilège et que personne ne le commet.

2. Les vues d'Évhémère sur les dieux peuvent se résumer ainsi. Il y a deux espèces de dieux : des êtres célestes et impérissables, qui sont honorés comme dieux par les hommes; ce sont, par exemple, le soleil, les constellations, les vents ; et les hommes morts, qui ont été divinisés comme bienfaiteurs de l'humanité (Diodore, *ap.* Eusèbe, *Præp. ev.*, II, 2, 52 sqq.). C'est à ces derniers qu'Évhémère rapportait toute la mythologie, dont il donnait une pitoyable et insipide interprétation, à l'aide de prétendues histoires de princes et de princesses nommés Uranos, Cronos, Zeus, Rhea, etc. Pour les détails de cette histoire rationaliste des dieux, consultez les sources citées p. 295, 1, Steinhart, *Allg. Encycl.* Art. Euhemeros, et Sieroka, *De Euhemero*.

3. Ces motifs de sa définition ne sont pas, il est vrai, rapportés expressément, mais ils résultent en partie des théories de Théodore sur le souverain bien, en partie de l'importance qu'il attribuait, d'après Diogène, 98 sqq., à l'αὐτάρκεια du sage et à l'opposition des sages et des fous.

4. C'est peut-être à Théodore qu'appartient cette théorie présentée par Cicéron (*Tusc.*, III, 13, 28; 14, 31) comme cyrénaïque, que tout mal ne produit pas la tristesse, mais seulement un mal imprévu, et qu'on peut se garantir de la tristesse, en se familiarisant d'avance avec la pensée de maux à venir. On voit

sait par suite Théodore, ne sont en eux-mêmes ni bons ni mauvais, le bien consiste uniquement dans la sérénité, le mal dans la tristesse ; or la sérénité vient de l'intelligence, et la tristesse de la folie : par conséquent il faut estimer l'intelligence et la justice, repousser l'ignorance et l'injustice[1]. Lui-même, à l'occasion, savait montrer une intrépidité et une indifférence pour la vie qui eussent fait honneur à un Cynique[2]. Le principe hédonique n'est donc pas abandonné ici, mais son interprétation primitive subit une transformation profonde, puisque les jouissances particulières y sont remplacées par un état général de l'âme qui doit rester indépendant du plaisir ou de la douleur proprement dits : au lieu de consister dans un joyeux abandon à la sensation présente, le bien suprême consiste à s'élever par l'esprit au-dessus d'elle.

HÉGÉSIAS. ANNICÉRIS. — *Hégésias* fait un pas de plus. Il maintient, lui aussi, les principes généraux d'Aristippe. Pour lui, le bien coïncide avec le plaisir, le mal avec la douleur. Ce que nous faisons, nous ne pouvons raisonnablement le faire que pour nous-mêmes, et, quand nous rendons un service à un autre, nous ne le faisons qu'en

---

aussi comment il croyait possible de dominer les impressions extérieures à l'aide de l'intelligence, d'après l'explication donnée par STOBÉE, *Floril.*, 119, 16 : le sage n'a jamais de motif suffisant pour mettre lui-même fin à sa vie, et il est contradictoire, quand on déclare que le vice est le seul mal, de se laisser pousser au suicide par les souffrances de la vie.

1. DIOGÈNE, 98 : τέλος δ' ὑπελάμβανε χαρὰν καὶ λύπην· τὴν μὲν ἐπὶ φρονήσει, τὴν δ' ἐπὶ ἀφροσύνῃ· ἀγαθὰ δὲ φρόνησιν καὶ δικαιοσύνην, κακὰ δὲ τὰς ἐναντίας ἕξεις, μέσα δὲ ἡδονὴν καὶ πόνον. L'assertion que la justice doit être comptée parmi les biens peut se concilier avec ce que nous avons cité p. 225, 1. Elle doit être recommandée parce qu'elle nous préserve des conséquences désagréables d'actions défendues, et de l'inquiétude que l'attente de ces conséquences nous cause, quoique ces actions en elles-mêmes puissent n'être pas absolument condamnables.

2. Étant à la cour de Lysimaque, il le mit, par sa franchise, dans une si violente colère (cf. DIOG., 102; PLUT., *De exil.*, 16, p. 606; PHILON, *Quod omn. prob. lib.*, 884, C), qu'il le menaça de le faire mettre en croix, et Théodore fit alors cette célèbre réponse qu'il lui était égal de pourrir dans la terre ou dans l'air (CIC., *Tusc.*, I, 43, 102 ; VAL. MAX., VI, 2, 3; PLUT., *An vitios. ad infelic. suff.*, 3, p. 499). STOBÉE (*Floril.*, 2, 23) lui prête un autre mot dans cette circonstance, et attribue le précédent à Anaxarque (*Floril.*, 7, 30).

vue des avantages que nous attendons de lui[1]. Mais lorsqu'il en vient à rechercher où l'on doit trouver le vrai plaisir, il arrive à une réponse peu consolante. Notre vie, remarque-t-il, est pleine de tourments, les mille souffrances du corps atteignent l'âme elle-même, et troublent son repos ; la fortune traverse à chaque instant nos désirs. L'homme ne doit point compter sur un état de satisfaction générale, sur le bonheur[2]. L'habileté pratique même à laquelle se fiait Aristippe ne nous donne, pense-t-il, aucune garantie contre ces accidents : car si nos perceptions, comme le voulait l'ancienne doctrine cyrénaïque, ne nous montrent pas les choses telles qu'elles sont, si nous sommes par conséquent obligés de nous guider uniquement sur la vraisemblance, qu'est-ce qui nous répond de la justesse de nos calculs[3] ? Mais s'il est impossible de jamais atteindre le bonheur, il serait fou de le poursuivre ; nous devrons, au contraire, nous contenter de nous préserver, quand nous le pouvons, des souffrances de la vie ; ce n'est pas le plaisir, mais l'exemption de douleur qui est notre but[4]. Mais ce but, comment l'atteindre dans un monde où nous sommes voués à tant de douleurs et de tourments ? Cela ne se peut évidemment tant que nous ferons dépendre la paix de notre âme des circonstances et

---

1. DIOGÈNE, II, 93 : οἱ δὲ Ἡγησιακοὶ λεγόμενοι σκοποὺς μὲν εἶχον τοὺς αὐτούς, ἡδονὴν καὶ πόνον, μήτε δὲ χάριν τι εἶναι, μήτε φιλίαν, μήτε εὐεργεσίαν, διὰ τὸ μὴ δι' αὐτὰ ταῦτα αἱρεῖσθαι ἡμᾶς αὐτά, ἀλλὰ διὰ τὰς χρείας αὐτά; (il faut barrer ce mot ou le changer en αὐτῶν) ὧν ἀπόντων μηδ' ἐκεῖνα ὑπάρχειν. *Ibid.*, 95 : τόν τε σοφὸν ἑαυτοῦ ἕνεκα πάντα πράξειν· οὐδένα γὰρ ἡγεῖσθαι τῶν ἄλλων ἐπίσης ἄξιον αὐτῷ. κἂν γὰρ τὰ μέγιστα δοκῇ παρά του καρποῦσθαι, μὴ εἶναι ἀντάξια ὧν αὐτὸς παράσχῃ. De même, mais avec moins d'exactitude, ÉPIPHANE, *Exp. fid.*, 1089, B.

2. DIOGÈNE, 94 : τὴν εὐδαιμονίαν ὅλως ἀδύνατον εἶναι· τὸ μὲν γὰρ σῶμα πολλῶν ἀναπεπλῆσθαι παθημάτων, τὴν δὲ ψυχὴν συμπαθεῖν τῷ σώματι καὶ ταράττεσθαι, τὴν δὲ τύχην πολλὰ τῶν κατ' ἐλπίδα κωλύειν· ὥστε διὰ ταῦτα ἀνύπαρκτον τὴν εὐδαιμονίαν εἶναι. Cf. p. 294, 1.

3. DIOGÈNE, 95 : ἀνέρουν δὲ καὶ τὰς αἰσθήσεις οὐκ ἀκριβούσας τὴν ἐπίγνωσιν, τῶν δ' εὐλόγως φαινομένων πάντα πράττειν. J'introduis cette phrase dans l'enchaînement des idées d'Hégésias avec vraisemblance, sans vouloir toutefois garantir absolument qu'elle doive y être rattachée.

4. DIOGÈNE, 95 : τόν τε σοφὸν οὐχ οὕτω πλεονάσειν ἐν τῇ τῶν ἀγαθῶν αἱρέσει, ὡς ἐν τῇ τῶν κακῶν φυγῇ, τέλος τιθέμενον τὸ μὴ ἐπιπόνως ζῆν μηδὲ λυπηρῶς· ὃ δὴ περιγίνεσθαι τοῖς ἀδιαφορήσασι περὶ τὰ ποιητικὰ τῆς ἡδονῆς.

des choses extérieures ; nous ne pouvons assurer notre contentement que si nous sommes indifférents à tout ce qui nous cause plaisir ou peine[1]. C'est qu'en définitive, fait remarquer Hégésias, le plaisir et la peine dépendent, non des choses, mais de la manière dont nous les prenons. Rien en soi n'est agréable ni pénible, mais c'est selon notre disposition et nos besoins que les choses nous font l'une ou l'autre impression[2]. La pauvreté et la richesse n'ont sur le bonheur de la vie aucune influence ; les riches n'ont pas plus de contentement que les pauvres ; la liberté ou l'esclavage, la condition plus ou moins élevée, l'honneur et la honte ne fournissent pas la mesure du plaisir[3] ; la vie elle-même n'est un bien qu'aux yeux du fou ; aux yeux de l'homme intelligent, elle est indifférente[4]. Un Stoïcien ou un Cynique ne pourrait ravaler le prix des choses extérieures plus bas que ne le fait ici le disciple d'Aristippe. À ces principes se rattache aussi cette belle doctrine toute socratique qu'il ne faut pas s'irriter contre les vices, ni haïr les hommes, mais les instruire : car personne ne fait volontairement le mal[5]. Comme chacun désire le plaisir, chacun désire le bien, et comme le sage ne subordonne sa paix intérieure à aucune chose extérieure, il ne la laisse pas troubler non plus par les fautes d'autrui.

Cette théorie manifeste d'une manière plus décisive encore que celle de Théodore l'insuffisance du principe de l'Hédonisme. Elle reconnaît en effet expressément que la vie humaine comporte plus de tristesse que de joie et exige par suite une complète indifférence à l'égard des

---

1. Voy. la note précédente.
2. Diogène, 94 : φύσει τ' οὐδὲν ἡδὺ ἢ ἀηδὲς ὑπελάμβανον· διὰ δὲ σπάνιν ἢ ξενισμὸν ἢ κόρον τοὺς μὲν ἥδεσθαι τοὺς δ' ἀηδῶς ἔχειν.
3. Loc. cit.
4. Ibid., 95 : καὶ τῷ μὲν ἄφρονι τὸ ζῆν λυσιτελὲς εἶναι, τῷ δὲ φρονίμῳ ἀδιάφορον (ce qui n'a d'ailleurs pas d'autre sens que celui que nous acceptons dans le texte). De même Épiphane, loc. cit. Cf. p. 294, 1.
5. Loc. cit. : ἔλεγον τὰ ἁμαρτήματα συγγνώμης τυγχάνειν· οὐ γὰρ ἑκόντα ἁμαρτάνειν, ἀλλά τινι πάθει κατηναγκασμένον· καὶ μὴ μισήσειν, μᾶλλον δὲ μεταδιδάξειν·

impressions extérieures. Mais alors de quel droit le plaisir est-il encore identifié au bien, la douleur au mal ? Le bien n'est-il pas simplement la condition de notre bien-être ? Si cette condition est non pas le plaisir, mais l'indifférence, c'est celle-ci et non le plaisir qui est le bien. La doctrine du plaisir finit donc par retomber dans la doctrine opposée, celle de l'indépendance cynique vis-à-vis des choses extérieures. L'école cyrénaïque ne pouvait, il est vrai, accorder comme un principe général cette nouvelle définition du bien sans se renier elle-même ; pourtant, dans l'école même, on avoue que le plaisir ne saurait être en toute circonstance notre motif dernier. *Annicéris* affirmait, il est vrai, que le but de toute action était le plaisir qui en résultait et, comme les anciens Cyrénaïques, il ne voulait ni accorder à la vie une fin générale, ni admettre la substitution de l'absence de douleur au plaisir proprement dit[1]. Il remarquait aussi que, par plaisir, nous devions entendre ici uniquement le nôtre propre, car, selon l'ancienne théorie de l'école, nous ne pouvons rien savoir des sensations étrangères[2]. Mais ce qui nous assure le plaisir, disait-il, ce n'est pas seulement la jouissance sensible, mais aussi la fréquentation des autres hommes et les œuvres qui nous honorent[3]. Il partait de là pour

---

1. CLÉMENT, *Strom.*, II, 417, B : οἱ δὲ Ἀννικέρειοι καλούμενοι… τοῦ μὲν ὅλου βίου τέλος οὐδὲν ὡρισμένον ἔταξαν, ἑκάστης δὲ πράξεως ἴδιον ὑπάρχειν τέλος, τὴν ἐκ τῆς πράξεως περιγινομένην ἡδονήν. οὗτοι οἱ Κυρηναϊκοὶ τὸν ὅρον τῆς ἡδονῆς Ἐπικούρου, τουτέστι τὴν τοῦ ἀλγοῦντος ὑπεξαίρεσιν, ἀθετοῦσι, νεκροῦ κατάστασιν ἀποκαλοῦντες. (Cf. p. 304, 3.) Ce texte corrige l'assertion inexacte de DIOGÈNE, II, 96 : οἱ δὲ Ἀννικέρειοι τὰ μὲν ἄλλα κατὰ ταὐτὰ τούτοις (l'école d'Hégésias), et l'affirmation de SUIDAS, Ἀννικ., qui prétend qu'Annicéris (quoique Suidas lui-même le fasse vivre au temps d'Alexandre) aurait été Épicurien. CICÉRON et DIOGÈNE (voy. la note 3 sqq.) témoignent aussi que son école voyait le bien dans le plaisir.

2. DIOGÈNE, 96 : τήν τε τοῦ φίλου εὐδαιμονίαν δι' αὐτὴν μὴ εἶναι αἱρετήν, μηδὲ γὰρ αἰσθητὴν τῷ πέλας ὑπάρχειν.

3. CLÉMENT (*loc. cit.*) continue : χαίρειν γὰρ ἡμᾶς μὴ μόνον ἐπὶ ἡδοναῖς, ἀλλὰ καὶ ἐπὶ ὁμιλίαις καὶ ἐπὶ φιλοτιμίαις. Cf. Cic., *De off.*, III, 33, 116 (voy., plus haut, p. 298, 2). Les mots de CLÉMENT : τὴν ἐκ τῆς πράξεως περιγινομένην ἡδονὴν doivent aussi désigner non seulement le plaisir obtenu au moyen d'une action, mais le plaisir immédiatement lié à cette action même.

accorder une valeur propre à l'amitié, à la reconnaissance, à l'amour de la famille et de la patrie, même abstraction faite de l'utilité de ces sentiments. Il allait même jusqu'à accorder qu'ils inspireraient au sage des sacrifices dont son bonheur, pensait-il, ne souffrirait pas, quand bien même il ne lui resterait que peu de jouissances proprement dites [1]. Par là, Annicéris revenait très sensiblement à la conception ordinaire de la vie ; il s'en rapprochait encore davantage en attribuant à l'intelligence, le second des éléments de la morale cyrénaïque, une valeur moindre que ne le faisait Aristippe ; il niait, en effet, qu'elle fût suffisante pour garantir notre sécurité et pour nous élever au-dessus des préjugés de la foule, et pensait, au contraire, qu'il fallait y ajouter l'habitude, nécessaire pour triompher de l'influence des mauvaises coutumes [2].

C'est ainsi que nous voyons se dissoudre peu à peu la doctrine cyrénaïque. Aristippe avait fait du plaisir le seul bien, il avait entendu par ce plaisir la jouissance positive et non la simple absence de douleur ; enfin il avait désigné comme but de l'activité humaine non pas l'état général de l'homme, mais le plaisir du moment. De ces trois théories par lesquelles il détermine sa doctrine, chacun de ses successeurs en abandonne une. Théodore s'attaque à la dernière, Hégésias à la seconde et Annicéris ne maintient même plus la première. Ainsi est mise en évidence l'impossibilité d'associer le postulat socratique de l'intelligence et de l'indépendance vis-à-vis des choses extérieures avec

---

1. DIOGÈNE, 96 : ἀπέλιπον δὲ καὶ φιλίαν ἐν βίῳ καὶ χάριν καὶ πρὸς γονέας τιμὴν καὶ ὑπὲρ πατρίδος τι πράξειν. ὅθεν, διὰ ταῦτα κἂν ὀχλήσεις ἀναδέξεται ὁ σοφός, οὐδὲν ἧττον εὐδαιμονήσει, κἂν ὀλίγα ἡδέα περιγένηται αὐτῷ. 97 : τόν τε φίλον μὴ διὰ τὰς χρείας μόνον ἀποδέχεσθαι, ὧν ὑπολειπουσῶν μὴ ἐπιστρέφεσθαι· ἀλλὰ καὶ παρὰ τὴν γεγονυῖαν εὔνοιαν, ἧς ἕνεκα καὶ πόνους ὑπομενεῖν. καίτοι τιθέμενον ἡδονὴν τέλος καὶ ἀχθόμενον ἐπὶ τῷ στέρεσθαι αὐτῆς, ὅμως ἑκουσίως ὑπομενεῖν διὰ τὴν πρὸς τὸν φίλον στοργήν.

2. *Ibid.*, 96 : μὴ εἶναί τε αὐτάρκη τὸν λόγον πρὸς τὸ θαρρῆσαι καὶ τῆς τῶν πολλῶν δόξης ὑπεράνω γενέσθαι· δεῖν δ' ἀνεθίζεσθαι διὰ τὴν ἐκ πολλοῦ συντραφεῖσαν ἡμῖν φαύλην διάθεσιν.

le principe de l'Hédonisme. Cet élément socratique dissout la doctrine et la transforme en son contraire. Mais, comme cette évolution a lieu dans cette école sans qu'elle s'en rende compte scientifiquement, elle n'arrive par là à aucun principe nouveau, et les mêmes hommes dont la philosophie trahit cette transformation continuent, quant au reste, à professer la doctrine d'Aristippe malgré la contradiction la plus formelle.

§ 5. RETOUR SUR LES ÉCOLES SOCRATIQUES.

Les autres écoles socratiques étaient d'ailleurs tombées dans des contradictions analogues. Il y avait une contradiction évidente de la part des Mégariques à réclamer une science fondée sur les concepts, et à supprimer en même temps toute possibilité de former les concepts, toute multiplicité et toute détermination des concepts ; à identifier le bien à l'être, et à lui refuser en même temps, par la négation de la multiplicité et du mouvement, la causalité vivante qui seule justifie une semblable définition de l'être ; à commencer par la science socratique pour finir par une éristique vide et toute formelle. Il y avait contradiction de la part d'Antisthène à prétendre fonder toute la pratique humaine sur la science, et à ruiner en même temps tout savoir par ses assertions sur la nature et la liaison des concepts ; et il n'y en avait pas une moindre de sa part et de la part de ses disciples à s'efforcer d'obtenir la plus complète indépendance vis-à-vis des choses extérieures tout en attribuant aux formes extérieures de la conduite cynique une importance tout à fait exagérée, à déclarer la guerre au plaisir et à l'égoïsme tout en affranchissant leur sage des devoirs moraux les plus sacrés, à se refuser toute jouissance tout en s'enivrant de la jouissance de l'orgueil moral. Ces contradictions, ces réfutations involontaires de leur propre doctrine montraient combien étaient défectueux les postulats dont partaient toutes ces écoles, combien elles étaient loin de posséder l'exquise pondération, l'esprit librement ouvert à toutes les idées, la vivante mobilité d'un Socrate, combien enfin elles avaient été impuissantes à saisir autre chose que des côtés particuliers de cette pensée, et à la comprendre dans son ensemble.

Telle est justement la raison de cette tendance qui nous frappe chez tous ces philosophes, à se rapprocher de la Sophistique. L'Éristique des Mégariques, l'indifférence des Cyniques à l'égard de toute science théorique et leur polémique contre la méthode des concepts, la théorie de la connaissance et l'Hédonisme d'Aristippe ont une tournure beaucoup plutôt sophistique que socratique. Cependant tous ces philosophes se prétendaient de véritables Socratiques, et il n'en est pas un qui ne mît quelque élément emprunté à la philosophie de Socrate au sommet de son système. Il ne paraît donc pas exact de voir dans leurs théories, avec certains auteurs modernes, de simples conceptions sophistiques, complétées et corrigées par celles de Socrate, et d'en expliquer, par conséquent, les divergences, non par la diversité des faces de la pensée socratique, mais par la variété des doctrines sophistiques, qui, de différents points de départ, auraient conduit ces écoles à la philosophie de Socrate[1]. Quand il s'agit d'admirateurs

---

[1]. K. F. HERMANN, *Ges. Abhandl.*, 228 sqq. Cet auteur dit, entre autres choses, que l'élément socratique, qui constitue l'accord de fait entre ces écoles, doit être considéré comme un simple correctif qui modifie plus ou moins les idées fondamentales qu'ils tirent de la Sophistique, que ces philosophes étaient les pionniers des progrès de la Sophistique cherchant à marcher de pair avec la philosophie socratique, etc. Mais ces vues s'accordent malheureusement mal avec la prétention qu'a justement HERMANN (voy., plus haut, 252, 3, 319, 2) de voir, dans certaines théories sophistiques d'Antisthène et d'Aristippe, un progrès sur Socrate, et avec sa démonstration de la différence fondamentale entre l'Éristique des Sophistes et celle des Mégariques (*Ges. Abh.*, 250 sqq.). HERMANN s'était prononcé auparavant (*Plat.*, 257 sqq.) pour une opinion beaucoup plus exacte et d'accord pour le fond avec notre propre exposition.

de Socrate aussi déclarés que le sont Antisthène et Euclide, on ne peut songer à soutenir cette manière de voir. Au contraire, si ces hommes ont borné leur ambition à reproduire aussi fidèlement que possible la vie et les doctrines de Socrate, ils ont dû se considérer comme ayant trouvé auprès de lui seul leur assiette intellectuelle, comme ayant reçu de lui seul le germe vivifiant de la vraie philosophie ; et en effet on peut montrer avec évidence dans leurs systèmes ce point de départ socratique. On ne saurait donc trouver dans l'œuvre de ces philosophes un simple perfectionnement des principes sophistiques dû à l'influence de Socrate ; tout ce qu'elle manifeste, c'est une influence de la Sophistique sur la manière dont ils comprirent la doctrine de Socrate. Cette dernière renferme la substance de leur conception philosophique, la Sophistique n'en fournit que les déterminations particulières ; et c'est pourquoi, dans la suite, une école telle que l'école stoïcienne put se rattacher à eux. Il n'en est pas tout à fait de même d'Aristippe. Toutefois nous avons acquis la conviction qu'il ne se prétend pas seulement, lui aussi, disciple de Socrate, mais qu'il l'est bien réellement, quoiqu'il ait encore moins bien su que les autres pénétrer au cœur de la doctrine du maître, et qu'il ait été le plus fortement dominé par les théories sophistiques.

Si donc les fondateurs des petites écoles socratiques ne surent pas s'assimiler aussi complètement et pénétrer aussi profondément qu'un Platon la pensée de leur maître, on peut sans doute en accuser, outre l'infériorité naturelle de leur esprit, leur éducation sophistique antérieure ; mais on ne saurait pourtant, d'un autre côté, méconnaître que Socrate lui-même avait donné lieu à cette divergence des écoles qui se rattachaient à lui. D'une part, son génie personnel était si riche, qu'il donnait une impulsion féconde à la pensée philosophique dans les directions les plus diverses ; de l'autre, la forme scientifique de sa philosophie était si incomplète, si peu systématique qu'elle laissait place à des interprétations multiples et opposées[1]. Cette séparation des écoles socratiques n'est donc pas non plus sans importance pour le développement ultérieur de la philosophie. En détachant les différents éléments réunis chez Socrate pour leur attribuer une valeur propre, et en les reliant avec les parties correspondantes des doctrines antérieures, d'une part on les désignait à une étude plus attentive, on indiquait aux penseurs postérieurs les problèmes à l'étude desquels ils ne pouvaient se soustraire, on mettait enfin en lumière les conséquences logiques et morales des principes socratiques. D'autre part on pouvait voir également par là où l'on était conduit, si l'on voulait isoler ces différents éléments socratiques et les allier à des doctrines venues d'ailleurs, sans faire d'abord subir à celles-ci une transformation conforme à l'esprit du Socratisme; en ce sens, l'étroitesse même des vues des petites écoles socratiques contribuait indirectement à montrer la nécessité d'unir dans de plus larges conceptions les différentes parties de la doctrine de Socrate entre elles et avec les doctrines antérieures et de déterminer la valeur de chacun de ces éléments en ayant égard à tous les autres. Sous ces deux rapports, ces écoles ont exercé une influence sur Platon et même sur Aristote; celui-là en particulier s'est rattaché par sa théorie des Idées à Euclide, par ses recherches sur le souverain bien à Antisthène et à Aristippe. Un fait plus important encore à remarquer, c'est que ces Socratiques préparaient la voie que devait prendre la philosophie grecque après Aristote. Sans doute ces systèmes

---

1. Assez exacte, quoique un peu superficielle, est la remarque déjà faite par Cicéron à ce sujet (*De orat.*, III, 16, 61) : *Cum essent plures orti fere a Socrate quod ex illius variis et diversis et in omnem partem diffusis disputationibus alius aliud apprehenderat, proseminatæ sunt quasi familiæ dissentientes inter se*, etc. Par exemple, Platon, Antisthène, *qui patientiam et duritiam in Socratico sermone maxime adamarat*, Aristippe, *quem illæ magis voluptariæ disputationes delectarant*, etc.

nouveaux ne coïncident pas d'une manière immédiate avec ceux qui les avaient précédés, et n'auraient pas été possibles sans Platon et Aristote ; mais on ne peut oublier qu'ils leur doivent beaucoup. Cette prépondérance de l'intérêt pratique sur l'intérêt scientifique, qui caractérise la philosophie post-aristotélique, la conception de cet idéal qui consiste pour le sage à se suffire à lui-même dans sa moralité, et à s'abstraire des choses extérieures pour se renfermer dans la conscience de sa vertu et de sa liberté ; ce cosmopolitisme qui lui permet de se passer de patrie et de renoncer à toute activité politique, — tous ces traits qui caractérisent la période postérieure sont déjà esquissés dans les petites écoles socratiques. Le Portique reprit presque complètement pour son compte les principes de la morale cynique, se contentant d'en adoucir et d'en étendre l'application. La même école se rattache par sa logique à Aristote sans doute, mais surtout aux Mégariques, qui donnent naissance, suivant une autre direction, au scepticisme de Pyrrhon et de la Nouvelle Académie. La doctrine d'Aristippe se retrouve, modifiée dans ses détails, chez Épicure. Les tendances qui auparavant ne pouvaient obtenir qu'une autorité partielle, fortifiées, transformées, développées par l'introduction d'éléments nouveaux, deviennent dominantes.

Toutefois ce mouvement ne fut possible qu'à l'époque où le génie scientifique du peuple grec fut en décadence et où sa situation fut assez désespérée pour amener la conviction que l'indifférence à l'égard des choses extérieures était le seul moyen d'obtenir la paix de l'âme. Mais, pour le moment, les facultés scientifiques dans leur ensemble étaient encore trop vivantes et l'esprit grec trop ardent, pour consentir à abandonner ainsi les conquêtes de la philosophie socratique. Les principes les plus profonds de cette dernière devaient conduire à l'établissement d'une science des concepts telle que la créèrent Platon et

Aristote. Tant qu'on avait isolé les moments divers, mais intimement reliés entre eux, de cette philosophie, tant qu'on n'avait pas su distinguer le principe de Socrate et la forme dans laquelle il l'avait exposé, tant qu'on avait confondu les défauts de la première expression de ce principe avec son essence même, alors seulement il avait été possible de réduire la philosophie à une métaphysique aussi abstraite et à une dialectique aussi vide que celle des Mégariques, à une morale aussi peu scientifique et aussi négative que celle des Cyniques, ou de donner même la doctrine d'Aristippe pour la vraie doctrine de Socrate. Si donc il faut reconnaître que ces écoles ne restèrent pas sans importance dans le progrès ultérieur de la philosophie grecque, nous ne pouvons cependant assigner une bien haute valeur à l'ensemble des résultats scientifiques qui leur étaient dus. Ce fut l'œuvre de Platon de pénétrer plus profondément le sens de la philosophie de Socrate et d'en donner un développement plus compréhensif.

FIN DU TROISIÈME VOLUME.

TABLE DES MATIÈRES

SECONDE PÉRIODE

	Pages
INTRODUCTION. — I. DÉVELOPPEMENT DE L'ESPRIT GREC AU CINQUIÈME SIÈCLE.	1-34

Le problème philosophique, 1. — État politique de la Grèce, 2. — Situation d'Athènes, 3. — La littérature : A. La tragédie, 4. — Eschyle, 6. — Sophocle, 10. — Euripide, 14. — B. Poésie lyrique, 20. — C. L'histoire : Hérodote, 23. — Thucydide, 25. — Aristophane, 28. — Les mystères, 31.

II. CARACTÈRE ET MARCHE DU DÉVELOPPEMENT DE LA PHILOSOPHIE GRECQUE DANS LA SECONDE PÉRIODE. 35-49

La philosophie nouvelle et les systèmes antérieurs, 37. — La philosophie nouvelle considérée comme philosophie des concepts, 38. — L'idéalisme, 40. — La philosophie de la seconde période opposée à la philosophie postérieure à Aristote, 42. — Tableau du développement de la philosophie nouvelle. Platon, Aristote, 45. — Les écoles demi-socratiques, 47.

PREMIÈRE SECTION

SOCRATE ET LES DEMI-SOCRATIQUES

I. SOCRATE	51-216
§ 1. *Sa vie*.	51-66

Importance de la personne de Socrate, 51. — Jeunesse de Socrate, 52. — Mission de Socrate, 58. — Son enseignement, 65.

§ 2. *Caractère de Socrate*.	67-92

Grandeur du caractère de Socrate, 67. — Le caractère de Socrate et l'esprit grec, 70. — Traits de son caractère étrangers à l'esprit grec, 73. — Le démon de Socrate; sa nature, 77. — Rôle du démon, 81.

§ 3. *La philosophie de Socrate. Sources. Principe général de cette philosophie*	92-112

Xénophon et Platon, 92. — Point de vue de la philosophie de Socrate, 98. — Principe de la philosophie de Socrate. Le concept, 102. — La science et la morale, 106. — Caractère subjectif de sa doctrine, 108.

§ 4. *La méthode philosophique* 112-124
Caractère général de la méthode, 112. — 1. La connaissance de soi. L'ignorance socratique, 113. — 2. Recherche de la véritable science. L'examen, l'amour et l'ironie, 116. — 3. L'induction, 119. — La démonstration, 122.

§ 5. *La doctrine socratique considérée dans son contenu : l'éthique.* 124-158
Si la philosophie de Socrate renferme une physique, 124. — Principe de la morale socratique : la vertu est une science, 130. — Matière de la moralité. Eudémonisme de la morale socratique, 136. — 1. L'individu, 149. — 2. L'amitié, 151. — 3. La vie politique, 154. — 4. L'amour des ennemis, 157.

§ 5 (Suite). *La nature, la divinité et l'homme.* 159-165
La finalité dans la nature, 159. — Le culte, 163. — Dignité de l'homme. Immortalité de l'âme, 164.

§ 6. *Retour sur Xénophon et Platon. Socrate et les Sophistes.* . 166-177
Xénophon et Platon, 166. — Socrate et les Sophistes, 172.

§ 7. *La mort de Socrate.* 177-216
Mort de Socrate, 184. — Causes de sa condamnation, 186. — Les haines personnelles, 188. — Insuffisance de cette explication, 189. — Motifs politiques, 193. — Problème de la légitimité de sa condamnation, 201. — Socrate et la démocratie athénienne, 204. — Socrate et l'ancienne moralité grecque, 207. — Socrate vis-à-vis de son temps, 212. — Conclusion, 215.

II. LES DEMI-SOCRATIQUES. 217-352

§ 1. *L'école de Socrate. Philosophie socratique populaire. Xénophon, Eschine*, etc. 217-228
Xénophon, 219. — Eschine, Simmias, Cébès, etc., 225.

§ 2. *École de Mégare, d'Élis et d'Érétrie.* 228-260
Histoire extérieure, 228. — Sources. Le texte du *Sophiste*, 234. — L'être et le devenir, 237. — Le bien, 240. — La dialectique et l'éristique, 242. — Euclide, 243. — Eubulide, Alexinus, 244. — Diodore. Le mouvement, 246. — La destruction, 249. — Le possible, *ibid*. — Les propositions conditionnelles, 251. — Le sens des mots, *ibid*. — Stilpon. Rapports de sa doctrine avec celle des Cyniques, 252. — École d'Élis et d'Érétrie, 256.

§ 3. *Les Cyniques.* 260-305
Histoire extérieure de l'école cynique, 260. — La philosophie cynique. Son caractère pratique, 266. — Logique des Cyniques. Théorie nominaliste de la connaissance, 270. — Morale. Les biens et les maux, 275. — La vertu, 282. — Sages et fous, 285. — Conséquences pratiques. Genre de vie des Cyniques, 286. — Renonciation à la vie sociale. Le mariage et la famille, 290. — La vie civile et politique, 292. — L'impudence cynique, 296. — La religion, 297. — La propagande cynique, 301. — Rôle des Cyniques dans le monde grec, 304.

§ 4. *Les Cyrénaïques.* 305
Histoire extérieure, 305. — Philosophie des Cyrénaïques. Son ca-

ractère général, 311. — La sensation et la science, 314. — Les biens et les maux, 318. — Le bonheur, 319. — Théorie des plaisirs, 321. — L'intelligence, 324. — La conduite morale selon les Cyrénaïques, 325. — Rapports de la doctrine cyrénaïque avec la philosophie de Socrate, 333. — Cyrénaïques postérieurs. Théodore, 339. — Hégésias, Annicéris, 342.

§ 5. *Retour sur les écoles socratiques*. 347

FIN DE LA TABLE DES MATIÈRES

9915. — Imprimerie de A. Lahure, 9, rue de Fleurus, à Paris.

www.ingramcontent.com/pod-product-compliance
Lightning Source LLC
Chambersburg PA
CBHW050749170426
43202CB00013B/2354